1964 年肖像摄影

鬼狐有性格　笑罵成文章

蒲松龄先生故居

老舍

老舍给蒲松龄故居题词

黄永玉赠 1956 年作套色版画《齐白石像》（齐白石与老舍先后题词）

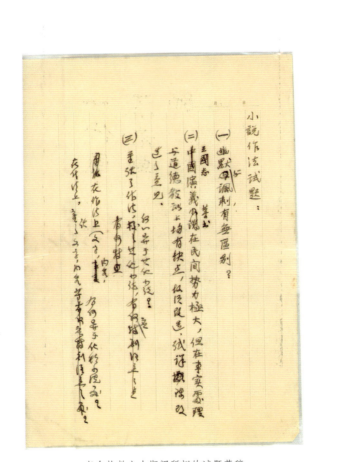

小說作法試題：

（一）幽默與諷刺有無區別？

（二）中國演義小說在民間勢力極大，但在事實處理與道德教訓上均有缺點，試詳述如何改之之意見。

三國志 等書

（三）重視了作法，就易忽略文藝之時代性與社會性。有何辦法？

自小說手文之近况？

習作在作法上（文字，內容）有何等處優於初學作品之處而在文字上等等仍有不精處耳？

老舍执教山大期间所拟的试题草稿

1929 年商务印书馆出版文学研究会丛书之《赵子曰》

1933年上海良友图书印刷公司出版良友文学丛书之《离婚》初版本

《骆驼祥子》外文译本

《四世同堂》早期中英文版本

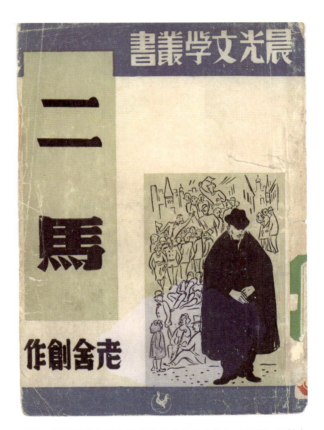

晨光文学叢書

二馬

老舍創作

1948年上海晨光出版公司出版晨光文学丛书之《二马》初版本

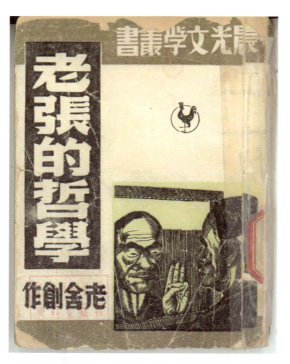

1948 年上海晨光出版公司出版晨光文学丛书之《老张的哲学》初版本

1949年文化生活出版社出版现代长篇小说丛书之《骆驼祥子》初版本

鼓书艺人

老 舍

1980年人民文学出版社出版《鼓书艺人》初版本

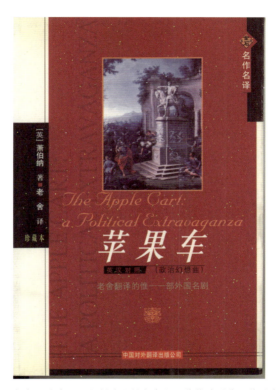

名作名译

[英]萧伯纳 著 ■ 老舍 译

珍藏本

The Apple Cart: a Political Extravaganza

苹果车

英汉对照 [政治幻想曲]

老舍翻译的惟——部外国名剧

中国对外翻译出版公司

2002 年中国对外翻译出版社出版老舍翻译萧伯纳剧作《苹果车》

文艺决不是我的浮桥

是我的生命

老舍自述

注疏本

老舍——著

徐德明　易华——注疏

中国出版集团　现代出版社

目 录

序　言

徐德明和易华两位教授所编著的《老舍自述（注疏本）》是集他们多年研读老舍先生作品的心得体会，在不断教学及科研的基础上，下大功夫编著而成的。

这本书从《老舍全集》中选择、截取老舍先生自述作品的原文，精心连接，整合而成。书中所截取的自述是老舍先生在不同生命阶段的自我写照，内容包括至亲好友，怀念故乡，旅居观光的记录、写作的总结、家庭生活的体会，等等，都是真情实事的描述。两位教授尽最大可能保持了老舍先生自述的原貌，将这些珍贵的一手材料编辑成为忠实于原作者的"自传"，弥补了老舍先生晚年没有写下一本自传的缺憾。

这本书有四十万字，其中十多万字是注释。编著者为了保持"自述"的原貌、完整性和文思的贯通，没有在"自述"里插入解释、剖析或论述，而是采用了注释的方式，用心良苦，费时费力。这些需要注释的词汇涵盖老舍先生一生各个历史时期和生活的各个方面。词汇名目繁多，涉及大量历史、地理、习俗和人名，有些注释的资料是很难搜集到的。这些注释不仅帮助此书最大限度保持了"自述"的客观性和权威性，而且为准确、全面地理解老舍先生的自述提供了宝贵的资料。除此之外，注释里还有编著者独到的、高水准的论述。这些论述使此书也可视为老舍评传。《老舍自述（注疏本）》的注释水平高，具有很高的史料价值和学术品质，这是此书的一大特点。

这部书集传记、史料、论述于一身，而且图文并茂。我衷心祝贺并感谢两位编著者。他们倾注几十年的积累，成功地完成了这部优秀的著作，为传播老舍作品，深入老舍研究做出了贡献。在此也感谢出版者的支持，使这部好书得以面世。

舒济

2018 年 4 月 8 日

序　诗

昔　年

我昔生忧患，愁长记忆新；
童年习冻饿，壮岁饱酸辛。
滚滚横流水，茫茫末世人。
倘无共产党，荒野鬼为邻！

今 日

晚年逢盛世，日夕百无忧；
儿女竞劳动，工农共戚休。
诗吟新事物，笔扫旧风流。
莫笑行扶杖，昂昂争上游！[1]

1.选自《诗二首》,《老舍全集》(第十三卷),北京:人民文学出版社,2013年,第697页。

第一章　童年习冻饿

生于北平，三岁失怙，可谓无父。志学之年，帝王不存，可谓无君。无父无君，特别孝爱老母，布尔乔亚之仁未能一扫空也。幼读三百千，不求甚解。继学师范，遂奠教书匠之基。[1]

---

1. 节选自《小型复活》，《老舍全集》（第十五卷），北京：人民文学出版社，2013年，第355页。无父的孤儿，是因为与欧洲列强的冲突；无君的"遗民"，缘自种族、民主革命。老舍有旗人身份，却未曾阻碍他进入现代社会。从改良私塾而进入师范学校，现代教育是老舍要成为现代公民的重要动力。

第一节 "庆春"[1]

我是腊月二十三日酉时，全北京的人，包括皇上和文武大臣，都在欢送灶王爷[2]上天的时刻降生的呀！

灶王爷上了天，我却落了地。

那是有名的戊戌年啊！

在我降生的时候，父亲正在皇城的什么角落值班。男不拜月，女不祭灶，自古为然。姑母是寡妇，母亲与二姐[3]也是妇女；我虽是男的，可还不堪重任。

我的母亲是因为生我，失血过多，而昏了过去的。幸而大姐及时地来到。母亲晕过去半夜，才睁眼看见她的老儿子。大姐把我搂在怀里，一边为母亲的昏迷不醒而落泪，一边又为小弟弟的诞生而高兴。二姐独自立在外间屋，低声地哭起来。天很冷，若不是大姐把我搂起来，不管我的生命力有多么强，恐怕也有不小的危险。

在生我的第二天，虽然母亲是那么疲倦虚弱，嘴唇还是白的，她可还是不肯不操心。她知道：平常她对别人家的红白事向不缺礼，不管自己怎么发愁为难。现在，她得了"老"儿子，亲友怎能不来贺喜呢？大家来到，拿什么招待呢？父亲还没下班儿，正月的钱粮还没发放。向姑母求援吧，不好意思。跟二姐商议吧，一个小姑娘可有什么主意呢。看一眼身旁的瘦弱的、几乎要了她的命的"老"儿子，她无可如何地落了泪。

第二天早上，二哥福海搀着大舅妈来到。

他知道母亲要说什么。"您放心，全交给我啦！明天洗三，七姥姥八姨的总得来十口八口儿的，这儿二妹妹管装烟倒茶，我当厨子，两杯水酒，一碟炒蚕豆,然后是羊肉酸菜热汤儿面,有味儿没味儿,吃个热乎劲儿。好不好?有爱玩小牌儿的,四吊钱一锅。您一丁点心都别操,全有我呢!完了事,您听我一笔账,决不叫您为难!"

他的确有些本领,使我的洗三办得既经济,又不完全违背"老妈妈论"[4]的原则。

正十二点,晴美的阳光与尖溜溜的小风把白姥姥和她的满腹吉祥话儿,送进我们的屋中。

白姥姥在炕上盘腿坐好,宽沿的大铜盆(二哥带来的)里倒上了槐枝艾叶熬成的苦水,冒着热气。参加典礼的老太太们、媳妇们,都先"添盆",把一些铜钱放入盆中,并说着吉祥话儿。几个花生,几个红、白鸡蛋,也随着"连生贵子"等祝词放入水中。这些钱与东西,在最后,都归"姥姥"拿走。虽然没有去数,我可是知道落水的铜钱并不很多。正因如此,我们才不能不感谢白姥姥的降格相从,亲自出马,同时也足证明白姥姥惹的祸大概并不小。

边洗边说,白姥姥把说过不知多少遍的祝词又一句不减地说出来:"先洗头,作王侯;后洗腰,一辈倒比一辈高;洗洗蛋,作知县;洗洗沟,作知州!"大家

老舍出生的小院小羊圈胡同(现小杨家胡同)8号院

听了，更加佩服白姥姥——她明知盆内的铜钱不多，而仍把吉祥话说得完完全全，不偷工减料，实在不易多得！虽然我后来既没作知县，也没作知州，我可也不能不感谢她把我的全身都洗得干干净净，可能比知县、知州更干净一些。

洗完，白姥姥又用姜片艾团灸了我的脑门和身上的各重要关节。因此，我一直到年过花甲都没闹过关节炎。她还用一块新青布，沾了些清茶，用力擦我的牙床。我就在这时节哭了起来；误投误撞，这一哭原是大吉之兆！在老妈妈们的词典中，这叫作"响盆"。有无始终坚持不哭、放弃吉利的孩子，我就不知道了。最后，白姥姥拾起一根大葱打了我三下，口中念念有词："一打聪明，二打伶俐！"这到后来也应验了，我有时候的确和大葱一样聪明。

这棵葱应当由父亲扔到房上去。就在这紧要关头，我父亲回来了。屋中的活跃是无法形容的！他一进来，大家便一齐向他道喜。他不知请了多少安，说了多少声"道谢啦！"，可是眼睛始终瞭着炕中间。我是经得起父亲的鉴定的，浑身一尘不染，满是槐枝与艾叶的苦味与香气，头发虽然不多不长，却也刚刚梳过。我的啼声也很雄壮。父亲很满意，于是把褡裢中两吊多钱也给了白姥姥。[5]

1．老舍出生后到入基督教前一直用名"舒庆春"。

2．传说他是玉皇大帝封的"东厨司命灶王府君"，保护和监察一家。每年到了腊月二十三（中国北方腊月二十三，南方腊月二十四）灶王爷便要升天，向玉皇大帝汇报这家人的言行善恶，并把这家来年吉凶命运带回。因此，人们通过祭灶的方式希望他能"上天言好事，下界保平安"。

3．依实际情况，《正红旗下》中的二姐应该是老舍的三姐。

4．旧时代妇女年长者的生活经验或约定俗成、因时而易的生活方式。

5．以上取自《正红旗下》，《老舍全集》（第八卷），北京：人民文学出版社，2013年，第447－490页。胡絜青在《老舍生活与创作自述·后记》中说："它（《正红旗下》）对了解老舍本人的身世、家庭和童年是会有很大帮助的，虽然在细节上不必全信以为真。……即使有点出入，也影响不大。"

第二节　父亲[1]

　　我一点不能自立：是活下去好呢？还是死了好呢？[2]我还不如那么一只小黄绒鸡。它从蛋壳里一钻出来便会在阳光下抖一抖小翅膀，而后在地上与墙角，寻些可以咽下去的小颗粒。我什么也不会，我生我死须完全听着别人的；饿了，我只知道啼哭，最具体的办法不过是流泪！我只求一饱，可是母亲没有奶给我吃。她的乳房软软的贴在胸前，乳头只是两个不体面而抽抽着的黑葡萄，没有一点浆汁。怎样呢，我饿呀！母亲和小姐姐只去用个小沙锅熬一点浆糊，加上些糕干面，填在我的小红嘴里。代乳粉与鲜牛乳，在那不大文明的时代还都不时兴；就是容易找到，家中也没有那么多的钱为我花。浆糊的力量只足以消极的使我一时不至断气，它不能教我身上那一层红软的皮儿离开骨头。我连哭都哭不出壮烈的声儿来。

　　假如我能自主，我一定不愿意长久这么敷衍下去，虽然有点对不起母亲，可是这样的苟且偷生怎能对得起生命呢？

　　自然母亲是不亏心的。她想尽了方法使我饱暖。至于我到底还是不饱不暖，她比任何人，甚至于比我自己，都更关心着急，可是她想不出好的方法来。她只能偎着我的瘦脸，含着泪向我说："你不会投生到个好地方去吗？"然后她用力的连连吻我，吻得我出不来气，母子的瘦脸上都显出一点很难见到的血色。

　　"七坐八爬"。但是我到七个月不会坐，八个月也不会爬。我很老实，仿佛是我活到七八月之间已经领略透了生命的滋味，已经晓得忍耐与敷衍。除了小姐姐把我扯起来趔趄着的时候，我轻易也不笑一笑。我的青黄的小脸上几乎是带出由隐忍而傲慢的神气，所以也难怪姑母总说我是个"姥姥不疼，舅舅不爱的小东西"。

我猜想着，我那个时候一定不会很体面。虽然母亲总是说我小时候怎么俊，怎么白净，可是我始终不敢深信。母亲眼中要是有了丑儿女，人类即使不灭绝，大概也得减少去好多好多吧。当我七八岁的时候，每逢大姐丈来看我们，他必定要看看我的"小蚕"。看完了，他仿佛很放心了似的，咬着舌儿说——他是个很漂亮的人，可惜就是有点咬舌儿——"哼，老二行了；当初，也就是豌豆那么点儿！"我很不爱听这个，就是小一点吧，也不至于与豌豆为伍啊！可是，恐怕这倒比母亲的夸赞更真实一些，我的瘦弱丑陋是无可否认的。[3]

一岁半，我把父亲"剋"死了。[4]

父亲的模样，我说不上来，因为还没到我能记清楚他的模样的时候，他就逝世了。这是后话，不用在此多说。我只能说，他是个"面黄无须"的旗兵，因为在我八九岁时，我偶然发现了他出入皇城的那面腰牌，上面烫着"面黄无须"四个大字。[5]

义和团起义的那一年，我还不满两岁，当然无从记得当时的风狂火烈、杀声震天的声势和光景。可是，自从我开始记事，直到老母病逝，我听过多少多少次她的关于八国联军罪行的含泪追述。对于集合到北京来的各路团民的形象，她述说的不多，因为她，正像当日的一般妇女那样，是不敢轻易走出街门的。她可是深恨，因而也就牢牢记住洋兵的罪行——他们找上门来行凶打抢。母亲的述说，深深印在我的心中，难以磨灭。在我的童年时期，我几乎不需要听什么吞吃孩子的恶魔等等故事。母亲口中的洋兵是比童话中巨口獠牙的恶魔更为凶暴的。况且，童话只是童话，母亲讲的是千真万确的事实，是直接与我们一家人有关的事实。

我不记得父亲的音容，他是在那一年与联军巷战时阵亡的。他是每月关三两饷银[6]的护军，任务是保卫皇城。联军攻入了地安门，父亲死在北长街的一家粮店里。

那时候，母亲与姐姐既不敢出门，哥哥刚九岁，我又大部分时间睡在炕上，我们实在无从得到父亲的消息——多少团民、士兵，与无辜的人民就那么失了踪！

多亏舅父家的二哥前来报信。二哥也是旗兵，在皇城内当差。败下阵来，他路过那家粮店，进去找点水喝。那正是热天。店中职工都已逃走，只有我的父亲躺在那里，全身烧肿，已不能说话。他把一双因脚肿而脱下来的布袜子交给了二哥，一语未发。父亲到什么时候才受尽苦痛而身亡，没人晓得。[7]

父亲的武器是老式的抬枪，随放随装火药。几杆抬枪列在一处，不少的火药就撒落在地上。洋兵的子弹把火药打燃，而父亲身上又带有火药，于是……

在那大混乱中，二哥自顾不暇，没法儿把半死的姑父背负回来，找车没车，找人没人，连皇上和太后不是都跑了吗？

进了门，二哥放声大哭，把那双袜子交给了我的母亲。许多年后，二哥每提起此事就难过，自谴。可是我们全家都没有责难过他一句。我们恨八国联军！

母亲当时的苦痛与困难，不难想象。城里到处火光烛天，枪炮齐响，有钱的人纷纷逃难，穷苦的人民水断粮绝。父亲是一家之主，他活着，我们全家有点老米吃；他死去，我们须自谋生计。母亲要强，没有因为悲伤而听天由命。她日夜操作，得些微薄的报酬，使儿女们免于死亡。在精神状态上，我是个抑郁寡欢的孩子，因为我刚一懂得点事便知道了愁吃愁喝。这点痛苦并不是什么突出的例子。那年月，有多少儿童被卖出去或因饥寒而夭折了啊！

联军攻入北京，他们究竟杀了多少人，劫走多少财宝，没法统计[8]。这是一笔永远算不清的债！以言杀戮，确是鸡犬不留。北京家家户户的鸡都被洋兵捉走。敢出声的狗，立被刺死——我家的大黄狗就死于刺刀之下。偷鸡杀狗表现了占领者的勇敢与威风。以言劫夺，占领者的确"文明"。他们不像绿林好汉那么粗野，劫获财宝，呼啸而去。不！他们都有高度的盗窃技巧，他们耐心地，细致地挨家挨户去搜索，剔刮，像姑娘篦发那么从容、细腻。

我们住的小胡同，连轿车也进不来，一向不见经传。那里的住户都是赤贫的劳动人民，最贵重的东西不过是张大妈的结婚戒指（也许是白铜的），或李二嫂的一根银头簪。可是，洋兵以老鼠般的聪明找到这条小胡同，三五成群，一天不知来几批。我们的门户须终日敞开，妇女们把剪子藏在怀里，默默地坐在墙根，等待着文明强盗——刽子手兼明火、小偷。他们来到，先去搜鸡，而后到屋中翻箱倒柜，从容不迫地、无孔不入地把稍有价值的东西都拿走。第一批若有所遗漏，自有第二批、第三批前来加意精选。

我们的炕上有两只年深日久的破木箱。我正睡在箱子附近。文明强盗又来了。我们的黄狗已被前一批强盗刺死，血还未干。他们把箱底儿朝上，倒出所有的破东西。强盗走后，母亲进来，我还被箱子扣着。我一定是睡得很熟，要不然，他们找不到好东西，而听到孩子的啼声，十之八九也会给我一刺刀。一个中国人的性命，在那时节，算得了什么呢！况且，我又是那么瘦小、不体面的一个孩子呢！ [9]

　　1. 老舍父亲舒永寿，属正红旗，皇城护军，月薪三两饷银。

　　2. 此句作家化用莎士比亚戏剧《哈姆雷特》中的经典独白"To be, or not to be"以自我调侃。老舍有过幽默文字谈儿女打扰写作，刚想到一句"足以愧死莎士比亚"，被孩子给搅和得没了影。

　　3. 以上节选自《小人物自述》第二节，《老舍全集》（第八卷），北京：人民文学出版社，2013 年，第 275 页。

　　4. 此句出自《我的母亲》，《老舍全集》（第十四卷），北京：人民文学出版社，2013 年，第 327 页。

　　5. 此段出自《正红旗下》，《老舍全集》（第八卷），北京：人民文学出版社，2013 年，第 491 页。

　　6. 关饷，旧时军营领取饷银，后泛指领薪水、工资。

　　7. 清末中国与入侵帝国列强的冲突、战争造成父亲在老舍生活中的缺位。《庚子京师褒恤录》记载了舒永寿阵亡："护军……松桂、永寿、文禄……均于上年七月在天安等门驻扎二十一日对敌阵亡……"父亲和旗兵们在京城里和八国联军交战时候，他才一岁半足岁。1900 年 8 月 15 日，正当中年的永寿守正阳门受伤致死，后来的棺木中只有生前穿的一双袜子和一副裤脚带。老舍对父亲肖像的记述源于其进入皇城的腰牌上的字迹："面黄无须"，这是父子酷肖处。老舍中年自述："现年四十岁，面黄无须。"从他的中年照片可以想象得知其父舒永寿的容像，再可以从正红旗护军逢大典时所着礼服想见其当年的军仪。父子面容相似，而死况之惨乃是六十多年后水火无情的轮回：父亲死于战火，他本人跳太平湖沉溺。父亲故世前后的年头，正是老舍《茶馆》《断魂枪》《神拳》等作品中人事与生活的语境。这些人事的叙述过程中，幽幽飘荡着老舍父亲的一丝气息。

　　8. 单北京被杀与自杀者数万人，而各官府库银损失约 6000 万两，文物书籍被盗毁者无数。

9. 以上节选自《神拳·后记》,《老舍全集》(第十一卷),北京:人民文学出版社,2013 年,第 618—621 页。这篇后记写于 1960 年,那一年是"义和团起义的六十周年",老舍自承看了"一些有关的史料与传说,和一些用新的眼光评论义和团起义的文章",所以处处见出"新"的评价与个人家族经验的糅合。这些都打上二十世纪六十年代的印迹,也是老舍以写剧本完成工作任务的方式。二十世纪三十年代练武术,老舍自嘲:"耍刀弄棒,大有义和拳上体的嫌疑";"原先我就会不少刀枪剑戟——自然只是摆样子,并不能去厮杀一阵。从五月十四开始又练拳,虽不免近似义和团,可是真能运动运动。"显见那是另样的立场与标准。老舍的五六十年代,他努力更新自己。

第三节　母亲

母亲的娘家是北平德胜门[1]外，土城儿外边，通大钟寺[2]的大路上的一个小村里。村里一共有四五家人家，都姓马。大家都种点不十分肥美的地，但是与我同辈的兄弟们，也有当兵的，作木匠的，作泥水匠的，和当巡警的。他们虽然是农家，却养不起牛马，人手不够的时候，妇女便也须下地作活。

对于姥姥家，我只知道上述的一点。外公外婆是什么样子，我就不知道了。因为他们早已去世。至于更远的族系与家史，就更不晓得了；穷人只能顾眼前的衣食，没有功夫谈论什么过去的光荣；"家谱"这字眼，我在幼年就根本没有听说过。

母亲生在农家，所以勤俭诚实，身体也好。这一点事实却极重要，因为假若我没有这样的一位母亲，我之为我恐怕也就要大大的打个折扣了。

母亲出嫁大概是很早。我有三个哥哥，四个姐姐，但能长大成人的，只有大姐，二姐，三姐，三哥与我。我是"老"儿子。生我的时候，母亲已有四十一岁，大姐二姐已都出了阁。[3]

我不知道母亲年轻时是什么样子。但是，从我一记事儿起，直到她去世，我总以为她在二三十岁的时节，必定和我大姐同样俊秀。是，她到了五十岁左右还是那么干净体面，倒仿佛她一点苦也没受过似的。她的身量不高，可是因为举止大方，并显不出矮小。她的脸虽黄黄的，但不论是发着点光，还是暗淡一些，总是非常恬静。有这个脸色，再配上小而端正的鼻子，和很黑很亮、永不乱看的眼珠儿，谁都可以看出她有一股正气，不会有一点坏心眼儿。乍一看，她仿佛没有什么力气，及至看到她一气就洗出一大堆衣裳，就不难断定：尽管

她时常发愁，可决不肯推卸责任。⁴

　　母亲除了去参加婚丧大典，不大出门。她喜爱有条有理地在家里干活儿。她能洗能作，还会给孩子剃头，给小媳妇们绞脸——用丝线轻轻地勒去脸上的细毛儿，为是化装后，脸上显着特别光润。可是，赶巧了，父亲正去值班，而衙门放银子，母亲就须亲自去领取。我家离衙门不很远，母亲可还是显出紧张，好像要到海南岛去似的。领了银子（越来分两越小），她就手儿在街上兑换了现钱。那时候，山西人开的烟铺，回教人开的蜡烛店，和银号钱庄一样，也兑换银两。母亲是不喜欢算计一两文钱的人，但是这点银子关系着家中的"一月大计"，所以她也既腼腆又坚决地多问几家，希望多换几百钱。有时候，在她问了两家之后，恰好银盘儿落了，她饶白跑了腿，还少换了几百钱。

　　拿着现钱回到家，她开始发愁。二姐赶紧给她倒上一碗茶——小沙壶沏的茶叶末儿⁵，老放在炉口旁边保暖，茶汁很浓，有时候也有点香味。二姐可不敢说话，怕搅乱了母亲的思路。她轻轻地出去，到门外去数墙垛上的鸡爪图案，详细地记住，以备作母亲制造预算的参考材料。母亲喝了茶，脱了刚才上街穿的袍罩，盘腿坐在炕上。她抓些铜钱当算盘用，大点儿的代表一吊，小点的代表一百。她先核计该还多少债，口中念念有词，手里掂动着几个铜钱，而后摆在左方。左方摆好，一看右方（过日子的钱）太少，就又轻轻地从左方撤下几个钱，心想：对油盐店多说几句好话，也许可以少还几个。想着想着，她的手心上就出了汗，很快地又把撤下的钱补还原位。不，她不喜欢低三下四地向债主求情；还！还清！剩多剩少，就是一个不剩，也比叫掌柜的大徒弟高声申斥好的多。即使她和我的父亲商议，他——负有保卫皇城重大责任的旗兵，也只会惨笑一下，低声地说：先还债吧！

　　左方的钱码比右方的多着许多！母亲的鬓角也有了汗珠！她坐着发愣，左右为难。看着炕上那一小堆儿钱，不知道怎么花用，才能对付过这一个月去。⁶

　　父亲死了。

　　兄不到十岁，三姐十二三岁，我才一岁半，全仗母亲独力抚养了。父亲的寡姐跟我们一块儿住，她吸鸦片，她喜摸纸牌，她的脾气极坏。为我们的衣食，母亲要给人家洗衣服，缝补或裁缝衣裳。在我的记忆中，她的手终年是鲜红微肿的。白天，她洗衣服⁷，洗一两大绿瓦盆。她作事永远丝毫也不敷衍，就是屠户们送来的黑如铁的布袜，她也给洗得雪白。晚间，她与三姐抱着一盏油灯，还要缝补衣服，一直到半夜。她终年没有休息，可是在忙碌中她还把院子屋中收拾得清清爽爽。桌椅都是旧的，柜门的铜活久已残缺不全，可是她的手老使破桌面上没有尘土，残破的铜活发着光。院中，父亲遗留下的几盆石榴与夹竹桃，永远会得到应有的浇灌与爱护，年年夏天开许多花。

哥哥似乎没有同我玩耍过。有时候，他去读书；有时候，他去学徒；有时候，他也去卖花生或樱桃之类的小东西。母亲含着泪把他送走，不到两天，又含着泪接他回来。我不明白这都是什么事，而只觉得与他很生疏。与母亲相依如命的是我与三姐。因此，他们作事，我老在后面跟着。他们浇花，我也张罗着取水；他们扫地，我就撮土……从这里，我学得了爱花，爱清洁，守秩序。这些习惯至今还被我保存着。[8]

有客人来，无论手中怎么窘，母亲也要设法弄一点东西去款待。舅父与表哥们往往是自己掏钱买酒肉食，这使她脸上羞得飞红，可是殷勤的给他们温酒作面，又给她一些喜悦。遇上亲友家中有喜丧事，母亲必把大褂洗得干干净净，亲自去贺吊——份礼也许只是两吊小钱。到如今为止我的好客的习性，还未全改，尽管生活是这么清苦，因为自幼儿看惯了的事情是不易改掉的。

姑母常闹脾气。她单在鸡蛋里找骨头。她是我家中的阎王。直到我入了中学，她才死去，我可是没有看见母亲反抗过。"没受过婆婆的气，还不受大姑子的吗？命当如此！"母亲在非解释一下不足以平服别人的时候，才这样说。是的，命当如此。母亲活到老，穷到老，辛苦到老，全是命当如此。她最会吃亏。给亲友邻居帮忙，她总跑在前面：她会给婴儿洗三——穷朋友们可以因此少花

丰富胡同19号老舍故居丹柿小院全景

18

丹柿小院局部

一笔"请姥姥"钱——她会刮痧，她会给孩子们剃头，她会给少妇们绞脸……凡是她能作的，都有求必应。但是吵嘴打架，永远没有她。她宁吃亏，不逗气。当姑母死去的时候，母亲似乎把一世的委屈都哭了出来，一直哭到坟地。不知道哪里来的一位侄子，声称有承继权，母亲便一声不响，教他搬走那些破桌子烂板凳，而且把姑母养的一只肥母鸡也送给他。

可是，母亲并不软弱。父亲死在庚子闹"拳"[9]的那一年。联军入城，挨家搜索财物鸡鸭，我们被搜两次。母亲拉着哥哥与三姐坐在墙根，等着"鬼子"进门，街门是开着的。皇上跑了，丈夫死了，鬼子来了，满城是血光火焰，可是母亲不怕，她要在刺刀下，饥荒中，保护着儿女。北平有多少变乱啊，有时候兵变了，街市整条的烧起，火团落在我们院中。有时候内战了，城门紧闭，铺店关门，昼夜响着枪炮。这惊恐，这紧张，再加上一家饮食的筹划，儿女安全的顾虑，岂是一个软弱的老寡妇所能受得起的？可是，在这种时候，母亲的心横起来，她不慌不哭，要从无办法中想出办法来。她的泪会往心中落！这点软而硬的性格，也传给了我。我对一切人与事，都取和平的态度，把吃亏看作当然的。但是，在作人上，我有一定的宗旨与基本的法则，什么事都可将就，而不能超过自己画好的界限。我怕见生人，怕办杂事，怕出头露面；但是到了非我去不可的时候，我便不敢不去，正像我的母亲。从私塾到小学，到中学，我经历过起码有二十位教师吧，其中有给我很大影响的，也有毫无影响的，但是我的真正教师，把性格传给我的，是我的母亲。母亲并不识字，她给我的是生命的教育。[10]

从那以后，我们一家人怎么活了过来，连我们自己也难以说清楚，只说一件事吧：每逢伏天夜里下暴雨的时节，我们就都要坐到天明，以免屋顶忽然塌了下来，同归于尽。[11]

是的，我们都每日只进两餐，每餐只有一样菜——冬天主要的是白菜、萝卜；夏天是茄子、扁豆。饺子和打卤面是节日的饭食。在老京剧里，丑角往往以打卤面逗笑，足证并不常吃。至于贫苦的人家，像我家，夏天佐饭的"菜"，往往是盐拌小葱，冬天是腌白菜帮子，放点辣椒油。[12]

家里很穷，所以母亲在一入冬季就必积极劳动，给人家浆洗大堆大堆的衣服，或代人赶作新大衫等，以便挣到一些钱，作过年之用。

姐姐和我也不能闲着。她帮助母亲洗、作；我在一旁打下手儿——递烙铁、添火，送热水与凉水等等。我也兼管喂狗、扫地，和给灶王爷上香。我必须这么作，以便母亲和姐姐多赶出点活计来，增加收入，好在除夕与元旦吃得上包饺子！

快到年底，活计都交出去，我们就忙着筹备过年。我们的收入有限，当然不能过个肥年。可是，我们也有非办不可的事：灶王龛上总得贴上新对联，屋子总得大扫除一次，破桌子上已经不齐全的铜活总得擦亮，猪肉与白菜什么的也总得多少买一些。由大户人家看来，我们这点筹办工作的确简单的可怜。我们自己却非常兴奋。

我们当然兴奋。首先是我们过年的那一点费用是用我们自己的劳动换来的，来得硬正。每逢我向母亲报告：当铺刘家宰了两口大猪，或放债的孙家请来三堂供佛的、像些小塔似的头号"蜜供"，母亲总会说：咱们的饺子里菜多肉少，可是最好吃！刘家和孙家的饺子必是油多肉满，非常可口，但是我们的饺子会使我们的胃里和心里一齐舒服。

劳动使我们穷人骨头硬，有自信心。她使儿女们相信：只要手脚不闲着，便不会走到绝路，而且会走得嘡嘡的响。

虽然母亲也迷信，天天给灶王上三炷香，可是赶到实在没钱请香的时节，她会告诉灶王：对不起，今天饿一顿，明天我挣来钱再补上吧！是的，她自信能够挣来钱，使神仙不至于长期挨饿。我看哪，神佛似乎倒应当向她致谢、致敬！[13]

长大了些，记得有一年除夕，大概是光绪三十年前的一二年，母亲在院中接神，雪已下了一尺多厚。高香烧起，雪片由漆黑的空中落下，落到火光的圈里，非常的白，紧接着飞到火苗的附近，舞出些金光，即行消灭；先下来的灭了，上面又紧跟着下来许多，像一把"太平花"倒放。我还记着这个。我也的确感觉到，那年的神仙一定是真由天上回到世间。[14]

1．明清北京内城九门之一，是由城楼、箭楼、闸楼和瓮城等组成的群体军事防御建筑。位于北京内城西北，历经拆城墙，现仅存箭楼。

2．大钟寺位于现今北京城的三环路边，早已是城中。老舍的父母亲家都在北京城的西边，他的小说中刻画的旧城，也大都是西城的建筑、街市与城郊。

3．以上出自《我的母亲》，《老舍全集》（第十四卷），北京：人民文学出版社，2013年，第326页。

4．此段节选自《正红旗下》，《老舍全集》（第八卷），北京：人民文学出版社，2013年，第470页。

5．此处指茶叶烘焙加工落下的碎屑。买不起齐全名贵的茶叶，却又离不开某个文明的范儿，穷也不能在家戒了茶叶末儿。当家的男人坐茶馆，也自备点不怎样的叶子，彼此谦让一番，如《茶馆》中常四爷、松二爷。这是清末落魄的下层旗人生活的一个细节。

6．以上节选自《正红旗下》，《老舍全集》（第八卷），北京：人民文学出版社，2013年，第467-469页。

7．老舍在他的一些作品中表现了这样的生活情节，《月牙儿》的母亲在生活没有了依靠后就曾以洗衣糊口求生。

8．丹柿小院的菊花是有名的，老舍、胡絜青一家人爱花，老舍兄长以专门侍弄花草为业。

9．即义和团，原称义和拳，其参与者被称为"拳民"，贬称则为"拳匪"。十九世纪末，义和团长期在山东等地活动，其时教案多发与义和团活动有密不可分的关系。1900年6月遭镇压后，义和团开始向直隶等地转移。这里说的"庚子闹'拳'"就是1900年义和拳的活动。

10．以上出自《我的母亲》，《老舍全集》（第十四卷），北京：人民文学出版社，2013年，第327-329页。"生命的教育"不是知识与识文断字能够代替，"生命"这个词在老舍有非常意义，源自基督教义，耶稣说："I am the way and the truth and the life."道路、真理、生命这三个关键词与老舍的一生关系匪浅。

11. 以上出自《宝地》，《老舍全集》（第十五卷），北京：人民文学出版社，2013年，第61页。

12. 以上出自《勤俭持家》，《老舍全集》（第十五卷），北京：人民文学出版社，2013年，第113页。

13. 以上出自《贺年》，《老舍全集》（第十六卷），北京：人民文学出版社，2013年，第397—398页。

14. 此段出自《抬头见喜》，《老舍全集》（第十三卷），北京：人民文学出版社，2013年，第784页。

第四节　入学

在我小的时候，我因家贫而身体很弱。我九岁才入学。因家贫体弱，母亲有时候想教我去上学，又怕我受人家的欺侮，更怕交不上学费，所以一直到九岁我还不识一个字。说不定，我会一辈子也得不到读书的机会，因为母亲虽然知道读书的重要，可是每月间三四吊钱的学费，实在让她为难。母亲是最喜脸面的人。她迟疑不决，光阴又不等待着任何人，荒来荒去，我也许就长到十多岁了。一个十多岁的贫而不识字的孩子，很自然的是去作个小买卖——弄个小筐，卖些花生，煮豌豆，或樱桃什么的。要不然就是去学徒。母亲很爱我，但是假若我能去作学徒，或提篮沿街卖樱桃而每天赚几百钱，她或者就不会坚决的反对。穷困比爱心更有力量。

有一天，刘大叔偶然的来了。我说"偶然的"，因为他不常来看我们。他是个极富的人，尽管他心中并无贫富之别，可是他的财富使他终日不得闲，几乎没有工夫来看穷朋友。一进门，他看见了我。"孩子几岁了？上学没有？"他问我的母亲。他的声音是那么洪亮（在酒后，他常以学喊俞振庭的《金钱豹》自傲[1]），他的衣服是那么华丽，他的眼是那么亮，他的脸和手是那么白嫩肥胖，使我感到我大概是犯了什么罪。我们的小屋，破桌凳，土炕，几乎受不住他的声音的震动。等我母亲回答完，刘大叔马上决定："明天早上我来，带他上学！学钱、书籍，大姐你都不必管！"我的心跳起多高，谁知道上学是怎么一回事呢！

第二天，我像一条不体面的小狗似的，随着这位阔人去入学。学校是一家改良私塾，在离我的家有半里多地的一座道士庙里[2]。庙不甚大，而充满了各种气味：一进山门先有一股大烟味，紧跟着便是糖精味（有一家熬制糖球糖块的作坊），再往里，是厕所味，与别的臭味。学校是在大殿里。大殿两旁的小屋住着道士，和道士的家眷。大殿里很黑，很冷。神像都用黄布挡着，供桌上摆着孔圣人的牌位。学生都面朝西坐着，一共有三十来人。西墙上有一块黑板——这是"改良"私塾。老师姓李，一位极死板而极有爱心的中年人。刘大叔和李老师"嚷"了一顿，而后叫我拜圣人及老师。老师给了我一本《地球韵言》和一本《三字经》[3]。我于是就变成了学生。

自从作了学生以后，我时常的到刘大叔的家中去。他的宅子有两个大院子，院中几十间房屋都是出廊的。院后，还有一座相当大的花园。宅子的左右前后全是他的房屋，若是把那些房子齐齐的排起来，可以占半条大街。此外，他还有几处铺店。每逢我去，他必招呼我吃饭，或给我一些我没有看见过的点心。他绝不以我为一个苦孩子而冷淡我，他是阔大爷，但是他不以富傲人。

在我由私塾转入公立学校去的时候，刘大叔又来帮忙。[4]

我记得很清楚：我从私塾转入学堂，即编入初小三年级，与莘田[5]同班。我们的学校是西直门大街路南的两等小学堂。下午放学后，我们每每一同到小茶馆去听评讲[6]《小五义》或《施公案》。书钱总是他替我付。不久，这个小学堂改办女学。我就转入南草厂的第十四小学。[7]

这时候，他（刘大叔）的财产已大半出了手，他是阔大爷，他只懂得花钱，而不知道计算。人们吃他，他甘心教他们吃；人们骗他，他付之一笑。他的财产有一部分是卖掉的，也有一部分是被人骗了去的，

1932 年与罗常培合影

他不管；他的笑声照旧是洪亮的。

到我在中学毕业的时候，他已一贫如洗，什么财产也没有了，只剩了那个后花园。不过，在这个时候，假若他肯用心思，去调整他的产业，他还能有办法教自己丰衣足食，因为他的好多财产是被人家骗了去的。可是，他不肯去请律师。贫与富在他心中是完全一样的。假若在这时候，他要是不再随便花钱，他至少可以保住那座花园，和城外的地产。可是，他好善。尽管他自己的儿女受着饥寒，尽管他自己受尽折磨，他还是去办贫儿学校、粥厂等等慈善事业。他忘了自己。就是在这个时候，我和他过往的最密。他办贫儿学校，我去作义务教师。他施舍粮米，我去帮忙调查及散放。在我的心里，我很明白：放粮放钱不过只是延长贫民的受苦难的日期，而不足以阻拦住死亡。但是，看刘大叔那么热心，那么真诚，我就不顾得和他辩论，而只好也出点力了。即使我和他辩论，我也不会得胜，人情是往往能战败理智的。

（1924年）刘大叔的儿子死了，而后，他的花园也出了手。他入庙为僧，夫人与小姐入庵为尼。由他的性格来说，他似乎势必走入避世学禅的一途。但是由他的生活习惯上来说，大家总以为他不过能念念经，布施布施僧道而已，而绝对不会受戒出家。他居然出了家。在以前，他吃的是山珍海味，穿的是绫罗绸缎。他也嫖也赌。现在，他每日一餐，入秋还穿着件夏布道袍。这样苦修，他的脸上还是红红的，笑声还是洪亮的。对佛学，他有多么深的认识，我不敢说，我却真知道他是个好和尚，他知道一点便去作一点，能作一点便作一点。他的学问也许不高，但是他所知道的都能见诸实行。

出家以后，他不久就作了一座大寺的方丈。可是没有好久就被驱逐出来。他是要作真和尚，所以他不惜变卖庙产去救济苦人。庙里不要这种方丈。一般的说，方丈的责任是要扩充庙产，而不是救苦救难的。离开大寺，他到一座没有任何产业的庙里作方丈。他自己既没有钱，他还须天天为僧众们找到斋吃。同时，他还举办粥厂等等慈善事业。他穷，他忙，他每日只进一顿简单的素餐，可是他的笑声还是那么洪亮。他的庙里不应佛事，赶到有人来请，他便领着僧众给人家去哞真经，不要报酬。他整天不在庙里，但是他并没忘了修持；他持戒越来越严，对经义也深有所获。他白天在各处筹钱办事，晚间在小室里作工夫。谁见到这位破和尚也不曾想到他会是个在金子里长起来的阔大爷。

（1939 年）有一天他正给一位圆寂了的和尚念经，他忽然闭上了眼，就坐化了。火葬后，人们在他的身上发现许多舍利。

没有他，我也许一辈子也不会入学读书。没有他，我也许永远想不起帮助别人有什么乐趣与意义。他是不是真的成了佛？我不知道。但是，我的确相信他的居心与苦行是与佛极相近似的。我在精神上物质上都受过他的好处，现在我的确愿意他真的成了佛，并且盼望他以佛心引领我向善，正像在三十五年前，他拉着我去入私塾那样！

他是宗月大师。[8]

当我在小学毕了业的时候，亲友一致的愿

宗月大师

意我去学手艺，好帮助母亲。我晓得我应当去找饭吃，以减轻母亲的勤劳困苦。可是，我也愿意升学。我偷偷的考入了师范学校——制服，饮食，书籍，宿处，都由学校供给。只有这样，我才敢对母亲说升学的话。入学，要交十圆的保证金。这是一笔巨款！母亲作了半个月的难，把这巨款筹到，而后含泪把我送出门去。她不辞劳苦，只要儿子有出息。当我由师范毕业，而被派为小学校校长，母亲与我都一夜不曾合眼。我只说了句："以后，您可以歇一歇了！"她的回答只有一串串的眼泪。我入学之后，三姐结了婚。母亲对儿女是都一样疼爱的，但是假若她也有点偏爱的话，她应当偏爱三姐，因为自父亲死后，家中一切的事情都是母亲和三姐共同撑持的。三姐是母亲的右手。但是母亲知道这右手必须割去，她不能为自己的便利而耽误了女儿的青春。当花轿来到我们的破门外的时候，母亲的手就和冰一样的凉，脸上没有血色——那是阴历四月，天气很暖。大家都怕她晕过去。可是，她挣扎着，咬着嘴唇，手扶着门框，看花轿徐徐的走去。不久，姑母死了。三姐已出嫁，哥哥不在家，我又住学校，家中只剩母亲自己。她还须自晓至晚的操作，可是终日没人和她说一句话。[9]

中学的时期[10]是最忧郁的，四五个新年中只记得一个，最凄凉的一个。那是头一次改用阳历，旧历的除夕必须回学校去，不准请假。姑母刚死两个多月，

1918 年北京师范学校毕业照（第二排左起第八位为老舍）

她和我们同住了三十年的样子。她有时候很厉害，但大体上说，她很爱我。哥哥当差，不能回来。家中只剩母亲一人。

新年最热闹，也最没劲，我对它老是冷淡的。自从一记事儿起，家中就似乎很穷。爆竹总是听别人放，我们自己是静寂无哗。记得最真的是家中一张《王羲之换鹅》图。每逢除夕，母亲必把它从个神秘的地方找出来，挂在堂屋里。我在四点多钟回到家中，母亲并没有把"王羲之"找出来。吃过晚饭，我不能不告诉母亲了——我还得回校。她愣了半天，没说什么。我慢慢的走出去，她跟着走到街门。摸着袋中的几个铜子，我不知道走了多少时候，才走到了学校。路上必是很热闹，可是我并没看见，我似乎失了感觉。到了学校，学监先生正在学监室门口站着。他先问我："回来了？"我行了个礼。他点了点头，笑着叫了我一声："你还回去吧。"这一笑，永远印在我心中。假如我将来死后能入天堂，我必把这一笑带给上帝去看。

我好像没走就又到了家，母亲正对着一枝红烛坐着呢。她的泪不轻易落，她又慈善又刚强。见我回来了，她脸上有了笑容，拿出一个细草纸包儿来："给你买的杂拌儿[11]，刚才一忙，也忘了给你。"母子好像有千言万语，只是没精神说。早早的就睡了。母亲也没接神。[12]

使我念念不忘的是方唯一先生[13]给我们写的一副对。方先生的字与文造诣都极深，我十六七岁练习古文旧诗受益于他老先生者最大。在五四运动以前，我虽然很年轻，可是我的散文是学桐城派，我的诗是学陆放翁与吴梅村。他给我一副对子。这一副对子是他临死以前给我写的，用笔运墨之妙，可以算他老人家的杰作。在抗战前，无论我在哪里住家，我总把它悬在最显眼的地方。我还记得它的文字："四世传经是谓通德，一门训善惟以永年。"[14]

1．言刘大叔（即宗月大师刘寿绵）好唱戏，学俞振庭拿手的《金钱豹》。旗人好唱戏，从天下第一戏迷慈禧起。好这一类消遣，也是刘败家快一点的推手。

2．清末湖广总督张之洞著《劝学篇》，主张庙产兴学，在光绪二十七年（1901 年）时成为清朝的政策，此后全国各地以佛道庙产举办学校的现象普遍出现，继而诱发地方官吏及劣绅恶痞没收寺庙之热潮，各地区驱僧毁寺，日有所闻，佛道二教中人为保寺庙财产疲于奔命。

3．《地球韵言》一般被认为是中国最早的世界地理课本（有光绪辛丑 1901 年印本），与《三字经》并列授课，正是改良私塾新旧合掺的特征。

4．以上出自《宗月大师》，《老舍全集》（第十四卷），北京：人民文学出版社，2013 年，第 238–239 页。

5．罗常培（1899–1958），字莘田，号恬庵，笔名贾尹耕。北京人。满族，萨克达氏，正黄旗人。北京大学毕业。语言学家、语言教育家。1907 年考入京师公立第二两等小学堂，与舒庆春同学，遂成一生好友。舒庆春师范毕业后去办小学，罗莘田一方面在参议院作速记员，一方面在北大读书，二人难以相见，但未相忘，此后许多年月中一直忽聚忽散，而始终彼此关切。二十世纪三十年代，老舍有一次从山东回北平，朋友们聚了两桌，酒是整坛。桌上只有莘田是自幼的同学，眼前浮现的是：两人曾对揪小辫打架，一同逃学去听《施公案》。莘田酒量不大，那天也陪了老舍几杯，十分畅快。抗日战争中，莘田由昆明来北碚访友，同在重庆的老舍特意卖了一身旧衣裳，请他去小饭馆儿吃一顿。不巧，莘田正闹肠胃病，吃不下去，两人相视苦笑久久。直到 1950 年老舍回到北京，二人才常常见面谈心叙旧。

6．即评书，又称说书、评话、讲书、讲古，是从宋代兴盛的中国传统口头文学讲说表演的艺术形式。

7．此段节选自《悼念罗常培先生》，《老舍全集》（第十五卷），北京：人民文学出版社，2013 年，第 10 页。

8.以上出自《宗月大师》,《老舍全集》(第十四卷),北京:人民文学出版社,2013年,第239-241页。

9.此段出自《我的母亲》,《老舍全集》(第十四卷),北京:人民文学出版社,2013年,第329页。

10.老舍小学毕业后先考入祖家街市立第三中学。半年后因经济困难退学。后来才考入花费少的北京师范学校。

11.杂拌儿是一种表示吉祥的象征物,流行于北京地区,春节时将一些寓意吉利的干果掺在一起放在一大盒内供食用。

12.以上节选自《抬头见喜》,《老舍全集》(第十三卷),北京:人民文学出版社,2013年,第784-785页。

13.方唯一,即方还(1867-1933),原名张方中,字唯一,晚号蟪庵,江苏昆山人,民初昆山光复元勋。曾先后担任北京师范学校、北京女子师范学校、通州女子师范学校等学校校长,是民国初期享有盛名的教育家和书法家。博学好古,工诗词,好辞章。时有江南文坛巨匠之誉。方唯一在1914-1917年间任北京师范学校校长,一时培育了多少英才。方唯一还赏识舒庆春,待其如子,所以做学生的益发地在文章诗词上下功夫。

14.此段出自《四大皆空》,《老舍全集》(第十四卷),北京:人民文学出版社,2013年,第342页。

第五节　没有故事 [1]

人是为明天活着的，因为记忆中有朝阳晓露；假若过去的早晨都似地狱那么黑暗丑恶，盼明天干吗呢？是的，记忆中也有痛苦危险，可是希望会把过去的恐怖裹上一层糖衣，像看着一出悲剧似的苦中有些甜美。无论怎说吧，过去的一切都不可移动；实在，所以可靠；明天的渺茫全仗昨天的实在撑持着，新梦是旧事的拆洗缝补。

对了，我记得她的眼。她死了好多年了，她的眼还活着，在我的心里。这对眼睛替我看守着爱情。当我忙得忘了许多事，甚至于忘了她，这两只眼会忽然在一朵云中，或一汪水里，或一瓣花上，或一线光中，轻轻的一闪，像归燕的翅儿，只须一闪，我便感到无限的春光。我立刻就回到那梦境中，哪一件小事都凄凉，甜美，如同独自在春月下踏着落花。

这双眼所引的一点爱火，只是极纯的一个小火苗，像心中的一点晚霞，晚霞的结晶。它可以烧明了流水远山，照明了春花秋叶，给海浪一些金光，可是它恰好的也能在我心中，照明了我的泪珠。

它们只有两个神情：一个是凝视，极短极快，可是千真万确的凝视。只微微的一看，就看到我的灵魂，把一切都无声的告诉了给我。凝视，一点也不错，我知道她只须极短极快的一看，看的动作过去了，极快的过去了，可是，她心里看着我呢，不定看多么久呢；我到底得管这叫作凝视，不论它是多么快，多么短。一切的诗文都用不着，这一眼道尽了"爱"所会说的与所会作的。另一个是眼珠横着一移动，由微笑移动到微笑里去，在处女的尊严中笑出一点点被爱逗出的轻佻，由热情中笑出一点点无法抑止的高兴。

我没和她说过一句话，没握过一次手，见面连点头都不点。可是我的一切，她知道；她的一切，我知道。我们用不着看彼此的服装，用不着打听彼此的身世，我们一眼看到一粒珍珠，藏在彼此的心里；这一点点便是我们的一切，那些七零八碎的东西都是配搭，都无须注意。看我一眼，她低着头轻快的走过去，把一点微笑留在她身后的空气中，像太阳落后还留下一些明霞。

我们彼此躲避着，同时彼此愿马上搂抱在一处。我们轻轻的哀叹；忽然遇见了，那么凝视一下，登时欢喜起来，身上像减了分量，每一步都走得轻快有力，像要跳起来的样子。

我们极愿意过一句话，可是我们很怕交谈，说什么呢？哪一个日常的俗字能道出我们的心事呢？让我们不开口，永不开口吧！我们的对视与微笑是永生的，是完全的，其余的一切都是破碎微弱，不值得一作的。

我们分离有许多年了，她还是那么秀美，那么多情，在我的心里。她将永远不老，永远只向我一个人微笑。在我的梦中，我常常看见她，一个甜美的梦是最真实，最纯洁，最完美的，多少多少人生中的小困苦小折磨使我丧气，使我轻看生命。可是，那个微笑与眼神忽然的从哪儿飞来，我想起唯有"人面桃花相映红"差可托似的一点心情与境界，我忘了困苦，我不再丧气，我恢复了青春；无疑的，我在她的洁白的梦中，必定还是个美少年呀。

春在燕的翅上，把春光颤得更明了一些，同样，我的青春在她的眼里，永远使我的血温暖，像土中的一颗子粒，永远想发出一个小小的绿芽。一粒小豆那么小的一点爱情，眼珠一移，嘴唇一动，日月都没有了作用，到无论什么时候，我们总是一对刚开开的春花。

不要再说什么，不要再说什么！我的烦恼也是香甜的呀，因为她那么看过我！[2]

1. 据罗常培《我与老舍》，"他后来所写的《微神》，就是他自己初恋的影儿。……他告诉我儿时所眷恋的对象和当时的感情动荡的状况，我还一度自告奋勇地去伐柯，到了儿因为那位小姐的父亲当了和尚，累得女儿也做了带发修行的优波夷！以致这段姻缘未能缔结"。优波夷为女居士的梵文音译。这篇原题为"无题（因为没有故事）"的文章记叙着老舍初恋时的感情动荡，它比《微神》更真。

2. 以上节选自《无题》，《老舍全集》（第十四卷），北京：人民文学出版社，2013年，第79页。

第二章　糊口四方

及壮，糊口四方，教书为业，甚难发财；每购奖券，以得末彩为荣，示甘于寒贱也。二十七岁，发愤著书，科学哲学无所懂，故写小说，博大家一笑，没什么了不得。[1]

---

1. 此段出自《小型复活》，《老舍全集》（第十五卷），北京：人民文学出版社，2013年，第355页。

第一节 "五四"

因家贫，我在初级师范学校毕业后就去挣钱养家，不能升学[1]。在"五四"运动的时候，我正作一个小学校的校长。[2]

"五四"把我与"学生"隔开。我看见了五四运动，而没在这个运动里面，我已作了事。是的，我差不多老没和教育事业断缘，可是到底对于这个大运动是个旁观者。[3]

以我这么一个中学毕业生（那时候，中学是四年毕业，初级师范是五年毕业），既没有什么学识，又须挣钱养家，怎么能够一来二去地变成作家呢？这就不能不感谢"五四"运动了！

假若没有"五四"运动，我很可能终身作这样的一个人：兢兢业业地办小学，恭恭顺顺地侍奉老母，规规矩矩地结婚生子，如是而已。我绝对不会忽然想起去搞文艺。

这并不是说，作家比小学校校长的地位更高，任务更重；一定不是！我是说，没有"五四"，我不可能变成个作家。

"五四"给我创造了当作家的条件。

首先是：我的思想变了。"五四"运动是反封建的。这样，以前我以为对的，变成了不对。我幼年入私塾，第一天就先给孔圣人的木牌行三跪九叩的大礼；后来，每天上学下学都要向那牌位作揖。到了"五四"，孔圣人的地位大为动摇。既可以否定孔圣人，那么还有什么不可否定的呢？他是大成至圣先师啊！这一下子就打乱了二千年来的老规矩。这可真不简单！我还是我，可是我的心灵变了，变得敢于怀疑孔圣人了！这还了得！假若没有这一招，不管我怎么爱好文艺，我也不会想到跟才子佳人、鸳鸯蝴蝶有所不同的题材，也不敢对老人老事有任何批判。"五四"运动送给了我一双新眼睛。

其次是："五四"运动是反抗帝国主义的。自从我在小学读书的时候，我就知道了国耻。可是，直到"五四"，我才知道一些国耻是怎么来的，而且知道了应该反抗谁和反抗什么。以前，我常常听说"中国不亡，是无天理"这类的泄气话，而且觉得不足为怪。看到了"五四"运动，我才懂得了"天下兴亡，匹夫有责"。这运动使我看见了爱国主义的具体表现，明白了一些救亡图存的初步办法。反封建使我体会到人的尊严，人不该作礼教的奴隶；反帝国主义使我感到中国人的尊严，中国人不该再作洋奴。这两种认识就是我后来写作的基本思想与情感。虽然我写的并不深刻，可是若没有"五四"运动给了我这点基本东西，我便什么也写不出了。这点基本东西迫使我非写不可，也就是非把封建社会和帝国主义所给我的苦汁子吐出来不可！这就是我的灵感，一个献身文艺写作的灵感。

最后，"五四"运动也是个文艺运动。白话已成为文学的工具。这就打断了文人腕上的锁铐——文言。不过，只运用白话并不能解决问题。没有新思想，新感情，用白话也可以写出非常陈腐的东西。新的心灵得到新的表现工具，才能产生内容与形式一致新颖的作品。五四给了我一个新的心灵，也给了我一个新的文学语言。[4]到了五四运动时期，白话文学兴起，我不由得狂喜。假若那时候，凡能写几个字的都想一跃而成为文学家，我就也是一个。我开始偷偷的写小说。我并没想去投稿，也没投过稿。可是，用白话写，而且字句中间要放上新的标点符号，那是多么痛快有趣的事啊！再有一百个吴梅村，也拦不住我去试写新东西！这文字解放（以白话代文言）的狂悦，在当时，使我与千千万万的青年不知花费了多少心血，消耗了多少纸笔！

这种狂悦可并不一定使人搞清楚思想，反之，它倒许令人迷惘，伤感，沉醉在一种什么地方都是诗，而又不易捉摸到明朗的诗句的境界。我就是那样。我想象着月色可能是蓝的，石头是有感觉的，而又没有胆子把蓝月与活石写出来。新诗既不能得心应手，有时候我就在深夜朗读《离骚》。[5]

感谢"五四"，它叫我变成了作家，虽然不是怎么了不起的作家。[6]

1．老舍十九岁（1918年）以品学兼优毕业于北京师范学校本科第一部四班。

2．此段出自《"五四"给了我什么》，《老舍全集》（第十四卷），北京：人民文学出版社，2013年，第636页。

3．此段出自《我怎样写〈赵子曰〉》，《老舍全集》（第十六卷），北京：人民文学出版社，2013年，第167页。

4．以上出自《"五四"给了我什么》，《老舍全集》（第十四卷），北京：人民文学出版社，2013年，第636-637页。此时老舍对五四运动的认识，是一种新民主主义论的立场，比起自省《赵子曰》写学生运动已经不是一个逻辑。从五四运动过来的中国作家而继续创作，这是必经的一次转变，更有向为工农兵服务的转向。

5．以上出自《〈老舍选集〉自序》，《老舍全集》（第十七卷），北京：人民文学出版社，2013年，第520页。

6．此段出自《"五四"给了我什么》，《老舍全集》（第十四卷），北京：人民文学出版社，2013年，第637页。

第二节　小型的复活

"二十三，罗成关。"[1]

二十三岁那一年的确是我的一关，几乎没有闯过去。

从生理上，心理上，和什么什么理上看，这句俗语确是个值得注意的警告。据一位学病理学的朋友告诉我：从十八到二十五岁这一段，最应当注意抵抗肺痨。事实上，不少人在二十三岁左右正忙着大学毕业考试，同时眼睛溜着毕业即失业那个鬼影儿；两气夹攻，身体上精神上都难悠悠自得，肺病自不会不乘虚而入。

放下大学生不提，一般的来说，过了二十一岁，自然要开始收起小孩子气而想变成个大人了；有好些二十二三岁的小伙子留下小胡子玩玩，过一两星期再剃了去，即是一证。在这期间，事情得意呢，便免不得要尝尝一向认为是禁果的那些玩艺儿；既不再自居为小孩子，就该老声老气的干些老人们所玩的风流事儿了。钱是自己挣的，不花出去岂不心中闹得慌。吃烟喝酒，与穿上绸子裤褂，还都是小事；嫖嫖赌赌，才真够得上大人味儿。要是事情不得意呢，抑郁牢骚，此其时也，亦能损及健康。老实一点的人儿，即使事情得意，而又不肯瞎闹，也总会想到找个女郎，过过恋爱生活，虽然老实，到底年轻沉不住气，遇上以恋爱为游戏的女子，结婚是一堆痛苦，失恋便许自杀。反之，天下有欠太平，顾不及来想自己，杀身成仁不甘落后，战场上的血多是这般人身上的。

可惜没有一套统计表来帮忙，我只好说就我个人的观察，这个"罗成关论"是可以立得住的。就近取譬，我至少可以抬出自己作证，虽说不上什么"科学的"，但到底也不失"有这么一回"的价值。

二十三岁那年，我自己的事情，以报酬来讲，不算十分的坏。每月我可以拿到一百多块钱。十六七年前的一百块是可以当现在二百块用的；那时候还能花十五个小铜子就吃顿饱饭。我记得：一份肉丝炒三个油撕火烧，一碗馄饨带沃两个鸡子，不过是十一二个铜子就可以开付；要是预备好十五枚作饭费，那就颇可以弄一壶白干儿喝喝了。

自然那时候的中交钞票是一块当作几角用的，而月月的薪水永远不能一次拿到，于是化整为零与化圆为角的办法使我往往须当一两票当才能过得去。若是痛痛快快的发钱，而钱又是一律现洋，我想我或者早已成个"阔老"了。

无论怎么说吧，一百多圆的薪水总没教我遇到极大的困难；当了当再赎出来，正合"裕民富国"之道，我也就不悦不怨。每逢拿到几成薪水，我便回家给母亲送一点钱去。由家里出来，我总感到世界上非常的空寂，非掏出点钱去不能把自己快乐的与世界上的某个角落发生关系。于是我去看戏，逛公园，喝酒，买"大喜"烟吃。因为看戏有了瘾，我更进一步去和友人们学几句，赶到酒酣耳热的时节，我也能喊两嗓子；好歹不管，喊喊总是痛快的。酒量不大，而颇好喝，凑上二三知己，便要上几斤；喝到大家都舌短的时候，才正爱说话，说得爽快亲热，真露出点燕赵多慷慨悲歌之士的气概来。这的确值得记住的。喝醉归来，有时候把钱包手绢一齐交给洋车夫给保存着，第二日醒过来，于伤心中仍略有豪放不羁之感。一次，我正住在翊教寺一家公寓里。好友卢嵩庵[2]从柳泉居运来一坛子"竹叶青"。又约来两位朋友——内中有一位是不会喝的——大家就抄起茶碗来。坛子虽大，架不住茶碗一个劲进攻；月亮还没上来，坛子已空。干什么去呢？打牌玩吧。各拿出铜元百枚，约合大洋七角多，因这是古时候的事了。第一把牌将立起来，不晓得——至今还不晓得——我怎么上了床。牌必是没打成，因为我一睁眼已经红日东升了。

也学会了打牌。到如今我醒悟过来，我永远成不了牌油子。我不肯费心去算计，而完全浪漫的把胜负交与运气。我不看"地"上的牌，也不看上下家放的张儿，我只想象的希望来了好张子便成了清一色或是大三元。结果是回回一败涂地。认识了这一个缺欠以后，对牌便没有多大瘾了，打不打都可以；可是，在那时候我决不承认自己的牌臭，只要有人张罗，我便坐下了。

我想不起一件事比打牌更有害处的。喝多了酒可以受伤，但是刚醉过了，谁都不会马上再去饮，除非是借酒自杀的。打牌可就不然了，明知有害，还要往下干，有一个人说"再接着来"，谁便也舍不得走。在这时候，人好像已被那些小块块们给迷住，冷热饥饱都不去管，把一切卫生常识全抛在一边。越打越多吃烟喝茶，越输越往上撞火。鸡鸣了，手心发热，脑子发晕，可是谁也不肯不舍命陪君子。打一通夜的麻雀，我深信，比害一场小病的损失还要大得多。但是，年轻气盛，谁管这一套呢！

我只是不嫖。无论是多么好的朋友拉我去，我没有答应过一回。我好像是保留着这么一点，以便自解自慰；什么我都可以点头，就是不能再往"那里"去；只有这样，当清夜扪心自问的时候才不至于把自己整个的放在荒唐鬼之群里边去。

可是，烟，酒，麻雀，已足使我瘦弱，痰中往往带着点血！

那时候，婚姻自由³的理论刚刚被青年们认为是救世的福音，而母亲暗中给我定了亲事。为退婚，我着了很大的急。既要非作个新人物不可，又恐太伤了母亲的心，左右为难，心就绕成了一个小疙瘩。我请来三姐给我说情，老母含泪点了头。我爱母亲，但是我给了她最大的打击。时代使我成为逆子。婚约到底是废除了，可是我得到了很重的病。

病的初起，我只觉得混身发僵。洗澡，不出汗；满街去跑，不出汗。我知道要不妙。两三天下去，我服了一些成药，无效。夜间，我作了个怪梦，梦见我仿佛是已死去，可是清清楚楚的听见大家的哭声。第二天清晨，我回了家，到家便起不来了。

"先生"是位太医院的，给我下得什么药，我不晓得，我已昏迷不醒，不晓得要药方来看。等我又能下了地，我的头发已全体与我脱离关系，头光得像个磁球。半年以后，我还不敢对人脱帽，帽下空空如也。

经过这一场病，我开始检讨自己：那些嗜好必须戒除，从此要格外小心，这不是玩的！

可是，到底为什么要学这些恶嗜好呢？啊，原来是因为月间有百十块的进项，而工作又十分清闲。那么，打算要不去胡闹，必定先有些正经事作；清闲而报酬优的事情只能毁了自己。⁴

恰巧，这时候我的上司申斥了我一顿。我便辞了差。有的人说我太负气，

1923年赠同学关实之半身像

有的人说我被迫不能不辞职，我都不去管。我去找了个教书的地方，一月挣五十块钱。在金钱上，不用说，我受了很大的损失；在劳力上自然也要多受好多的累。可是，我很快活：我又摸着了书本，一天到晚接触的都是可爱的学生们。除了还吸烟，我把别的嗜好全自自然然的放下了。挣的钱少，作的事多，不肯花钱，也没闲工夫去花。一气便是半年，我没吃醉过一回，没摸过一次牌。累了，在校园转一转，或到运动场外看学生们打球，我的活动完全在学校里，心整，生活有规律；设若再能把烟卷扔下，而多上几次礼拜堂，我颇可以成个清教徒了。[5]

在南开中学教书的时候，我曾在校中国庆纪念会上说过：我愿将"双十"[6]解释作两个十字架。为了民主政治，为了国民的共同福利，我们每个人须负起两个十字架——耶稣只负起一个：为破坏、铲除旧的恶习，积弊，与像大烟瘾那样有毒的文化，我们须预备牺牲，负起一架十字架。同时，因为创造新的社会与文化，我们也须准备牺牲，再负起一架十字架。[7]

想起来，我能活到现在，而且生活老多少有些规律，差不多全是那一"关"的功劳；自然，那回要是没能走过来，可就似乎有些不妥了。"二十三，罗成关"，是个值得注意的警告！[8]

1. 旧时民谚，大抵是受《说唐演义全传》和据此而编的戏曲《罗成叫关》的影响。唐初，秦王李世民被诬下狱，其弟齐王李元吉为剪除李世民的势力，在奉命征讨苏烈（即苏定方）时，保荐世民部将罗成为先锋，欲借此暗害罗成。罗成出战得胜，元吉令其再战；罗成再战归来，元吉闭城不纳，罗成乃咬指写了血书，嘱城上守关的义子罗春转奏朝廷，后又只身赴敌，马陷泥河，被乱箭射死，时年二十三岁。故民间青年男子忌讳二十三岁（虚岁），认为它是人生第一个关口。

2. 卢嵩庵（1898-1978），佛教界人士。原名荣林，字松安。北京人。早年在铁路部门工作。中年后从宗月大师受戒，成为一名居士。在北京师范学校读书时与老舍同学，抗战中对老舍在北京的老母给予照顾，她过世后又帮助安葬。1950 年春老舍购置的位于灯市口西街丰富胡同 19 号的住宅也由他介绍。

3. 旧时婚姻依"父母之命，媒妁之言"，二十世纪二十年代"婚姻自由"仍在提倡之中，如 1919 年北大学生举办的杂志《新潮》明确主张"男女平等，婚姻自由"，如叶绍钧的《女子人格问题》（第一卷第二号），罗家伦的《妇女解放》（第二卷第一号）等文章就旗帜鲜明地宣扬并论证这主张的合理性。现实生活中"婚姻自由"可以付诸实践的还是极少数现象。

4. 老舍担任小学校长时，曾被学务局派往江苏考察小学教育。1920 年 9 月，老舍任京师郊外北区劝学员，又曾任京师公立北郊通俗教育讲演所所长、北京教职员公会小学部委员等职务，所以他的报酬较优。

5. 以上节选自《小型复活》，《老舍全集》（第十五卷），北京：人民文学出版社，2013 年，第 352-355 页。过了"关"，老舍加入了基督教。据《中华基督教会年鉴》1924 年第七期载："舒舍予……年二十六岁，北京人，民国十一年领洗隶北京缸瓦市中华基督教会，曾任京师劝学员、南开中学教员，北京地方服务团干事，现任京师第一中学教员，缸瓦市中华基督教会主日学主任。"这时，他抱定了为民为国牺牲之念，更名"舍予"。基督教的博爱精神影响了老舍的一生。不久，因教会关系，他经由燕京大学英籍教授易文思介绍去英国教书。

6．十月十日是为了纪念推翻封建帝制的辛亥革命的节日。

7．本段节选自《双十》，《老舍全集》（第十四卷），北京：人民文学出版社，2013 年，第 366 页。

8．本段节选自《小型复活》，《老舍全集》（第十五卷），北京：人民文学出版社，2013 年，第 355 页。

第三节　英国

　　二十七岁，我上了英国。[1] 为了自己，我给六十多岁的老母以第二次打击。在她七十大寿的那一天，我还远在异域。那天，据姐姐们后来告诉我，老太太只喝了两口酒，很早的便睡下。她想念她的幼子，而不便说出来。[2]

一、头一天

　　那时候，（一晃几十年了！）我的英语就很好。我能把它说得不像英语，也不像德语，细听才听得出——原来是"华英官话"。那就是说，我很艺术的把几个英国字匀派在中国字里，如鸡兔之同笼。英国人把我说得一愣一愣的，我可也把他们说得直眨眼；他们说的他们明白，我说的我明白，也就很过得去了。

　　…………

　　给它个死不下船，还有错儿么？！反正船得把我运到伦敦去，心里有底！

　　果然一来二去的到了伦敦。船停住不动，大家都往下搬行李，我看出来了，我也得下去。什么码头？顾不得看；也不顾问，省得又招人们眨眼。检验护照，我是末一个——英国人不像咱们这样客气，外国人得等着。等了一个多钟头，该我了。两个小官审了我一大套，我把我心里明白的都说了，他俩大概没明白。他们在护照上盖了个戳儿，我"看"明白了："准停留一月 Only"。（后来由学校宴请内务部把这个给注销了，不在话下。）管它 Only 还是"哼来"，快下船哪，别人都走了，敢情还得检查行李呢。这回很干脆："烟？"我说"no"；"丝？"又一个"no"。皮箱上画了一道符，完事。我的英语很有根了，心里说。看别人买车票，我也买了张；大家走，我也走；反正他们知道上哪儿。他们要是走丢了，我还能不陪着么？上了火车。火车非常的清洁舒服。越走，四外越绿，高高低低全是绿汪汪的。太阳有时出来，有时进去，绿地的深浅时时变动。远处的绿坡托着黑云，绿色特别的深厚。看不见庄稼，处处是短草，有时看见一两只摇尾食草的牛。这不是个农业国。

　　…………

　　车停在 Cannon Street。大家都下来，站台上不少接客的男女，接吻的声音与姿势各有不同。我也慢条斯理的下来；上哪儿呢？啊，来了救兵，易文思教授[3]向我招手呢。他的中国话比我的英语应多得着九十多分。他与我一人一件行李，走向地道车站去；有了他，上地狱也不怕了。坐地道火车到了 Liverpool Street。这是个大车站。把行李交给了转运处，他们自会给送到家去。然后我们喝了杯啤酒，吃了块点心。车站上，地道里，转运处，咖啡馆，给我这么个印象：外面都是乌黑不起眼，可是里面非常的清洁有秩序。后来我慢慢看到，英国人也是这样。脸板得要哭似的，心中可是很幽默，很会讲话。他们慢，可是有准。易教授早一分钟也不来；车进了站，他也到了。他想带我上学校去，就在车站的外边。想了想，又不去了，因为这天正是礼拜。他告诉我，已给我找好了房，而且是和许地山[4]在一块。我更痛快了，见了许地山还有什么事作呢，除了说笑话？

　　…………

　　易教授住在 Barnet，所以他也在那里给我找了房。这虽在"大伦敦"之内，实在是属 Hertfordshire，离伦敦有十一哩，坐快车得走半点多钟。我们就在原车站上了车，赶到车快到目的地，又看见大片的绿草地了。下了车，易先生笑了。说我给带来了阳光。果然，树上还挂着水珠，大概是刚下过雨去。

　　…………

　　正是九月初的天气，地上潮阴阴的，树和草都绿得鲜灵灵的。由车站到住处还要走十分种。街上差不多没有什么行人，汽车电车上也空空的。礼拜天。街道很宽，铺户可不大，都是些小而明洁的，此处已没有伦敦那种乌黑色。铺户都关着门，路右边有一大块草场，远处有一片树林，使人心中安静。

…………

最使我忘不了的是一进了胡同：Carnarvon Street。这是条不大不小的胡同。路是柏油碎石子的，路边上还有些流水，因刚下过雨去。两旁都是小房，多数是两层的，瓦多是红色。走道上有小树，多像冬青，结着红豆。房外二尺多的空地全种着花草，我看见了英国的晚玫瑰。窗都下着帘，绿蔓有的爬满了窗沿。路上几乎没人，也就有十点钟吧，易教授的大皮鞋响声占满了这胡同，没有别的声。那些房子实在不是很体面，可是被静寂，清洁，花草，红绿的颜色，雨后的空气与阳光，给了一种特别的味道。它是城市，也是村庄，它本是在伦敦作事的中等人的居住区所。房屋表现着小市民气，可是有一股清香的气味，和一点安适太平的景象。

…………

将要作我的寓所的也是所两层的小房，门外也种着一些花，虽然没有什么好的，倒还自然；窗沿上悬着一两枝灰粉的豆花。房东是两位老姑娘，姐已白了头，胖胖的很傻，说不出什么来。妹妹作过教师，说话很快，可是很清晰，她也有四十上下了。妹妹很尊敬易教授，并且感谢他给介绍两位中国朋友。许地山在屋里写小说呢，用的是一本油盐店的账本，笔可是钢笔，时时把笔尖插入账本里去，似乎表示着力透纸背。

…………

房子很小：楼下是一间客厅，一间饭室，一间厨房。楼上是三个卧室，一个浴室。由厨房出去，有个小院，院里也有几棵玫瑰，不怪英国史上有玫瑰战争，到处有玫瑰，而且种类很多。院墙只是点矮矮的木树，左右邻家也有不少花草，左手里的院中还有几株梨树，挂了不少果子。我说"左右"，因自从在海上便转了方向，太阳天天不定从哪边出来呢！

…………

这所小房子里处处整洁，据地山说，都是妹妹一个人收拾的；姐姐本来就傻，对于工作更会"装"傻。他告诉我，她们的父亲是开面包房的，死时把买卖给了儿子，把两所小房给了二女。姊妹俩卖出去一所，把钱存起吃利；住一所，租两个单身客，也就可以维持生活。哥哥不管她们，她们也不求哥哥。妹妹很累，她操持一切；她不肯叫住客把硬领与袜子等交洗衣房：她自己给洗并烫平。在相当的范围内，她没完全商业化了。

易先生走后，姐姐戴起大而多花的帽子，去作礼拜。妹妹得作饭，只好等晚上再到教堂去。她们很虔诚；同时，教堂也是她们唯一的交际所在。姐姐并听不懂牧师讲的是什么，地山告诉我。路上慢慢有了人声，多数是老太婆与小孩子，都是去礼拜的。偶尔也跟着个男人，打扮得非常庄重，走路很响，是英国小绅士的味儿。邻家有弹琴的声音。

…………

饭好了，姐姐才回来，傻笑着。地山故意的问她，讲道的内容是什么？她说牧师讲的很深，都是哲学。饭是大块牛肉。由这天起，我看见牛肉就发晕。英国普通人家的饭食，好处是在干净；茶是真热。口味怎样，我不敢批评，说着伤心。

…………

饭后，又没了声音。看着屋外的阳光出没，我希望点蝉声，没有。什么声音也没有。连地山也不讲话了。寂静使我想起家来，开始写信。地山又拿出账本来，写他的小说。

…………

伦敦边上的小而静的礼拜天。⁵

二、艾支顿⁶

在那里住过一冬，我搬到伦敦的西部去。这回是与一个叫艾支顿的合租一层楼。所以事实上我所要说的是这个艾支顿——称他为二房东都勉强一些——而不是真正的房东。我与他一气在那里住了三年。⁷

这个人的父亲是牧师，他自己可不信宗教。当他很年轻的时候，他和一个女子由家中逃出来，在伦敦结了婚，生了三四个小孩。他有相当的聪明，好读书。专就文字方面上说，他会拉丁文，希腊文，德文，法文，程度都不坏。英文，他写得非常的漂亮。他作过一两本讲教育的书，即使内容上不怎样，他的文字之美是公认的事实。我愿意同他住在一处，差不多是为学些地道好英文。

在大战时，他去投军。因为心脏弱，报不上名。他硬挤了进去。见到了军官，凭他的谈吐与学识，自然不会被叉去帐外。一来二去，他升到中校，差不多等于中国的旅长了。

战后，他拿了一笔不小的遣散费，回到伦敦，重整旧业，他又去教书。为充实学识，还到过维也纳听弗洛衣德的心理学。后来就在牛津的补习学校教书。这个学校是为工人们预备的，仿佛有点像国内的暑期学校，不过目的不在补习升学的功课。作这种学校的教员，自然没有什么地位，可是实利上并不坏：一年只作半年的事，薪水也并不很低。这个，大概是他的黄金"时代"。以身份言，中校；以学识言，有著作；以生活言，有个清闲舒服的事情。

也正是在这个时候，他和一位美国女子发生了恋爱。她出自名家，有硕士的学位，来伦敦游玩，遇上了他。她的学识正好补足他的，她是学经济的；他在补习学校演讲关于经济的问题，她就给他预备稿子。

他的夫人告了。离婚案刚一提到法庭，补习学校便免了他的职。这种案子在牛津与剑桥还是闹不得的！离婚案成立，他得到自由，但须按月供给夫人一些钱。

在我遇到他的时候，他正极狼狈。自己没有事，除了夫妇的花销，还得供给原配。幸而硕士找到了事，两份儿家都由她支持着。他空有学问，找不到事。可是两家的感情渐渐的改善，两位夫人见了面，他每月给第一位夫人送钱也是亲自去，他的女儿也肯来找他。这个，可救不了穷。穷，他还会去花钱。作过几年军官，他挥霍惯了。钱一到他手里便不会老实。他爱买书，爱吸好烟，有时候还得喝一盅。我在东方学院见了他，他到那里学华语；不知他怎么弄到手里几镑钱，便出了这个主意。见到我，他说彼此交换知识，我多教他些中文，他教我些英文，岂不甚好？为学习的方便，顶好是住在一处，假若我出房钱，他就供给我饭食。我点了头，他便找了房。

艾支顿夫人真可怜。她早晨起来，便得作好早饭。吃完，她急忙去作工，拚命的追公共汽车；永远不等车站稳就跳上去，有时把腿碰得紫里蒿青。五点下工，又得给我们作晚饭。她的烹调本事不算高明，我俩一有点不爱吃的表示，她便立刻泪在眼眶里转。有时候，艾支顿卖了一本旧书或一张画，手中攥着点钱，笑着请我们出去吃一顿。有时候我看她太疲乏了，就请他俩吃顿中国饭。[8]在这种时节，她喜欢得像小孩子似的。

他的朋友多数和他的情形差不多。我还记得几位：有一位是个年轻的工人，谈吐很好，可是时常失业，一点也不是他的错儿，怎奈工厂时开时闭。他自然的是个社会主义者，每逢来看艾支顿，他俩便粗着脖子红着脸的争辩。艾支顿也很有口才，不过与其说他是为政治主张而争辩，还不如说是为争辩而争辩。还有一位小老头也常来，他顶可爱。德文，意大利文，西班牙文，他都能读能写能讲，但是找不到事作；闲着没事，他只为一家磁砖厂吆喝买卖，拿一点扣头。另一位老者，常上我们这一带来给人家擦玻璃，也是我们的朋友。这个老头是位博士。赶上我们在家，他便一边擦着玻璃，一边和我们讨论文学与哲学。孔子的哲学，泰戈尔的诗，他都读过，不用说西方的作家了。[9]

只提这么三位吧，在他们的身上使我感到工商资本主义的社会的崩溃与罪恶。他们都有知识，有能力，可是被那个社会制度捆住了手，使他们抓不到面包。成千论万的人是这样，而且有远不及他们三个的！找个事情真比登天还难！

艾支顿一直闲了三年。我们那层楼的租约是三年为限。住满了，房东要加租，我们就分离开，因为再找那样便宜，和恰好够三个人住的房子，是大不容易的。虽然不在一块儿住了，可是还时常见面。艾支顿只要手里有够看电影的钱，便立刻打电话请我去看电影。即使一个礼拜，他的手中彻底的空空如也，他也会约我到家里去吃一顿饭。自然，我去的时候也老给他们买些东西。这一点上，他不像普通的英国人，他好请朋友，也很坦然的接受朋友的约请与馈赠。有许多地方，他都带出点浪漫劲儿，但他到底是个英国人，不能完全放弃绅士的气派。

直到我回国的时际，他才找到了事——在一家大书局里作顾问，荐举大陆上与美国的书籍，经书局核准，他再找人去翻译或——若是美国的书——出英国版。我离开英国后，听说他已被那个书局聘为编辑员。

三、达尔曼一家

离开他们夫妇，我住了半年的公寓，不便细说；房东与房客除了交租金时见一面，没有一点别的关系。在公寓里，晚饭得出去吃，既费钱，又麻烦，所以我又去找房间。这回是在伦敦南部找到一间房子，房东是老夫妇，带着个女儿。

这个老头儿——达尔曼先生——是干什么的，至今我还不清楚。一来我只在那儿住了半年，二来英国人不喜欢谈私事，三来达尔曼先生不爱说话，所以我始终没得机会打听。偶尔由老夫妇谈话中听到一两句，仿佛他是木器行的，专给人家设计作家具。他身边常带着尺。但是我不敢说肯定的话。

这个老头儿是地道英国的小市民，有什么说的，便是重述《晨报》上的消息与意见。凡是《晨报》所说的都对！

1926 年在伦敦公寓

（他）有房，有点积蓄，勤苦，干净，什么也不知道，只晓得自己的工作是神圣的，英国人是世界上最好的人。

达尔曼太太是女性的达尔曼先生，她的意见不但得自《晨报》，而且是由达尔曼先生口中念出的那几段《晨报》，她没工夫自己去看报。

达尔曼姑娘只看《晨报》上的广告。有一回，或者是因为看我老拿着本书，她向我借一本小说。随手的我给了她一本威尔思的幽默故事。念了一段，她的脸都气紫了！我赶紧出去在报摊上给她找了本六个便士的罗曼司，内容大概是一个女招待嫁了个男招待，后来才发现这个男招待是位伯爵的承继人。这本小书使她对我又有了笑脸。

她没事作，所以在分类广告上登了一小段广告——教授跳舞。她的技术如何，我不晓得，不过她声明愿减收半费教给我的时候，我没出声。把知识变成金钱，是她，和一切小市民的格言。

她有点苦闷，没有男朋友约她出去玩耍，往往吃完晚饭便假装头疼，跑到楼上去睡觉。婚姻问题在那经济不景气的国度里，真是个没法办的问题。我看她恐怕要窝在家里！"房东太太的女儿"往往成为留学生的夫人，这是留什么外史一类小说的好材料[10]；其实，里面的意义并不止是留学生的荒唐呀。[11]

四、东方学院

从一九二四年的秋天，到一九二九年的夏天，我一直的在伦敦住了五年。除了暑假寒假和春假中，我有时候离开伦敦几天，到乡间或别的城市去游玩，其余的时间都消磨在这个大城里。我的工作不许我到别处去，就是在假期里，我还有时候得到学校去。我的钱也不许我随意的去到各处跑，英国的旅馆与火车票价都不很便宜。

我工作的地方是东方学院[12]，伦敦大学的名学院之一。这里，教授远东近东和非洲的一切语言文字。重要的语言都成为独立的学系，如中国语，阿拉伯语等；在语言之外还讲授文学哲学什么的。次要的语言，就只设一个固定的讲师，不成学系，如日本语；假如有人要特意的请求讲授日本的文学或哲学等，也就由这个讲师包办。不甚重要的语言，便连固定的讲师也不设，而是有了学生再临时去请教员，按钟点计算报酬。譬如有人要学蒙古语文或非洲的非英属的某地语文，便是这么办。自然，这里所谓的重要与不重要，是多少与英国的政治，军事，商业等相关联的。

在学系里，大概的都是有一位教授，和两位讲师。教授差不多全是英国人；两位讲师总是一个英国人，和一个外国人——这就是说，中国语文系有一位中国讲师，阿拉伯语文系有一位阿拉伯人作讲师。这是三位固定的教员，其余的多是临时请来的，比如中国语文系里，有时候于固定的讲师外，还有好几位临时的教员，假若赶到有学生要学中国某一种方言的话；这系里的教授与固定讲师都是说官话的，那么要是有人想学厦门话或绍兴话，就非去临时请人来教不可。

这里的教授也就是伦敦大学的教授。这里的讲师可不都是伦敦大学的讲师。以我自己说，我的聘书是东方学院发的，所以我只算学院里的讲师，和大学不发生关系。[13]那些英国讲师多数的是大学的讲师，这倒不一定是因为英国讲师的学问怎样的好，而是一种资格问题：有了大学讲师的资格，他们好有升格的希望，由讲师而副教授而教授。教授既全是英国人，如前面所说过的，那么外国人得到了大学的讲师资格也没有多大用处。况且有许多部分，根本不成为学系，没有教授，自然得到大学讲师的资格也不会有什么发展。在这里，看出英国人的偏见来。以梵文，古希伯来文，阿拉伯文等说，英国的人才并不弱于大陆上的各国；至于远东语文与学术的研究，英国显然的追不上德国或法国。设若英国人愿意，他们很可以用较低的薪水去到德法等国聘请较好的教授。可是他们不肯。他们的教授必须是英国人，不管学问怎样。就我所知道的，这个学院里的中国语文学系的教授，还没有一位真正有点学问的。这在学术上是吃了亏，可是英国人自有英国人的办法，决不会听别人的。幸而呢，别的学系真有几位好的教授与讲师，好歹一背拉，这个学院的教员大致的还算说得过去。况且，于各系的主任教授而外，还有几位学者来讲专门的学问，像印度的古代律法，巴比仑的古代美术等等，把这学院的声价也提高了不少。在这些教员之外，另有位音韵学专家，教给一切学生以发音与辨音的训练与技巧，以增加学习语言的效率。这倒是个很好的办法。

大概的说，此处的教授们并不像牛津或剑桥的教授们那样只每年给学生们一个有系统的讲演，而是每天与讲师们一样的教功课。这就必须说一说此处的学生了。到这里来的学生，几乎没有任何的限制。以年龄说，有的是七十岁的老夫或老太婆，有的是十几岁的小男孩或女孩。只要交上学费，便能入学。于是，一人学一样，很少有两个学生恰巧学一样东西的。拿中国语文系说吧，当我在那儿的时候，学生中就有两位七十多岁的老人：一位老人是专学中国字，不大管它们都念作什么，所以他指定要英国的讲师教他。另一位老人指定要跟我学，因为他非常注重发音；他对语言很有研究，古希腊，拉丁，希伯来，他都会，到七十多岁了，他要听听华语是什么味儿；学了些日子华语，他又选上了日语。这两个老人都很用功，头发虽白，心却不笨。这一对老人而外，还有许多学生：有的学言语，有的念书，有的要在伦敦大学得学位而来预备论文，有的念元曲，有的念《汉书》，有的是要往中国去，所以先来学几句话，有的是已在中国住过十年八年而想深造……总而言之，他们学的功课不同，程度不同，上课的时间不同，所要的教师也不同。这样，一个人一班，教授与两个讲师便一天忙到晚了。这些学生中最小的一个才十二岁。[14]

因此，教授与讲师都没法开一定的课程，而是兵来将挡，学生要学什么，他们就得教什么；学院当局最怕教师们说："这我可教不了。"[15] 于是，教授与讲师就很不易当。还拿中国语文系说吧，有一回，一个英国医生要求教他点中国医学。我不肯教，教授也瞪了眼。结果呢，还是由教授和他对付了一个学期。我很佩服教授这点对付劲儿；我也准知道，假若他不肯敷衍这个医生，大概院长那儿就更难对付。由这一点来说，我很喜欢这个学院的办法，来者不拒，一人一班，完全听学生的。不过，要这样办，教员可得真多，一系里只有两三个人，而想使个个学生满意，是作不到的。

老舍参与编写的英国灵格风出版公司汉语教材《言语声片》中一页

成班上课的也有：军人与银行里的练习生。军人有时候一来就是一拨儿，这一拨儿分成几组，三个学中文，两个学日文，四个学土耳其文……既是同时来的，所以可以成班。这是最好的学生。他们都是小军官，又差不多都是世家出身，所以很有规矩，而且很用功。他们学会了一种语言，不管用得着与否，只要考试及格，在饷银上就有好处。据说会一种语言的，可以每年多关一百镑钱[16]。他们在英国学一年中文，然后就可以派到中国来。到了中国，他们继续用功，而后回到英国受试验。试验及格便加薪俸了。我帮助考过他们，考题很不容易，言语，要能和中国人说话；文字，要能读大报纸上的社论与新闻，和能将中国的操典与公文译成英文。学中文的如是，学别种语文的也如是。厉害！英国的秘密侦探是著名的，军队中就有这么多，这么好的人才呀：和哪一国交战，他们就有会哪一国言语文字的军官。我认得一个年轻的军官，他已考及格过四种言语的初级试验，才二十三岁！想打倒帝国主义么，啊，得先充实自己的学问与知识，否则喊哑了嗓子只有自己难受而已。

最坏的学生是银行的练习生们。这些都是中等人家的子弟——不然也进不到银行去——可是没有军人那样的规矩与纪律，他们来学语言，只为马马虎虎混个资格，考试一过，马上就把"你有钱，我吃饭"忘掉。考试及格，他们就有被调用到东方来的希望，只是希望，并不保准。即使真被派遣到东方来，如新加坡，香港，上海等处，他们早知道满可以不说一句东方语言而把事全办了。他们是来到这个学院预备资格，不是预备言语，所以不好好的学习。教员们都不喜欢教他们，他们也看不起教员，特别是外国教员。没有比英国中等人家的二十上下岁的少年再讨厌的了，他们有英国人一切的讨厌，而英国人所有的好处他们还没有学到，因为他们是正在刚要由孩子变成大人的时候，所以比大人更讨厌。

班次这么多，功课这么复杂，不能不算是累活了。可是有一样好处：他们排功课表总设法使每个教员空闲半天。星期六下午照例没有课，再加上每周当中休息半天，合起来每一星期就有两天的休息。再说呢，一年分为三学期，每学期只上十个星期的课，一年倒可以有五个月的假日，还算不坏。不过，假期中可还有学生愿意上课；学生愿意，先生自然也得愿意，所以我不能在假期中一气离开伦敦许多天。这可也有好处，假期中上课，学费便归先生要。

学院里有个很不错的图书馆，专藏关于东方学术的书籍，楼上还有些中国书。学生在上课前，下课后，不是在休息室里，便是到图书馆去，因为此外别无去处。这里没有运动场等等的设备，学生们只好到图书馆去看书，或在休息室里吸烟，没别的事可作。学生既多数的是一人一班，而且上课的时间不同，所以不会有什么团体与运动。每一学期至多也不过有一次茶话会而已。这个会总是在图书馆里开，全校的人都被约请。没有演说，没有任何仪式，只有茶点，随意的吃。在开这个会的时候，学生才有彼此接谈的机会，老幼男女聚在一处，一边吃茶一边谈话。这才看出来，学生并不少；平日一个人一班，此刻才看到成群的学生。

假期内，学院里清静极了，只有图书馆还开着，读书的人可也并不甚多。我的《老张的哲学》，《赵子曰》，与《二马》，大部分是在这里写的，因为这里清静啊。那时候，学院是在伦敦城里。四外有好几个火车站，按说必定很乱，可是在学院里并听不到什么声音。图书馆靠街，可是正对着一块空地，有些花木，像个小公园。读完了书，到这个小公园去坐一下，倒也方便。现在，据说这个学院已搬到大学里去，图书馆与课室——一个友人来信这么说——相距很远，所以馆里更清静了。哼，希望多喒有机会再到伦敦去，再在这图书馆里写上两本小说！ 17

五、写小说

二十七岁出国。为学英文，所以念小说 18，可是还没想起来写作。到异乡的新鲜劲儿渐渐消失，半年后开始感觉寂寞，也就常常想家 19。从十四岁就不住在家里，此处所谓"想家"实在是想在国内所知道的一切。那些事既都是过去的，想起来便像一些图画，大概那色彩不甚浓厚的根本就想不起来了。这些图画常在心中来往，每每在读小说的时候使我忘了读的是什么，而呆呆的忆及自己的过去。小说中是些图画，记忆中也是些图画，为什么不可以把自己的图画用文字画下来呢？我想拿笔了。

《老张的哲学》 20

但是，在拿笔以前，我总得有些画稿子呀。那时候我还不知道世上有小说作法这类的书 21，怎办呢？对中国的小说我读过唐人小说和《儒林外史》什么的，对外国小说我才念了不多，而且是东一本西一本，有的是名家的著作，有的是女招待嫁皇太子的梦话。后来居上，新读过的自然有更大的势力，我决定不取中国小说的形式[22]，可是对外国小说我知道的并不多，想选择也无从选择起。好吧，随便写吧，管它像样不像样，反正我又不想发表。况且呢，我刚读了 *Nicholas Nickleby* 和 *Pickwick Papers* 等杂乱无章的作品[23]，更足以使我大胆放野；写就好，管它什么。这就决定了那想起便使我害羞的《老张的哲学》的形式。

形式是这样决定的；内容呢，在人物与事实上我想起什么就写什么，简直没有个中心；浮在记忆上的那些有色彩的人与事都随手取来[24]，没等把它们安置好，又去另拉一批，人挤着人，事挨着事，全喘不过气来。这一本中的人与事，假如搁在今天写，实在够写十本的。

在思想上，那时候我觉得自己很高明，所以毫不客气的叫作"哲学"。哲学！现在我认明白了自己：假如我有点长处的话，必定不在思想上。我的感情老走在理智前面，我能是个热心的朋友，而不能给人以高明的建议。感情使我的心跳得快，因而不假思索便把最普通的，浮浅的见解拿过来，作为我判断一切的准则。在一方面，这使我的笔下常常带些感情；在另一方面，我的见解总是平凡。

假若我专靠着感情，也许我能写出有相当伟大的悲剧，可是我不澈底；我一方面用感情咂摸世事的滋味，一方面我又管束着感情，不完全以自己的爱憎判断。这种矛盾是出于我个人的性格与环境。我自幼便是个穷人，在性格上又深受我母亲的影响——她是个愣挨饿也不肯求人的，同时对别人又是很义气的女人。穷，使我好骂世；刚强，使我容易以个人的感情与主张去判断别人；义气，使我对别人有点同情心。有了这点分析，就很容易明白为什么我要笑骂，而又不赶尽杀绝。我失了讽刺，而得到幽默。据说，幽默中是有同情的。我恨坏人，可是坏人也有好处；我爱好人，而好人也有缺点。"穷人的狡猾也是正义"，还是我近来的发现；在十年前我只知道一半恨一半笑的去看世界。[25]

有人说，《老张的哲学》并不幽默，而是讨厌。我不完全承认，也不完全否认，这个。有的人天生的不懂幽默；一个人一个脾气，无须再说什么。有的人急于救世救国救文学，痛恨幽默；这是师出有名，除了太专制一些，尚无大毛病。不过这两种人说我讨厌，我不便为自己辩护，可也不便马上抽自己几个嘴巴。有的人理会得幽默，而觉得我太过火，以至于讨厌。我承认这个。前面说过了，我初写小说[26]，只为写着玩玩，并不懂何为技巧，哪叫控制。我信口开河，抓住一点，死不放手，夸大了还要夸大，而且津津自喜，以为自己的笔下跳脱畅肆。讨厌？当然的。

大概最讨厌的地方是那半白半文的文字。以文字要俏本来是最容易流于耍贫嘴的，可是这个诱惑不易躲避；一个局面或事实可笑，自然而然在描写的时候便顺手加上了招笑的文字，以助成那夸张的陈述。适可而止；好不容易。

写成此书，大概费了一年的工夫。闲着就写点，有事便把它放在一旁，所以漓漓拉拉的延长到一年；若是一气写下，本来不需要这么多的时间。写的时候是用三个便士一本的作文簿，钢笔横书，写得不甚整齐。这些小事足以证明我没有大吹大擂的通电全国——我在著作；还是那句话，我只是写着玩。写完了，许地山兄来到伦敦；一块儿谈得没有什么好题目了，我就掏出小本给他念两段。他没给我什么批评，只顾了笑。后来，他说寄到国内去吧。我倒还没有这个勇气；即使寄去，也得先修改一下。可是他既不告诉我哪点应当改正，我自然闻不见自己的脚臭；于是马马虎虎就寄给了郑西谛[27]兄——并没挂号，就那么卷了一卷扔在邮局。两三个月后，《小说月报》居然把它登载出来[28]，我到中国饭馆吃了顿"杂碎"，作为犒赏三军。[29]

《赵子曰》[30]

我只知道《老张的哲学》在《小说月报》上发表了，和登完之后由文学研究会出单行本[31]。自己的作品用铅字印出来总是件快事，我自然也觉得高兴。《赵子曰》便是这点高兴的结果[32]。我知道"老张"很可笑，很生动；好了，照样再写一本就是了。于是我就开始写《赵子曰》。

材料自然得换一换："老张"是讲些中年人们，那么这次该换些年轻的了。写法可是不用改，把心中记得的人与事编排到一处就行。"老张"是揭发社会上那些我所知道的人与事，"老赵"是描写一群学生。不管是谁与什么吧，反正要写得好笑好玩；一回吃出甜头，当然想再吃；所以这两本东西是同窝的一对小动场。

可是，这并不完全正确。怎么说呢？"老张"中的人多半是我亲眼看见的，其中的事多半是我亲身参加过的；因此，书中的人与事才那么拥挤纷乱；专凭想象是不会来得这么方便的。这自然不是说，此书中的人物都可以一一的指出，"老张"是谁谁，"老李"是某某。不，绝不是！所谓"真"，不过是大致的说，人与事都有个影子，而不是与我所写的完全一样。它是我记忆中的一个百货店，换了东家与字号，即使还卖那些旧货，也另经摆列过了。其中顶坏的角色也许长得像我所最敬爱的人；就是叫我自己去分析，恐怕也没法作到一个萝卜一个坑儿。不论怎样吧，为省事起见，我们暂且笼统的说"老张"中的人与事多半是真实的。赶到写《赵子曰》的时节，本想还照方抓一剂，可是材料并不这么方便了。所以只换换材料的话不完全正确。这就是说：在动机上相同，而在执行时因事实的困难使它们不一样了。

在写"老张"以前，我已作过六年事，接触的多半是与我年岁相同的中年人。我虽没想到去写小说，可是时机一到，这六年中的经验自然是极有用的。这成全了"老张"，但委屈了《赵子曰》，因为我在一方面离开学生生活已六七年，而在另一方面这六七年中的学生已和我作学生时候的情形大不相同了，即使我还清楚地记得自己的学校生活也无补于事。我在"招待学员"的公寓里住过，我也极同情于学生们的热烈与活动，可是我不能完全把自己当作个学生，于是我在解放与自由的声浪中，在严重而混乱的场面中，找到了笑料，看出了缝子。在今天想起来，我之立在五四运动外面使我的思想吃了极大的亏，《赵子曰》便是个明证，它不鼓舞，而在轻搔新人物的痒痒肉！ [33]

有了这点说明，就晓得这两本书的所以不同了。"老张"中事实多，想象少；《赵子曰》中想象多，事实少。"老张"中纵有极讨厌的地方，究竟是与真实相距不远；有时候把一件很好的事描写得不堪，那多半是文字的毛病；文字把我拉了走，我收不住脚。至于《赵子曰》，简直没多少事实，而只有些可笑的体态，像些滑稽舞。小学生看了能跳着脚笑，它的长处止于此！我并不是幽默完又后悔；真的，真正的幽默确不是这样，现在我知道了，虽然还是眼高手低。

此中的人物只有一两位有个真的影子，多数的是临时想起来的；好的坏的都是理想的，而且是个中年人的理想，虽然我那时候还未到三十岁。我自幼贫穷，作事又很早，我的理想永远不和目前的事实相距很远，假如使我设想一个地上乐园，大概也和那初民的满地流蜜，河里都是鲜鱼的梦差不多。贫人的空想大概离不开肉馅馒头，我就是如此。明乎此，才能明白我为什么有说有笑，好讽刺而并没有绝高的见解。因为穷，所以作事早；作事早，碰的钉子就特别的多；不久，就成了中年人的样子。不应当如此，但事实上已经如此，除了酸笑还有什么办法呢?！

前面已经提过，在立意上，《赵子曰》与"老张"是鲁卫之政[34]，所以《赵子曰》的文字还是——往好里说——很挺拔利落。往坏里说呢，"老张"所有的讨厌，"老赵"一点也没减少。可是，在结构上，从《赵子曰》起，一步一步的确是有了进步，因为我读的东西多了。《赵子曰》已比"老张"显着紧凑了许多。

这本书里只有一个女角，而且始终没露面。我怕写女人；平常日子见着女人也老觉得拘束。在我读书的时候，男女还不能同校；在我作事的时候，终日与些中年人在一处，自然要假装出稳重。我没机会交女友，也似乎以此为荣。在后来的作品中虽然有女角，大概都是我心中想出来的，而加上一些我所看到的女人的举动与姿态；设若有人问我：女子真是这样么？我没法不摇头，假如我不愿撒谎的话。《赵子曰》中的女子没露面，是我最诚实的地方。[35]

这本书仍然是用极贱的"练习簿"写的，也经过差不多一年的工夫。写完，我交给宁恩承[36]兄先读一过，看看有什么错儿；他笑得把盐当作了糖，放到茶里，在吃早饭的时候。[37]

《二马》[38]

《二马》是我在国外的末一部作品：从"作"的方面说，已经有了些经验；从"读"的方面说，我不但读得多了，而且认识了英国当代作家的著作。心理分析与描写工细是当代文艺的特色；读了它们，不会不使我感到自己的粗劣，我开始决定往"细"里写。

《二马》中的细腻处是在《老张的哲学》与《赵子曰》里找不到的，"张"与"赵"中的泼辣恣肆处从《二马》以后可是也不多见了。人的思想不必一定随着年纪而往稳健里走，可是文字的风格差不多是"晚节渐于诗律细"[39]的。

读与作的经验增多，形式之美自然在心中添了分量，不管个人愿意这样与否。

《二马》在一开首便把故事最后的一幕提出来，就是这"求细"的证明：先有了结局，自然是对故事的全盘设计已有了个大概，不能再信口开河。可是这还不十分正确；我不仅打算细写，而且要非常的细，要像康拉德[40]那样把故事看成一个球[41]，从任何地方起始它总会滚动的。我本打算把故事的中段放在最前面，而后倒转回来补讲前文，而后再由这里接下去讲——讲马威逃走以后的事。这样，篇首的两节，现在看起来是像尾巴，在原来的计划中本是"腰眼儿"。为什么把腰眼儿变成了尾巴呢？有两个原因：第一个是我到底不能完全把幽默放下，而另换一个风格，于是由心理的分析又走入姿态上的取笑，笑出以后便没法再使文章萦回逗宕；无论是尾巴吧，还是腰眼吧，放在前面乃全无意义！第二个是时间上的关系：我应在一九二九年的六月离开英国，在动身以前必须把这本书写完寄出来，以免心中老存着块病。时候到了，我只写了那么多，马威逃走以后的事无论如何也赶不出来了，于是一狠心，就把腰眼当作了尾巴，硬行结束。那么，《二马》只是较比的"细"，并非和我的理想一致；到如今我还是没写出一部真正细腻的东西，这或者是天才的限制，没法勉强吧。

在文字上可是稍稍有了些变动。这不能不感激亡友白涤洲[42]——他死去快一年了！已经说过，我在"老张"与《赵子曰》里往往把文言与白话夹裹在一处；文字不一致多少能帮助一些矛盾气，好使人发笑。涤洲是头一个指出这一个毛病，而且劝我不要这样讨巧。我当时还不以为然，我写信给他，说我这是想把文言溶解在白话里，以提高白话，使白话成为雅俗共赏的东西。可是不久我就明白过来，利用文言多少是有点偷懒；把文言与白话中容易用的，现成的，都拿过来，而毫不费力的作成公众讲演稿子一类的东西，不是偷懒么？所谓文艺创作不是兼思想与文字二者而言么？那么，在文字方面就必须努力，作出一种简单的，有力的，可读的，而且美好的文章，才算本事。在《二马》中我开始试验这个。请看看那些风景的描写就可以明白了。《红楼梦》的言语是多么漂亮，可是一提到风景便立刻改腔换调而有诗为证了；我试试看：一个洋车夫用自己的言语能否形容一个晚晴或雪景呢？假如他不能的话，让我代他来试试。什么"潺湲"咧，"凄凉"咧，"幽径"咧，"萧条"咧……我都不用，而用顶俗浅的字另想主意。设若我能这样形容得出呢，那就是本事，反之则宁可不去描写。这样描写出来，才是真觉得了物境之美而由心中说出；用文言拼凑只是修辞而已。论味道，英国菜——就是所谓英法大菜的菜——可以算天下最难吃的了；什么几乎都是白水煮或愣烧。可是英国人有个说法——记得好像 George Gissing[43] 也这么说过——英国人烹调术的主旨是不假其他材料的帮助，而是把肉与蔬菜的原味，真正的香味，烧出来。我以为，用白话著作倒须用这个方法，把白话的真正香味烧出来；文言中的现成字与辞虽一时无法一概弃斥，可是用在白话文里究竟是有些像酱油与味之素什么的；放上去能使菜的色味俱佳，但不是真正的原味儿。

在材料方面，不用说，是我在国外四五年中慢慢积蓄下来的。可是像故事中那些人与事全是想象的，几乎没有一个人一件事曾在伦敦见过或发生过。写这本东西的动机不是由于某人某事的值得一写，而是在比较中国人与英国人的不同处，所以一切人差不多都代表着什么；我不能完全忽略了他们的个性，可是我更注意他们所代表的民族性。因此，《二马》除了在文字上是没有多大的成功的。其中的人与事是对我所要比较的那点负责，而比较根本是种类似报告的东西。自然，报告能够新颖可喜，假若读者不晓得这些事；但它的取巧处只是这一点，它缺乏文艺的伟大与永久性，至好也不过是一种还不讨厌的报章文学[44]而已。比较是件容易作的事，连个小孩也能看出洋人鼻子高，头发黄；因此也就很难不浮浅。注意在比较，便不能不多取些表面上的差异作资料，而由这些资料里提出判断。脸黄的就是野蛮，与头发卷着的便文明，都是很容易说出而且说着怪高兴的；越是在北平住过一半天的越敢给北平下考语[45]，许多污辱中国的电影，戏剧，与小说，差不多都是仅就表面的观察而后加以主观的判断。《二马》虽然没这样坏，可是究竟也算上了这个当。

老马代表老一派的中国人，小马代表晚一辈的，谁也能看出这个来。老马的描写有相当的成功：虽然他只代表了一种中国人，可是到底他是我所最熟识的；他不能普遍的代表老一辈的中国人，但我最熟识的老人确是他那个样子。他不好，也不怎么坏；他对过去的文化负责，所以自尊自傲，对将来他茫然，所以无从努力，也不想努力。他的希望是老年的舒服与有所依靠；若没有自己的子孙，世界是非常孤寂冷酷的。他背后有几千年的文化，面前只有个儿子。他不大爱思想，因为事事已有了准则。这使他很可爱，也很可恨；很安详，也很无聊。至于小马，我又失败了。前者我已经说过，五四运动时我是个旁观者；在写《二马》的时节，正赶上革命军北伐[46]，我又远远的立在一旁，没机会参加。这两个大运动，我都立在外面，实在没有资格去描写比我小十岁的青年。我们在伦敦的一些朋友天天用针插在地图上：革命军前进了，我们狂喜；退却了，懊丧。虽然如此，我们的消息只来自新闻报，我们没亲眼看见血与肉的牺牲，没有听见枪炮的响声。更不明白的是国内青年们的思想。那时在国外读书的，身处异域，自然极爱祖国；再加上看着外国国民如何对国家的事尽职责，也自然使自己想作个好国民，好像一个中国人能像英国人那样作国民便是最高的理想了。个人的私事，如恋爱，如孝悌，都可以不管，自要能有益于国家，什么都可以放在一旁。这就是马威所要代表的。比这再高一点的理想，我还没想到过。先不用管这个理想高明不高明吧，马威反正是这个理想的产儿。他是个空的，一点也不像个活人。他还有缺点，不尽合我的理想，于是另请出一位李子荣来作补充；所以李子荣更没劲！

对于英国人，我连半个有人性的也没写出来。他们的褊狭的爱国主义决定了他们的罪案，他们所表现的都是偏见与讨厌，没有别的。自然，猛一看过去，他们确是有这种讨厌而不自觉的地方，可是稍微再细看一看，他们到底还不这么狭小。我专注意了他们与国家的关系，而忽略了他们其他的部分。幸而我是用幽默的口气述说他们，不然他们简直是群可怜的半疯子了。幽默宽恕了他们，正如宽恕了马家父子，把褊狭与浮浅消解在笑声中，万幸！

最危险的地方是那些恋爱的穿插，它们极容易使《二马》成为《留东外史》一类的东西。可是我在一动笔时就留着神，设法使这些地方都成为揭露人物性格与民族成见的机会，不准恋爱情节自由的展动。这是我很会办的事，在我的作品中差不多老是把恋爱作为副笔，而把另一些东西摆在正面。这个办法的好处是把我从三角四角恋爱小说中救出来，它的坏处是使我老不敢放胆写这个人生最大的问题——两性间的问题。我一方面在思想上失之平凡，另一方面又在题材上不敢摸这个禁果，所以我的作品即使在结构上文字上有可观，可是总走不上那伟大之路。三角恋爱永不失为好题目，写得好还是好。像我这样一碰即走，对打八卦拳倒许是好办法，对写小说它使我轻浮，激不起心灵的震颤。

这本书的写成也差不多费了一年的工夫。写几段，我便对朋友们去朗读，请他们批评，最多的时候是找祝仲谨兄去。他是北平人，自然更能听出句子的顺当与否，和字眼的是否妥当。全篇写完，我又托郦堃厚[47]兄给看了一遍，他很细心的把错字都给挑出来。把它寄出去以后——仍是寄给《小说月报》[48]——我便向伦敦说了"再见"。[49]

1.1924年7月16日，伦敦大学东方学院在董事会上通过接受舒庆春为中文讲师的聘任决定。伦敦传教会驻北京代表、北京萃贞中学校长伍德小姐代表伦敦大学东方学院与老舍签署了赴英任教中文五年的合同，这是老舍第一次按照非人情化的合乎法律的协约方式决定生活中的大事。老舍即准备登程，从伍德小姐那里领取了北京到上海的路费五十元墨西哥币，并由聘任方办理从中国经新加坡到伦敦的旅程安排。老舍乘坐德万号客轮启程。

2.此段出自《我的母亲》，《老舍全集》（第十四卷），北京：人民文学出版社，2013年，第330页。

3.易文思（Robert Kenneth Evans，1880-1925），又译艾温士，英国牧师，伦敦传教会传教士，伦敦大学东方学院兼职教师。老舍开始在教会服务，主持主日学工作，是和留洋回来的宝广林在一起，进而认识了英国伦敦传教会、时任燕京大学神学院任教授的易文思。易文思了解老舍在教会主日学工作的负责精神与学识，不由得产生信任感，于是介绍老舍去燕京大学旁听英语。后来又是宝广林、易文思推荐老舍到英国伦敦大学东方学院任教。

4.许地山（1894-1941），名赞堃，字地山，笔名落华生，亦作落花生，作家、学者。生于中国台湾台南一个爱国志士的家庭，回大陆后落籍福建龙溪。许地山一生创作的文学作品多以中国福建、广东、台湾等地及印度和东南亚地区为背景，主要著作有《空山灵雨》《缀网劳蛛》等。1924年6月许地山获哥伦比亚大学文学硕士学位，9月入英国牛津大学研究院，研究印度学、人类学，后与老舍在伦敦相遇。每逢暑假寒假，许地山必从牛津到伦敦来玩几天。这里有宁恩承、郦堃厚、吴定良、邱祖铭、吴南如，加上老舍成立了一个"六君子"读书会。许地山更是个会读书的，来了就请他闲扯。他能从容地从贩夫走卒的俗野高飞到学者的深刻高明，谈一整天不倦，大家听一天也不感疲倦。许地山独自出去，不是到博物院，必是入图书馆，一进去就忘了出来。有一次，在上午八九点钟，老舍在东方学院的图书馆楼上发现了他。到吃午饭的时候去唤他,他不动。一直到下午五点,他才出来,还是因为图书馆已到关门时间。再见到老舍时,许地山不住喊饿,已经饿了十个小时。许地山遇到朋友的时候,就忘了自己:朋友们说怎样,他总不驳回。去到东伦敦买黄花木耳,大家作些中国饭吃?好!去逛动物园?好,玩扑克牌?好!他似乎永远没有忧郁,永远不会说"不"。许地山是诗人,又是"俗"人。为了读书,他可以忘了吃饭。但一讲到吃饭,他却又不惜花钱。老舍也一个人出游,为了对英伦三岛都有所认识,他 1928 年远行到爱尔兰都柏林的避暑胜地霍斯,此后又去过苏格兰的爱丁堡。1929年,老舍领了返程路费离开英国,去欧洲大陆走了一遭。

5. 以上节选自《头一天》,《老舍全集》(第十四卷),北京:人民文学出版社,2013 年,第 14—18 页。

6. 艾支顿是英文版《金瓶梅》的译者,其译本在老舍去世多年后仍是唯一的译本。直到此译本诞生五十四年后,1993 年才有了普林斯顿大学出版社芮效卫译本的第一卷,2001 和 2006 年第二三卷出齐。这是一个有限度的洁本,他们将一些文字翻译成拉丁文,这相当于后来有的汉语出版社采用下删多少字的方式来避开的那些内容。艾支顿声明:"我在此特别向舒庆春先生致谢,他是东方学院的中文讲师,在我完成这部书翻译的初稿的时候,如果没有他的不屈不挠的和慷慨的帮助,我根本没有勇气接受这个任务。"

7. 在伦敦西部的荷兰公园区圣詹姆士花园街 31 号,是一幢黑色的三层小楼。从 1925 年 4 月到 1928 年 3 月,老舍在这里生活,并创作了两部小说,可以说,老舍的创作生涯就是从这里开始的。鉴于老舍在中国文学艺术方面的杰出成就,大英图书馆中文部伍德女士于 1997 年 12 月写信给英国文化部名人故居评定委员会,建议将老舍先生在伦敦的住所列为名人故居。在接到推选建议信后,评定委员会的专家们于 1998 年底决定将老舍的居所列为名人故居。

8. 英国人的饭食总有大块牛肉,老舍后来为此看见牛肉就发晕。英国普通人家的饭食,好处是在干净;茶是真热,口味怎样,不敢批评,说着伤心。老舍当过小学校长和劝学员,对美食有些心得。来到英国,寄宿人家的餐饮让老舍头疼,总是面包、原汁原味的牛肉以及单调乏味的菜蔬,天天吃,绝对倒胃口。难得的改善方式,是偶尔一人或朋友们到中国餐馆吃一顿杂碎或是阳春面。但是那都是额外的支出,没有算在计划内,每月的钱除了房租伙食开销和寄给母亲,没有剩余,也就不敢去中国餐馆。1927 年,郑振铎来伦敦,彼此做东吃中国饭店,那是不小的破费。

十多年后，东方学院又想老舍给他们去教书，他也有点心动，但是想起那牛肉就打了退堂鼓。四十年代末老舍在美国，面对多重选择踌躇再三，他写信告诉何容，实在怕英国的艰苦生活。要说是牛肉帮助老舍从美国回到了中国，恐怕没有人相信，但那真是一个因素呢！

9. 老舍与艾支顿家庭，及见识到那些只能推销瓷砖谋生的博学语言专家、擦玻璃为业而能讨论孔子和泰戈尔的博士，正可打破中国人"万般皆下品，唯有读书高"的观念，这对老舍的平等观的形成，与宗教同样是一种资源。而对英国资本主义社会制度的批判，也是老舍二十世纪五十年代投入社会主义社会制度的一个认知动力。

10. 其时著名的是《留东外史》，从 1916 年 5 月开始出版的以中国留学生在日生活为内容的小说，之后又有《留东外史续》《留东外史补》《留东新史》等问世，作者向恺然（笔名平江不肖生）是近代著名的通俗小说家，写留学生涯以外，更著名的是武侠小说，如《江湖奇侠传》等。

11. 以上节选自《我的几个房东》，《老舍全集》（第十四卷），北京：人民文学出版社，2013 年，第 63-67 页。

12. 1917 年成立时命名为东方学院，后来因为增加非洲方面的教学和研究项目，改为东方与非洲研究学院（School of Oriental and African Studies，常称SOAS），华语世界常称之为亚非学院。

13. 老舍在东方学院的有关交涉，都是由他和院方直接接触。他初到学院时年薪二百五十镑，经与院长交涉，升至三百镑。

14. 说到底，老舍在东方学院和他的同事一样，最主要的工作是教中国语言。教学过程时过境迁，留下的痕迹却不简单。有一套系统的对外汉语教学教材《言语声片》（*Linguaphone Oriental Language Courses*）保存着，这是老舍在东方学院任教期间和他的同事布鲁斯教授、爱德华兹讲师共同编写，署名老舍（英文名C.C.Shu）、布鲁斯、爱德华兹编。全书分上下两册，注音（采用当时流行的威妥玛式拼法）、英文解释和汉字部分分开，上册为注音和英文解释，下册为汉字部分，另有一套录音唱片。全书由"发音练习"和"课文"两部分组成，另外，书后还附有汉字表。书的中文部分全由老舍负责，课文、生词是他亲手抄写的。前面的 15 课只有生词和句型，没有会话；16 至 27 课的会话，专题对话内容丰富，有 16 个专题：打电话、卖水果、遇友、火车站、游戏、看小说、贺友人结婚、邮政局、银行、洋服装、烟铺和卖糖的、旅馆、江上、商业谈话、阿拉伯人和他的骆驼、新闻；28 至

30课的全部都是老舍执笔；录音唱片也是老舍洪亮而有青春气息的声音。老舍的北京话的语音是英国人无法比的，1926年9月29日，英国广播公司（BBC）曾邀请老舍去做过一个简短的演讲。

15．东方学院真正找到了一个价廉物美的劳动力、一个无与伦比的中文讲师，时隔十多年，老舍在美国的时候，他们还想老舍继续为其服务（老舍没有提聘为教授否）。东方学院的课程，最大限度来说，等于现在的对外汉语教学。老舍不可以照本宣科，因为无所"本"，教材都是要他们自己编写，更何况学习者的汉语程度不等，都必须因材施教。这可比私塾里一个先生分不同程度地教学生难得多，因为学生可以"点菜"，要什么，老舍这个大厨就得拿出手来。众口难调，可是从院长、秘书、同事到学生没有对老舍不满意的。老舍作为讲师做了许多教授资格的事，突出的如：主讲《唐代爱情小说》讲座。他的研究独特精辟，有很高的理论价值。此外，还制唱片、编教材等。

16．关一百镑钱，指领一百英镑的薪酬。

17．以上节选自《东方学院》，《老舍全集》（第十四卷），北京：人民文学出版社，2013年，第68-72页。

18．1928-1929年，老舍开始读现代的英法小说。读近三十年来的第一流作家的代表作，计划至少读每人一本名著。可是现代是小说的世界，每一年都产生几本可以传世的作品。而且读过名家的一本小说，趣味又推动着再读另一本。英国的威尔斯、康拉德、梅瑞狄斯，法国的福楼拜与莫泊桑……一年多里昼夜读。老舍总结"论"文艺不如"读"文艺，大学里，恐光论而不读是毛病。后来，阅读经验开始影响老舍的小说创作：第一，他喜欢近代小说的写实的态度与尖刻的笔调。小说已成为社会的指导者、人生的教科书，是用引人入胜的方法作某一事理的宣传。第二，最心爱的作品，如赫胥黎的科学的罗曼司，和康拉德的海上的冒险，未必是能仿造的。第三，传久的作品，不管是属于哪一派，大概都有健康、崇高、真实的相同点。

19．老舍一生，从1920年到1950年之前，一半的岁月身在异乡为异客。北京作为生于斯、长于斯、歌哭于斯的故土，常常会浮现在他脑际。唯有在济南、青岛可以不时地回北京城来探望老人和朋友，北京城的景象与声息活在老舍的情感世界中。他在英国想了五年，抗战时在武汉重庆想了八年，战后去美国想了三年。要问老舍如何写起小说来？第一动因是记忆的活跃，北京城与北京人在他的头脑中太活跃，不把他们落在纸上，便心下难安。

20.《老张的哲学》初载于《小说月报》第17卷第7—12号(1926年7月—12月)，第8号上首次使用笔名老舍，1928年由商务印书馆初版印行。郑振铎、许地山都是文学研究会创始人，这一年老舍成为文研会第167号会员。

21. 二十世纪二十年代初，谈论小说创作的文字开始见诸报章，如1921年清华小说研究会的《短篇小说作法》、六逸的《小说作法》，1923年侃工的《小说作法讲义》等。

22. 这里所说的中国小说形式，应指传奇与评话类传统形式的小说，也包括晚清民初的通俗章回小说。

23. 即狄更斯所著小说《尼古拉斯·尼克尔贝》和《匹克威克外传》。

24. 老舍在北平做小学校长和劝学员时，见识了教育界以及与教育界相关的各色人等，他们成为《老张的哲学》的重要创作素材。

25. 罗常培在《我与老舍》一文中说："由于幼年境遇的艰苦，情感上受了摧伤，他总拿冷眼把人们分成善恶两堆，疾恶如仇的愤激，正像替善人可以舍命的热情同样发达。这种相反相成的交错情绪，后来随时在他的作品里流露着。涉世几年的经验，使他格外得到证明，他再不能随波逐流地和魑魅魍魉周旋了，于是毅然决然辞掉一般认为优缺的劝学员，宁愿安贫受窘去过清苦生活。他的处女作——《老张的哲学》——一大部分是取材于这个时候的见闻。"

26. 其实老舍最早的作品是1922年辞去公职到天津南开中学教语文后写的短篇小说《小铃儿》(1923年1月，发表于《南开季刊》第2、3合期)。小说的主旨是以宗教精神纠正教育偏颇，从同时发表的《儿童主日学与儿童礼拜设施之商榷》可以得到参证。老舍说"热心新教育者，对于学校之组织，必注意于儿童、家庭与社会三方面。取一遗他，是为破碎之教育。此种破碎之教育下，所造就之人材，纵好学校之优良分子，而不克肩重行远，……或且挟其积年累月所收受之某种狭隘训练……以入于迷途，至倾覆其固有之文明"。小说背景即是老舍担任过劝学员，并对其整顿的京城北郊。校长对小铃儿从一个"优良分子"到被开除感到"懊恼"，然而他未必明白学校教育以外的道理。先生则可谓长期施行"某种狭隘训练"者，他起的作用就是教导小铃儿们长大打日本，至于孩子们人格的全面培养则不关心，同学报告小铃儿的劣端他不闻不问，致使小铃儿敢于和同学结帮群殴一个无辜的教堂人员的孩子。小铃儿被斥退，证明了教育的失败。正如老舍所说："此种学校，谥以'毁人炉'尤切。"老舍此一阶段强调"要知宗教原理，与教育原理，有联合之必要"，要培养出有伟大人格者，"扩大其爱及兄弟姊妹者，亦为爱及他人"。(老舍：《儿童主日学和儿童礼拜设施的商榷》，见《老舍全集》第十九卷，北京：人民文学出版社，2013年，第264-275页。）此时，老舍最热心宗教事业，他不该违背"爱人如己"的教旨，而去赞赏无端攻击一个孩子的行为吧？在南开中学，他为学生团体主讲《圣经》。他的形象，不只是一个普通的教徒，而且是一个明经通义的宗教活动家。

27．郑振铎（1898-1958），字西谛，笔名宾芬、郭源新等，福建长乐人，生于浙江永嘉。曾在商务印书馆工作，后在燕京大学、清华大学任教。抗战时，发起成立上海文化界救亡协会，创办《救亡日报》，著有《郑振铎文集》等。1923-1927年间郑振铎任《小说月报》主编。老舍早期四部长篇小说《老张的哲学》《二马》《赵子曰》《小坡的生日》都是由他发表在《小说月报》，并多次作为重点作品加以推荐与评论，对被战火毁稿而未能出版的《大明湖》也有高度评价。两人私交也很好，老舍从新加坡回国到上海，住在他家写完了《小坡的生日》。

28．据罗常培回忆，此作完稿，老舍先寄给他与白涤洲看，罗将稿件呈给了鲁迅，鲁迅的评价是地方色彩颇浓厚，但技巧尚有可以商量的地方。当时北新书局的老板李小峰很想拿它去出版，结果却被郑振铎率先拿到商务印书馆去了。

29．以上节选自《我怎样写〈老张的哲学〉》，《老舍全集》（第十六卷），北京：人民文学出版社，2013年，162-165页。

30．《赵子曰》在《小说月报》第18卷第3号（1927年2月）开始连载于第8号、第10号、第11号续载完。

31．文学研究会是由周作人、郑振铎、沈雁冰、郭绍虞、朱希祖、瞿世瑛、蒋百里、孙伏园、耿济之、王统照、叶绍钧、许地山十二人发起，于1921年1月4日在北京正式成立，是新文学运动中成立最早、影响和贡献最大的文学社团之一，提倡"为人生的文学"，宗旨是"研究介绍世界文学，整理中国旧文学，创造新文学"。文学研究会成立初期，出版刊物、编辑丛书。《老张的哲学》作为"文艺研究丛书"出版。

32．老舍对照系统阅读的欧洲文学有如下检讨：

假若希腊悲剧是鹤唳高天的东西，我自己的习作可仍然是爬伏在地上的。一方面，古希腊的三大悲剧家是世界文学史中罕见的天才，高不可及，一方面，我读了阿瑞司陶风内司（今通译阿里斯托芬）的喜剧，而喜剧更合我的口胃。假若我缺乏组织的能力与高深的思想，我可是会开玩笑啊，这时候，我开始写《赵子曰》——一本开玩笑的小说。

......罗马的雄辩的散文是值得一读的，它们常常给我们一两句格言与宝贵的常识，使我们认识了罗马人的切于实际，洞悉人情。可是，它们并不能给我们灵感。一行希腊诗歌能使我们沉醉，一整篇罗马的诗歌或散文也不能使我们有些醉意——罗马伟大，而光荣属于希腊。

对中古时代的作品，我读得不多。北欧，英国，法国的史诗，我都看了一些，可是不感趣味。它们粗糙，杂乱，它们确是一些花木，但是没经过园丁的整理培修。尤其使我觉着不舒服的是它们硬把历史的界限打开，使基督前的英雄去作中古武士的役务。它们也过于爱起打与降妖。它们的历史的，地方的，民俗的价值也许胜过了文艺的，可是我的目的是文艺呀。

使我受益最大的是但丁的《神曲》。我把所能找到的几种英译本，韵文的与散文的，都读了一过儿，并且搜集了许多关于但丁的论著。有一个不短的时期，我成了但丁迷，读了《神曲》，我明白了何谓伟大的文艺。论时间，它讲的是永生。论空间，它上了天堂，入了地狱。论人物，它从上帝，圣者，魔王，贤人，英雄，一直讲到当时的"军民人等"。它的哲理是一贯的，而它的景物则包罗万象。它的每一景物都是那么生动逼真，使我明白何谓文艺的方法是从图像到图像。天才与努力的极峰便是这部《神曲》，它使我明白了肉体与灵魂的关系，也使我明白了文艺的真正的深度。

文艺复兴时期的作品永远给人以灵感。尽管阿比累是那么荒唐杂乱，尽管英国的戏剧是那么夸大粗壮，可是它们教我的心跳，教我敢冒险去写作，不怕碰壁。不错，浪漫派的作品也往往失之荒唐与夸大，但是文艺复兴的大胆是人类刚从暗室里出来，看到了阳光的喜悦，而浪漫派的是失去了阳光，而叹息着前途的黯淡。文艺复兴的啼与笑都健康！

因为读过了但丁与文艺复兴的文艺，直到如今，我心中老有个无可解开的矛盾：一方面，我要写出像《神曲》那样完整的东西；另一方面，我又想信笔写来，像阿比累那样要笑就笑个痛快，要说什么就说什么。细腻是文艺者必须有的努力，而粗壮又似乎足以使人们能听见巨人的狂笑与嚎啕。我认识了细腻，而又不忍放弃粗壮。我不知道站在哪一边好。

节选自《写与读》，《老舍全集》（第十七卷），北京：人民文学出版社，2013年，第459-461页。

33．老舍以不到三十岁的年龄而自居中年，二十岁时逢上"五四"，陈独秀、鲁迅几乎长他一辈，胡适也比他大八岁。这些人是青年文化运动的先驱，站在一边的年轻的老舍却自命中年，与他的小说人物牛天赐一般可谓"出窝老"。其心态根源在旗人出身，与末代皇帝一道转世为民国的末世人，尽管以知识改变身份，眼光、行事与世界发生更深关联，潜意识中还是与前卫文化保持距离。客观的经济条件也是重要原因：家穷、做事早，当然不能让他有在北大读书的资本，所以也不可能直接参与五四运动。丁玲与他年龄接近，几乎同时在《小说月报》发表作品，其时产生更大影响的是丁玲。她在"五四"落潮时写潮头上的人，老舍远远地选了个看不太清晰的角度写潮起潮落。

34．语出《论语·子路》："鲁卫之政，兄弟也。"鲁是周朝周公的封国，卫是周公之弟康叔的封国，两国的政治情况也像兄弟一样差不多。

35．其实在生活经验中了解女人，未必能够写出成功的女性。交过女朋友便于写出成功的爱情，这是老舍的认知误区，他笔下关于爱情"没有故事"不能归结为经验。爱情经验限制没有男性为核心的生活观念的局限大，老舍对这种观念也未曾充分自觉过。他心中的女性人格典范仍然是母亲那样旧式的。

36．宁恩承（1901—2000），辽宁省辽中人。二十三岁时，作为南开大学的学生，因发表《轮回教育》一文而震惊学界；二十五岁受张学良资助赴伦敦大学和牛津大学专攻财政金融学，其间，与老舍结识并成为挚友；二十九岁回国任沈阳边业银行总稽核；三十岁任东北大学秘书长、代张学良校长主持校务，使东北大学走向鼎盛；三十三岁任华北四省税务局局长，起草中国第一所得税法；后任财政部顾问、中国农业银行总稽核、沈阳世和公银行总经理等要职。1950年赴香港创办书院，二十世纪五十年代末定居美国旧金山。

37．以上节选自《我怎样写〈赵子曰〉》，《老舍全集》（第十六卷），北京：人民文学出版社，2013年，第166—169页。

38．《二马》在《小说月报》第20卷第5号（1925年5月）开始连载，到第20卷第12号续完。

39．出自杜甫的《遣闷戏呈路十九曹长》，全诗："江浦雷声喧昨夜，春城雨色动微寒。黄鹂并坐交愁湿，白鹭群飞大剧干。晚节渐于诗律细，谁家数去酒杯宽。惟吾最爱清狂客，百遍相看意未阑。"此诗题曰"遣闷"，其实是清趣，工稳是其形式特点，后被视为杜甫晚年看重诗律的依据。

40．今通译约瑟夫·康拉德（Joseph Conrad，1857—1924），英国作家，1857

年 12 月 3 日生于波兰。康拉德有二十余年的海上生涯。在此期间，他曾航行世界各地，积累了丰富的海上生活经验。康拉德最擅长写海洋冒险小说，有"海洋小说大师"之称。1886 年加入英国籍。老舍推崇他"是一个伟大人格的创造者"。他对海洋艺术表现的执着追求，并在自己的创作实践中身体力行，《骆驼祥子》中的祥子在烈日暴雨下拉车的一段，有康拉德海上风暴的修辞效果。

41. 老舍认为康拉德常用的说故事方法有两种："第一个是按着古代说故事的老法子故事是由口中说出的。第二个方法是他将故事的进行程序割裂。第一种方法，故事由口中说出，不同的是往往采用两人或两人以上的叙述者述说一个故事。第二种方法是将故事的进行程序割裂，而忽前忽后的叙说。他往往先提出一个人或一件事，而后退回去解析他或它为何是这样的远因；而后再回来继续着第一次提出的人与事叙说，然后又绕回去。因此，故事可以由尾而头，或由中间而首尾的叙述，这个办法加重了故事的曲折，在相当的程度上也能具有一些神秘的色彩。"〔节选自《一个近代最伟大的境界与人格的创造者——我最爱的作家——康拉得》，《老舍全集》（第十七卷），北京：人民文学出版社，2013 年，第 91 页。〕老舍《二马》认同的叙述：故事是一个球，可以从任何地方滚动起来。

42. 白涤洲（1900-1934），名镇瀛，字涤洲，以字行，蒙古族，内蒙古科尔沁人，语言学家。他在推动我国早期语文运动方面做了很多实际工作，在语言研究领域做出过很多重要的贡献。著有《国音常用字汇》、《平民字典》（稿本）、《注音字母无师自通》（与黎锦熙合编）、《关中方音调查报告》。1915 年入北京师范学校，与老舍同学不同班，虽然隔着班，却也是心性相近，两人最说得来，成一生挚友。

43. 乔治·吉辛（1857-1903），英国小说家、散文家。

44. 二十世纪三十年代，复旦大学新闻系首任系主任谢六逸就新闻与文学之间的密切关系及文学对新闻文体的影响，提出了"报章文学"的观点。谢六逸从自己的文学新闻观出发，通过辨析两者各自的含义、性质，认为从广义上讲报纸上所有的文章都可以当成文学形态来看，文学涵括新闻，从而充分地阐述了"报章文学"的思想。老舍所说的"报章文学"其时多有认同朱光潜之义："从前上海各报章所常披露的《黑幕大观》之类的小说（较好的例有《官场现形记》和《二十年目睹之怪现状》）颇风行一时，一般人爱看这些作品，如同他们打开报纸先看离婚案、暗杀案、诈骗案之类新闻一样。所贪求的就是那一点强烈的刺激。"即以具有新闻性的素材创作的文学。当今的文学定义边界不断融化与消失，报告文学、非虚构写作更有新的资源。老舍的表达是一种纯文艺的界定，只是在一个限度内的讨论。

45.考语，意为作确证的判断。

46.中国国民党领导国民政府以国民革命军为主力、蒋介石为总司令，于1926—1928年间发动的统一战争。

47.郦堃厚（1900—1970），字敏树，浙江诸暨人。先后在美国、英国、德国、奥地利等国深造，获得博士学位。回国任国立浙江大学化学系主任等职。郦堃厚对于火箭、导弹、核武器均有独到研究，有多种专著。1964年起，历任台湾"清华大学"教授、高雄化学工业公司董事长、台湾"原子能委员会委员"、自然科学促进会理事长，多次赴美国考察研究。

48.《小说月报》第20卷第5号开始连载，到第20卷第12号刊完。

49.以上节选自《我怎样写〈二马〉》，《老舍全集》（第十六卷），北京：人民文学出版社，2013年，第170—174页。6—8月，结束东方学院的工作，接着离开伦敦，到欧洲几个国家旅游，先后到过法国、荷兰、比利时、瑞士、德国、意大利等国。

第四节　新加坡

一、巴黎与三等舱

离开伦敦，我到大陆上玩了三个月，多半的时间是在巴黎。[1]

钱在我手里，也不怎么，不会生根。我并不胡花，可是钱老出去的很快。据相面的说，我的指缝太宽，不易存财；到如今我还没法打倒这个讲章。在德法意等国跑了一圈，心里很舒服了，因为钱已花光。钱花光就不再计划什么事儿，所以心里舒服。幸而巴黎的朋友[2]还拿着我几个钱，要不然哪，就离不了法国。这几个钱仅够买三等票到新加坡的。那也无法，到新加坡再讲吧。反正新加坡比马赛离家近些，就是这个主意。

上了船，袋里还剩了十几个佛郎，合华币大洋一元有余；多少不提，到底是现款。船上遇见了几位留法回家的"国留"——复杂着一点说，就是留法的中国学生。大家一见如故。不大会儿的工夫，大家都彼此明白了经济状况：最阔气的是位姓李的，有二十七个佛郎；比我阔着块把来钱。大家把钱凑在一处，很可以买瓶香槟酒，或两支不错的吕宋烟。我们既不想喝香槟或吸吕宋，连头发都决定不去剪剪，那么，我们到底不是赤手空拳，干吗不快活呢？大家很高兴，说得也投缘。有人提议：到上海可以组织个银行。他是学财政的。我没表示什么，因为我的船票只到新加坡；上海的事先不必操心。

船上还有两位印度学生，两位美国华侨少年，也都挺和气。两位印度学生穿得满讲究，也关心中国的事。在开船的第三天早晨，他俩打起来：一个弄了个黑眼圈，一个脸上挨了一鞋底。打架的原因，他俩分头向我们诉冤，是为一双袜子。也不知谁卖给谁，穿了（或者没穿）一天又不要了，于是打起活来。黑眼圈的除用湿手绢捂着眼，一天到晚嘟囔着："在国里，我吐痰都不屑于吐在他身上！他脏了我的鞋底！"吃了鞋底的那位就对我们讲："上了岸再说；揍他，勒死，用小刀子捅！"他俩不再和我们讨论中国的问题，我们也不问甘地怎样了。

那两位华侨少年中的一位是出来游历：由美国到欧洲大陆，而后到上海，再回家。他在柏林住了一天，在巴黎住了一天，他告诉我，都是停在旅馆里，没有出门。他怕引诱。柏林巴黎都是坏地方，没意思，他说。到了马赛，他丢了一只皮箱。那一位少年是干什么的，我不知道。他一天到晚想家。想家之外，便看法国姑娘。而后告诉那位出来游历的："她们都钓我呢！"

所谓"她们"，是七八个到安南或上海的法国舞女，最年轻的不过才三十多岁。三等舱的食堂永远被她们占据着。她们吸烟，吃饭，抢大腿，练习唱，都在这儿。领导的是个五十多岁的小干老头儿，脸像个干橘子。她们没事的时候也还光着大腿，有俩小军官时常和她们弄牌玩。可是那位少年老说她们关心着他。

三等舱里不能算不热闹，舞女们一唱就唱两个多钟头。那个小干老头似乎没有夸奖她们的时候，差不多老对她们喊叫。可是她们也不在乎。她们唱或抢腿，我们就瞎扯，扯腻了便到甲板上过过风。我们的茶房是中国人，永远蹲在暗处，不留神便踩了他的脚。他卖一种黑玩艺，五个佛郎一小包，舞女们也有买的。

二十多天就这样过去：听唱，看大腿，瞎扯，吃饭。舱中老是这些人，外边老是那些水。没有一件新鲜事，大家的脸上眼看着往起长肉，好像一船受填时期的鸭子。坐船是件苦事，明知光阴怪可惜，可是没法不白白扔弃。书读不下去，海是看腻了，话也慢慢的少起来。我的心里还悬虚着：到新加坡怎办呢？

二、国文教员

就在那么心里悬虚的一天，到了新加坡。再想在船上吃，是不可能了，只好下去。雇上洋车，不，不应当说雇上，是坐上；此处的洋车夫是多数不识路的，即使识路，也听不懂我的话。坐上，用手一指，车夫便跑下去。我是想上商务印书馆。不记得街名，可是记得它是在条热闹街上；上欧洲去的时候曾经在此处玩过一天。洋车一直跑下去，我心里说：商务印书馆要是在这条街上等着我，便是开门见喜；它若不在这条街上，我便玩完。事情真凑巧，商务馆果然等着我呢。说不定还许是临时搬过来的。

这就好办了。进门就找经理。道过姓字名谁，马上问有什么工作没有。经理是包先生，人很客气，可是说事情不大易找。他叫我去看看南洋兄弟烟草公司的黄曼士[3]先生——在地面上很熟，而且好交朋友。我去见黄先生，自然是先在商务馆吃了顿饭。黄先生也一时想不到事情，可是和我成了很好的朋友；我在新加坡，后来，常到他家去吃饭，也常一同出去玩。他是个很可爱的人。他家给他寄茶，总是龙井与香片两样，他不喜喝香片，便都归了我；所以在南洋我还有香片茶吃。不过，这都是后话。我还得去找事。不远就是中华书局，好，就是中华书局吧。经理徐采明先生至今还是我的好朋友。倒不在乎他给找着个事作，他的人可爱。见了他，我说明来意。他说有办法。马上领我到华侨中学[4]去。这个中学离街市至少有十多里，好在公众汽车（都是小而红的车，跑得飞快）方便，一会儿就到了。徐先生替我去吆喝。行了，他们正短个国文教员。马上搬来行李，上任大吉。有了事作，心才落了实，花两毛钱买了个大柚子吃吃。然后支了点钱，买了条毯子，因为夜间必须盖上的。买了身白衣裳，中不中，西不西，自有南洋风味。赊了部《辞源》；教书不同自己读书，字总得认清了——有好些好些字，我总以为认识而实在念不出。一夜睡得怪舒服；新《辞源》摆在桌上被老鼠啃坏，是美中不足。预备用皮鞋打老鼠，及至见了面，又不想多事了，老鼠的身量至少比《辞源》长，说不定还许是仙鼠呢，随它去吧。老鼠虽大，可并不多。许多是壁虎。到处是它们：棚上墙上玻璃杯里——敢情它们喜甜味，盛过汽水的杯子总有它们来照顾一下。它们还会唱，吱吱的，没什么好听，可也不十分讨厌。

天气是好的。早半天教书，很可以自自然然的，除非在堂上被学生问住，还不至于四脖子汗流的。吃过午饭就睡大觉，热便在暗中渡过去。六点钟落太阳，晚饭后还可以作点工，壁虎在墙上唱着。夜间必须盖条毯子，可见是不热；比起南京的夏夜，这里简直是仙境了。我很得意，有薪水可拿，而夜间还可以盖毯子，美！况且还得冲凉呢，早午晚三次，在自来水龙头下，灌顶浇脊背，也是痛快事。

可是，住了不到几天，我发烧，身上起了小红点。平日我是很勇敢的，一病可就有点怕死。身上有小红点哟，这玩艺，痧疹归心，不死才怪！把校医请来了，他给了我两包金鸡纳霜，告诉我离死还很远。吃了金鸡纳霜，睡在床上，既然离死很远，死我也不怕了，于是依旧勇敢起来。早晚在床上听着户外行人的足声，"心眼"里制构着美的图画：路的两旁杂生着椰树槟榔；海蓝的天空；穿白或黑的女郎，赤着脚，趿拉着木板，嗒嗒的走，也许看一眼树丛中那怒红的花。有诗意呀。矮而黑的锡兰人，头缠着花布，一边走一边唱。躺了三天，颇能领略这种浓绿的浪漫味儿，病也就好了。

一下雨就更好了。雨来得快，止得快，沙沙的一阵，天又响晴。路上湿了，树木绿到不能再绿。空气里有些凉而浓厚的树林子味儿，马上可以穿上夹衣。喝碗热咖啡顶那个。

学校也很好。学生们都会听国语，大多数也能讲得很好。他们差不多都很活泼。因为下课后便不大穿衣，身上就黑黑的，健康色儿。他们都很爱中国，愿意听激烈的主张与言语。他们是资本家——大小不同，反正非有俩钱不能入学读书——的子弟，可是他们愿打倒资本家。对于文学，他们也爱最新的，自己也办文艺刊物的，他们对先生们不大有礼貌，可不是故意的；他们爽直。先生们若能和他们以诚相见，他们便很听话。可惜有的先生爱耍些小花样！学生们不奢华。一身白衣便解决了衣的问题；穿西服受洋罪的倒是先生们，因为先生们多是江浙与华北的人，多少习染了上海的派头儿。吃也简单，除了爱吃刨冰，他们并不多花钱。天气使衣食住都简单化了。以住说吧，有个床，有条毯子，便可以过去。没毯子，盖点报纸，其实也可以将就。再有个自来水管，作冲凉之用，便万事亨通。还有呢，社会是个工商社会，大家不讲究穿，不讲究排场，也不讲究什么作诗买书，所以学生自然能俭朴。从一方面说，这个地方没有上海或北平那样的文化；从另一方面说，它也没有酸味的文化病。此地不能产生《儒林外史》[5]。自然，大烟窖子等是有的，可是学生还不至于干这些事儿。倒是有内地来的先生们觉得苦闷，没有社会。事业都在广东福建人手里，当教员的没有地位，也打不进广东或福建人的圈里去。教员似乎是一些高等工人，雇来的；出钱办学的人们没有把他们放在心里。玩的地方也没有，除了电影，没有可看的。所以住到三个月，我就有点厌烦了。别人也这么说。还拿天气说吧，老那么好，老那么好，没有变化，没有春夏秋冬，这就使人生厌。况且别的事儿也是死板板的没变化呢。学生们爱玩球，爱音乐，倒能有事可作。先生们在休息的时候，只能弄点汽水闲谈。我开始写《小坡的生日》。

三、《小坡的生日》

本来我想写部以南洋为背景的小说。我要表扬中国人开发南洋的功绩：树是我们栽的，田是我们垦的，房是我们盖的，路是我们修的，矿是我们开的。都是我们作的。毒蛇猛兽，荒林恶瘴，我们都不怕。我们赤手空拳打出一座南洋来。我要写这个。我们伟大。是的，现在西洋人立在我们头上。可是，事业还仗着我们。我们在西人之下，其他民族之上。假如南洋是个糖烧饼，我们是那个糖馅。我们可上可下。自要努力使劲，我们只有往上，不会退下。没有了我们，便没有了南洋，这是事实，自自然然的事实。马来人什么也不干，只会懒。印度人也干不过我们。西洋人住上三四年就得回家休息，不然便支持不住。干活是我们，作买卖是我们，行医当律师也是我们。住十年，百年，一千年，都可以，什么样的天气我们也受得住，什么样的苦我们也能吃，什么样的工作我们有能力去干。说手有手，说脑子有脑子。我要写这么一本小说。这不是英雄崇拜，而是民族崇拜。所谓民族崇拜，不是说某某先生会穿西装，讲外国话，和懂得怎样给太太提着小伞。我是要说这几百年来，光脚到南洋的那些真正好汉。没钱，没国家保护，什么也没有。硬去干，而且真干出玩艺来。我要写这些真正中国人，真有劲的中国人。中国是他们的，南洋也是他们的。那些会提小伞的先生们，屁！连我也算在里面。[6]

可是，我写不出。打算写，得到各处去游历。我没钱，没工夫。广东话，福建话，马来话，我都不会。不懂的事还很多很多。不敢动笔。黄曼士先生没事就带我去看各种事儿，为是供给我点材料。可是以几个月的工夫打算抓住一个地方的味儿，不会。再说呢，我必须描写海，和中国人怎样在海上冒险。对于海的知识太少了；我生在北方，到二十多岁才看见了轮船。[7]

得补上一些。在到新加坡以前我还写过一本东西呢。在大陆上写了些，在由马赛到新加坡的船上写了些，一共写了四万多字。到了新加坡，我决定抛弃了它，书名是"大概如此"。

为什么中止了呢？慢慢的讲吧。这本书和《二马》差不多，也是写在伦敦的中国人。内容可是没有《二马》那么复杂，只有一男一女。男的穷而好学，女的富而遭了难。穷男人救了富女的，自然喽跟着就得恋爱。男的是真落于情海中，女的只拿爱作为一种应酬与报答，结果把男的毁了。文字写得并不错，可是我不满意这个题旨。设若我还住在欧洲，这本书一定能写完。[8]

打了个大大的折扣，我开始写《小坡的生日》[9]。我爱小孩，我注意小孩子们的行动。在新加坡，我虽没工夫去看成人的活动，可是街上跑来跑去的小孩，各种各色的小孩，是有意思的，可以随时看到的。下课之后，立在门口，就可以看到一两个中国的或马来的小儿在林边或路畔玩耍。好吧，我以小人儿们作主人翁来写出我所知道的南洋吧——恐怕是最小最小的那个南洋吧！

上半天完全消费在上课与改卷子上。下半天太热。非四点以后不能作什么。我只能在晚饭后写一点。一边写一边得驱逐蚊子，而老鼠与壁虎的捣乱也使我心中不甚太平，况且在热带的晚间独抱一灯，低着头写字，更仿佛有点说不过去：屋外的虫声，林中吹来的湿而微甜的晚风，道路上印度人的歌声，妇女们木板鞋的轻响，都使人觉得应到外边草地上去，卧看星天，永远不动一动。这地方的情调是热与软，它使人从心中觉到不应当作什么。我呢，一气写出一千字已极不容易，得把外间的一切都忘了才能把笔放在纸上。这需要极大的注意与努力，结果，写一千来字已是筋疲力尽，好似打过一次交手仗。朋友们稍微点点头，我就放下笔，随他们去到林边的一间门面的茶馆去喝咖啡了。从开始写直到离开此地，至少有四个整月，我一共才写成四万字，没法儿再快。[10]

写《小坡的生日》的动机是：表面的写点新加坡的风景什么的。还有：以儿童为主，表现着弱小民族的联合——这是个理想，在事实上大家并不联合，单说广东与福建人中间的成见与争斗便很厉害。这本书没有一个白小孩，故意的落掉。写了三个多月吧，得到五万来字；到上海又补了一万。

这本书中好的地方，据我自己看，是言语的简单与那些像童话的部分。它不完全是童话，因为前半截有好些写实处——本来是要描写点真事。这么一来，实的地方太实，虚的地方又很虚，结果是既不像童话，又非以儿童为主的故事，有点四不像了。设若有工夫删改，把写实的部分去掉，或者还能成个东西。可是我没有这个工夫。顶可笑的是在南洋各色小孩都讲着漂亮——确是漂亮——的北平话。[11]

《小坡的生日》写到五万来字，放年假了。我很不愿离开新加坡，可是要走这是个好时候，学期之末，正好结束。在这个时节，又有去作别的事情的机会。若是这些事情中有能成功的，我自然可以辞去教职而仍不离开此地，为是可以多得些经验。可是这些事都没成功，因为有人从中破坏。这么一来，我就决定离开。我不愿意自己的事和别人捣乱争吵。我已离家六年，老母已七十多岁，常有信催我回家。在阳历二月底，我又上了船。[12]

在上海写完了，就手儿便把它交给了西谛，还在《小说月报》发表。登完，单行本已打好底版，被"一·二八"的大火烧掉；所以才又交给生活书店印出来。[13]

1.此句选自《我怎样写〈小坡的生日〉》,《老舍全集》(第十六卷),北京:人民文学出版社,2013年,第175页。

2.董绍良(1904-1983),地理教育家,中国地理学会的创始人之一,著有《南极洲的环境与探险史》。1926年赴法国留学。回国后任教北京师范大学,进行地理学教学研究。1934年与学界同人创建地理学会,担任学会理事。抗日战争爆发后,辗转任教中山大学、广西大学。结识退隐广西的李宗仁。抗战胜利后蒋介石起用李宗仁,董绍良成为其少将参议。他担负华北地区教育部门的接收工作。例行公务以外上讲台,任清华大学客座教授,后辞官执教西北大学。1953年起历任河北师范专科学校、河北师院、石家庄师范学院地理系教授。

3.黄曼士(1890-1963),福建人,侨居新加坡。1923年任南洋兄弟烟草公司新加坡分行经理。到新加坡后很快成为华人知识文化界的热心支持者。1928年至1932年为南洋华侨中学的董事。在主持芽笼江厦堂时,公益善举,凡有求助者,均竭力以赴。其超越民族、帮派、种族的言行,受到民众的敬佩与政府的器重。老舍1929年第二次到新加坡,与黄结识,得其帮助而任教华侨中学。后常带老舍参观,给他提供写作素材。

4.新加坡华侨中学(Hwa Chong Institution),原名新加坡南洋华侨中学(The Chinese High School),是由已故华侨领袖陈嘉庚先生发起,于1919年3月21日在新加坡创办的以中文为教学媒介的学校。今天华侨中学已经是新加坡最顶尖的中学之一,虽然主要教授语言已更改为英语,但依然保持了比较浓厚的中文背景和传统文化。

5.清代吴敬梓所著长篇小说。形同短篇集锦的章回段落,多讽刺赖八股发达而有头巾气的先生。鲁迅认为该书能"秉持公心,指摘时弊",胡适欣赏其堪称"精工提炼"的艺术。

6.这种思想的阐述,标志老舍现代民族国家观念形成。这时的老舍已经完全从前清旗人、民人身份思维中转到了世界公民的立场上来，但是，大男人的气息尚存。

7. 以上节选自《还想着它》，《老舍全集》（第十四卷），北京：人民文学出版社，2013 年，第 25–30 页。老舍写海的计划多数是受康拉德吸引。

8. 以上节选自《我怎样写〈小坡的生日〉》，《老舍全集》（第十六卷），北京：人民文学出版社，2013 年，第 178–179 页。

9.《小坡的生日》在《小说月报》第 22 卷第 1 号（1931 年 1 月）开始连载，到第 22 卷第 4 号续载完。

10. 以上节选自《我怎样写〈小坡的生日〉》，《老舍全集》（第十六卷），北京：人民文学出版社，2013 年，第 176–179 页。

11. 从《二马》以后的小说，在虚实两端的协调与掌控是老舍最见功力的地方。没有写实，对不住现实的这个社会；没有构虚，便失去了精神空间。革命的极度浪漫会把叙事从写实的基础上一下子拔高上去，老舍与革命始终隔着一层；苦难的实写，便让人趴在地上，老舍有个宗教的理想或传奇韵味在胸中，即便累趴在地上，也要有一点精神飞起来。所以，叙事空间中的虚与实就是老舍的当然课题，他也是现代中国小说家解决得最好的人之一。

12. 以上节选自《还想着它》，《老舍全集》（第十四卷），北京：人民文学出版社，2013 年，第 30–31 页。

13. 此段选自《我怎样写〈小坡的生日〉》，《老舍全集》（第十六卷），北京：人民文学出版社，2013 年，第 178 页。

第三章　壮岁饱酸辛

三十四岁结婚，今已有一女一男[1]，均狡猾可喜。闲时喜养花，不得其法，每每有叶无花，亦不忍弃。书无所不读，全无所获，并不着急。教书作事，均甚认真，往往吃亏，亦不后悔。如是而已，再活四十年也许能有点出息![2]

---

1. 老舍自己说是三十四岁结婚，那是按照虚岁算的，足岁实际三十二。且慢说他的婚事，他可是到了三十多还没有找一个可以结婚的对象呢。差不多快十年前，母亲给他定的亲，硬是给退了。在英国的时候，哥哥也曾想给他做主，被坚决拒绝了。这次朋友给操心，当然是按新方式了。老朋友兼老同学白涤洲、罗常培、董鲁安都热心于集体做红媒。有个在北京师范大学读书的学生胡絜青，她的二哥与罗常培同过学，董鲁安也是她哥哥的同学，胡老太太也在谋划女儿的归属，托过罗常培，于是她自然地成为罗常培、董鲁安为老舍安排的对象。胡絜青为兼课的事情去找白涤洲，和寄住在他家的老舍见了面。这帮红媒安排得不露痕迹。白涤洲、罗常培、董鲁安为给老舍和胡絜青创造面谈的机会，他们三家轮流专请老舍和胡絜青做客。三家的轮流家宴促进了他们二人情感的发展。1931 年初的寒假，老舍与胡絜青进一步接触，开学后老舍回到济南，就开始了两人之间的通信。这年的 4 月初，老舍专程回到北平，与胡絜青于 4 月 4 日举行订婚仪式。白涤洲、罗常培、董鲁安三位媒人，送了一个鲜红的银盾，上面刻着胡絜青、舒舍予"定婚纪念"四个篆字。回到济南之后继续鸿雁传书，"由年下到七月二十八日结婚"，老舍和胡絜青一直互通了 100 封信。结婚典礼下午一点钟举行，典礼上一应程序中，最重要的是宣读婚书。罗常培、白涤洲是介绍人；宝乐山为证婚人；主持人是舒子祥和胡竹轩。结婚日期，中华民国二十年七月二十八日。

2. 此段节选自《小型复活》，《老舍全集》（第十五卷），北京：人民文学出版社，2013 年，第 355—356 页。

第一节　济南

一、第二故乡

1931 年结婚照

在上海把《小坡的生日》交出，就跑回北平；住了三四个月，什么也没写[1]。在我从国外回到北平的时候，我已经有了去作职业写家的心意；经好友们的谆谆劝告，我才就了齐鲁大学的教职。[2]

从民国十九年七月到二十三年秋初，我整整的在济南住过四载。在那里，我有了第一个小孩，即起名为“济”[3]。在那里，我交下不少的朋友：无论什么时候我从那里过，总有人笑脸地招呼我；无论我到何处去，那里总有人惦念着我。在那里，我写成了《大明湖》，《猫城记》，《离婚》，《牛天赐传》，和收在《赶集》里的那十几个短篇。在那里，我努力地创作，快活地休息……四年虽短，但是一气住下来，于是事与事的联系，人与人的交往，快乐与悲苦的代换，便显明地在这一生里自成一段落，深深地印划在心中；时短情长，济南就成了我的第二故乡。

美丽与败陋

它介乎北平与青岛之间。北平是我的故乡，可是这七年来，我不是住济南，便是住在青岛。在济南住呢，时常想念北平；及至到了北平的老家，便又不放心济南的新家。好在道路不远，来来往往，两地都有亲爱的人，熟悉的地方；它们都使我依依不舍，几乎分不出谁重谁轻。在青岛住呢，无论是由青去平，还是自平返青，中途总得经过济南。车到那里，不由的我便要停留一两天。趵突泉，大明湖，千佛山等名胜，闭了眼也会想出来，可是重游一番总是高兴的：每一角落，似乎都存着一些生命的痕迹；每一小小的变迁，都引起一些感触；就是一风一雨也仿佛含着无限的情意似的。

讲富丽堂皇，济南远不及北平；讲山海之胜，也跟不上青岛。可是除了北平青岛，要在华北找个有山有水，交通方便，既不十分闭塞，而生活程度又不过高的城市，恐怕就得属济南了。况且，它虽是个大都市，可是还能看到朴素的乡民，一群群的来此卖货或买东西，不像上海与汉口那样完全洋化。它似乎真是稳立在中国的文化上，城墙并不足拦阻住城与乡的交往；以善作洋奴自夸的人物与神情，在这里是不易找到的。这使人心里觉得舒服一些。一个不以跳舞开香槟为理想的生活的人，到了这里自自然然会感到一些平淡而可爱的滋味。

济南的美丽来自天然，山在城南，湖在城北。湖山而外，还有七十二泉，泉水成溪，穿城绕郭。可惜这样的天然美景，和那座城市结合到一处，不但没得到人工的帮助而相得益彰，反而因市政的敷衍而淹没了丽质。大路上灰尘飞扬，小巷里污秽杂乱，虽然天色是那么清明，泉水是那么方便，可是到处老使人憋得慌。近来虽修成几条柏油路，也仍旧显不出怎清洁来。至于那些名胜，趵突泉左右前后的建筑破烂不堪，大明湖的湖面已化作水田，只剩下几道水沟。有人说，这种种的败陋，并非因为当局不肯努力建设，而是因为他们爱民如子，不肯把老百姓的钱都化费在美化城市上。假若这是可靠的话，我们便应当看见老百姓的钱另有出路，在国防与民生上有所建设。这个，我们却没有看见。这笔账该当怎么算呢？况且，我们所要求的并不是高楼大厦，池园庭馆，而是城市应有的卫生与便利。假若在城市卫生上有相当的设施，到处注意秩序与清洁，这座城既有现成的山水取胜，自然就会美如画图，用不着浪费人工财力。

这倒并非专为山水喊冤，而是借以说明许多别的事。济南的多少事情都与此相似，本来可以略加调整便有可观。可是事实上竟废弛委弃，以至一切的事物上都罩着一层灰土。这层灰土下蠕蠕微动着一群可好可坏的人，隐覆着一些似有若无的事；不死不生，一切灰色。此处没有崭新的东西，也没有彻底旧的东西，本来可以令人爱护，可是又使人无法不伤心。什么事都在动作，什么可也没照着一定的计划作成。无所拒绝，也不甘心接受，不易见到有何主张的人，可也不易见到很讨厌的人，大家都那么和气一团，敷敷衍衍，不易捉摸，也没什么大了不起。有电灯而无光，有马路而拥挤不堪，什么都有，什么也都没有，恰似暮色微茫，灰灰的一片。[4]

按理说，这层灰色是不应当存到今日的，因为五卅惨案[5]的血还鲜红的在马路上，城根下，假若有记性的人会闭目想一会儿。我初到济南那年[6]，那被敌人击破的城楼还挂着"勿忘国耻"的破布条在那儿含羞的立着。不久，城楼拆去，国耻布条也被撤去，同被忘掉。拆去城楼本无不可，但是别无建设或者就是表示着忘去烦恼是为简便；结果呢，敌人今日就又在那里唱凯歌了。

在我写《大明湖》的时候，就写过一段：在千佛山上北望济南全城，城河带柳，远水生烟，鹊华对立，夹卫大河，是何等气象。可是市声隐隐，尘雾微茫，房贴着房，巷联着巷，全城笼罩在灰色之中。敌人已经在山巅投过重炮，轰过几昼夜了，以后还可以随时地重演一次；第一次的炮火既没能打破那灰色的大梦，那么总会有一天全城化为灰烬，冲天的红焰赶走了灰色，烧完了梦中人灰色的城，灰色的人，一切是统制，也就是因循，自己不干，不会干，而反倒把要干与会干的人的手捆起来；这是死城！此书的原稿已在上海随着"一·二八"的毒火殉了难，不过这一段有大意还没有忘掉，因为每次由市里到山上去，总会把市内所见的灰色景象带在心中，而后登高一望，自然会起了忧思。湖山是多么美呢，却始终被灰色笼罩着，谁能不由爱而畏，由失望而颤抖呢？

再说，破碎的城楼可以拆去，而敌人并未曾退出；眼不见心不烦，可是小鬼们就在眼前，怎能疏忽过去，视而不见呢？敌人的医院，公司，铺户，旅馆，分散在商埠各处。那一个买卖也带"白面"，即使不是专售，也多少要预备一些，余利作为妇女与小孩子们的零钱。大批的劣货垄断着市场，零整批发的吗啡白面毒化着市民，此外还不时的暗放传染病的毒菌，甚至于把他们国内穿残的破裤烂袄也整船的运来销卖。这够多么可怕呢？可是我们有目无睹，仍旧逍遥自在；等因奉此是唯一的公事，奉命唯谨落个好官，我自为之，别无可虑。人家以经济吸尽我们的血，我们只会加捐添税再抽断老百姓的筋。对外讲亲善，故无抵制；对内讲爱民，而以大家不出声为感戴。敌人的炮火是厉害的，敌人的经济侵略是毒辣的，可是我们的捆束百姓的政策就更可怕。济南是久已死去，美丽的湖山只好默然蒙羞了！

平日对敌人的经济侵略不加防范，还可以用有心无力或事关全国为词。及至敌军已深入河北，而大家依旧安闲自在，就太可怪了。山东的富力为江北各省之冠，人民既善于经营，又强壮耐苦。有这样的才力与人力，假若稍有准备，即使不能把全省防御得如铜墙铁壁，至少也得教敌人吃很大的苦头，方能攻入。可是，济南是省会，既系灰色，别处就更无可说的了。济南为全省的脑府，而实际上只是空空的一个壳儿，并无脑子。这个空壳子响一响便是政治，四面低低的回应便算办了事情。计划、科学、文化、人才，都是些可疑的名词，因为它们不是那空壳子所能了解的。反之，随便响一响，从心所欲正好见出权威。济南是必须死的，而且必不可免的累及全省。

这里一点无意去攻击任何人；追悔不如更新，我们且揭过这一页去吧。[7]

济南的秋冬

济南的秋天是诗境的。设若你的幻想中有个中古的老城，有睡着了的大城楼，有狭窄的古石路，有宽厚的石城墙，环城流着一道清溪，倒映着山影，岸上蹲着红袍绿裤的小妞儿。你的幻想中要是这么个境界，那便是个济南。设若你幻想不出——许多人是不会幻想的——请到济南来看看吧。

请你在秋天来。那城，那河，那古路，那山影，是终年给你预备着的。可是，加上济南的秋色，济南由古朴的画境转入静美的诗境中了。这个诗意秋光秋色是济南独有的。上帝把夏天的艺术赐给瑞士，把春天的赐给西湖，秋和冬的全赐给了济南。秋和冬是不好分开的，秋睡熟了一点便是冬，上帝不愿意把它忽然唤醒，所以作个整人情，连秋带冬全给了济南。

诗的境界中必须有山有水。那末，请看济南吧。那颜色不同，方向不同，高矮不同的山，在秋色中便越发的不同了。以颜色说吧，山腰中的松树是青黑的，加上秋阳的斜射，那片青黑便多出些比灰色深，比黑色浅的颜色，把旁边的黄草盖成一层灰中诱黄的阴影。山脚是镶着各色条子的，一层层的，有的黄，有的灰，有的绿，有的似乎是藕荷色儿。山顶上的色儿也随着太阳的转移而不同。山顶的颜色不同还不重要，山腰中的颜色不同才真叫人想作几句诗。山腰中的颜色是永远在那儿变动，特别是在秋天，那阳光能够忽然清凉一会儿，忽然又温暖一会儿，这个变动并不激烈，可是山上的颜色觉得出这个变化，而立刻随着变换。忽然黄色更了一些，忽然又暗了一些，忽然像有层看不见的薄雾在那儿流动，忽然像有股细风替"自然"调合着彩色，轻轻的抹上一层各色俱全而全是淡美的色道儿。有这样的山，再配上那蓝的天，晴暖的阳光；蓝得像要由蓝变绿了，可又没完全绿了；晴暖得要发燥了，可是有点凉风，正像诗一样的温柔；这便是济南的秋。况且因为颜色的不同，那山的高低也更显然了。高的更高了些，低的更低了些，山的棱角曲线在晴空中更真了，更分明了，更瘦硬了。看山顶上那个塔！

再看水。以量说，以质说，以形式说，哪儿的水能比济南？有泉——到处是泉——有河，有湖，这是由形式上分。不管是泉是河是湖，全是那么清，全是那么甜，哎呀，济南是"自然"的 Sweet heart[8] 吧？大明湖夏日的莲花，城河的绿柳，自然是美好的了。可是看水，是要看秋水的。济南有秋山，又有秋水，这个秋才算个秋，因为秋神是在济南住家的。先不用说别的，只说水中的绿藻吧。那份儿绿色，除了上帝心中的绿色，恐怕没有别的东西能比拟的。这种鲜绿全借着水的清澄显露出来，好像美人借着镜子鉴赏自己的美。是的，这些绿藻是自己享受那水的甜美呢，不是为谁看的。它们知道它们那点绿的心事，它们终年在那儿吻着水皮，做着绿色的香梦。淘气的鸭子，用黄金的脚掌碰它们一两下。浣女的影儿，吻它们的绿叶一两下。只有这个，是它们的香甜的烦恼。羡慕死诗人呀！

在秋天，水和蓝天一样的清凉。天上微微有些白云，水上微微有些波皱。天水之间，全是清明，温暖的空气，带着一点桂花的香味。山影儿也更真了。秋山秋水虚幻的吻着。山儿不动，水儿微响。那中古的老城，带着这片秋色秋声，是济南，是诗。

对于一个在北平住惯的人，像我，冬天要是不刮大风，便是奇迹；济南的冬天是没有风声的。对于一个刚由伦敦回来的，像我，冬天要能看得见日光，便是怪事；济南的冬天是响晴的。自然，在热带的地方，日光是永远那么毒，响亮的天气反有点叫人害怕。可是，在北中国的冬天，而能有温晴的天气，济南真得算个宝地。

设若单单是有阳光，那也算不了出奇。请闭上眼想：一个老城，有山有水，全在蓝天下很暖和安适的睡着；只等春风来把他们唤醒，这是不是个理想的境界？

小山整把济南围了个圈儿，只有北边缺着点口儿，这一圈小山在冬天特别可爱，好像是把济南放在一个小摇篮里，它们全安静不动的低声的说：你们放心吧，这儿准保暖和。真的，济南的人们在冬天是面上含笑的。他们一看那些小山，心中便觉得有了着落，有了依靠。他们由天上看到山上，便不觉的想起：明天也许就是春天了吧？这样的温暖，今天夜里山草也许就绿起来吧？就是这点幻想不能一时实现，他们也并不着急，因为有这样的慈善的冬天，干啥还希望别的呢。

最妙的是下点小雪呀。看吧，山上的矮松越发的青黑，树尖上顶着一髻儿白花，像些小日本看护妇。山尖全白了，给蓝天镶上一道银边。山坡上有的地方雪厚点，有的地方草色还露着，这样，一道儿白，一道儿暗黄，给山们穿上一件带水纹的花衣；看着看着，这件花衣好像被风儿吹动，叫你希望看见一点更美的山的肌肤。等到快日落的时候，微黄的阳光斜射在山腰上，那点薄雪好像忽然害了羞，微微露出点粉色。就是下小雪吧，济南是受不住大雪的，那些小山太秀气。

古老的济南，城内那么狭窄，城

1934 年一家三口（长女济）在济南

91

外又那么宽敞，山坡上卧着些小村庄，小树庄的房顶上卧着点雪，对，这是张小水墨画，或者是唐代的名手画的吧。

那水呢，不但不结冰，反倒在绿藻上冒着点热气。水藻真绿，把终年贮蓄的绿色全拿出来了。天儿越晴，水藻越绿，就凭这些绿的精神，水也不忍得冰上；况且那长枝的垂柳还要在水里照个影儿呢。看吧，由澄清的河水慢慢往上看吧，空中，半空中，天上，自上而下全是那么清亮，那么蓝汪汪的，整个的是块空灵的蓝水晶。这块水晶里，包着红屋顶，黄草山，像地毯上的小团花的小灰色树影；这就是冬天的济南。

树虽然没有叶儿，鸟儿可并不偷懒，看在日光下张着翅叫的百灵们。山东人是百灵鸟的崇拜者，济南是百灵的国。家家处处听得到它们的歌唱；自然，小黄鸟儿也不少，而且在百灵国内也很努力的唱。还有山喜鹊呢，成群的在树上啼，扯着浅蓝的尾巴飞。树上虽没有叶，有这些羽翎装饰着，也倒有点像西洋美女。坐在河岸上，看着它们在空中飞，听着溪水活活的流，要睡了，这是有催眠力的；不信你就试试；睡吧，决冻不着你。[9]

齐鲁大学[10]

齐大在济南的南关外，空气自然比城里的新鲜，这已得到成个公园的最要条件。花木多，又有了成个公园的资格。确是有许多人到那里玩，意思是拿它当作——非正式的公园。

逛这个非正式的公园以夏天为最好。春天花多，秋天树叶美，但是只在夏天才有"景"，冬天没有什么特色。

当夏天，进了校门便看见一座绿楼，楼前一大片绿草地，楼的四围全是绿树，绿树的尖上浮着一两个山峰，因为绿树太密了，所以看不见树后的房子与山腰，使你猜不到绿荫后边还有什么；深密伟大，你不由的深吸一口气。绿楼？真的，"爬山虎"的深绿肥大的叶一层一层的把楼盖满，只露着几个白边的窗户；每阵小风，使那层层的绿叶掀动，横着竖着都动得有规律，一片竖立的绿浪。

往里走吧，沿着草地——草地边上不少的小蓝花呢——到了那绿荫深处。这里都是枫树，树下四条洁白的石凳，围着一片花池。花池里虽没有珍花异草，可是也有可观；况且往北有一条花径，全是小红玫瑰。花径的北端有两大片洋葵，深绿叶，浅红花；这两片花的后面又有一座楼，门前的白石阶栏像享受这片鲜花的神龛。楼的高处，从绿槐的密叶的间隙里看到，有一个大时辰钟。

往东西看，西边是一进校门便看见的那座楼的侧面与后面，与这座楼平行，花池东边还有一座；这两座楼的侧面山墙，也都是绿的。花径的南端是白石的礼堂，堂前开满了百日红，壁上也被绿蔓爬匀。那两座楼后，两大片草地，平坦，深绿，像张绿毯。这两块草地的南端，又有两座楼，四周围蔷薇作成短墙。设若你坐在石凳上，无论往哪边看，视线所及不是红花，便是绿叶；就是往上下看吧：下面是绿草，红花，与树影；上面是绿枫树叶。往平里看，有时从树隙花间看见女郎的一两把小白伞，有时看男人的白长衫。伞上衫上时时落上些绿的叶影。人不多。因为放暑假了。

拐过礼堂，你看见南面的群山，绿的。山前的田，绿的。一个绿海，山是那些高的绿浪。

礼堂的左右，东西两条绿径，树荫很密，几乎见不着阳光。顺着这绿径走，不论是往西往东，你看见些小的楼房，每处有个小花园。园墙都是矮松做的。

春天的花多，特别是丁香和玫瑰，但是绿得不到家。秋天的红叶美，可是草变黄了。冬天树叶落净，在园中便看见了山的大部分，又欠深远的意味。只有夏天，一切颜色消沉在绿的中间，由地上一直绿到树上浮着的绿山峰，成功以绿为主色的一景。[11]

到了齐大，暑假还未曾完。除了太阳要落的时候，校园里不见一个人影。那几条白石凳，上面有枫树给张着伞，便成了我的临时书房。手里拿着本书，并不见得念；念地上的树影，比读书还有趣。我看着：细碎的绿影，夹着些小黄圈，不一定都是圆的，叶儿稀的地方，光也有时候透出七棱八角的一小块。小黑驴似的蚂蚁，单喜欢在这些光圈上慌手忙脚的来往过。那边的白石凳上，也印着细碎的绿影，还落着个小蓝蝴蝶，挨着翅儿，好像要睡。一点风儿，把绿影儿吹醒，散乱起来；小蓝蝶醒了懒懒的飞，似乎是作着梦飞呢；飞了不远，落下了，抱住黄蜀菊的蕊儿。看着，老大半天，小蝶儿又飞了，来了个楞头磕脑的马蜂。

真静。往南看，千佛山懒懒的倚着一些白云，一声不出。往北看，围子墙根有时过一两个小驴，微微有点铃声。往东西看，只看见楼墙上的爬山虎。叶儿微动，像竖起的两面绿浪。往下看，四下都是绿草。往上看，看见几个红的楼尖。全不动。绿的，红的，上上下下的，像一张画，颜色固定，可是越看越好看。只有办公处的大钟的针儿，偷偷的移动，好似唯恐怕叫光阴知道似的，那么偷偷的动。从树隙里偶尔看见一个小女孩，花衣裳特别花哨，突然把这一片静的景物全刺激了一下；花儿也更红，叶儿也更绿了似的；好像她的花衣裳要带这一群颜色跳舞起来。小女孩看不见了，又安静起来。槐树上轻轻落下个豆瓣绿的小虫，在空中悬着，其余的全不动了。

园中就是缺少一点水呀！连小麻雀也似乎很关心这个，时常用小眼睛往四下找，假如园中，就是有一道小溪吧，那要多么出色，溪里再有些各色的鱼，有些荷花！那怕是有个喷水池呢，水声，和着枫叶的轻响，在石台上睡一刻钟，要作出什么有声有色有香味的梦！花木够了，只缺一点水。

短松墙觉得有点死板，好在发着一些松香；若是上面绕着些密罗松，开着些血红的小花，也许能减少一些死板气儿。园外的几行洋槐很体面，似乎缺少一些小白石凳。可是继而一想，没有石凳也好，校园的全景，就妙在只有花木，没有多少人工作的点缀，砖砌的花池咧，绿竹篱咧，全没有；这样，没有人的时候，才真像没有人，连一点人工经营的痕迹也看不出来；换句话说这才不俗气。[12]

二、《大明湖》

到校后，忙着预备功课，也没工夫写什么。可是我每走在街上，看见西门与南门的炮眼，我便自然的想起"五三"惨案；我开始打听关于这件事的详情；不是那些报纸登载过的大事，而是实际上的屠杀与恐怖的情形。有好多人能供给我材料，有的人还保存着许多像片，也借给我看。半年以后，济南既被走熟，而"五三"的情形也知道了个大概，我就想写《大明湖》了。

《大明湖》里没有一句幽默的话，因为想着"五三"。可是"五三"并不是正题，而是个副笔。设若全书都是描写那次的屠杀，我便不易把别的事项插进去了，而我深怕笔力与材料都不够写那么硬的东西。我需要个别的故事，而把战争与流血到相当的时机加进去，既不干枯，又显着越写越火炽。我很费了些时间去安置那些人物与事实：前半的本身已像个故事，而这故事里已暗示出济南的危险。后半还继续写故事，可是遇上了"五三"，故事与这惨案一同紧张起来。在形式上，这本书有些可取的地方。

故事的进展还是以爱情为联系，这里所谓爱情可并不是三角恋爱那一套。痛快着一点来说，我写的是性欲问题。在女子方面，重要的人物是很穷的母女两个。母亲受着性欲与穷困的两重压迫，而扔下了女儿不再管。她交结过好几个男人，全没有所谓浪漫故事中的追求与迷恋，而是直截了当的讲肉与钱的获得。读书的青年男女好说自己如何苦闷，如何因失恋而想自杀，好像别人都没有这种问题，而只有他们自己的委屈很值钱似的。所以我故意的提出几个穷男女，说说他们的苦处与需求。在她所交结的几个男人中，有一个是非常精明而有思想的人。他虽不是故事中的主要人物，可是由他口中说出许多现在应当用××画出来的话语[13]。这个女的最后跳了大明湖。她的女儿呢，没有人保护着，而且没有一个钱，也就走上她母亲所走的路——在《樱海集》所载的《月牙儿》便是这件事的变形。可是在《大明湖》里，这个孤苦的女儿到了也要跳湖的时候，被人救出而结了婚。救她的人是兄弟三个，老大老二是对双生的弟兄，也就是故事中的男主角。

在这一对男主角身上，爱情的穿插没有多少重要，主要的是在描写他俩的心理上的变动。他们是双生子，长得一样，而且极相爱，可是他们的性格极不相同。他们想尽方法去彼此明白与谅解，可是不能随心如意；他们到底有个自己，这个自己不会因爱心与努力而溶解在另一个自己里。他俩在外表上是一模一样，而在内心上是背道而驰。老大表现着理智的能力，老二表现着感情的热烈。一冷一热，而又不肯公然冲突。这象征着"学问呢，还是革命呢？"的不易决定。老大是理智的，可是被疾病征服的时候，在梦里似的与那个孤女发生了关系，结果非要她不可——大团圆。

可是这个大团圆是个悲剧的——假如这句话可以说得通——"五三"事件发生了，老三被杀。剩下老大老二，一个用脑，一个用心，领略着国破家亡的滋味。[14]

由这点简要的述说可以看出来《大明湖》里实在包含着许多问题，在思想上似乎是有些进步。可是我并不满意这本作品，因为文字太老实。前面说过了：此书中没有一句幽默的话，而文字极其平淡无奇，念着很容易使人打盹儿。我是个爽快的人，当说起笑话来，我的想象便能充分的活动，随笔所至自自然然的就有趣味。教我哭丧着脸讲严重的问题与事件，我的心沉下去，我的话也不来了！

在暑假后把它写成，交给张西山[15]兄看了一遍，还是寄给《小说月报》。因为刚登完了《小坡的生日》，所以西谛兄说留到过了年再登吧。过了年，稿子交到印工手里去，"一·二八"的火把它烧成了灰。没留副稿。我向来不留副稿。想好就写，写完一大段，看看，如要不得，便扯了另写；如能要，便只略修改几个字，不作更大的更动。所以我的稿子多数是写得很清楚。我雇不起书记给另抄一遍，也不愿旁人代写。稿子既须自己写，所以无论故事多么长，总是全篇写完才敢寄出去，没胆子写一点发表一点。全篇寄出去，所以要烧也就都烧完；好在还痛快！

有好几位朋友劝我再写《大明湖》，我打不起精神来。创作的那点快乐不能在默写中找到。再说呢，我实在不甚满意它，何必再写。况且现在写出，必须用许多 ×× 与……，更犯不着了。

到济南后，自己印了稿纸，张大格大，一张可写九百多字。用新稿纸写的第一部小说就遭了火劫，总算走"红"运！[16]

三、暑假

我与学界的人们一同分润寒假暑假的"寒"与"暑"，"假"字与我老不发生关系似的。寒与暑并不因此而特别的留点情；可是，一想及拉车的，当巡警的，卖苦力气的，我还抱怨什么？而且假期到底是假期，晚起个三两分钟到底不会耽误了上堂；暂时不作铜铃的奴隶也总得算偌大的自由！况且没有粉笔面子的"双"薰——对不起，一对鼻孔总是一齐吸气，还没练成"单吸"的工夫，虽然作了不少年的教员。

整理已讲过的讲义[17]，预备下学期的新教材，这把"念读写作，四者缺一不可"的工夫已作足。此外，还要写小说呢。教员兼写家，或写家兼教员，无论怎样排列吧，这是最时行的事。单干哪一行也不够养家的，况且我还养着一只小猫！幸而教员兼车夫，或写家兼屠户，还没大行开，这在像中国这么文明的国家里，还不该念佛？

闹钟的铃自一放学就停止了工作，可是没在六点后起来过，小说的人物总是在天亮左右便在脑中开了战事；设若不乘着打得正欢的时候把他们捉住，这一天，也许是两三天，不用打算顺当的调动他们，不管你吸多少支香烟，他们总是在面前耍鬼脸，及至你一伸手，他们全跑得连个影儿也看不见。

早起的鸟捉住虫儿，写小说的也如此。

这决不是说早起可以少出一点汗。在济南的初伏以前而打算不出汗，除非离开济南。早晨，晌午，晚间，夜里，毛孔永远川流不息；只要你一眨巴眼，或叫声"球"——那只小猫——得，遍体生津。早起决不为少出汗，而是为拿起笔来把汗吓回去。出汗的工作是人人怕的，连汗的本身也怕。一边写，一边流汗；越流汗越写得起劲；汗知道你是与它拚个你死我活，它便不流了。这个道理或者可以从《易经》里找出来，但是我还没有工夫去检查。

自六点至九点，也许写成五百字，也许写成三千字，假如没有客人来的话。五百字也好，三千字也好，早晨的工作算是结束了。值得一说的是：写五百字比写三千的时候要多吸至少七八支香烟，吸烟能助文思不永远灵验，是不是还应当多给文曲星烧股高香？

九点以后，写信——写信！老得写信！希望邮差再大罢工一年！——浇浇院中的草花，和小猫在地上滚一回，然后读欧·亨利。这一闹哄就快十二点了。吃午饭，也许只是闻一闻；夏天闻闻菜饭便可以饱了的。饭后，睡大觉，这一觉非遇见非常的事件是不能醒的。打大雷，邻居小夫妇吵架，把水缸从墙头掷过来，……只是不希望地震，虽然它准是最有效的。醒了，该弄讲义了，多少不拘，天天总弄出一点来。六点，又吃饭。饭后，到齐大的花园去走半点钟，这是一天中挺直脊骨的特许期间，二十四点钟内挺两刻钟的脊骨好像有什么卫生神术在其中似的，不过，挺着胸膛走到底是壮观的；究竟挺直了没有自然是另一问题，未便深究。

挺背运动完毕，回家，屋子里比烤面包的炉子的热度高着多少？无从知道，因为没有寒暑表。屋内的蚊子还没都被烤死呢，我放心了。洗个澡，在院中坐一会儿，听着街上卖汽水，冰激凌的吆喝。心静自然凉，我永远不喝汽水，不吃冰激凌；香片茶是我一年到头的唯一饮料，多喝香片茶是由外洋贩来我便不喝了。九点钟前后就去睡，不管多热，我永远的躺下——有时还没有十分躺好——便能入梦。身体弱多睡觉，是我的格言。一气睡到天明，又该起来拿笔吓走汗了。[18]

四、《猫城记》[19]

自《老张的哲学》到《大明湖》，都是交《小说月报》发表，而后由商务印书馆印单行本。《大明湖》的稿子烧掉，《小坡的生日》的底版也殉了难；后者，经过许多日子，转让给生活书店承印。《小说月报》停刊[20]。施蛰存兄主编的《现代》杂志为沪战后唯一的有起色的文艺月刊，他约我写个"长篇"，我答应下来；这是我给别的刊物——不是《小说月报》了——写稿子的开始。这次写的是《猫城记》。登完以后，由现代书局出书[21]，这是我在别家书店——不是"商务"了——印书的开始。

《猫城记》，据我自己看，是本失败的作品。它毫不留情地揭显出我有块多么平凡的脑子。写到了一半，我就想收兵，可是事实不允许我这样作，硬把它凑完了！有人说，这本书不幽默，所以值得叫好，正如梅兰芳[22]反串小生那样值得叫好。其实这只是因为讨厌了我的幽默，而不是这本书有何好处。吃厌了馒头，偶尔来碗粗米饭也觉得很香，并非是真香。说真的，《猫城记》根本应当幽默，因为它是篇讽刺文章，讽刺与幽默在分析时有显然的不同，但在应用上永远不能严格的分隔开。越是毒辣的讽刺，越当写得活动有趣，把假托的人与事全要精细的描写出，有声有色，有骨有肉，看起来头头是道，活像有此等人与此等事；把讽刺埋伏在这个底下，而后才文情并懋，骂人才骂到家。它不怕是写三寸丁的小人国，还是写酸臭的君子之邦[23]，它得先把所凭借的寓言写活，而后才能仿佛把人与事玩之股掌之上，细细的创造出，而后捏着骨缝儿狠狠的骂，使人哭不得笑不得。它得活跃，灵动，玲珑和幽默。必须幽默。不要幽默也成，那得有更厉害的文笔，与极聪明的脑子，一个巴掌一个红印，一个闪一个雷。我没有这样厉害的手与脑，而又舍去我较有把握的幽默，《猫城记》就没法不爬在地上，像只折了翅的鸟儿。

在思想上，我没有积极的主张与建议。这大概是多数讽刺文字的弱点，不过好的讽刺文字是能一刀见血，指出人间的毛病的：虽然缺乏对思想的领导，究竟能找出病根，而使热心治病的人知道该下什么药。我呢，既不能有积极的领导，又不能精到的搜出病根，所以只有讽刺的弱点，而没得到它的正当效用。我所思虑的就是普通一般人所思虑的，本用不着我说，因为大家都知道。眼前的坏现象是我最关切的；为什么有这种恶劣现象呢？我回答不出。跟一般人相同，我拿"人心不古"——虽然没用这四个字——来敷衍。这只是对人与事的一种惋惜，一种规劝；惋惜与规劝，是"阴骘文"[24]的正当效用——其效用等于说废话。这连讽刺也够不上了。似是而非的主张，即使无补于事，也还能显出点讽刺家的聪明。我老老实实的谈常识，而美其名为讽刺，未免太荒唐了。把讽刺改为说教，越说便越腻得慌；敢去说教的人不是绝顶聪明的，便是傻瓜。我知道我不是顶聪明，也不肯承认是地道傻瓜；不过我既写了《猫城记》，也就没法不叫自己傻瓜了。

自然，我为什么要写这样一本不高明的东西也有些外来的原因。头一个就是对国事的失望，军事与外交种种的失败，使一个有些感情而没有多大见解的人，像我，容易由愤恨而失望。失望之后，这样的人想规劝，而规劝总是妇人之仁的。一个完全没有思想的人，能在粪堆上找到粮食；一个真有思想的人根本不将就这堆粪。只有半瓶子醋的人想维持这堆粪而去劝告苍蝇："这儿不卫生！"我吃了亏，因为任着外来的刺激去支配我的"心"，而一时忘了我还有块"脑子"。我居然去劝告苍蝇了！

不错，一个没有什么思想的人，满能写出很不错的文章来；文学史上有许多这样的例子。可是，这样的专家，得有极大的写实本领，或是极大的情绪感诉能力。前者能将浮面的观感详实的写下来，虽然不像显微镜那么厉害，到底不失为好好的一面玻璃镜，映出个真的世界。后者能将普通的感触，强有力的道出，使人感动。可是我呢，我是写了篇讽刺。讽刺必须高超，而我不高超。讽刺要冷静，于是我不能大吹大播，而扭扭捏捏。既未能悬起一面镜子，又不能向人心掷去炸弹，这就很可怜了。

失了讽刺而得到幽默，其实也还不错。讽刺与幽默虽然是不同的心态，可是都得有点聪明。运用这点聪明，即使不能高明，究竟能见出些性灵，至少是在文字上。我故意的禁止幽默，于是《猫城记》就一无可取了。《大明湖》失败在前，《猫城记》紧跟着又来了个第二次。朋友们常常劝我不要幽默了，我感谢，我也知道自己常因幽默而流于讨厌。可是经过这两次的失败，我才明白一条狗很难变成一只猫。我有时候很想努力改过，偶尔也能因努力而写出篇郑重，有点模样的东西。但是这种东西总缺乏自然的情趣，像描眉擦粉的小脚娘。让我信口开河，我的讨厌是无可否认的，可是我的天真可爱处也在里边，Aristophanes（阿里斯托芬）的撒野正自不可及；我不想高攀，但也不必因谦虚而抹杀事实。

自然，这两篇东西——《大明湖》与《猫城记》——也并非对我全无好处：它们给我以练习的机会，练习怎样老老实实的写述，怎样瞪着眼说谎而说得怪起劲。虽然它们的本身是失败了，可是经过一番失败总多少增长些经验。

《猫城记》的体裁，不用说，是讽刺文章最容易用而曾经被文人们用熟了的。用个猫或人去冒险或游历，看见什么写什么就好了。冒险者到月球上去，或到地狱里去，都没什么关系。他是个批评家，也许是个伤感的新闻记者。《猫城记》的探险者分明是后一流的，他不善于批评，而有不少浮浅的感慨；他的报告于是显着像赴宴而没吃饱的老太婆那样回到家中瞎唠叨。

我早就知道这个体裁。说也可笑，我所以必用猫城，而不用狗城者，倒完全出于一件家庭间的小事实——我刚刚抱来个黄白花的小猫。威尔思的 *The First Man in the Moon*（《月亮上的第一个人》），把月亮上的社会生活与蚂蚁的分工合作相较，显然是有意的指出人类文明的另一途径。我的猫人之所以为猫人却出于偶然。设若那天我是抱来一只兔，大概猫人就变成兔人了；虽然猫人与兔人必是同样糟糕的。

猫人的糟糕是无可否认的。我之揭露他们的坏处原是出于爱他们也是无可否认的。可惜我没给他们想出办法来。我也糟糕！可是，我必须说出来：即使我给猫人出了最高明的主意，他们一定会把这个主意弄成个五光十色的大笑话；猫人的糊涂与聪明是相等的。我爱他们，惭愧！我到底只能讽刺他们了！况且呢，我和猫人相处了那么些日子，我深知道我若是直言无隐的攻击他们，而后再给他们出好主意，他们很会把我偷偷的弄死。我的怯懦正足以暗示出猫人的勇敢，何等的勇敢！算了吧，不必再说什么了！ [25]

五、《离婚》 [26]

也许这是个常有的经验吧：一个写家把他久想写的文章撂在心里，撂着，甚至于撂一辈子，而他所写出的那些倒是偶然想到的。有好几个故事在我心里已存放了六七年，而始终没能写出来；我一点也不晓得它们有没有能够出世的那一天。反之，我临时想到的倒多半在白纸上落了黑字。在写《离婚》以前，心中并没有过任何可以发展到这样一个故事的"心核"，它几乎是忽然来到而马上成了个"样儿"的。在事前，我本来没打算写个长篇，当然用不着去想什么。邀我写个长篇与我临阵磨刀去想主意正是同样的仓促。是这么回事：《猫城记》在《现代》杂志登完，说好了是由良友公司放入"良友文学丛书"里。我自己知道这本书没有什么好处，觉得它还没资格入这个"丛书"。可是朋友们既愿意这么办，便随它去吧，我就答应了照办。及至事到临期，现代书局又愿意印它了，而良友扑了个空。于是良友的"十万火急"来到，立索一本代替《猫城记》的。我冒了汗！可是我硬着头皮答应下来；知道拼命与灵感是一样有劲的。

这我才开始打主意。在没想起任何事情之前，我先决定了：这次要"返归幽默"。《大明湖》与《猫城记》的双双失败使我不得不这么办。附带的也决定了，这回还得求救于北平。北平是我的老家，一想起这两个字就立刻有几百尺"故都景象" [27] 在心中开映 [28]。啊！我看见了北平，马上有了个"人"。我不认识他，可是在我廿岁至廿五岁之间我几乎天天看见他。他永远使我羡慕他的气度与服装，而且时时发现他的小小变化：这一天他提着条很讲究的手杖，那一天他骑上自行车——稳稳的溜着马路边儿，永远碰不了行人，也好似永远走不到目的地，太稳，稳得几乎像凡事在他身上都是一种生活趣味的展示。我不放手他了。这个便是"张大哥"。

叫他作什么呢？想来想去总在"人"的上面，我想出许多的人来。我得使

"张大哥"统领着这一群人，这样才能走不了板，才不至于杂乱无章。他一定是个好媒人，我想；假如那些人又恰恰的害着通行的"苦闷病"呢？那就有了一切，而且是以各色人等揭显一件事的各种花样，我知道我捉住了个不错的东西。这与《猫城记》恰相反：《猫城记》是但丁的游"地狱"，看见什么说什么，不过是既没有但丁那样的诗人，又没有但丁那样的诗。《离婚》在决定人物时已打好主意：闹离婚的人才有资格入选。一向我写东西总是冒险式的，随写随着发现新事实；即使有时候有个中心思想，也往往因人物或事实的趣味而唱荒了腔。这回我下了决心要把人物都拴在一个木桩上。

这样想好，写便容易了。从暑假前大考的时候写起，到七月十五，我写得了十二万字。原定在八月十五交卷，居然能早了一个月，这是生平最痛快的一件事。天气非常的热——济南的热法是至少可以和南京比一比的——我每天早晨七点动手，写到九点；九点以后便连喘气也很费事了。平均每日写两千字。所余的大后半天是一部分用在睡觉上，一部分用在思索第二天该写的二千来字上。这样，到如今想起来，那个热天实在是最可喜的。能写入了迷是一种幸福，即使所写的一点也不高明。

在下笔之前，我已有了整个计划；写起来又能一气到底，没有间断，我的眼睛始终没离开我的手，当然写出来的能够整齐一致，不至于大嘟噜小块的。匀净是《离婚》的好处，假如没有别的可说的。我立意要它幽默，可是我这回把幽默看住了，不准它把我带了走。饶这么样，到底还有"滑"下去的地方，幽默这个东西——假如它是个东西——实在不易拿得稳，它似乎知道你不能老瞪着眼盯住它，它有机会就跑出去。可是从另一方面说呢，多数的幽默写家是免不了顺流而下以至野调无腔的。那么，要紧的似乎是这个：文艺，特别是幽默的，自要"底气"坚实，粗野一些倒不算什么。Dostoevsky（陀思妥耶夫斯基）的作品——还有许多这样伟大写家的作品——是很欠完整的，可是他的伟大处永不被这些缺欠遮蔽住。以今日中国文艺的情形来说，我倒希望有些顶硬顶粗莽顶不易消化的作品出来，粗野是一种力量，而精巧往往是种毛病。小脚是纤巧的美，也是种文化病，有了病的文化才承认这种不自然的现象，而且称之为美。文艺或者也如此。这么一想，我对《离婚》似乎又不能满意了，它太小巧，笑得带着点酸味！受过教育的与在生活上处处有些小讲究的人，因为生活安适平静，而且以为自己是风流蕴藉，往往提到幽默便立刻说：幽默是含着泪的微笑。其实据我看呢，微笑而且得含着泪正是"装蒜"之一种。哭就大哭，笑就狂笑，不但显出一点真挚的天性，就是在文学里也是很健康的。唯其不敢真哭真笑，所以才含泪微笑；也许这是件很难作到与很难表现的事，但不必就是非此不可。我真希望我能写出些震天响的笑声，使人们真痛快一番，虽然我一点也不反对哭声震天的东西。说真的，哭与笑原是一事的两头儿；而含泪微笑却两头儿都不站。《离婚》的笑声太弱了。写过了六七本十万字左右的东西，我才明白了一点何谓技巧与控制，可是技巧与控制不见得就会使文艺伟大。《离婚》有了技巧，有了控制；伟大，还差得远呢！文艺真不是容易作的东西。我说这个，一半是恨自己的藐小，一半也是自励。[29]

六、写短篇[30]

我本来不大写短篇小说，因为不会。可是自从沪战后，刊物增多，各处找我写文章；既蒙赏脸，怎好不捧场？同时写几个长篇，自然是作不到的，于是由靠背戏改唱短打[31]。这么一来，快信便接得更多："既肯写短篇了，还有什么说的？写吧，伙计！三天的工夫还赶不出五千字来？少点也行啊！无论怎么着吧，赶一篇，要快！"话说得很"自己"，我也就不好意思，于是天昏地暗，胡扯一番；明知写得不成东西，还没法不硬着头皮干。[32]

我在写长篇之前并没有写短篇的经验。我吃了亏。短篇想要见好，非拼命去作不可。长篇有偷手。写长篇，全篇中有几段好的，每段中有几句精彩的，便可以立得住。这自然不是理应如此，但事实上往往是这样；连读者仿佛对长篇——因为是长篇——也每每格外的原谅。世上允许很不完整的长篇存在，对短篇便不很客气。这样，我没有一点写短篇的经验，而硬写成五六本长的作品；从技巧上说，我的进步的迟慢是必然的。短篇小说是后起的文艺，最需要技巧，它差不多是仗着技巧而成为独立的一个体裁。可是我一上手便用长篇练习，很有点像练武的不习"弹腿"而开始便举"双石头"，不被石头压坏便算好事；而且就是能够力举千斤也是没有什么用处的笨劲。这点领悟是我在写了些短篇后才得到的。大家都要稿子，短篇自然方便一些。是的，"方便"一些，只是"方便"一些；这时候我还有点看不起短篇，以为短篇不值得一写，所以就写了《抱孙》等笑话。随便写些笑话就是短篇，我心里这么想。随便写笑话，有了工夫还是写长篇；这是我当时的计划。

《微神》³³与《黑白李》³⁴等篇都经过三次的修正；既不想再闹着玩，当然就得好好的干了。可是还有好些篇是一挥而就，乱七八糟的，因为真没工夫去修改。报酬少，少写不如多写；怕得罪朋友，有时候就得硬挤；这两桩决定了我的——也许还有别人——少而好不如多而坏的大批发卖。这不是政策，而是不得不如此。自己觉得很对不起文艺，可是钱与朋友也是不可得罪的。有一次，王平陵兄跟我要一篇东西，我随写随放弃，一共写了三万多字而始终没能成篇。为怕他不信，我把那些零块儿都给他寄去了。这并不是表明我对写作是怎样郑重，而是说有过这么一回，而且只能有这么"一"回。假如每回这样，不累死也早饿死了。累死还倒干脆而光荣，饿死可难受而不体面。每写五千字，设若，必扔掉三万字；而五千字只得二十元钱或更少一些，不饿死等什么呢？

《月牙儿》³⁵，《阳光》³⁶，《断魂枪》³⁷，与《新时代的旧悲剧》³⁸——并没有什么特别的好处。可我的态度变了。事实逼得我不能不把长篇的材料写作短篇了，这是事实，因为索稿子的日多，而材料不那么方便了，于是把心中留着的长篇材料拿出来救急。不用说，这么由批发而改为零卖是有点难过。可是及至把十万字的材料写成五千字的一个短篇——像《断魂枪》——难过反倒变成了觉悟。经验真是可宝贵的东西！觉悟是这个：用长材料写短篇并不吃亏，因为要从够写十几万字的事实中提出一段来，当然是提出那最好的一段。这就是愣吃仙桃一口，不吃烂杏一筐了。再说呢，长篇虽也有个中心思想，但因事实的复杂与人物的繁多，究竟在描写与穿插上是多方面的。假如由这许多方面之中挑选出一方面来写，当然显着紧凑精到。长篇的各方面中的任何一方面都能成个很好的短篇，而这各方面散布在长篇中就不易显出任何一方面的精彩。长篇要匀调，短篇要集中。拿《月牙儿》说吧，它本是《大明湖》中的一片段。《大明湖》被焚之后，我把其他的情节都毫不可惜的忘弃，可是忘不了这一段。这一段是，不用说，《大明湖》中最有意思的一段。但是，它在《大明湖》里并不像《月牙儿》这样整齐，因为它是夹在别的一堆事情里，不许它独当一面。由现在看来，我愣愿要《月牙儿》而不要《大明湖》了。不是因它是何等了不得的短篇，而是因它比在《大明湖》里"窝"着强。

《断魂枪》也是如此。它本是我所要写的"二拳师"中的一小块。"二拳师"是个——假如能写出来——武侠小说[39]。我久想写它，可是谁知道写出来是什么样呢？写出来才算数，创作是不敢"预约"的。在《断魂枪》里，我表现了三个人，一桩事。这三个人与这一桩事是我由一大堆材料中选出来的，他们的一切都在我心中想过了许多回，所以他们都能立得住。那件事是我所要在长篇中表现的许多事实中之一，所以它很利落。拿这么一件小小的事，联系上三个人，所以全篇是从从容容的，不多不少正合适。这样，材料受了损失，而艺术占了便宜；五千字也许比十万字更好。文艺并非肥猪，块儿越大越好。有长时间的培养，把一件复杂的事翻过来掉过去的调动，人也熟了，事也熟了，而后抽出一节来写个短篇，就必定成功，因为一下笔就是地方，准确产出调匀之美。不过呢，十万字可以得到三五百元，而这五千字只得了十九块钱，这恐怕也就是不敢老和艺术亲热的原因吧。为艺术而牺牲是很好听的，可是饿死谁也是不应当的，为什么一定先叫作家饿死呢？我就不明白！

《新时代的旧悲剧》有许多的缺点。最大的缺点是有许多人物都见首不见尾，没有"下回分解"。毛病是在"中篇"。我本来是想拿它写长篇的，一经改成中篇，我没法不把精神集注在一个人身上，同时又不能不把次要的人物搬运出来，因为我得凑上三万多字。设若我把它改成短篇，也许倒没有这点毛病了。不过呢，陈老先生确是有个劲头；假如我真是写了长篇，我真不敢保他能这么硬梆。因此，我还是不后悔把长篇材料这样零卖出去，而反觉得武戏文唱是需要更大的本事的，其成就也绝非乱打乱闹可比。[40]

七、一九三四年计划

没有职业的时候，当然谈不到什么计划——找到事再说。找到了事作，生活较比的稳定了，野心与奢望又自减缩——混着吧，走到哪儿是哪儿；于是又忘了计划。过去的几年总是这样，自己也闹不清是怎么过来的。至于写小说，那更提不到计划。有朋友来信说"作"，我就作；信来得太多了呢，便把后到的辞退，说上几声"请原谅"。有时候自己想写一篇，可是一搁便许搁到永远。一边作事，一边写作，简直不是回事儿！

一九三四年了，恐怕又是马虎的过去。不过，我有个心愿：希望能在暑后不再教书，而专心写文章，这个不是容易实现的。自己的负担太重，而写文章的收入又太薄；我是不能不管老母的，虽然知道创作的要紧[41]。假如这能实现，我愿意暑后到南方去住些日子；杭州就不错，那里也有朋友。

不论怎样吧，这是后半年的话。前半年呢，大概还是一边教书，一边写点东西。现在已经欠下了几个刊物的债，都该在新年后还上，每月至少须写一短篇。至于长篇，那要看暑假后还教书与否；如能辞退教职，自然可以从容的乱写了。不能呢，长篇即没希望。我从前写的那几本小说都成于暑假与年假中，因除此再找不出较长的时间来。这么一来，可就终年苦干，一天不歇。明年暑假决不再这么干，我的身体实在不能说是很强壮。春假想去跑泰山，暑假要到非避暑的地方去避暑——真正避暑的地方不是为我预备的。我只求有个地点休息一下，暑一点也没关系。能一个月不拿笔，就是死上一回也甘心！[42]

提到身体，我在四月里忽患背痛，痛得翻不了身，许多日子也不能"鲤鱼打挺"。缺乏运动啊。篮球足球，我干不了，除非有意结束这一辈子。于是想起了练拳。原先我就会不少刀枪剑戟——自然只是摆样子，并不能去厮杀一阵。从五月十四开始又练拳，虽不免近似义和团，可是真能运动运动。因为打拳，所以起得很早；起得早，就要睡得早；这半年来，精神确是不坏，现在已能一气练下四五趟拳来。这个我要继续下去，一定！[43]

自从我练习拳术，舍猫小球也胖了许多，因我一跳，她就扑我的腿，以为我是和她玩耍呢。她已一岁多了，尚未生小猫。扑我的腿，和有时候高声咪喵，或系性欲的压迫，我在来年必须为她定婚，这也在计划之中。

至于钱财，我向无计划。钱到手不知怎么就全另找了去处。来年呢，打算要小心一些。书，当然是要买的。饭，也不能不吃。要是俭省，得由零花上设法。袋中至多只带一块钱是个好办法；不然，手一痒则钞票全飞。就这样吧，袋中只带一元，想进铺子而不敢，则得之矣。

这像个计划与否，我自己不知道。不过，无论怎样，我是有志向善，想把生活"计划化"了。"计划化"惯了，生命就能变成个计划。将来不幸一命身亡，会有人给立一小块石碑，题曰"舒计划葬于此"。新年不宜说丧气话，那么，取销这条。[44]

八、《牛天赐传》[45]

　　一九三四年，自从一入七月门，济南就热起，那年简直热得出奇；那就是我"避暑床下"的那一回。早晨一睁眼，屋里——是屋里——就九十多度！小孩拒绝吃奶，专门哭号；大人不肯吃饭，立志喝水！可是我得赶文章，昏昏忽忽，半睡半醒，左手挥扇与打苍蝇，右手握笔疾写，汗顺着指背流到纸上。写累了，想走一走，可不敢出去，院里的墙能把人身炙得像叉烧肉——那廿多天里，每天街上都热死行人！屋里到底强得多，忍着吧。自然，要是有个电扇，再有个冰箱，一定也能稍好一些。可是我的财力还离设置电扇与冰箱太远。一连十五天，我没敢出街门。要说在这个样的暑天里，能写出怪像回事儿的文章，我就有点不信。

　　《牛天赐传》是三月廿三日动笔的，可是直到七月四日才写成两万多字。三个多月的工夫只写了这么点点，原因是在学校到六月尾才能放暑假，没有充足的工夫天天接着写。在我的经验里，我觉得今天写十来个字，明天再写十来个字，碰巧了隔一个星期再写十来个字，是最要命的事。这是向诗神伸手乞要小钱，不是创作。

　　七月四日以后，写得快了；七月十九日已有了五万多字。忽然快起来，因为已放了暑假。八月十号，我的日记上记着："《牛天赐传》写完，匆匆赶出，无一是处！"

　　天气是那么热，心里还有不痛快的事呢。我在老早就想放弃教书匠的生活，到这一年我得到了辞职的机会。六月廿九日我下了决心，就不再管学校里的事。不久，朋友们知道了我这点决定，信来了不少。在上海的朋友劝我到上海去，爽性以写作为业。在别处教书的朋友呢，劝我还是多少教点书，并且热心的给介绍事。我心中有点乱，乱就不痛快。辞事容易找事难，机会似乎不可都错过了。另一方面呢，且硬试试职业写家的味儿，倒也合脾味。生活，创作，二者在心中大战三百几十回合。寸心已成战场，可还要假装没事似的写《牛天赐传》，动中有静，好不容易。结果，我拒绝了好几位朋友的善意，决定到上海去看看。八月十九日动了身。在动身以前，必须写完《牛天赐传》，不然心中就老存着块病。这又是非快写不可的促动力。

热，乱，慌，是我写《牛天赐传》时生活情形的最合适的三个形容字。这三个字似乎都与创作时所需要的条件不大相合。"牛天赐"产生的时候不对，八字根本不够格局！

此外，还另有些使它不高明的原因。第一个是文字上的限制。它是《论语》半月刊的特约长篇，所以必须幽默一些。幽默与伟大不是不能相容的，我不必为幽默而感到不安；《吉诃德先生传》等名著译成中文也并没招出什么"打倒"来。我的困难是每一期只要四五千字，既要顾到故事的连续，又须处处轻松招笑。为达到此目的，我只好抱住幽默死啃；不用说，死啃幽默总会有失去幽默的时候；到了幽默论斤卖的地步，讨厌是必不可免的。我的困难至此乃成为毛病。艺术作品最忌用不正当的手段取得效果，故意招笑与无病呻吟的罪过原是一样的。

每期只要四五千字，所以书中每个人，每件事，都不许信其自然的发展。设若一段之中我只详细的描写一个景或一个人，无疑的便会失去故事的趣味。我得使每期不落空，处处有些玩艺。因此，一期一期的读，它倒也怪热闹；及至把全书一气读完，它可就显出紧促慌乱，缺乏深厚的味道了。

书中的主人公——按老话儿说，应当叫作"书胆"——是个小孩儿。一点点的小孩儿没有什么思想，意志，与行为。这样的英雄全仗着别人来捧场，所以在最前的几章里我几乎有点和个小孩子开玩笑的嫌疑了。其实呢，我对小孩子是非常感觉趣味，而且最有同情心的[46]。我的脾气是这样：不轻易交朋友，但是只要我看谁够个朋友，便完全以朋友相待。至于对小孩子，我就一律的看待，小孩子都可爱。世界上有千千万万的受压迫的人，其中的每一个都值得我们替他们呼冤，代他想方法。可是小孩子就更可怜，不但是无衣无食的，就是那打扮得马褂帽头像小老头的也可怜。牛天赐是属于后者的，因为我要写得幽默，就不能拿个顶穷苦的孩子作书胆——那样便成了悲剧。自然，我也明知道照我那么写一定会有危险的——幽默一放手便会成为瞎胡闹与开玩笑。于此，我至今还觉得怪对不起牛天赐的！[47]

1．此句节选自《我怎样写〈大明湖〉》，《老舍全集》（第十六卷），北京：人民文学出版社，2013 年，第 181 页。

2．此句节选自《我怎样写〈骆驼祥子〉》，《老舍全集》（第十七卷），北京：人民文学出版社，2013 年，第 464 页。

3．舒济，老舍的长女，1933 年 9 月 5 日出生于济南。做过大学教师、人民文学出版社编辑。自 1978 年起，编辑出版老舍作品多种，包括老舍生前未曾面世的作品，在人民文学出版社先后编辑出版《老舍文集》与《老舍全集》。

4．这一节是写济南，更是中国文化哲学的隐喻。一个"死城"，它是老舍批判的对象，也是其创作从二十世纪三十年代发展到《铁牛与病鸭》《不成问题的问题》《四世同堂》的重要主题。老舍为之难过，但从来没有与之决绝地割裂，跳不出这个文化，这就是老舍代表的中国人的矛盾与悲哀。敷衍的态度是老舍否定的对象，可是一直到他投湖之前，身边都有敷衍。他用死，最终完成了他的决裂与文化批判。

5．当为"五三惨案"之误。《我怎样写〈大明湖〉》（《老舍全集》第十六卷 181 页）中亦作"'五三'惨案"。五卅惨案发生于 1925 年 5 月 30 日的上海。而五三惨案又称济南惨案，指 1928 年 5 月 3 日国民革命军在北伐途中经过山东济南城时，日本方面借口革命军对城内的日本侨民进行抢劫、强奸、屠杀，而出动军队展开报复，造成中国军人与民众死伤甚众的惨案。其中，国民党战地政务委员会派遣济南的外交处处长兼国民政府外交部特派山东交涉员蔡公时及署内职员 17 人被日军虐杀。惨案发生后，日方否认日军屠杀中国军民，并要南京国民政府道歉、赔偿、惩凶，并于 5 月 11 日攻占济南。直至次年 3 月，南京国民政府与日本政府签订《中日济案协定》之后，日军才退出济南。

6．老舍 1930 年 7 月到济南的齐鲁大学工作。写《小坡的生日》时，老舍的世界视野在东南亚民族问题，归国后的老舍渐渐把对国家社会政治的关心与文化思考结合起来，写《大明湖》《猫城记》时最为显著。这都是他后来全身心投身抗战的前奏，也是他从美国转回中国大陆的原因。

老舍在山东直到抗战前的日常生活是平静的，教书写作得空，便时时回头看，进而写成他后来收入《老牛破车》里的一系列自评作品的文章和一些谈论小说技巧的散文。老舍通过自省反思来描画自己的文学生活的轨迹。读这两类文章，而让写作与日常形成互文，才是有机的老舍山东生活。

7. 以上节选自《吊济南》，《老舍全集》（第十四卷），北京：人民文学出版社，2013 年，第 112-115 页。

8. Sweet heart 意为情人、爱人、恋人，英美语言都用，发音略有别；（在美国家庭）父母也用它来称呼自己幼小的孩子，或以此表示亲近邻家孩子。老舍觉得中文没有适于表达他对第二故乡爱的字眼，难得用一个外来词语。

9. 以上节选自《一些印象（四、五、六、七）》，《老舍全集》（第十四卷），北京：人民文学出版社，2013 年，第 1-4 页。该系列散文的总题为"印象"，此一词包含老舍对西方艺术中近代绘画的了解与心仪。这一系列文章与自然、色彩、光线的关系，都说明了跨艺术形态的对话与互动。老舍对中国画有不少讨论，对西画没有相似的表述，但这些作品仍可视为中国文字的印象派油画。

10. 基督教美国长老会、英国浸礼会、圣公会和加拿大长老会在山东合办的大学。前身为美国长老会传教士狄考文 1864 年在登州所办的蒙养学堂，曾改名登州文会馆、广文学堂（迁至潍县）。1917 年迁至济南，与共和医道学堂、神道学堂合并，改名为齐鲁大学。1923 年又将北京协和女子医学校并入。1952 年院系调整，齐鲁大学被撤销建制，其学科分别并入山东大学、山东师范大学、南京大学等高校，校园旧址为今山东大学趵突泉校区。虽然齐鲁大学和山东大学同处山东，但两者风格不同、相互独立，历史上少有关联。

11. 以上节选自《非正式的公园（济南通信）》，《老舍全集》（第十四卷），北京：人民文学出版社，2013 年，第 9-10 页。

12. 以上节选自《一些印象（四、五、六、七）》，《老舍全集》（第十四卷），北京：人民文学出版社，2013 年，第 4-6 页。

13. 国民政府 1930 年出台《出版法》，次年又出《出版法实施细则》，1934 年国民党又进一步修正新闻检查标准，同年还发布查禁 149 种文艺书籍的密令，成立"图书杂志审委会"，并颁布《图书杂志审查办法》对与共产主义相关的激进文字进行查禁。报刊被认定或可能被认定的敏感文字往往会主动或被动以"××""□□"替代。

14. 其中有短篇小说《黑白李》的影子，这是老舍在思想层面与左翼文学远远地呼应的有限的一些作品。文学史公认老舍为京派，其实他的作品中时或有一点现代派与左翼的光影闪动。

15. 张西山（1902－1987），原名张维华，字西山，山东寿光人，史学家。1928年毕业于齐鲁大学。次年回校任教。1933年毕业于燕京大学研究院，并获硕士学位。抗战前后在齐鲁大学任教多年。1952年起任教于山东大学。著作有《明清之际中西关系简史》《汉史论集》《中国古代对外关系史》等。1930年至1931年在齐鲁大学与老舍共事。

16. 以上节选自《我怎样写〈大明湖〉》，《老舍全集》（第十六卷），北京：人民文学出版社，2013年，第181－183页。

17. 老舍书教得好，他在大学教书编写的讲义也是学术水平很高的著作。有些课程的讲稿是断简残编，仅一部完整讲稿《文学概论讲义》，老舍就足以称得上是文学理论家了。比较起来，郁达夫、刘永济、程千帆等留下的文学概论的讲稿，就完整性和中西两个参照系的均衡与不偏不倚，都有不及老舍这部讲稿的地方。不夸张地说，老舍对中国现代文学理论的贡献，既是一个开拓者，也是一个自成体系的卓然大家。《文学概论讲义》的引言之后，两章讨论"中国历代文说"，由"文"而及文学，首先确立了中国文论本土资源的价值基础，比起二十世纪五十年代以后的文学概论依靠舶来的苏联、西方的文学概念系统，高明了许多。

18. 以上节选自《夏之一周间》，《老舍全集》（第十五卷），北京：人民文学出版社，2013年，第205－206页。

19. 《猫城记》初在《现代》第1卷第4期（1932年8月）开始连载到第2卷第6期续载完。

20. 《小说月报》创刊于1910年7月，商务印书馆主办。新文学运动兴起，文学研究会沈雁冰编辑时期改革刊物，截止刊用旧派小说，专门登载新文学作品，介绍世界进步文学。1932年"一·二八"淞沪抗战时停刊。先后共出22卷，262期（包括增刊4期）。

21. 现代书局创办于1927年，创办人为洪雪帆，初设于虹口海宁路一个里弄内，后迁至福州路山东路口商报馆。有张静庐、沈松泉、卢芳等先后加入。现代书局由洪雪帆任总经理，张静庐任经理。1931年现代书局改组为股份公司。1932年5月创办《现代》杂志，由施蛰存等主编，为现代书局带来声誉。1935年，因经营不善，加之内部矛盾与外部压力，书店倒闭，杂志停刊。

22. 梅兰芳（1894-1961），名澜，又名鹤鸣，字畹华，别署缀玉轩主人，艺名兰芳。北京人，祖籍江苏泰州。中国京剧表演艺术家。梅兰芳出身于梨园世家，八岁学戏，九岁拜吴菱仙为师学青衣，十岁登台。后又求教于秦稚芬和胡二庚学花旦。1915年4月至1916年9月，新排演了《宦海潮》《牢狱鸳鸯》《思凡》等11出戏。于1949年前先后赴日本、美国、苏联演出，并荣获美国波莫纳学院和南加州大学的荣誉文学博士学位。1950年后任中国京剧院院长等职。与老舍有多年友谊。新中国成立后二人同住北京，并在北京市文联、中国剧协共事，一同出访过朝鲜和苏联。老舍一向赞赏他的艺术和人品，早在二十世纪三十年代就在《通俗文艺的技巧》等文中，对梅兰芳自西洋归来后在唱念做舞等方面的革新给予了热情的肯定。梅兰芳逝世后，老舍在悼文《梅兰芳同志千古》中追思他的行事为人，对他一生渊博精深的艺术造诣、严肃不苟的求艺精神给予高度评价。

23. "写三寸丁的小人国，还是写酸臭的君子之邦"，这句话表达了老舍时刻审视中西两个寓言和讽刺小说的传统：前者指斯威夫特的《格列佛游记》，这是英国十八世纪最富影响力的讽刺小说；后者为李汝珍的《镜花缘》，是清代《儒林外史》之前最重要的讽刺小说，它比《儒林外史》更富有想象力。这两部小说共同的特点是都驰骋想象于海外空间，其风格超越了写实小说的现实性，隐喻的力量与效果是卓越的。《猫城记》想象人类有飞升到火星上的能力，那里的猫城兼具酸腐与侏儒的特征，隐喻国民性病态。

24. 《文昌帝君阴骘文》简称《阴骘文》，道教重要典籍。作者不详。劝善之书，以通俗的形式劝人行善积阴德，以得到神灵赐福。

25. 以上节选自《我怎样写〈猫城记〉》，《老舍全集》（第十六卷），北京：人民文学出版社，2013年，第184-187页。似乎全世界关注老舍的批评家都不在乎他如何检讨自己讽刺的失败，依然以多种语言翻译介绍这部小说，并给予很高评价。它对外国人了解中国文化，以及让读者照见某种共同的影像，都有不容否认的价值。

26. 《离婚》1933年8月由良友图书印刷公司初版印行。

27. 北京对于老舍写作的重要性，不妨看看他的《想北平》：

> 设若让我写一本小说，以北平作背景，我不至于害怕，因为我可以捡着我知道的写，而躲开我所不知道的。让我单摆浮搁的讲一套北平，我没办法。北平的地方那么大，事情那么多，我知道的真觉太少了，虽然我生

在那里，一直到廿七岁才离开。以名胜说，我没到过陶然亭，这多可笑！以此类推，我所知道的那点只是"我的北平"，而我的北平大概等于牛的一毛。

可是，我真爱北平。这个爱几乎是要说而说不出的。我爱我的母亲。怎样爱？我说不出。在我想作一件讨她老人家喜欢的时候，我独自微微的笑着；在我想到她的健康而不放心的时候，我欲落泪。言语是不够表现我的心情的，只有独自微笑或落泪才足以把内心揭露在外面一些来。我之爱北平也近乎这个。夸奖这个古城的某一点是容易的，可是这就把北平看得太小了。

我所爱的北平不是枝枝节节的一些什么，而是整个儿与我的心灵相粘合的一段历史，一大块地方，多少风景名胜，从雨后什刹海的蜻蜓一直到我梦里的玉泉山的塔影，都积凑到一块，每一小的事件中有个我，我的每一思念中有个北平，这只有说不出而已。

真愿成为诗人，把一切好听好看的字都浸在自己的心血里，像杜鹃似的啼出北平的俊伟。啊！我不是诗人！我将永远道不出我的爱，一种象由音乐与图画所引起的爱。这不但是辜负了北平，也对不住我自己，因为我的最初的知识与印象都得自北平，它是在我的血里，我的性格与脾气里有许多地方是这古城所赐给的。我不能爱上海与天津，因为我心中有个北平。可是我说不出来！

伦敦，巴黎，罗马与堪司坦丁堡（今通译君士坦丁堡），曾被称为欧洲的四大"历史的都城"。我知道一些伦敦的情形；巴黎与罗马只是到过而已；堪司坦丁堡根本没有去过。就伦敦，巴黎，罗马来说，巴黎更近似北平——虽然"近似"两字要拉扯得很远——不过，假使让我"家住巴黎"，我一定会和没有家一样的感到寂苦。

巴黎，据我看，还太热闹。自然，那里也有空旷静寂的地方，可是又未免太旷；不象北平那样既复杂而又有个边际，使我能摸着——那长着红酸枣的老城墙！

面向着积水潭，背后是城墙，坐在石上看水中的小蝌蚪或苇叶上的嫩蜻蜓，我可以快乐的坐一天，心中完全安适，无所求也无可怕，像小儿安睡在摇篮里。是的，北平也有热闹的地方，但是它和太极拳相似，动中有静。巴黎有许多地方使人疲乏，所以咖啡与酒是必要的，以便刺激；在北平，有温和的香片茶就够了。论说巴黎的布置已比伦敦罗马匀调的多了，可是比上北平还差点事儿。

北平在人为之中显出自然，几乎是什么地方既不挤得慌，又不太僻静：最小的胡同里的房子也有院子与树；最空旷的地方也离买卖街与住宅区不远。这种分配法　可以算——在我的经验中——天下第一了。北平的好处不在处处设备得完全，而在它处处有空儿，可以使人自由的喘气；不在有好些美丽的建筑，而在建筑的四围都有空闲的地方，使它们成为美景。

每一个城楼，每一个牌楼，都可以从老远就看见。况且在街上还可以看见北山与西山呢！

好学的，爱古物的，人们自然喜欢北平，因为这里书多古物多。我不好学，也没钱买古物。对于物质上，我却喜爱北平的花多菜多果子多。花草是种费钱的玩艺，可是此地的"草花儿"很便宜，而且家家有院子，可以花不多的钱而种一院子花，即使算不了什么，可是到底可爱呀。墙上的牵牛，墙根的靠山竹与草茉莉，是多么省钱省事而也足以招来蝴蝶呀！

至于青菜，白菜，扁豆，毛豆角，黄瓜，菠菜等等，大多数是直接由城外担来而送到家门口的。雨后，韭菜叶上还往往带着雨时溅起的泥点。青菜摊子上的红红绿绿几乎有诗似的美丽。果子有不少是由西山与北山来的，西山的沙果，海棠，北山的黑枣，柿子，进了城还带着一层白霜儿呀！

哼，美国的橘子包着纸；遇到北平的带霜儿的玉李，还不愧杀！

是的，北平是个都城，而能有好多自己产生的花，菜，水果，这就使人更接近了自然。从它里面说，它没有像伦敦的那些成天冒烟的工厂；从外面说，它紧连着园林，菜圃与农村。采菊东篱下，在这里，确是可以悠然见南山的；大概把"南"字变个"西"或"北"，也没有多少了不得的吧。

像我这样的一个贫寒的人，或者只有在北平能享受一点清福了。

好，不再说了吧；要落泪了，真想念北平呀！

选自《想北平》，《老舍全集》（第十四卷），北京：人民文学出版社，2013年，第55-57页。

28．数字化以前的电影用胶片摄制，标注电影胶卷长度也表示其放映时间与容量。

29．以上节选自《我怎样写〈离婚〉》，《老舍全集》（第十六卷），北京：人民文学出版社，2013年，第188-190页。《离婚》是老舍自己最喜欢的作品之一，写有点知识的人比起写一个车夫，老舍显得更自然。

30．老舍的短篇小说创作分抗战前与抗战中两阶段，艺术上成熟于《樱海集》《蛤藻集》。

31．戏曲武打有"靠背戏"和"短打戏"（也称"长靠""短打"）："靠背戏"戴盔穿甲，如《长坂坡》中的赵云；"短打戏"穿紧身短衣或"箭衣"，如《狮子楼》中的武松。老舍真懂戏、能扮戏，所以行文即使是小说中，常常用戏曲术语、戏文或表演程式。《四世同堂》中有大赤包与李空山相互"竖了大拇指"，即是套用了廉颇、蔺相如台上的表演。

32．以上节选自《赶集·序》，《老舍全集》（第七卷），北京：人民文学出版社，2013年，第3页。

33．《微神》最初于1933年10月《文学》杂志发表，1934年9月收入短篇小说集《赶集》，1947年由晨光出版社出版的老舍短篇小说集也将之收入，并命名为"微神集"。

34．《黑白李》最初发表于《文学季刊》创刊号（1934年1月），1934年9月收入短篇小说集《赶集》。

35．《月牙儿》发表于《国闻周报》第12卷第12期（1935年4月）到第14期，1935年8月收入《樱海集》，1948年由晨光出版社出版老舍中篇小说集也将之收入，并命名为"月牙集"。

36．《阳光》发表于《文学》第4卷第5号（1935年5月）。1935年8月收入《樱海集》。

37．《断魂枪》发表于天津《大公报》（1935年9月22日）。1936年11月收入《蛤藻集》。

38．《新时代的旧悲剧》发表于《文学》第5卷第4号（1935年10月）。1936年11月收入《蛤藻集》。

39．《断魂枪》是一篇反武侠文类的小说，老舍打破中国古典武侠小说的框架，创造性地给它充实以现代美学因素。武侠小说的特有的美是"奇"，也算是一种浪漫。然而《断魂枪》不浪漫，它是一种无奈的现实。老舍的想象力简直与武侠小说拧着劲：一般武侠小说由头绪纷繁的"事件"来建构，《断魂枪》的结构不靠事件支撑，全然"息'事'宁人"；武侠小说排列组织（处置）事件与人物动作基本服从于"冲突"原则，老舍则根本不让冲突激化；武侠小说绝大部分篇幅用于人的外在动作，然而老舍要表现的是沙子龙内心的"遗民"世界。

40．以上节选自《我怎样写短篇小说》，《老舍全集》（第十六卷），北京：人民文学出版社，2013年，第191-196页。

41．志愿与处境的不能一致，这是所有现代的个人遇上的尴尬与挑战，老舍每有突围与妥协交替，不同时段的生命中的外在要求与个人内在目标的抵牾，几乎不可解决。壮烈者最后以身殉志，可志向仍不能自动实现，所以世人常常以好死不如赖活实现自我和解。老舍不愿敷衍，苟且生命，他的小说、戏剧中人物逢上这样的处境，则往往用死来证明自由意志。

42．老舍实现不教书的计划很短暂，写《骆驼祥子》有此宏愿，终于因无法有经济保障而放弃做职业作家。

43．练拳习武是老舍写《断魂枪》的一个机缘。

44．以上节选自《一九三四年计划》，《老舍全集》（第十三卷），北京：人民文学出版社，2013年，第777-778页。老舍以写作为业，几十年里都在元旦当日发表作品。作家在某一时刻的文学活动与成绩，其用场不仅在文艺观念与作品阐释，更是标志作家活动与社会文化政治环境的互动。这一习惯的重要功能是提示：第一，明确"自我"的主体能动性。老舍几十年来坚持明确身份，告诉大家：我是个写家，正在写作，新年第一天，我就把这些作品献给读者。但是抗战而后，他在这一天展示的创作成绩少了。第二，重视"时间"。老舍必须和刊物、报纸约定，一定得在元旦这一天发表这些作品。它是新年明志、接近平民辞旧迎新的方式。看重新历"元旦"而不是春节，既有他受师范新知教育的背景，也不脱平民百姓"一年之计在于春"的勤劳本性和一元复始万象更新的吉祥意愿。第三，生命持恒。它是持之以恒的生命状态：每年之初，检讨过去的创作成绩，计划和展望新年创作，数十年如一日。一个有相当知名度的作家，向社会公告自己的计划，反过来也是对自身督促的压力。创造新的文艺作品是老舍的最大志愿，一旦中辍，绝非己愿。第四，虚掷、无言与绝望。那些放弃习惯的"元旦空白"，老舍无言沉默，他没有了大作品、无法进行大的创作计划，只能写些短文，不由自主地被虚掷，有时甚至短文也不能发表，只有内心煎熬。持续或中断、自主或放弃，都说明了中国作家在特定政治文化语境中的反应与行为方式。

45．《牛天赐传》初于《论语》第49期（1934年9月）连载，到第74期续载完（中间第61期、第68期未续载）。1936年3月人间书屋初版印行。

46. 老舍所说的"趣味"与"同情心"本质上是他创作《牛天赐传》的出发点。儿童应当如何去关心，如何教育？我们不妨看看他在抗战中给妻子的家书：

济与乙都去上学，好极！唯儿女聪明不齐，不可勉强，致有损身心。我想，他们能粗识几个字，会点加减的算法，知道一点历史，便已够了。只要身体强壮，将来能学一份手艺，即可谋生，不必非入大学不可。假若看到我的女儿会跳舞演剧，有作明星的希望，我的男孩能体健如牛，吃得苦，受得累，我必非常欢喜！我愿自己的儿女能以血汗挣饭吃，一个诚实的车夫或工人一定强于一个贪官污吏，你说是不是？教他们多游戏，不要紧逼他们读书习字；……至于小雨，更宜多玩耍，不可教她识字；她才刚四岁呀！每见摩登夫妇，教三四岁小孩识字号，客来则表演一番，是以儿童为玩物，而忘了儿童的身心教育甚慢，不可助长也。

节选自《家书》，《老舍全集》（第十五卷），北京：人民文学出版社，2013年，第577页。本信发表时题为"家书一封"。

47. 以上节选自《我怎样写〈牛天赐传〉》，《老舍全集》（第十六卷），北京：人民文学出版社，2013年，第198-200页。从主持基督教会的主日学、海外归来的路上写《小坡的生日》到《牛天赐传》，中间包括《离婚》中老李的两个孩子，往后有《四世同堂》中的妞儿，再就是二十世纪五十年代以后的童话剧，老舍一生喜爱儿童、尊重幼小生命，其处理成人世界与童心之关系，其中有很多文章可做。

第二节　青岛

一、山大 [1]

我在（一九三四）年七月中辞去齐大的教职，八月跑到上海。我不是去逛，而是想看看，能不能不再教书而专以写作挣饭吃。我早就想不再教书。在上海住了十几天，我心中凉下去，虽然天气是那么热。为什么心凉？[2] 那时正是"一·二八"以后，书业不景气，文艺刊物很少，沪上的朋友告诉我不要冒险。[3] 兜底儿一句话：专仗着写东西吃不上饭。

第二步棋很好决定，还得去教书。于是（我就接了山东大学的聘书）来到青岛。

到了青岛不久，至友白涤洲死去；我跑回北平哭了一场。

这两件事——不能去专心写作，与好友的死——使我好久好久打不起精神来；愿意干的事不准干，应当活着的人反倒死。是呀，我知道活一天便须欢蹦乱跳一天，我照常的作事写文章，但是心中堵着一块什么，它老在那儿！写得不好？因为心里堵得慌！我是个爱笑的人，笑不出了！我一向写东西写得很快，快与好虽非一回事，但刷刷的写一阵到底是件痛快事；哼，自去年秋天起，刷刷不上来了。我不信什么"江郎才尽"那一套，更不信将近四十岁便得算老人；我愿老努力的写，几时入棺材，几时不再买稿纸。可是，环境也得允许我去写，我才能写，才能写得好。整天的瞎忙，在应休息的时间而拿起笔来写东西，想要好，真不大容易！我并不愿把一切的罪过都推出去，只说自己高明。不，我永远没说过自己高明；不过外面的压迫也真的使我"更"不高明。这是非说出不可的，我自己的不高明，与那些使我更不高明的东西，至少要各担一半责任。[4]

一个大学或者正像一个人，它的特色总多少与它所在的地方有些关系。山大虽然成立了不多年，但是它既在青岛，就不能不带些青岛味儿。这也就是常常引起人家误解的地方。一般的说，人们大概会这样想：山大立在青岛恐怕不大合适吧？舞场、咖啡馆、电影院、浴场……在花花世界里能安心读书吗？这种因爱护而担忧的猜想，正是我们所愿解答的。……青岛之有夏，正如青岛之有冬；可是一般人似乎只知其夏，不知其冬，猜测多半由此而来。说真的，山大所表现的精神是青岛的冬。是呀，青岛忙的时候也是山大忙的时候，学会咧，参观团咧，讲习会咧，有时候同时借用山大作会场或宿舍，热忙非常。但这总是在夏天，夏天我们也放假呀。当我们上课的期间，自秋至冬，自冬至初夏，青岛差不多老是静寂的。春山上的野花，秋海上的晴霞，是我们的，避暑的人们大概连想也没想到过。至于冬日寒风恶月里的寂苦，或者也只有我们的读书声与足球场上的欢笑可与相抗；稍微贪点热闹的人恐怕连一个星期也住不下去。我常说，能在青岛住过一冬的，就有修仙的资格。我们的学生在这里一住就是四冬啊！他们不会在毕业时候都成为神仙——大概也没人这样期望他们——可是他们的静肃态度已经养成了。一个没到过山大的人，也许容易想到，青岛既是富有洋味的地方，当然山大的学生也得洋服唰当的，像些华侨子弟似的。根本没有这一回事。山大的校舍是昔年的德国兵营，虽然在改作学校之后，院中铺满短草，道旁也种上了玫瑰，可是它总脱不了营房的严肃气象。学校的后面左面都是小山，挺立着一些青松，我们每天早晨一抬头就看见山石与松林之美，但不是柔媚的那一种。学校里我们设若打扮得怪漂亮的，即使没人多看两眼，也觉得仿佛有些不得劲儿。整个的严肃空气不许我们漂亮，到学校外去，依然用不着修饰。六七月之间，此处固然是万紫千红，士女如云，好一片摩登景象了。可是过了暑期，海边上连个人影也没有；我们大概用不着花花绿绿的去请白鸥与远帆来看吧？因此，山大虽在青岛，而很少洋味儿，制服以外，蓝布大衫是第二制服。就是在六七月最热闹的时候，我们还是如此，因为朴素成了风气，蓝布大衫一穿大有"众人摩登我独古"的气概。

还有呢，不管青岛是怎样西洋化了的都市，它到底是在山东。"山东"二字满可以用作朴俭静肃的象征，所以山大——虽然学生不都是山东人——不但是个北方大学，而且是北方大学中最带"山东"精神的一个。我们常到崂山去玩，可是我们的眼却望着泰山，仿佛是。这个精神使我们朴素，使我们能吃苦，使我们静默。往好里说，我们是有一种强毅的精神；往坏里讲，我们有点乡下气。不过，即使我们真有乡下气，我们也会自傲的说，我们是在这儿矫正那有钱有闲来此避暑的那种奢华与虚浮的摩登，因为我们是一群"山东儿"——虽然是在青岛，而所表现的是青岛之冬。⁵

二、习惯⁶

不管别位，以我自己说，思想是比习惯容易变动的。每读一本书，听一套议论，甚至看一回电影，都能使我的脑子转一下。脑子的转法像螺丝钉，虽然是转，却也往前进。所以，每转一回，思想不仅变动，而且多少有点进步。记得小的时候，有一阵子很想当"黄天霸"。每逢四顾无人，便掏出瓦块或碎砖，回头轻喊：看镖！有一天，把醋瓶也这样出了手，几乎挨了顿打。这是听《五女七贞》的结果。及至后来读了托尔斯泰等人的作品，就是看了杨小楼⁷扮演的"黄天霸"，也不会再扔醋瓶了。你看，这不仅是思想老在变动，而好歹的还高了一二分呢。

习惯可不能这样。拿吸烟说吧，读什么，看什么，听什么，都吸着烟。图书馆里不准吸烟，干脆就不去。书里告诉我，吸烟有害，于是想戒烟，可是想完了，照样的点上一支。医院里陈列着"烟肺"也看见过，颇觉恐慌，我也是有肺动物啊！这点嗜好都去不掉，连肺也对不起呀，怎能成为英雄呢?！思想很高伟了；乃至吃过饭，高伟的思想又随着蓝烟上了天。有的时候确是坚决，半天儿不动些小白纸卷儿，而且自号为理智的人——对面是习惯的人。后来也不是怎么一股劲，连吸三支，合着并未吃亏。肺也许又黑了许多，可是心还跳着，大概一时还不至于死，这很足自慰。什么都这样。按说一个自居摩登的人，总该常常携着夫人在街上走走了。我也这么想过，可是做不到。大家一看，我就毛咕，"你慢慢走着，咱们家里见吧！"把夫人落在后边，我自己迈开了大步。什么"尖头曼"[8]"方头曼"的，不管这一套。虽然这么说，到底觉得差一点，从此再不双双走街。

明知电影比京戏文明一些，明知京戏的锣鼓专会供给头疼，可是嘉宝或红发女郎总胜不过杨小楼去。锣鼓使人头疼得舒服，仿佛是。同样，冰激凌，咖啡，青岛洗海澡，美国桔子，都使我摇头。酸梅汤，香片茶，裕德池，肥城桃，老有种知己的好感。这与提倡国货[9]无关，而是自幼儿养成的习惯。年纪虽然不大，可是我的幼年还赶上了野蛮时代。那时候连皇上都不坐汽车，可想见那是多么野蛮了。

跳舞是多么文明的事呢，我也没份儿。人家印度青年与日本青年，在巴黎或伦敦看见跳舞，都讲究馋得咽唾沫。有一次，在艾丁堡，跳舞场拒绝印度学生进去，有几位差点上了吊。还有一次在海船上举行跳舞会，一个日本青年气得直哭，因为没人招呼他去跳。有人管这种好热闹叫作猴子的摹仿，我倒并不这么想。在我的脑子里，我看这并不成什么问题，跳不能叫印度登时独立。也不能叫日本灭亡。不跳呢，更不会就怎样了不得。可是我不跳。一个人吃饱了没事，独自跳跳，还倒怪好。叫我和位女郎来回的拉扯，无论说什么也来不得。看着就是不顺眼，不用说真去跳了。这和吃冰激凌一样，我没有这个胃口。舌头一凉，马上联想到泻肚，其实心里准知道没有危险。

还有吃西餐呢。干净，有一定的份量，好消化，这些我全知道。不过吃完西餐要不补充上一碗馄饨两个烧饼，总觉得怪委屈的。吃了带血的牛肉，喝凉水，我一定跑肚。想象的作用。这就没有办法了，想象真会叫肚子山响！

对于朋友，我永远爱交老粗儿。长发的诗人，洋装的女郎，打高尔夫的男性女性，咬言咂字的学者，满跟我没缘。看不惯。老粗儿的言谈举止是咱自幼听惯看惯的。一看见长发诗人，我老是要告诉他先去理发；即使我十二分佩服他的诗才，他那些长发使我堵的慌。家兄永远到"推剃两从便"的地方去"剃"，亮堂堂的很悦目。女子也剪发，在理论上我极同意，可是看着别扭。问我女子该梳什么"头"，我也答不出，我总以为女性应留着头发。我的母亲，我的大姐，不都是世界上最好的女人么？她们都没剪发。

行难知易，有如是者。[10]

三、小孩¹¹

独人一身，自己吃饱便天下太平，每逢困于油盐酱醋的灾难中，就感觉到家庭的累赘。

家庭之累，大半由儿女造成。先不用提教养的花费，只就淘气哭闹而言，已足使人心慌意乱。小女三岁，专会等我不在屋中，在我的稿子上画圆拉扯，且美其名曰"小济会写字"！把人要气没了脉，她到底还是有理！再不然，我刚想起一句好的，在脑中盘旋，自信足以愧死莎士比亚，假若能写出来的话。当是时也，小济拉拉我的肘，低声说："上公园看猴？"于是我至今还未成莎士比亚。小儿一岁正，还不会"写字"，也不晓得去看猴，但善亲亲，闭眼，张口展览上下四个小牙。我若没事，请求他闭眼，露牙，小胖子总会东指西指的打岔。赶到我拿起笔来，他那一套全来了，不但亲脸，闭眼，还"指"令我也得表演这几招。有什么办法呢?！

这还算好的。赶到小济午后不睡，按着也不睡，那才难办。到这么四点来钟吧，她的困闹开始，到五点钟我已没人味。什么也不对，连公园的猴都变成了臭的，而且猴之所以臭，也应当由我负责。小胖子也有这种困而不睡的时候，大概多数是与小济同时发难。两位小醉鬼一齐找毛病，我就是诸葛亮恐怕也得唱空城计，一点办法没有！在这种干等束手被擒的时候，偏偏会来一两封快信——催稿子！我也只好闹脾气了。不大一会儿，把太太也闹急了，一家大小四口，都成了醉鬼，其热闹至为惊人。大人声言离婚，小孩怎说怎不是，于离婚的争辩中瞎打混。一直到七点后，二位小天使已困得动不的，离婚的宣言才无形的撤销。这还算好的。遇上小胖子出牙，那才真教厉害，不但白天没有情理，夜里还得上夜班。一会儿一醒，若被针扎了似的惊啼，他出牙，谁也不用打算睡。他的牙出利落了，大家全成了红眼虎。

在没有小孩的时候，一个人的世界还是未曾发现美洲的时候的。小孩是科仑布（今通译哥伦布），把人带到新大陆去。这个新大陆并不很远，就在熟习的街道上和家里。你看，街市上给我预备的，在没有小孩的时候，似乎只有理发馆，饭铺，书店，邮政局等。我想不出婴儿医院，糖食店，玩具铺等等的意义。连药房里的许许多多婴儿用的药和粉，报纸上婴儿自己药片的广告，百货店里的小袜子小鞋，都显着多此一举，劳而无功。及至小天使自天飞降，我的眼睛似乎戴上了一双放大镜，街市依然那样，跟我有关系的东西可是不知增加了多少倍！婴儿医院不但挂着牌子，敢情里边还有医生呢。不但有医生，还是挺神气，一点也得罪不得。拿着医生所给的神符，到药房去，敢情那些小瓶子小罐都有作用。不但要买瓶子里的白汁黄面和各色的药饼，还得买瓶子罐子，轧粉的钵，量奶的漏斗，乳头，卫生尿布，玩艺多多了！百货店里那些小衣帽，小家具，也都有了意义；原先以为多此一举的东西，如今都成了非它不行；有时候铺中缺了我所要的那一件小物品，我还大有看不起他们的意思：既是百货店，怎能不预备这件东西呢?！慢慢的，全街上的铺子，除了金店与古玩铺，都有了我的足迹；连当铺也走得怪熟。铺中人也渐渐熟识了，甚至可以随便闲谈，以小孩为中心，谈得颇有味儿。伙计们，掌柜们，原来不仅是站柜作买卖，家中还有小孩呢！有的铺子，竟自敢允许我欠账，仿佛一有了小孩，我的人格也好了些，能被人信任。三节的账条来得很踊跃，使我明白了过节过年的时候怎样出汗。

小孩使世界扩大，使隐藏着的东西都显露出来。非有小孩不能明白这个。看着别人家的孩子，肥肥胖胖，整整齐齐，你总觉得小孩们理应如此，一生下来就戴着小帽，穿着小袄，好像小雏鸡生下来就披着一身黄绒似的。赶到自己有了小孩，才能晓得事情并不这么简单。一个小娃娃身上穿戴着全世界的工商业所能供给的，给全家人以一切啼笑爱怨的经验，小孩的确是位小活神仙！

有了小活神仙，家里才会热闹。窗台上，我一向认为是摆花的地方。夏天呢，开着窗，风儿轻轻吹动花与叶，屋中一阵阵的清香。冬天呢，阳光射到花上，使全屋中有些颜色与生气。后来，有了小孩，那些花盆很神秘的都不见了，窗台上满是瓶子罐子，数不清有多少。尿布有时候上了写字台，奶瓶倒在书架上。大扫除才有了意义，是的，到时候非痛痛快快的收拾一顿不可了，要不然东西就有把人埋起来的危险。上次大扫除的时候，我由床底下找到了但丁的《神曲》。不知道这老家伙干吗在那里藏着玩呢！

人的数目也增多了，而且有很多问题。在没有小孩的时候，用一个仆人就够了，现在至少得用俩。以前，仆人"拿糖"[12]，满可以暂时不用；没人作饭，就外边去吃，谁也不用拿捏谁。有了小孩，这点豪气乘早收起去。三天没人洗尿布，屋里就不要再进来人。牛奶等项是非有人管理不可，有儿方知卫生难，奶瓶子一天就得烫五六次；没仆人简直不行！有仆人就得捣乱，没办法！

好多没办法的事都得马上有办法，小孩子不会等着"国联"慢慢解决儿童问题。这就长了经验。半夜里去买药，药铺的门上原来有个小口，可以交钱拿药，早先我就不晓得这一招。西药房里敢情也打价钱，不等他开口，我就提出："还是四毛五？"这个"还是"使我省五分钱，而且落个行家。这又是一招。找老妈子有作坊，当票儿到期还可以入利延期，也都被我学会。没功夫细想，大概自从有了儿女以后，我所得的经验至少比一张大学文凭所能给我的多着许多。大学文凭是由课本里掏出来的，现在我却念着一本活书，没有头儿。[13]

连我自己的身体现在都会变形，经小孩们的指挥，我得去装马装牛，还须装得像个样儿。不但装牛像牛，我也学会牛的忍性，小胖子觉得"开步走"有意思，我就得百走不厌；只作一回，绝对不行。多嗨他改了主意，多嗨我才能"立正"。在这里，我体验出母性的伟大，觉得打老婆的人们满该下狱。

中秋节前来了个老道，不要米，不要钱，只问有小孩没有？看见了小胖子，老道高了兴，说十四那天早晨须给小胖子左腕上系一根红线。备清水一碗，烧高香三炷，必能消灾除难。右邻家的老太太也出来看，老道问她有小孩没有，她惨淡的摇了摇头。到了十四那天，倒是这位老太太的提醒，小胖子的左腕上才拴了一圈红线。小孩子征服了老道与邻家老太太。一看胖手腕的红线，我觉得比写完一本伟大的作品还骄傲，于是上街买了两尊兔子王，感到老道，红线，兔子王，都有绝大的意义！[14]

四、《骆驼祥子》[15]

在写它（《骆驼祥子》）以前，我总是以教书为正职，写作为副业，从《老张的哲学》起到《牛天赐传》止，一直是如此。这就是说，在学校开课的时候，我便专心教书，等到学校放寒暑假，我才从事写作。我不甚满意这个办法。因为它使我既不能专心一志的写作，而又终年无一日休息，有损于健康。为了一家子的生活，我不敢独断独行的丢掉了月间可靠的收入，可是我的心里一时一刻也没忘掉尝一尝职业写家的滋味。

事有凑巧，在"山大"教过两年书之后，学校闹了风潮，我便随着许多位同事辞了职。这回，我既不想到上海去看看风向，也没同任何人商议，便决定在青岛住下去，专凭写作的收入过日子。这是"七七"抗战的前一年。《骆驼祥子》是我作职业写家的第一炮。这一炮要放响了，我就可以放胆的作下去，每年预计着可以写出两部长篇小说来。不幸这一炮若是不过火，我便只好再去教书，也许因为扫兴而完全放弃了写作。所以我说，这本书和我的写作生活有很重要的关系。

记得是在一九三六年春天吧，"山大"的一位朋友跟我闲谈，随便的谈到他在北平时曾用过一个车夫。这个车夫自己买了车，又卖掉，如此三起三落，到末了还是受穷。听了这几句简单的叙述，我当时就说："这颇可以写一篇小说。"紧跟着，朋友又说：有一个车夫被军队抓了去，哪知道，转祸为福，他乘着军队移动之际，偷偷的牵回三匹骆驼回来。

这两个车夫都姓什么？哪里的人？我都没问过。我只记住了车夫与骆驼。这便是骆驼祥子的故事的核心。

从春到夏，我心里老在盘算，怎样把那一点简单的故事扩大，成为一篇十多万字的小说。我入了迷似的去搜集材料，把祥子的生活与相貌变换过不知多少次——材料变了，人也就随着变。

不管用得着与否，我首先向齐铁恨[16]先生打听骆驼的生活习惯。齐先生生长在北平的西山，山下有许多家养骆驼的。得到他的回信，我看出来，我须以车夫为主，骆驼不过是一点陪衬，因为假若以骆驼为主，恐怕我就须到"口外"去一趟，看看草原与骆驼的情景了。若以车夫为主呢，我就无须到口外去，而随时随处可以观察。这样，我便把骆驼与祥子结合到一处，而骆驼只负引出祥子的责任。

怎么写祥子呢？我先细想车夫有多少种，好给他一个确定的地位。把他的地位确定了，我便可以把其余的各种车夫顺手儿叙述出来；以他为主，以他们为宾，既有中心人物，又有他的社会环境，他就可以活起来了。换言之，我的眼一时一刻也不离开祥子；写别的人正可以烘托他。

车夫们而外，我又去想，祥子应该租赁哪一车主的车，和拉过什么样的人。这样，我便把他的车夫社会扩大了，而把比他的地位高的人也能介绍进来。可是，这些比他高的人物，也还是因祥子而存在故事里，我决定不许任何人夺去祥子的主角地位。

有了人，事情是不难想到的。人既以祥子为主，事情当然也以拉车为主。只要我教一切的人都和车发生关系，我便能把祥子拴住，像把小羊拴在草地上的柳树下那样。

可是，人与人，事与事，虽以车为联系，我还感觉着不易写出车夫的全部生活来。于是，我还再去想：刮风天，车夫怎样？下雨天，车夫怎样？假若我能把这些细琐的遭遇写出来，我的主角便必定能成为一个最真确的人，不但吃的苦，喝的苦，连一阵风，一场雨，也给他的神经以无情的苦刑。

由这里，我又想到，一个车夫也应当和别人一样的有那些吃喝而外的问题。他也必定有志愿，有性欲，有家庭和儿女。对这些问题，他怎样解决呢？他是否能解决呢？这样一想，我所听来的简单的故事便马上变成了一个社会那么大。[17] 我所要观察的不仅是车夫的一点点的浮现在衣冠上的、表现在言语与姿态上的那些小事情了，而是要由车夫的内心状态观察到地狱究竟是什么样子。车夫的外表上的一切，都必有生活与生命上的根据。我必须找到这个根源，才能写出个劳苦社会[18]。

到了夏天，我辞去了"山大"的教职，开始把祥子写在纸上。

一九三七年一月，"祥子"开始在《宇宙风》上出现[19]，作为长篇连载。当发表第一段的时候，全部还没有写完，可是通篇的故事与字数已大概的有了准谱儿，不会有很大的出入。假若没有这个把握，我是不敢一边写一边发表的。刚刚入夏，我将它写完，共二十四段，恰合《宇宙风》每月要两段，连载一年之用。

当我刚刚把它写完的时候，我就告诉了《宇宙风》的编辑；这是一本最使我自己满意的作品。后来，刊印单行本的时候，书店即以此语嵌入广告中。它使我满意的地方大概是：（一）故事在我心中酝酿得相当的长久，收集的材料也相当的多，所以一落笔便准确，不蔓不枝，没有什么敷衍的地方。（二）我开始专以写作为业，一天到晚心中老想着写作这一回事，所以虽然每天落在纸上的不过是一二千字，可是在我放下笔的时候，心中并没有休息，依然是在思索；思索的时候长，笔尖上便能滴出血与泪来。（三）在这故事刚一开头的时候，我就决定抛开幽默而正正经经的去写。在往常，每逢遇到可以幽默一下的机会，我就必抓住它不放手。有时候，事情本没什么可笑之处，我也要运用俏皮的言语，勉强的使它带上点幽默味道。这，往好里说，足以使文字活泼有趣；往坏里说，就往往招人讨厌。《祥子》里没有这个毛病。即使它还未能完全排除幽默，可是它的幽默是出自事实本身的可笑，而不是由文字里硬挤出来的。这一决定，使我的作风略有改变，教我知道了只要材料丰富，心中有话可说，就不必一定非幽默不足叫好。（四）既决定了不利用幽默，也就自然的决定了文字要极平易，澄清如无波的湖水。因为要求平易，我就注意到如何在平易中而不死板。恰好，在这时候，好友顾石君[20]先生供给了我许多北平口语中的字和词。在平日，我总以为这些词汇是有音无字的，所以往往因写不出而割爱。现在，有了顾先生的帮助，我的笔下就丰富了许多，而可以从容调动口语，给平易的文字添上些亲切，新鲜，恰当，活泼的味儿。

因此。《祥子》可以朗诵。它的言语是活的。

《祥子》自然也有许多缺点。使我自己最不满意的是收尾收得太慌了一点。因为连载的关系，我必须整整齐齐的写成二十四段；事实上，我应当多写两三段才能从容不迫的刹住。这，可是没法补救了，因为我对已发表过的作品是不愿再加修改的。[21]

五、职业写家的生活

辞职后，一直住在青岛，压根儿就没动窝。青岛自秋至春都非常的安静，绝不像只在夏天来过的人所说的那么热闹。

安静，所以适于写作，这就是我舍不得离开此地的原因。

除了星期日或有点病的时候，我天天总写一点，有时少至几百字，有时多过三千；平均的算，每天可得二千来字。细水长流，架不住老写，日子一多，自有成绩，可是，从发表过的来看，似乎凑不上这个数儿，那是因为长稿即使写完，也不能一口气登出，每月只能发表一两段。还有写好又扔掉也是常有的事，所以有伤耗。

地方安静，个人的生活也就有了规律。我每天差不多总是七点起床，梳洗过后便到院中去打拳，自一刻钟到半点钟，要看高兴不高兴。不过，即使不高兴，也必打上一刻钟，求其不间断。遇上雨或雪，就在屋中练练小拳。

这种运动不一定比别种运动好，而且要刀弄棒，大有义和拳上体的嫌疑。不过它的好处是方便：用不着去找伴儿，一个人随时随地都可以活动；可长可短，可软可硬，由慢而速，亦可由速而慢，缺乏纪律，可是能够从心所欲不逾矩。练上几趟就多少能见点汗儿；背上微微见汗，脸色微红，最为舒服。

打完拳，我便去浇花，喜花而不会养，只有天天浇水，以示不亏心。有的花不知好歹，水多就死；有的花，勉强的到时开几朵小花。不管它们怎样吧，反正我尽了责任。这么磨蹭十多分钟，才去吃早饭，看报。这差不多就快九点钟了。

吃过早饭，看看有应回答的信没有；若有，就先写信，溜一溜脑子 [22]；若没有，就试着写点文章。在这时候写文，不易成功，脑子总是东一头西一脚的乱闹哄。勉强的写一点，多数是得扔到纸篓去。不过，这么闹哄一阵，虽白纸上未落多少黑字，可是这一天所要写的，多少有了个谱儿，到下午便有辙可循，不致再拿起笔来发怔了。简直可以这么说，早半天的工作是抛自己的砖，以便引出自家的玉来。

十一时左右，外埠的报纸与信件来到，看报看信；也许有个朋友来谈一会儿，一早晨就这么无为而治的过去了。遇到天气特别晴美的时候，少不得就带小孩到公园去看猴，或到海边拾蛤壳。住在青岛，看海很方便：潮退后，每携小女到海边上去；沙滩上有的是蛤壳与断藻，便与她拾着玩。拾来的蛤壳很不少了。但是很少出奇的。至于海藻，更不便往家中拿，往往是拾起来再送到水中去。这得九点多就出发，十二时才能回来，我们是能将一里路当作十里走的；看见地上一颗特别亮的砂子，我们也能研究老大半天。

十二点吃午饭。吃完饭，我抢先去睡午觉，给孩子们示范。等孩子都决定去学我的好榜样，而闭上了眼，我便起来了；我只需一刻钟左右的休息，不必睡那伟大的觉。孩子睡了，我便可以安心拿起笔来写一阵。等到他们醒来，我就把墨水瓶盖好，一直到晚八点再打开。大概的说吧，写文的主要时间是午后两点到三点半，和晚上八点到九点半。这两个时间，我可以不受小孩们的欺侮。

九点半必定停止工作。按说，青岛的夜里最适于写文，因为各处静得连狗仿佛都懒得吠一声，可是，我不敢多写，身体钉不住；一咬牙，我便整夜的睡不好；若是早睡呢，我便能睡得像块木头，有人把我搬了走我也不知道，我可也不去睡的太早了，因为末一次的信是九点后才能送到，我得等着；还有呢，花猫每晚必出去活动，到九点后才回来，把猫收入，我才好锁上门。有时候躺下而睡不着，便读些书，直到困了为止。读书能引起倦意，写文可不能；读书是把别人的思想装入自己的脑子里，写文是把自己的思想挤出来，这两样不是一回事，写文更累得慌。

星期六下午和星期日整天，该热闹了。看朋友，约吃饭，理发，偶尔也看看电影，都在这两天。一到星期一，便又安静起来，鸦雀无声，除了和孩子们说废话，几乎连唇齿舌喉都没有了用处似的。说真的，青岛确是过于安静了。可是，只要熬过一两个月，习惯了，可也就舍不得它了。

按说，我既爱安静，而又能在这极安静的地方写点东西，岂不是很抖的事吗？唉（必得先叹一口气）！都好哇，就是写文章吃不了饭啊！

我的身体不算很强，多写字总不能算是对我有益处的事。但是，我不在乎，多活几年，少活几年，有什么关系呢？死，我不怕；死不了而天天吃个半饱，远不如死了呢。我爱写作，可就是得挨饿，怎办呢？连版税带稿费，一共还不抵教书的收入的一半，而青岛的生活程度又是那么高，买葱要论一分钱的，坐车起码是一毛钱！怎样活下去呢？

常常接到青年朋友们的著作，教我给看，改；如有可能，给介绍到各杂志上去。每接到一份，我就要落泪，我没有工夫给详细的改，但是总抓着工夫给看一遍，尽我所能见到的给批注一下，客气的给寄回去。有好一点的呢，我当然找个相当的刊物，给介绍一下；选用与否，我不能管，尽到我的心算了。这点义务工作，不算什么；我要落泪，因为这些青年们都是想要指着投稿吃饭的呀！——这里没有饭吃！[23]

六、芦沟桥事变

芦沟桥事变初起，我仍在青岛[24]，正赶写两部长篇小说[25]。

这两部东西都定好在九月中登载出，作为"长篇连载"，足一年之用。七月底，平津失陷，两篇共得十万字，一篇三万，一篇七万。再有十几万字，两篇就都完成了，我停了笔。一个刊物，随平津失陷而停刊，自然用不着供给稿子；另一个却还在上海继续刊行，而且还直催预定货件。可是，我不愿写下去。初一下笔的时候，还没有战争的影子，作品内容也就没往这方面想。及至战争已在眼前，心中的悲愤万难允许再编制"太平歌词"了。[26]街巷中喊卖号外，自午及夜半，而所载电讯，仅三言两语，至为恼人！一闻呼唤，小儿女争来扯手："爸！号外！"平均每日写两千字，每因买号外打断思路。至七月十五日，号外不可再见，往往步行七八里，遍索卖报童子而无所得；日侨尚在青，疑市府已禁号外，免生是非。日人报纸则号外频发，且于铺户外揭贴，加以朱圈；消息均不利于我方。我弱彼强，处处惭忍，有如是者！

老母尚在北平，久无信示；内人又病，心绪极劣。时在青朋友纷纷送眷属至远方，每来辞行，必嘱早作离青之计；盖一旦有事，则敌舰定封锁海口，我方必拆毁胶济路，青岛成死地矣。家在故乡，已无可归，内人身重，又难行旅，乃力自镇定，以写作摈扰，文字之劣，在意料中。自十五至廿五，天热，消息沉闷，每深夜至友家听广播，全无收获。归来，海寂天空，但闻远处犬吠，辄不成寐。

廿六日又有号外，廊坊有战事，友朋来辞行者倍于前。写文过苦，乃强读杂书。廿八号外，收复廊坊与丰台，不敢深信，但当随众欢笑。廿九日消息恶转，号外又停。卅一日送内人入医院。在家看管儿女；客来数起，均谓大难将临。是日仍勉强写二千字给《民众日报》。

八月一日得小女，大小俱平安。久旱，饮水每断，忽得大雨，即以"雨"[27]名女——原拟名"乱"，妻嫌过于现实。电平报告老人；复访友人，告以妻小无恙；夜间又写千字。次日，携儿女往视妈妈与小妹，路过旅行社，购车票者列阵，约数百人。四日，李白入京，良乡有战事；此地大风，海水激卷，马路成河。乘帆船逃难者，多沉溺。每午，待儿女睡去，即往医院探视；街上卖布小贩已绝，车马群趋码头与车站；偶遇迁逃友人，匆匆数语即别，至为难堪。九日，《民众日报》停刊，末一号仍载有我小文一篇。王剑三以七号携眷去沪，臧克家、杨枫、孟超诸友，亦均有南下之意。我无法走。十一日，妻出院，实之自沪来电，促南下。商之内人，她决定不动。以常识判断，青岛日人产业值数万万，必不敢立时暴动，我方军队虽少，破坏计划则早已筹妥。是家小尚可暂留，俟雨满月后再定去向，至于我自己，市中报纸既已停刊，我无用武之地，救亡工作复无详妥计划，亦无人参加，不如南下，或能些用处。遂收拾书籍，藏于他处，即电亢德，准备南下。十二日，已去托友买船票，得亢德复电："沪紧缓来"，南去之计既不能行，乃决去济南。前月已与齐大约定，秋初开学，任国文系课两门，故决先去，以便在校内找房，再接家小。别时，小女啼泣甚悲，妻亦落泪。十三早到济，沪战发。心极不安：沪战突然爆发，青岛或亦难免风波，家中无男人，若遭遇事变……

果然，十四日敌陆战队上岸。急电至友，送眷来济。妻小以十五日晨来，车上至为拥挤。下车后，大雨；妻疲极，急送入医院。复冒雨送儿女至敬环处暂住。小儿频呼"回家"，甚惨。大雨连日，小女受凉亦病，送入小儿科。自此，每日赴医院分看妻女，而后到友宅看小儿，焦急万状。《病夫》已有七万字，无法续写，复以题旨距目前情形过远，即决放弃。

十日间，雨愈下愈大。行李未到，家俱全无，日行泥水中，买置应用物品。自青来济者日多，友朋相见，只有惨笑。留济者找房甚难，迁逃者匆匆上路，忙乱中无一是处，真如恶梦。

廿八日，妻女出院，觅小房，暂成家。复电在青至友，托送器物。七月事变，济南居民迁走甚多，至此又渐热闹，物价亦涨。家小既团圆，我始得匀出工夫，看访故人；多数友人已将妻女送往乡间，家家有男无女，颇有谈笑，但欠自然。沪战激烈，我的稿费停止，搬家买物看病雇车等又费去三百元，遂决定不再迁动。深盼学校能开课，有些事作，免生闲愁，果能如此，还足以傲友辈也。

学校于九月十五日开课，学生到及半数。十六日大同失陷；十九日中秋节，街上生意不多，几不见提筐肩盒送礼者。《小实报》在济复刊，约写稿。平津流亡员生渐多来此，或办刊物，或筹救亡工作，我又忙起来。廿一日，敌机过市空，投一弹，伤数人，群感不安。此后时有警报。廿五六日，伤兵过济者极多，无衣无食无药物，省政府似不甚热心照料。到站慰劳与看护者均是学界中人。卅日，敌军入鲁境，学生有请假回家者。时中央派大员来指挥，军事应有好转，但本省军事长官嫌客军在鲁，设法避战，战事遂告失利。德州危，学校停课。师生相继迁逃，市民亦多东去，来自胶东者又复搬回，车上拥挤，全无秩序。我决不走。远行无力，近迁无益，不如死守济南，几每日有空袭警报，仍不断写作。笔为我唯一武器，不忍藏起。

入十月，我方不反攻，敌军不再进，至为沉闷。校内寂无人，猫狗被弃，群来啼饥。秋高气爽，树渐有红叶，正是读书时候，而校园中全无青年笑语声矣。每日小女助母折纱布揉棉球，备救护伤兵之用，小儿高呼到街上买木枪，好打飞机，我低首构思，全室有紧张之象。流亡者日增，时来贷金求衣，量力购助，不忍拒绝。写文之外，多读传记及小说，并录佳句于册。十四日，市保安队枪械被收缴，市面不安，但无暴动。青年学子，爱国心切，时约赴会讨论工作计划。但政府多虑，不准活动，相对悲叹。下半月，各线失利，而济市沉寂如常，虽仍未停写作，亦难自信果有何用处矣。

十一月中，敌南侵，我方退守黄河。友人力劝出走，以免白白牺牲。可是，家小尚在济，城陷后无音信。所以不能同来看：

一、车极难上，沿途且有轰炸之险。

二、儿女辈俱幼弱，天气复渐寒，遇险或受病，同是危难。

三、存款无多，仅足略购柴米，用之行旅，则成难民。版税稿费俱绝，找事非易，有出无入，何以支持？独逃可仅顾三餐，同来则无法尽避饥寒。

有此数因，故妻决留守，在济多友，亦愿为照料。不过，说着容易，实行则难；于心有所不忍，遂迟迟不敢行。[28]

1．老舍在山东大学任教职的时候未写长篇作品，但短篇小说、散文、生活创作回忆、杂文等收获却很丰富，只是在自传性文字的写作上还不如在济南时多。

2．以上节选自《樱海集·序》，《老舍全集》（第七卷），北京：人民文学出版社，2013 年，第 147-148 页。这话若放在二十世纪五六十年代，则更为纠结，而且不能让谁去负责那"外面的压迫"。

3．以上节选自《我怎样写〈骆驼祥子〉》，《老舍全集》（第十七卷），北京：人民文学出版社，2013 年，第 464 页。

4．以上节选自《樱海集·序》，《老舍全集》（第七卷），北京：人民文学出版社，2013 年，第 148 页。这里透露出老舍对现代化物质生活的态度，联系写留洋回国博士的《牺牲》等小说，则更为明晰。

5．以上节选自《青岛与山大》，《老舍全集》（第十四卷），北京：人民文学出版社，2013 年，第 53-54 页。老舍笔下的不同地方如"青岛之冬"的"季节精神"或济南的冬天那样的"季节情韵"，与在地特点如"青城山的绿"等，都是老舍的抒情与修辞特点，研究其散文不得不注意。

6．此文发表，正是老舍辞齐鲁大学教职去上海时。可视为老舍面对都市洋场文化表明自己的文化选择。

7．杨小楼（1878-1938），名三元，安徽怀宁人，杨月楼之子。京剧武生行著名演员，杨派艺术的创始人。

8．"尖头曼"是英文 gentleman 的谐音，意为绅士。老舍有绅士风度，但不是表面的摩登；可是，他老是举例不习惯帮太太提小包，并且不与太太并肩走道，这里多少有点故意和时髦人士别扭的意味，他自己心里有无别扭，读者诸君与时俱论。

9．"提倡国货"思想在十九世纪末二十世纪初的中国已经萌发，随着外敌入侵的加快而不断发酵，各地"提倡国货歌""提倡国货会"等频频出现。与作者所言的"提倡国货"比较靠近的是"济南惨案"后各地掀起的"抵制日货""提倡国货"运动。

10．以上节选自《习惯》，《老舍全集》（第十五卷），北京：人民文学出版社，2013年，第246-248页。习惯与现代文化选择的冲突，被老舍的幽默语调冲淡了，其中的自嘲与自省复杂纠缠。外来习惯的培养，正如他时而穿西装，棉袍却是他在家时候的常服。

11．长女舒济生于济南，老舍曾有题"全家福"诗一首："爸笑妈随女扯书，一家三口乐安居，济南山水充名士，篮里猫球盆里鱼。"舒乙生于青岛。

12．意即拿糖作醋地显能，拿捏作难求于他的人。

13．念活书的，大多不是学院体制培养的，尽管他们也教大学。另一个"读大书"的是沈从文，他连师范学校这类正规的教育也没有受过。朱光潜说中国现代小说的两把交椅上坐的是老舍、沈从文，可见彼时的作家也并非以大学培养的为好。

14．以上节选自《有了小孩以后》，《老舍全集》（第十五卷），北京：人民文学出版社，2013年，第322-325页。

15．《骆驼祥子》在《宇宙风》第25期（1936年9月）开始连载，至第48期续载完。1939年3月由上海人间书屋出版。

16．齐铁恨（1892-1977），名勋，字铁恨，以字行，北京人。注音权威。二十世纪二十年代担任商务印书馆编译员，负责编审教科书，参与《辞源》编辑工作。1946年应聘赴台任台湾省国语推行委员会国语会常务委员。二十世纪二十年代初与老舍同在北京教育界工作并成为好友。1934年8月在南京工作时，老舍、白涤洲曾去南京与他相聚。10月白涤洲逝世，他与老舍都曾回到北京送葬。

17．此处的表述让一个道理明白了：一种写法如老舍，以人为本，笔下的社会是由人牵引出来的；另一种写法是有一个确定的概念的社会，然后把人放置其中。老舍的祥子乃至《茶馆》中的王利发，都是作为创作的原发点，由人物放射开去，这样侧面地反映出社会乃至政治现状；茅盾的《子夜》先论社会性质，然后才有民族资本家代表吴荪甫、买办资本家赵伯韬。

18．老舍的读者定位不是大众，更不是一般的车夫阶层。那是以生命创造为目的，通过特别的想象方式，传达人类痛苦的情感，达到艺术的审美创造的文学界中人。但是，《骆驼祥子》的高明之处是它不拒绝普通读者，因为小说能让普通人和祥子发生情感上的共鸣，能同情这个努力的、不幸的、受苦的劳动者。可是祥子这个劳动者无法和当年的普罗大众在精神上沟通。为什么呢？因为尽管从职业行当看，祥子这个形象是个劳动者；但从精神历程看，祥子又超出了车夫身份的限制。从后者看，《骆驼祥子》不只是一部写实的小说，它更是一个现代人类生存的寓言。祥子是现代的，因为他是"个人"，他是有志愿的，买车是他人生的目标，可是他无可避免地走向了个人奋斗的末路。祥子是有自省能力的，同仿佛一低头就能看到自己的心，但是他的心灵世界变成了地狱，他放弃心灵向上的要求，他自弃，堕落了。祥子的三起三落的曲线不是均衡的，这三个起落，无论是从波峰还是波谷看，都能连出一根滑落的切线。从物质层面说，每一次身体、积蓄的起落都走下坡路；从精神品质看，每一次他身上都失去一些优良的品行。祥子的买车的努力与精神上的挣扎是同步的，小说告诉人们，每想得到什么必定要失去一些，往往得到的比失去的更不值，所以人的志愿与追求往往是虚幻的，追求的结果常常落空。仍然是叔本华的悲观主义哲学：人的一切努力都是白费！

19. 系作者误记，实为1936年9月开始连载。

20. 顾石君（生卒时间不详），名兆麟，字石君，北京宛平人。曾任京师学务局小学教育科科长。

21. 以上节选自《我怎样写〈骆驼祥子〉》，《老舍全集》（第十七卷），北京：人民文学出版社，2013年，第464-468页。但是，也有他不得不改作品的时候，就是《骆驼祥子》的结尾，二十世纪五十年代的版本都截去了一部分，不然无法解释劳动无产者祥子的结局会是那样。直到二十世纪八十年代，出版《老舍文集》才有了《骆驼祥子》的全本。笔者1977年读大学，隔年要看全本的《骆驼祥子》，是辗转托人在北大图书馆复印，才有了结尾的几页纸的复印，那是第一回看见复印的纸上文字。

22. 把"脑子"当"腿脚"溜溜，是为活动活动脑筋，精神体操之谓也。

23. 以上节选自《这几个月的生活》，《老舍全集》（第十四卷），北京：人民文学出版社，2013年，第75-78页。

24. 以上节选自《致××兄》，《老舍全集》（第十五卷），北京：人民文学出版社，2013年，第510页。

25. 两部长篇小说：一为《病夫》，给上海的《宇宙风》连载用；一为《小人物自述》，为天津《方舟》写，亦连载。

26. 以上节选自《这一年的笔》，《老舍全集》（第十四卷），北京：人民文学出版社，2013年，第156页。写作与出版《太平歌词》则已经是二十世纪五十年代初的事情。

27. 老舍的二女儿舒雨1937年8月1日生于济南。1962年毕业于南京大学外语系德语专业。1964 年调入北京第二外国语学院任教。曾任中国德语文学研究会理事、国际日尔曼学学会会员。1980 年随北京人民艺术剧院《茶馆》剧组赴欧洲演出，任同声翻译。

28. 以上节选自《致 ×× 兄》,《老舍全集》(第十五卷)，北京：人民文学出版社，2013 年，第 510−513 页。老舍此篇，驭文极简。几乎是日记，却更有法度；是个人家庭城市历史，更是民族国家历史。这是特殊历史关头的罕见文字，其珍贵远超后起之历史叙述。后续的《八方风雨》，也应该珍视，老舍不弄文史研究，却有一支上乘的史笔。

第四章　八方风雨

　　所谓，"八方风雨"者，并不是说我曾东讨西征，威风凛凛，也非私下港沪，或飞到缅甸，去弄些奇珍异宝，而后潜入后方，待价而沽。没有，这些事我都没有作过。在抗战前，我是平凡的人，抗战后，仍然是个平凡的人。那也就可见，我并没有乘着能够混水摸鱼的时候，发点财，或作了官；不，我不单没有摸到鱼，连小虾也未曾捞住一个。我只有一枝笔。这枝笔是我的本钱，也是我的抗敌的武器。我不肯，也不应该，放弃了它，而去另找出路。[1] 于是，我由青岛跑到济南，由济南跑到武汉，而后跑到重庆。由重庆，我曾到洛阳，西安，兰州，青海，绥远去游荡，到川东川西和昆明大理去观光。到处，我老拿着我的笔。风把我的破帽子吹落在沙漠上，雨打湿了我的瘦小的铺盖卷儿；比风雨更厉害的是多少次敌人的炸弹落在我的附近，用沙土把我埋了半截。这，是流亡，是酸苦，是贫寒，是兴奋，是抗敌，也就是"八方风雨"。[2]

---

1. 老舍非止自示清白为人，没有发过国难财，语实讽刺腐败政府与官僚。
2. 以上节选自《八方风雨》，《老舍全集》（第十四卷），北京：人民文学出版社，2013 年，第 378—379 页。

第一节　开始流亡

　　直到二十六年十一月中旬，我还没有离开济南。第一，我不知道上哪里去好：回老家北平吧，道路不通；而且北平已陷入敌手，我曾函劝诸友逃出来，我自己怎能去自投罗网呢？到上海去吧，沪上的友人又告诉我不要去，我只好"按兵不动"。第二，从泰安到徐州，火车时常遭受敌机的轰炸，而我的幼女才不满三个月，大的孩子也不过四岁，实在不便去冒险。第三，我独自逃亡吧，把家属留在济南，于心不忍；全家走吧，既麻烦又危险。这是最凄凉的日子。齐鲁大学的学生已都走完，教员也走了多一半。那么大的院子，只剩下我们几家人。每天，只要是晴天，必有警报：上午八点开始，到下午四五点钟才解除。院里静寂得可怕：卖青菜，卖果子的都已不再来，而一群群的失了主人的猫狗都跑来乞饭吃。

　　我着急，而毫无办法。战事的消息越来越坏，我怕城市会忽然的被敌人包围住，而我作了俘虏。死亡事小，假若我被他捉去而被逼着作汉奸，怎么办呢？这点恐惧，日夜在我心中盘旋。是的，我在济南，没有财产，没有银钱；敌人进来，我也许受不了多大的损失。但是，一个读书人最珍贵的东西是他的一点气节。我不能等待敌人进来，把我的那点珍宝劫夺了去。我必须赶紧出走。

　　几次我把一只小皮箱打点好，几次我又把它打开。看一看痴儿弱女，我实不忍独自逃走。这情形，在我到了武汉的时候，我还不能忘记，而且写出一首诗来：

　　　　弱女痴儿不解哀，牵衣问父去何来？
　　　　话因伤别潜应泪，血若停流定是灰。

138

已见乡关沧水火，更堪江海逐风雷；

徘徊未忍道珍重，暮雁声低切切催。[1]

可是，我终于提起了小箱，走出了家门。那是十一月十五日的黄昏。在将要吃晚饭的时候，天上起了一道红闪，紧接着是一声震动天地的爆炸。三个红闪，爆炸了三声。这是——当时并没有人知道——我们的军队破坏黄河铁桥。铁桥距我的住处有十多里路，可是我的院中的树木都被震得叶如雨下。

立刻，全市的铺户都上了门，街上几乎断绝了行人。大家以为敌人已到了城外。我抚摸了两下孩子们的头，提起小箱极快的走出去。我不能再迟疑，不能不下狠心：稍一踟蹰，我就会放下箱子，不能迈步了。

同时，我也知道不一定能走，所以我的临别的末一句话是："到车站看看有车没有，没有车就马上回来！"在我的心里，我切盼有车，宁愿在中途被炸死，也不甘心坐待敌人捉去我。同时我也愿车已不通，好折回来跟家人共患难。这两个不同的盼望在我心中交战，使我反倒忘了苦痛。我已主张不了什么，走与不走全凭火车替我决定。

在路上，我找到一位朋友，请他陪我到车站去，假若我能走，好托他照应着家中。

车站上居然还卖票。路上很静，车站上却人山人海。挤到票房，我买了一张到徐州的车票。八点，车入了站，连车顶上已坐满了人。我有票，而上不去车。

生平不善争夺抢挤。不管是名，利，减价的货物，还是车位，船位，还有电影票，我都不会把别人推开而伸出自己的手去。看看车子看看手中的票，我对友人说："算了吧，明天再说吧！"

友人主张再等一等。等来等去，已经快十一点了，车子还不开，我也上不去。我又要回家。友人代我打定了主意："假若能走，你还是走了好！"他去敲了敲末一间车的窗。窗子打开，一个茶役问了声："干什么？"友人递过去两块钱，只说了一句话："一个人，一个小箱。"茶役点了头，先接过去箱子，然后拉我的肩。友人托了我一把，我钻入了车中，我的脚还没落稳，车里的人——都是士兵——便连喊："出去！出去！没有地方。"好容易立稳了脚，我说了声：我已买了票。大家看着我，也不怎么没再说什么。我告诉窗外的友人："请回吧！明天早晨请告诉我家里一声，我已上了车！"友人向我招了招手。[2]

没有地方坐，我把小箱竖立在一辆自行车的旁边，然后用脚，用身子，用客气，用全身的感觉，扩充我的地盘。最后，我蹲在小箱旁边。又待了一会儿，我由蹲而坐，坐在了地上，下颏恰好放在自行车的坐垫上——那个三角形的，皮的东西。我只能这么坐着，不能改换姿式，因为四面八方都挤满了东西与人，恰好把我镶嵌在那里。

车中有不少军火，我心里说："一有警报，才热闹！只要一个枪弹打进来，车里就会爆炸；我，箱子，自行车，全会飞到天上去。"

同时，我猜想着，三个小孩大概都已睡去，妻独自还没睡，等着我也许回去！这个猜想可是不很正确。后来得到家信，才知道两个大孩子都不肯睡，他们知道爸走了，一会儿一问妈：爸上哪儿去了呢？

夜里一点才开车，天亮到了泰安。我仍维持着原来的姿式坐着，看不见外边。我问了声："同志，外边是阴天，还是晴天？"回答是："阴天。"感谢上帝！北方的初冬轻易不阴天下雨，我赶的真巧！由泰安再开车，下起细雨来。

晚七点到了徐州。一天一夜没有吃什么，见着石头仿佛都愿意去啃两口。头一眼，我看见了个卖干饼子的，拿过来就是一口。我差点儿噎死。一边打着嗝儿，我一边去买郑州的票。我上了绿钢车，安闲的，漂亮的，停在那里，好像"战地之花"似的。

到郑州，我给家中与汉口朋友打了电报，而后歇了一夜。

到了汉口，我的朋友白君刚刚接到我的电报。他把我接到他的家中去。这是二十六年十一月十八日。从这一天起，我开始过流亡的生活。[3]

1. 与此相应的是老舍四个月后给朋友的书信，呈现出他当时的内心的复杂：

亢德兄：

由家出来已四个月了。我怎样不放心家小，是你可以想象得到的；因为你现在也把眷属放在了孤岛上，而独自出来挣扎。

这四个月来，最难过的时候是每晚十时左右。你知道，我素日生活最有规律，夜间十点前后，必须去睡。在流亡中，我还不肯放弃了这个好习惯。可是，一见表针指到该就寝的时刻，我不由的便难过起来。……眼看着院内的黑影或月光，我仿佛听见了前线的炮声，仿佛看见了火影与血光。多少健儿，今晚丧掉了生命！此刻有多少家庭都拆散，多少城市被轰平！这一夜有多少妇孺变成了寡妇孤儿！全民族都在血腥里，炮火下，到处有最辛酸的患难，与最悲壮的牺牲。

自恨使我睡不熟，不由的便想起了妻儿。当学校初一停课，学生来告别的时候，我的泪几乎终日在眼圈里转。"先生！我们去流亡！"出自那些年轻的朋友之口，多么痛心呢！有家，归去不得。学校，难以存身。家在北，而身向南，前途茫茫，确切可靠的事只有沿途都有敌人的轰炸与扫射！啊，不久便轮到了我，我也必得走出来呀！妻小没法出来，我得向她们告别！我是家长，现在得把她们交给命运。我自己呢，谁知道能走到哪里去呢！我只是一个影子，对家属全没了作用，而自己也不知自己的明日如何。小儿女们还帮着我收拾东西呢！

我没法不狠心。我不能把自己关在亡城里。妻明白这个，她也明白，跟我出来，即使可能，也是我的累赘。我照应她们，便不能尽量作我所能与所要作的事。她也狠了心。只有狠心才能互相割舍，只有狠心才见出互相谅解。她不是非与丈夫揽臂而行不可的那种妇女，她平日就不以领着我去看电影为荣，所以今天可以放了我，使我在这四个月间还能勤苦的动我的笔。

…………

　　我想念我的妻与儿女，我觉得太对不起她们，可是在无可奈何之中，我感谢她，我必须拼命的去作事，好对得起她。由悬念而自励，一个有欠摩登的妇人，是怎样的能帮助像我这样的人哪！严肃的生活，来自男女彼此间的彻底谅解，互助互成。国难期间，男女间的关系，是含泪相誓，各自珍重，为国效劳。男儿是兵，女子也是兵，都须把最崇高的情绪生活献给这血雨刀山的大时代。夫不属于妻，妻不属于夫，他与她都属于国家。

…………

老舍　武昌，二十七，三，十五夜

节选自《致陶亢德》之三，《老舍全集》（第十五卷），北京：人民文学出版社，2013 年，第 492-496 页。本信发表时题为"一封信"。

　　2. 后来有传闻，这个友人便是教老舍练拳的武术圈中人马子元拳师。文章中其人行事方式的确有惯于江湖上走动的风范。

　　3. 以上节选自《八方风雨》，《老舍全集》（第十四卷），北京：人民文学出版社，2013 年，第 379-382 页。

第二节　在武汉

离开家里，我手里拿了五十块钱。回想起来，那时候的五十元钱有多么大的用处呀！它使我由济南走到汉口，而还有余钱送给白太太一件衣料——白君新结的婚。

白君是我中学时代的同学。在武汉，还另有两位同学，朱君与蔡君。不久，我就看到了他们。蔡君还送给我一件大衣。住处有了，衣服有了，朋友有了："我将干些什么呢？"这好决定。我既敢只拿着五十元钱出来，我就必是相信自己有挣饭吃的本领。我的资本就是我自己。只要我不偷懒，勤动着我的笔，我就有饭吃。

把个小一点的南京，和一个小一点的上海，搬拢在一处，放在江的两岸，便是武汉。武昌很静，而且容易认识——有那条像城的脊背似的蛇山，很难迷失了方向。汉口差不多和上海一样的嘈杂混乱，而没有上海的忙中有静，和上海的那点文化事业与气氛。它纯粹的是个商埠，在北平，济南，青岛住惯了，我连上海都不大喜欢，更不用说汉口了。

在今天想起来，汉口几乎没有给我留下任何印象。虽然武昌的黄鹤楼是那么奇丑的东西，虽然武昌也没有多少美丽的地方，可是我到底还没完全忘记了它。在蛇山的梅林外吃茶，在珞珈山下荡船，在华中大学的校园里散步，都使我感到舒适高兴。

特别值得留恋的是武昌的老天成酒店。这是老字号。掌柜与多数的伙计都是河北人。我们认了乡亲。每次路过那里，我都得到最亲热的招呼，而他们的驰名的二锅头与碧醇是永远管我喝够的。

汉阳虽然又小又脏，却有古迹：归元寺、鹦鹉洲、琴台、鲁肃墓，都在那里。这些古迹，除了归元寺还整齐，其他的都破烂不堪，使人看了伤心。

汉阳的兵工厂是有历史的。它给武汉三镇招来不少次的空袭，它自己也受了很多的炸弹。

武汉的天气也不令人喜爱。冬天很冷，有时候下很厚的雪。夏天极热，使人无处躲藏。武昌，因为空旷一些，还有时候来一阵风。汉口，整个的像个大火炉子。树木很少，屋子紧接着屋子，除了街道没有空地。毒花花的阳光射在光光的柏油路上，令人望而生畏。

越热，蚊子越多。在千家街的一间屋子里，我曾在傍晚的时候，守着一大扇玻璃窗。在窗上，我击碎了三本刊物，击落了几百架小飞机。

蜈蚣也很多，很可怕。在褥下，箱子下，枕下，我都洒了雄黄；虽然不准知道，这是否确能避除毒虫，可是有了这点设施，我到底能睡得安稳一些。有一天，一撕一个小的邮卷，哼，里面跳出一条蜈蚣来！

提到饮食，武汉并没有什么特殊的东西。除了珍珠丸子一类的几种蒸菜而外，烹调的风格都近似江苏馆子的——什么菜都加点烩粉与糖，既不特别的好吃，也不太难吃。至于烧卖里面放糯米，真是与北方老粗故意为难了！

在汉口，我第一篇文章是给《大公报》写的。紧紧跟着，又有好几位朋友约我写稿。好啦，我的生活可以不成问题了。

倒是继续住在汉口呢？还是另到别处去呢？使我拿不定主意。二十一日，国府明令移都重庆。二十二日，苏州失守。武汉的人心极度不安。大家的不安，也自然的影响到我。我的行李简单，“货物”轻巧，而且喜欢多看些新的地方，所以我愿意再走。

我打电报给赵水澄[1]兄，他回电欢迎我到长沙去。可是武汉的友人们都不愿我刚刚来到，就又离开他们；我是善交友的人，也就犹豫不决。

在武昌的华中大学，还有我一位好友，游泽丞教授。他不单不准我走，而且把自己的屋子与床铺都让给我，教我去住。他的寓所是在云架桥——多么美的地名！——地方安静，饭食也好，还有不少的书籍。以武昌与汉口相较，我本来就欢喜武昌，因为武昌像个静静的中国城市，而汉口是不中不西的乌烟瘴气的码头。云架桥呢，又是武昌最清静的所在，所以我决定搬了去。

游先生还另有打算。假若时局不太坏，学校还不至于停课，他很愿意约我在华中教几点钟书。

可是，我第一次到华中参观去，便遇上了空袭，这时候，武汉的防空设备都极简陋。汉口的巷子里多数架起木头，上堆沙包。一个轻量的炸弹也会把木架打垮，而沙包足以压死人。比这更简单的是往租界里跑。租界里连木架沙包也没有，可是大家猜测着日本人还不至于轰炸租界——这是心理的防空法。武昌呢，有些地方挖了地洞，里边用木头撑住，上覆沙袋，这和汉口的办法一样不安全。有的人呢，一有警报便往蛇山上跑，藏在树林里边。这，只须机枪一扫射，便要损失许多人。

华中更好了，什么也没有。我和朋友们便藏在图书馆的地窖里。摩仿，使日本人吃了大亏。假若日本人不必等德国的猛袭波兰与伦敦，就已想到一下子把军事或政治或工业的中心炸得一干二净，我与我的许多朋友或者早已都死在武汉了。可是，日本人那时候只派几架，至多不过二三十架飞机来。他们不猛袭，我们也就把空袭不放在心上。在地窖里，我们还觉得怪安全呢。

不久，何容[2]，老向[3]与望云[4]诸兄也都来到武昌千家街福音堂[5]。冯先生[6]和朋友们都欢迎我们到千家街去。那里，地方也很清静，而且有个相当大的院子。何容与老向打算编个通俗的刊物；我去呢，也好帮他们一点忙。于是我就由云架桥搬到千家街，而慢慢忘了到长沙去的事。流亡中，本来是到处为家，有朋友的地方便可以小住；我就这么在武昌住下去。[7]

1. 赵水澄（1896-1951），字作雄。北京人，满族。早年毕业于北京大学，后在南开学校任教务主任。二十世纪三十年代从事民间文学研究，长期在河北定县从事扫盲工作，编著了大量平民读物。抗战中随中华平民教育促进会到长沙，任湖南抗日干部学校教育课长。四十年代初任湖南省立专科师范学校校长。1945年到重庆，在北碚乡村建设学院任国文教授、教务长，直至逝世。1921年老舍在南开学校任教时与他及董子如、罗莘田（常培）、白涤洲结为金兰之好。1945年赵水澄与老舍、老向等共同筹建乡村建设学院的平民文学系，因老舍赴美未果。1947年胡絜青任乡村建设学院副教授至1950年，两家过往密切。

　　2. 何容（1903-1990），原名何兆熊，字子祥，号谈易，笔名老谈，与老向、老舍合称"三老"，河北深泽人。中国现代语言学的早期开拓者，台湾国语运动发起者之一，二十世纪中国享誉文坛的散文大家。二十岁时考入北京大学预科，次年考入北京大学英国文学系。北伐战争开始，何容休学从军，任指导员、宣传科长等职，战斗中负伤。七七事变后，在武汉参与创建中华民国文艺界抗敌协会，与老舍创办《抗战文艺》，并合作编辑《抗到底》等抗日期刊。1946年到台湾，普及推广国语，主编《台湾新生报·国语副刊》，创刊《国语日报》，编辑小学及中学国语教科书。

　　3. 老向（1898-1968），名王焕斗，字向辰，号老向。河北省辛集（原束鹿）人。参加五四运动，1919年即加入国民党，抗战时期主编刊物《抗到底》。1946年赴台湾提倡国语运动，1948年定居南京。著有长篇小说《庶务日记》、中篇小说《秃油锤》、短篇小说《村儿辍学记》《换一换年头吧》《其实》，散文《村声》《扫帚》《月亮故乡好》，说唱作品《抗日三字经》等。

　　4. 赵望云（1906-1977），画家，河北束鹿人。早年曾在北京艺术专科学校学习美术。1930年被《大公报》聘为特邀旅行写生记者，渐露头角。抗日战争期间，与老舍在武汉创办《抗战画刊》，1935年应冯玉祥之邀去泰山作画，作《泰山社会写生石刻诗画集》，老舍曾为之作序，称道其为民写照的精神。1938年曾与老舍同住武昌千户街冯玉祥公馆，开始建立深厚的友谊。后办《抗战画刊》，老舍为特约撰稿人之一。1944年后定居西安。创办平明画会，主编《雍华杂志》。新中国成立后曾任西北美协主席等职，为中国美协常务理事。出版有《农村写生集》《塞上与生集》《埃及写生画册》《黄河写生集》等多部画集。老舍在《看画》《傅抱石先生的画》中评析过他的画。

5. 应为千户街。"千户街福音堂"是抗战初期冯玉祥在武昌的公馆，老舍到达武汉后，先后住在汉口的白君家和武昌的游泽承家。不久便受到冯玉祥的邀请，与何容、老向、赵望云等同住于此，共同从事抗战文艺活动，尤其是通俗文艺创作。

6. 冯玉祥（1882－1948），原名基善，字焕章。安徽巢湖人，军事家。早年从军，辛亥革命时发动滦州起义响应。1924年率部发动北京政变，组织国民军，任总司令兼第一军军长，并电邀孙中山北上。北伐时期在五原誓师，宣布脱离北洋军阀，加入国民党，参加国民革命。1927年任国民党第二集团军总司令。九一八事变后力主抗日民主。1933年与中国共产党合作，在察哈尔组织民众抗日同盟军，任总司令。后因受蒋介石忌，隐居泰山。1936年复出，任国民党政府军事委员会副委员长。抗战爆发后历任第三、第六战区司令长官，后辗转于武汉、重庆等地，为抗日民主进步而斗争。1946年失兵权，赴美"考察水利"。1948年参加中国国民党革命委员会，任政治委员会主席。同年回国参加中国人民政治协商会议的筹备工作，途中因轮船失火不幸罹难。老舍在武汉住在他家编辑《抗到底》《抗战画刊》等刊物。冯玉祥积极支持中华全国文艺界抗敌协会，并与老舍同被选为理事。在重庆时，夏天常邀老舍到陈家桥家中写作。

7. 以上节选自《八方风雨》，《老舍全集》（第十四卷），北京：人民文学出版社，2013年，第378－385页。

第三节　写通俗文艺

在抗日战争以前，无论怎样，我绝对想不到我会去写鼓词与小调什么的。抗战改变了一切。我的生活与我的文章也都随着战斗的急潮而不能不变动了。"七七"抗战以后，济南失陷以前，我就已经注意到如何利用鼓词等宣传抗战这个问题。记得，我曾和好几位热心宣传工作的青年去见大鼓名手白云鹏[1]与张小轩[2]先生，向他们讨教鼓词的写法。后来，济南失陷，我逃到武汉，正赶上台儿庄大捷，文章下乡与文章入伍的口号既被文艺协会提出，而教育部，中宣部，政治部也都向文人们索要可以下乡入伍的文章。这时候，我遇到了田汉[3]先生。他是极热心改革旧剧的，也鼓励我马上去试写。对于旧剧的形式与歌唱[4]，我懂得一些，所以用不着去请导师。对于鼓词等，我可完全是外行，不能不去请教。于是，我就去找富少航[5]和董莲枝[6]女士，讨教北平的大鼓书与山东大鼓书。同时，冯焕章将军收容了三四位由河南逃来唱坠子的，我也朝夕与他们在一道，学习一点坠子的唱法。他们都是在河南乡间的集市上唱书的，所以他们需要长的歌词，一段至少也得够唱半天的。我向他们领教了坠子的句法，就开始写一大段抗战的故事，一共写了三千多句。这三千多句长的一段韵文，可惜，已找不到了底稿。可是，我确知道那三位唱坠子的先生已把它背诵得飞熟，并且上了弦板。说不定，他们会真在民间去唱过呢——他们在武汉危急的时候，返回了故乡。冯将军还邀了几位画家，绘画抗战的"西湖景"，托我编歌词，以便一边现映画片，一边歌唱。同时，老向与何容先生正在编印《抗到底》[7]月刊，专收浅易通俗的文字，我被邀为经常的撰稿者。

我写了不少篇这类的东西，可是汇印起来的只有《三四一》[8]——三篇鼓词，四出旧形式新内容的戏，与一篇小说。这以外的，全随写随弃，无从汇印，也不想汇印了。

我这本小书（《三四一》）里有三篇大鼓书词，四出二簧戏，和一篇旧型的小说。

三篇鼓词里，我自己觉得《王小赶驴》还下得去。《张忠定计》不很实在。《打小日本》既无故事，段又太长，恐怕不能演唱，只能当小唱本念念而已。

四出戏的好歹，全不晓得；非经演唱不能知道好在哪里，坏在何处。印出来权当参考，若要上演，必须大家修改；有愿排演者，请勿客气。

旧型小说一篇，因忙，写得不十分像样儿。

这八篇东西，都是用"旧瓶装新酒"[9]的办法写成的。功夫是不欺人的。它教我明白了什么是民间的语言，什么是中国语言的自然的韵律。不错，它有许多已经陈腐了的东西，可是唯其明白了哪是陈腐的，才能明白什么是我们必须马上送给民众的。明乎此，知乎彼，庶几可以说民族形式矣。我感谢这个使我能学习的机会。

四一年以后，除有人特约，我很少自动地去写通俗的东西了。[10]一天，见到一位伤兵，他念过我的鼓词。他已割下一条腿。他是谁？没人知道。他死，入无名英雄墓。他活，一个无名的跛子。他读过我的书词，而且还读给别的兄弟们听，这就够了。只求多有些无名英雄们能读到我的作品，能给他们一些安慰，好；一些激励，也好。我设若因此而被拦在艺术之神的寺外，而老去伺候无名英雄们，我就满意，因为我的笔并未落空。[11]

1．白云鹏（1874-1952），字翼青，河北霸州人，京韵大鼓表演艺术家。他吐字清晰，韵味浓厚，长于表达人物的内心情感，形成京韵大鼓"白派"，与刘（宝全）派、张（小轩）派齐名，常在京津等地演出。抗战期间老舍为了利用鼓词宣传抗战，曾和一些青年去向他请教。五十年代曾在中国戏曲研究院工作。

2．张小轩（1876-1948），一作张筱轩，别名张处，北京人，京韵大鼓表演艺术家。早年曾拜宋德从为师。1911年后长期在天津献艺，也曾去北京、济南、南京、上海、沈阳等地演出。与刘宝全、白云鹏并称京韵大鼓的三大流派创始人。演唱有"气息贯通、一气呵成"的特点，以演唱《三国》段子见长。

3．田汉（1898-1968），名寿昌，笔名田汉、陈瑜、伯鸿等。湖南省长沙人。中国现代戏剧三大奠基人之一，剧作家、戏曲作家、电影编剧、小说家、词作家、诗人、文艺批评家。田汉早年留学日本时曾自署为"中国未来的易卜生"。他创作歌词的歌曲《万里长城》的第一段后来成为中华人民共和国国歌《义勇军进行曲》的歌词。抗战中与老舍结识，一起投身抗战文艺工作，新中国成立后事业交往更多。二十世纪五十年代戏曲改革，曾经聘老舍为戏改局顾问。

4．为什么老舍能在抗战开始就手到擒来写戏？因为他是在戏曲环境中成长起来的，而且在尝试写话剧之前曾写过京剧与曲艺的本子。年轻时住在翊教寺公寓中，因为看戏有了瘾，老舍便去和友人们学几句，每逢酒酣耳热之际便唱上一段。追问老舍学戏的动因，除了一度得闲，更与其旗人的族裔身份相关。清代的皇上，从康熙到乾隆都喜欢听戏；晚清时戏曲大行于京城，慈禧太后就特好看戏，旗人更是名正言顺地上行下效。清兵入关三百年间基本上安享太平，在籍的旗人有一份"铁杆庄稼"，较民人的生活有特殊保障，没有战事而练兵多余暇，他们便爱上了各种"玩艺儿"。老舍自幼及长都看见亲朋们乐在其中，他在小说中对自己出身的族裔进行反省："旗人的生活……整天整月的都消磨在生活的艺术中。上自王侯，下至旗兵，他们会唱二黄、单弦、大鼓与时调。他们会养鱼、养鸟、养狗、种花和斗蟋蟀。他们之中，甚至也有的写一笔顶好的字，或画点山水，或作些诗词——至不济还会诌几套相当幽默的悦耳的鼓儿词。……他们会使鸡鸟鱼虫都与文化发生了最密切的关系。"老舍还告诉我们："在清代末季，曲艺的票友很多。他们不但会唱，而且每每自己动笔编写新词儿，成为风气。我生在寒家，自然无暇及此，可是连我也有几家亲友不但好唱，而且会自己编制曲词。可惜，这些作品在'民国'初年已经丢失了很多！"辛亥以后，旗人们靠玩艺儿不能糊口，许多擅长各种玩意儿、能编能演的艺人都没了。但是他们的影响却不绝如缕，老舍就是其中的一个。不是抗战，老舍文武昆乱不挡的本领还真无从展现呢。

5. 富少舫（1896－1952），本名富德山，号少舫，艺名"山药蛋"，滑稽大鼓演员。抗日战争时期，他和女儿富淑媛（富贵花）曾在重庆演唱过作家老舍等编写的一些抗日救亡的新曲目。中华人民共和国成立后，富少舫在北京积极投身于新曲艺建设，抗美援朝时期参加了赴朝慰问演出。在武汉和重庆，老舍向他学习鼓词写法，并学唱大鼓书。《方珍珠》中的"破风筝"方老板、《鼓书艺人》中的方宝庆，原型都应是富少舫。

6. 董莲枝大约生于 1904 年，是昔年济南曲坛一枝花，绰号"盖山东"。1923 年到南京，不久在南京编印唱词集《梨花大鼓书词初编》，后更名为《莲歌》，1931 年 6 月由上海广益书局出版。在汉口时田汉观看董莲枝的抗战大鼓词《八百壮士》，当场赋七言绝句："文人珠玉儿女喉，写出东南百尺楼。忍对金樽聆旧曲，秦淮呜咽不能流。"后因儿子毕业于昆明西南联大，得工作，董莲枝乃辍唱，往昆明就养。

7. 《抗到底》，现代文艺期刊。1938 年 1 月创刊于武昌，老向主编，9 月迁重庆。1939 年 11 月终刊，共出 27 期。以宣传抗日为宗旨，致力于通俗文艺的创作，大量刊载以民间传统文艺形式创作的民歌、小调、唱词和章回小说，曾刊登过冯玉祥的《击沉敌舰》，老向的《抗日三字经》等作品。

8. 通俗文艺集《三四一》1938 年 8 月由艺文研究会出版，独立出版社发行。老舍随手丢弃那么多通俗文艺作品，也因为赶着宣传而顾不上精雕细琢。

9. 中华全国文艺界抗敌协会（即"文协"）在全国发动"文章入伍，文章下乡"的大型文艺运动，领导作家为普通民众与士兵编写通俗性抗战读物。活动中"文协"借助通俗读物编刊社的力量，该社也借此向社会各界介绍推广其"旧瓶装新酒"的创作理论。"文协"同通俗读物编刊社的"旧瓶装新酒"的创作理论产生了冲突，"文协"内部也出现了三种不同立场，胡风坚持五四新文学的基本方向，反对利用旧形式进行创作，担心通俗文艺借助特殊的历史环境获得意识形态权力话语。茅盾认为这种旧形式的利用是新文学自身发展的必然产物。老舍则认为，通俗文学的出现，其最大功绩便是便于抗敌宣传，"并不是要把文艺和图画全都通俗化了，只许通俗，不许干别的"。因此，"写通俗文艺是尊重教育程度稍低的读者，与表现抗战文艺的热烈，此处别无企图"。老舍的看法既坚持新文学本位立场，又肯定"旧瓶装新酒"在抗战文艺活动中的宣传价值。

10. 以上节选自《我怎样写通俗文艺》，《老舍全集》（第十七卷），北京：人民文学出版社，2013 年，第 431—433 页。

11. 以上节选自《这一年的笔》，《老舍全集》（第十四卷），北京：人民文学出版社，2013 年，第 157 页。

第四节　"文协"与会刊

一、"文协"

文人们仿佛忽然集合到武汉。我天天可以遇到新的文友。我一向住在北方，又不爱到上海去，所以我认识的文艺界的朋友并不很多，戏剧界的名家，我简直一个也不熟识。现在，我有机会和他们见面了。

郭沫若[1]，茅盾[2]，胡风[3]，冯乃超[4]，艾芜[5]，鲁彦[6]，郁达夫，诸位先生，都遇到了。此外，还遇到戏剧界的阳翰笙[7]，宋之的[8]诸位先生，和好多位名导演与名艺员。

朋友们见面，不约而同的都想组织全国文艺界抗敌协会，以便团结到一处，共同努力于抗战的文艺。我不是好事喜动的人，可是大家既约我参加，我也不便辞谢。于是，我就参加了筹备工作。

筹备得相当的快。到转过年三月二十七日成立大会便开成了。文人，在平日似乎有点吊儿郎当，赶到遇到要事正事，他们会干得很起劲，很紧张。文艺协会的筹备期间并没有一个钱，可是大家肯掏腰包，肯跑路，肯车马自备。就凭着这一点齐心努力的精神，大家把会开成，而且开得很体面。[9]

"文协"成立大会

大中华民国二十七年三月二十七日，全国文艺界抗敌协会在汉口总商会礼堂开成立大会。

我是筹备委员之一，本当在二十六晚过江（我住在武昌）预备次日的事情。天雨路脏，且必须赶出一篇小文，就偷懒没去；自然已知事情是都筹备得差不离了。

武汉的天气是阴晴无定，冷暖诡变的。今日的风雨定难据以测想明日的阴，还是晴。二十七日早五点我就睡不安了。

"坏天气是好天气"，已是从空袭的恐怖中造成的俗语；我深盼天气坏——也就是好。假如晴天大日头，而敌机结队早来，赴会者全无法前去，岂不很糟？至于会已开了，再有警报，倒还好办；前方后方，既已无从分别，谁还怕死么？

六点，我再也躺不住。起看，红日一轮正在武汉大学的白石建筑上。洗洗脸，便往外走。心想，即便有空袭，能到了江那边便有办法，就怕截在江这边，干着急而上不去轮渡。急走，至江岸，雾甚重，水声帆影，龟山隐隐，甚是好看，亦渐放心。到汉口，雾稍敛，才八点钟。

先到三户印刷所找老向与何容二位。他们已都起来，大概都因开大会兴奋。睡不着也，何容兄平日最善晚起。坐了一会儿，大家的眼都瞭着由窗子射进来的阳光，感到不安。"这天儿可不保险"，到底被说出来；紧跟着："咱们走吧！"

总商会大门前扎着彩牌，一条白布横过宽大的马路，写着雄大的黑字。楼适夷[10]先生已在门内立着，手里拿着各色的缎条，预备分给到会者佩戴；据说，他是在七点钟就来了。礼堂里还没有多少人，白布标语与台上的鲜花就特别显着鲜明清楚。那条写着"文章下乡文章入伍"的白布条，因为字写得挺秀，就更明爽醒眼。除了这三四条白布，没有别的标语，倒颇严肃大方。

最先见到的是王平陵[11]与华林[12]两先生，他们为布置会场都受了很大的累；平陵先生笑着说："我六点钟就来了！"

人越来越多了，签到处挤成一团！签完字便都高兴的带起缎条和白布条——缎条上印着成立大会字样，布条上写着人名，以便彼此一握手时便知道谁是谁了。入了会场，大家三五成组，有的立，有的坐，都谈得怪快活。又进来人了，识与不识，拦路握手，谁也不感到生疏或拘束。慢慢的，坐着的那些小组联成大一点的组，或竟联成一整排；立着的仿佛是表示服从多数，也都坐下去。摄影者来了不少，看还没有开会，便各自分别约请作家，到屋外拍照。这时候，会员中作刊物编辑的先生们，都抱着自己的刊物，分发给大家。印好的大会宣言，告世界作家书，会章草案，告日本文艺作家书，本已在每个人的手中，现在又添上几种刊物，手里差不多已拿不了，只好放在怀中，立起或坐下都感到点不甚方便的喜悦。

啊，我看见了丰子恺[13]先生！久想见见他而没有机会，又绝没想到他会来到汉口，今天居然在这里遇到，真是惊喜若狂了。他的胡子，我认得，见过他的像片。他的脸色（在像片上是看不出来的）原来是暗中有光，不像我理想的那么白皙。他的眼，正好配他的脸，一团正气，光而不浮，秀而诚朴。他的话，他的举动，也都这样可喜而可畏。他显出不知如何是好的亲热，而并不慌急。他的官话似乎不甚流利，可是他的眼流露出沉着诚恳的感情。

在他旁边坐着的是宋云彬[14]先生，也是初次会面。说了几句话，他便教我写点稿子，预备为儿童节出特刊用的。我赶紧答应下来。在武汉，谁来约稿都得答应；编辑者当面索要，少一迟疑，必会被他拉去吃饭；吃完朋友的饭，而稿子却写得欠佳，岂不多一层惭愧么？

跟他们二位刚谈了几句，钟天心[15]先生就过来了。刚才已遇到他，八年未见，话当然是多的；好吧，我只好舍了丰宋二位而又找了天心兄去；况且，他还等着我给他介绍朋友啊。他这次是由广州赶来的。胖了许多，态度还是那么稳而不滞。我俩又谈了会儿；提起许多老朋友，都已难得相见；可是目前有这么多文艺界朋友，聚在一堂，多么不容易呢！

人更多了。女宾开始求大家签字。我很羡慕她们，能得到这样的好机会；同时，又很惭愧，自己的字写得是那么坏，一页一页的专给人家糟蹋纸——而且是那么讲究的纸！

快开会，一眼看见了郁达夫[16]先生。久就听说，他为人最磊落光明，可惜没机会见他一面。赶上去和他握手，果然他是个豪爽的汉子。他非常的自然，非常的大方，不故意的亲热，而确是亲热。正跟他谈话，郭沫若先生来到，也是初次见面。只和郭先生说了一句话，大会秘书处的朋友便催大家就位，以备振铃开会。党政机关的官长，名誉主席团，和主席团，都坐在台上。名誉主席团中最惹人注意的，是日本名写家鹿地亘先生，身量不算太矮，细瘦；苍白的脸，厚厚的头发，他不很像个日本人。胡风先生陪着他，给他向大家介绍。他的背挺着，而腰与手都预备好向人鞠躬握手，态度在稍微拘谨之中露出恳挚，谦虚之中显出沉毅。他的小小的身体，好像负着大于他几千几万倍的重担。他的脸上显着忧郁，可是很勇敢，挺着身子，来向真正爱和平的朋友们握手，齐往艰苦而可以达到正义的路上走。他的妻坐在台下，样子颇像个广东女人。

振铃了，全体肃立。全堂再也听不到一点声音。

邵力子[17]先生宣告开会，王平陵先生报告筹备经过，并读各处的贺电。两位先生一共用了十分钟的工夫，这给予训话和演讲的人一个很好的暗示——要短而精。方治[18]先生和陈部长的代表训话，果然都很简短而精到。鹿地亘[19]先生讲演！全场的空气紧张到极度，由台上往下看，几乎每个人的头都向前伸着。胡风先生作了简单的介绍，而后鹿地亘先生的柔韧有劲的话，像用小石投水似的，达到每个人的心里去。几乎是每说完一段，掌声就雷动；跟着就又是静寂。这一动一静之际，使人感到正义与和平尚在人间，不过只有心雄识远的人才能见到，才肯不顾世俗而向卑污黑暗进攻，给人类以光明。文艺家的责任是多么重大呀！

周恩来先生与郭沫若先生相继演说，都简劲有力。末了，上来两位大将，冯玉祥先生与陈铭枢先生。这两位都是会员，他们不仅爱好文艺，而且对文艺运动与文化事业都非常的关心与爱护。历史上——正像周恩来先生所说的——很难找到这样的大团结，因为文人相轻啊。可是，今天不但文人们和和气气的坐在一堂，连抗日的大将也是我们的会员呀。

已到晌午，没法再多请人演讲；其实该请的人还很多呢。邵力子先生（主席）便求老向先生向大家报告：（一）请到门外去照像。（二）照完像，到普海春吃饭，来宾和会员都务请过去。（三）午餐后，会员就在普海春继续开会，省得再往回跑。

照像真热闹，拿着像匣的你挡着我，我挡着你，后面的干着急，前面的连连的照。照了好大半天，才大家有份的都"满载而归"。

晴暖的春光，射在大家的笑脸上，大家携手向饭馆进行。老的小的，胖的瘦的，男的女的，高的矮的，文的武的，洋装的华服的，都说着笑着，走了一街。街上的人围拢进来，大概觉得很奇怪——哪里来这么多酸溜溜的人呢？

普海春楼上已摆好十几席。大家顾不得入席，有的去找久想晤谈的友人谈话，有的忙着给小姐们签字——冯玉祥先生已被包围得风雨不透。这时候，我看见了卢冀野[20]先生。他更胖了，诗也作得更好——他已即席吟成七律一首；还说要和我的那首文协成立会的贺诗[21]呢。我俩正交换住址，前面喊起入席呀，入席呀！

我赶到前面，找着个空位就坐下了。多么巧，这一桌都是诗人！左旁是穆木天[22]先生，右旁是锡金[23]先生，再过去是宋元[24]女士彭玲女士和蒋山青先生……。一盘橘子已被抢完，我只好把酒壶夺过来。刚吃了两个菜，主席宣告，由我朗读大会宣言。王平陵先生不知上哪里去了。我就登了他的椅子，朗诵起来。没想到这么累得慌，读到一半，我已出了汗。幸而喝过两杯酒，还没落个后力不佳。读完归座，菜已吃空，未免伤心。

盛成[25]先生朗读致全世界作家书的法文译文，读得真有工夫，博得几次的满堂彩。

一位难民不知怎的也坐在那里，他立起来自动的唱了个流亡曲，大家也报以掌声。他唱完，冯玉祥先生唱了个吃饭歌，词句好，声音大，大家更是高兴。老将军唱完，还敬大家一杯酒，他自己却不喝；烟酒是与他无缘的。紧跟着，我又去宣读告全世界作家书的原稿，孙师毅[26]先生朗读胡风先生起草的告日本文艺作家书，老向先生宣读慰劳最高领袖暨前线将士的电文。饭已吃完。

空袭警报！

早晨到会来时的那点不安，已因会场上与餐厅间的欢悦而忘掉。可是，到底未出所料，敌机果然来了。好像是暴敌必要在这群以笔为武器的战士们团集的时候，给予威吓，好使他们更坚决的抗日。日本军阀是那么愚蠢的东西呢？炮火屠杀只足以加强中华民族的团结与齐心呀！他们多放一个炸弹，我们便加强一份抗战的决心。感谢小鬼们！

紧急警报！

桌上的杯盘撤下去，大家又按原位坐好。主席上了椅子，讨论会章。正在讨论中，敌机到了上空，高射炮响成一片，震得窗子哗啦哗啦的响。还是讨论会章！

会章通过，适夷先生宣读提议案，一一通过，警报还未解除。进行选举。

选举票收齐，主席宣布委托筹备委员检票，选举结果在次日报纸上披露。

警报解除，散会。

晚报上登出大会的盛况，也载着敌机轰炸徐家棚，死伤平民二百多！报仇吧！文艺界同人们怒吼吧！中华民族不得到解放，世界上便没有和平；成立大会是极圆满的开完了，努力进行该作的事吧！ [27]

总务组长

第一次理事会是在冯先生那里开的。会里没有钱，无法预备茶饭，所以大家硬派冯先生请客。冯先生非常的高兴，给大家预备了顶丰富，顶实惠的饮食。理事都会，没有请假的。开会的时候，张善子 [28] 画师"闻风而至"，愿作会员。大家告诉他："这是文艺界协会，不是美术协会。"可是，他却另有个解释："文艺就是文与艺术。"虽然这是个曲解，大家可不再好意思拒绝他，他就作了"文协"的会员。

后来，善子先生给我画了一张顶精致的扇面——秋山上立着一只工笔的黑虎。为这个扇面，我特意过江到荣宝斋，花了五元钱，配了一副扇骨。荣宝斋的人们也承认那是杰作。那一面，我求丰子恺给写了字。可惜，第一次拿出去，便丢失在洋车上，使我心中难过了好几天。

我被推举为常务理事，并须担任总务组组长。我愿作常务理事，而力辞总务组组长。"文协"的组织里，没有会长或理事长。在拟定章程的时候，大家愿意教它显出点民主的精神，所以只规定了常务理事分担各组组长，而不愿有个总头目。因此，总务组组长，事实上，就是对外的代表，和理事长差不多。我不愿负起这个重任。我知道自己在文艺界的资望既不够，而且没有办事的能力。

可是，大家无论如何不准我推辞，甚至有人 [29] 声明，假若我辞总务，他们也就不干了。为怕弄成僵局，我只好点了头。

这一来不要紧，我可就年年的连任，整整作了七年。

上长沙或别处的计划，连想也不再想了。"文协"的事务把我困在了武汉。 [30]

"文协"七岁 [31]

在我的眼睛里，"文协"有时候睡一会儿觉，而没有死过一回。

当"文协"在武汉的时候，几乎每一位会员都详详细细的知道会中工作的日记，因为座谈会与茶会是那么多，人人都能听到会中昨天作了什么，和明天要作什么。那时候，会款差不多没有超出三百元过，可是工作的紧张倒好像我们开着一家银行似的。那时候，大家初次尝到团结的快乐，自然要各显身手，把精神、时间，与钱力，献出一些给团体。那时候，政府与民众团体之间有着密切的联系，所以大家喜欢作事，政府也愿给我们事作。那是些愉快的日子。

赶到"文协"迁来重庆 [32]，大家在精神上还是愉快的，可是工作就赶不上在武汉时节那么多了。一来是山城的交通不便，不像在武汉时彼此捎个口信便可以开会；二是物价渐渐的高涨 [33]，大家的口袋里不再像从前那么宽裕；于是，会务日记仿佛就只有理事们才知道，而会员们便不大关心它了。慢慢的，物价越来越高，会中越来越穷，而在团体的活动上又不能不抱着一动不如一静的态度，"文协"就每每打个小盹了。可是它并没有死。它的会刊时常脱期，而没有停刊。它还组织了前线访问团，并派代表参加前线慰劳团。每到"七七"，它必去献金——不管钱数多少，我们总愿尽心力而为之。它举行各样的座谈会，参加国民月会和种种的集会。它的会所依然是会员们的"娘家"。

它没有死，所以得到社会上的信任。它永远不故意惹是非，所以政府对它也愿时时予以提携援助。

去年，它发动了援助贫病作家基金的征募，没有怎样费力，它便得到了好几百万元。社会上看得起它。这笔钱有了极大的用处。有许多害病的会员，因得到助金而可以安心养病，有许多由湘桂流亡出来的会员，在半路上得到接济得以及早的来到四川或云南。有的会员来到重庆，"文协"因有了基金，所以能招待他们，给他们一些安慰。"文协"或者可以不再打盹儿了。

"文协"自二十七年三月二十七日降生，到如今已经整整的活了七年。它的会刊，《抗战文艺》，自二十七年五月四日降生，到今天也整整的活了七年。七年虽短，可是以一个团体来说，以在抗战中种种的艰苦来说，这实在不能算是很容易的事，在这七年中，它听见过多少次炸弹的爆炸声音哪！"文协"总会的穷而乐，睡而不死，也就影响到它的分会。虽然香港的、桂林的、曲江的、襄樊的分会都因军事的关系而结束，可是贵阳的、成都的、昆明的分会反而因此而更见活跃。以昆明分会来说，它曾有一个时期也打了盹。可是在近二年来，它又复兴起来，去年为贫病作家募集基金，它的成绩比重庆总会还好。于此，我不能不喊一声："文协万岁"了！ [34]

二、《抗战文艺》 [35]

"文协"的"打炮"工作是刊行会刊。这又作得很快。大家凑了点钱，凑了点文章，就在五月四日发刊了《抗战文艺》。这个日子选得好。"五四"是新文艺的生日，现在又变成了《抗战文艺》的生日。新文艺假若是社会革命的武器，现在它变成了民族革命抵御侵略的武器。

《抗战文艺》最初是三日刊。不行，这太紧促。于是，出到五期就改了周刊。最热心的是姚蓬子 [36]，适夷，孔罗荪 [37]，与锡金几位先生：他们昼夜的为它操作，奔忙。

会刊虽不很大，它却给文艺刊物开了个新纪元——它是全国写家的，而不是一个人或几个人的。积极的，它要在抗战的大前提下，容纳全体会员的作品，成为"文协"的一面鲜明的旗帜。消极的，它要尽量避免像战前刊物上一些彼此的口角与近乎恶意的批评。它要稳健，又要活泼；它要集思广益，还要不失了抗战的，一定的目标；它要抱定了抗战宣传的目的，还要维持住相当高的文艺水准。这不大容易作到。可是，它自始至终，没有改变了它的本来面目。始终没有一篇专为发泄自己感情，而不顾及大体的文章。

《抗战文艺》在武汉一共出了二十期。自十七期起，即在重庆复刊。这个变动的痕迹是可以由纸张上看出来的：前十六期及特刊四期都是用白报纸印的，自第十七期起，可就换用土纸 [38] 了。

重庆的印刷条件不及武汉那么良好，纸张——虽然是土纸——也极缺乏。

因此，在"文协"的周年纪念日起，会刊由周刊改为半月刊。后来，又改成了月刊。就是在改为月刊之后，它还有时候脱期。会中经费支绌与印刷太不方便是使它脱期的两个重要原因。但是，无论怎么困难，它始终没有停刊。它是"文协"的旗帜，会员们决不允许它倒了下去。

到了日本投降时，会刊出到了七十期。

我不惮繁琐的这么叙述"文协"会刊的历史，因为它实在是一部值得重视的文献[39]。它不单刊露了战时的文艺创作，也发表了战时文艺的一切意见与讨论，并且报告了许多文艺者的活动。它是文，也是史。它将成为将来文学史上的一些最重要的资料。同时它也表现了一些特殊的精神，使读者看到作家们是怎样的在抗战中团结到一起，始终不懈的打着他们的大旗，向暴敌进攻。

在忙着办会刊而外，我们几乎每个星期都有座谈会联谊会。那真是快活的日子。多少相识与不相识的同道都成了朋友，在一块儿讨论抗战文艺的许多问题。开茶会呢，大家各自掏各自的茶资；会中穷得连"清茶恭候"也作不到呀。会后，刚刚得到了稿费的人，总是自动的请客，去喝酒，去吃便宜的饭食。在会所，在公园，在美的咖啡馆，在友人家里，在旅馆中，我们都开过会。假若遇到夜间空袭，我们便灭了灯，摸着黑儿谈下去。

这时候大家所谈的差不多集中在两个问题上：一个是如何教文艺下乡与入伍，一个是怎么使文艺效劳于抗战。前者是使大家开始注意到民间通俗文艺的原因；后者是在使大家于诗，小说，戏剧而外，更注意到朗诵诗，街头剧，及报告文学等新体裁。

但是，这种文艺通俗运动的结果，与其说是文艺真深入了民间与军队，倒不如说是文艺本身得到新的力量，并且产生了新的风格。文艺工作者只能负讨论，试作，与倡导的责任，而无法自己把作品送到民间与军队中去。这需要很大的经费与政治力量，而文艺家自己既找不到经费，又没有政治力量。这样，文艺家想到民间去，军队中去，都无从找到道路，也就只好写出民众读物，在报纸上刊物上发表发表而已。这是很可惜，与无可如何的事。

虽然我的一篇《抗战一年》鼓词，在"七七"周年纪念日，散发了一万多份；虽然何容与老向先生编的《抗到底》是专登载通俗文艺作品的刊物；虽然有人试将新写的通俗文艺也用木板刻出，好和《孟姜女》与《叹五更》什么的放在一处去卖；虽然不久教育部也设立了通俗读物编刊处；可是这个运动，在实施方面，总是枝枝节节没有风起云涌的现象。我知道，这些作品始终没有能到乡间与军队中去——谁出大量的金钱，一印就印五百万份？谁给它们运走？和准否大量的印，准否送到军民中间去？都没有解决。没有政治力量在它的后边，它只能成为一种文艺运动，一种没有什么实效的运动而已。[40]

会员郁达夫与盛成先生到前线去慰劳军队。归来，他们报告给大家：前线上连报纸都看不到，不要说文艺书籍了。士兵们无可如何，只好到老百姓家里去借《三国演义》，与《施公案》一类的闲书。听到了这个，大家更愿意马上写出一些通俗的读物，先印一二百万份送到前线去。我们确是愿意写，可是印刷的经费，与输送的办法呢？没有人能回答。于是，大家只好干着急，而想不出办法来。[41]

1. 郭沫若（1892—1978），原名郭开贞，字鼎堂，号尚武，笔名沫若、麦克昂、郭鼎堂等，四川乐山人。文学家、古文字学家、历史学家、新诗奠基人之一。1914年赴日本留学，1921年发表第一本新诗集《女神》。1949年，郭沫若当选为中华全国文学艺术界联合会主席，后担任中国科学院首任院长等职。其作品及著述合为《郭沫若全集》三十八卷。1938年在武汉和老舍相识，后又同在重庆为抗战文化尽力。1941年郭沫若五十寿辰暨创作二十五周年纪念时，老舍写《我所认识的郭沫若先生》和《参加郭沫若先生创作二十五周年有感》，赞美郭沫若的文艺成就和舍己取义、天真热忱的特点。1944年郭沫若与邵力子等文化界人士发起庆祝老舍创作生活二十周年纪念，并作五言古诗《民国三十三年春贺舍予兄创作廿周年》（后改题为"赠舒舍予"）和新诗《文章入冠》祝贺，高度赞扬老舍国家至上、肝胆照人的品格和"寸楷含幽默，片言振聩聋"的文风。二十世纪五十年代与老舍一起担任文化领导工作，私交甚密，多有旧体诗唱和。

2. 茅盾（1896—1981），原名沈德鸿，字雁冰，笔名茅盾、郎损、玄珠、方璧等，浙江桐乡人。作家、文学评论家、社会文化活动家。小说代表作有《子夜》《春蚕》等，其著述辑为《茅盾全集》四十卷。茅盾出生在一个思想观念颇新的家庭，从小接受新式教育，后考入北京大学预科。毕业后入商务印书馆工作，走上了改革中国文艺的道路，是文学研究会的重要成员、社会剖析派小说的代表作家。1934年夏茅盾于郑振铎处与老舍相识，抗战时重逢于武汉，共同发起筹备成立中华全国文艺界抗敌协会。1944年茅盾与郭沫若等发起纪念老舍创作生活二十周年活动，撰文《光辉工作二十年的老舍先生》。1945年重庆文艺界庆祝茅盾五十寿辰和创作生活二十五周年时，老舍写祝贺信在大会上宣读，并撰文《给茅盾兄祝寿》，赞扬"在五四时代，他就是最努力，而且是最成功的领导者"的巨大贡献和为文艺事业不辞劳苦的崇高精神。新中国成立后二人共同担负文联、作协的领导工作。

3. 胡风（1902—1985），原名张光人，笔名谷非、高荒、张果等。湖北蕲春人。

文艺理论家、诗人、文学翻译家。1926 年入清华大学英文系，开始新诗创作。1929 年秋赴日本留学，参加日本反战同盟和日本共产党。1933 年因抗日被驱逐回国。在上海参加中国左翼作家联盟，先后任"左联"宣传部长、行政书记，与鲁迅有密切交往，鲁迅逝世后为整理出版鲁迅遗著做了大量工作。抗战爆发后在武汉与老舍相识，1938 年春当选中华全国文艺界抗敌协会常务理事兼研究部副主任（后任主任），"文协"成立后他们常就会务问题通信。1938 年底经老舍介绍任教复旦大学。1942 年在桂林时曾写作《乱离草（呈舍予兄）》。1944 年在"文协"第六届年会和祝贺老舍创作二十周年的时候他在《我与老舍》的发言中高度评价老舍为人的真诚和创作的勤奋。老舍视他亲同骨肉。1949 年底老舍从美国回北京，他亲自到车站迎接。1949 年起任中国文联委员、中国作家协会理事。其间写有抒情长诗《时间开始了》、特写集《和新人物在一起》、杂文短记《从源头到洪流》等。1953－1954 年，任《人民文学》编委、中国作家协会主席团成员。

4. 冯乃超（1901－1983），字绍基，笔名冯子韬、马公超、李易水。广东南海人，革命活动家、教育家、诗人、作家、文艺评论家和翻译家。著有诗集《红纱灯》等，译有日本芥川龙之介小说。1938 年参与筹备中华全国文艺界抗敌协会并当选常务理事，参加《抗战文艺》编辑工作，与老舍共事。武汉沦陷后到重庆。1949 年 7 月参加首届文代会，当选为文联理事并任组织联络部副部长。

5. 艾芜（1904－1992），原名汤道耕，四川新繁人，作家。开始写作时，受胡适"人要爱大我（社会）也要爱小我（自己）"主张影响，取名"爱吾"，后衍变为"艾芜"。抗战爆发去武汉，参加了"文协"并当选候补理事，与老舍相识。1939 年春到桂林，任文协桂林分会理事。抗战胜利后曾在重庆大学中文系任教。新中国成立后曾任重庆市文化局局长等职。1953 年至北京任中华全国文学工作者协会（1947 年成立于北平，为中国作家协会的前身）驻会专业作家。其后常与老舍一起出席各种会议。1965 年全家搬回成都。

6. 王鲁彦（1901－1944），原名王衡，笔名鲁彦，浙江镇海人，作家。作品有小说集《柚子》《黄金》《童年的悲哀》，散文集《驴子与骡子》《旅人的心》，长篇小说《野火》《香草》等。1923 年加入文学研究会，开始创作和翻译。先后在湖南、厦门等地做过教员、编辑。1938 年初为《抗战日报》编副刊，不久到武汉军委会政治部任职，参加筹备中华全国文艺界抗敌协会，与老舍结识。武汉撤退后到桂林，1942 年主编《文艺杂志》，创刊号上发表了老舍剧作《大地龙蛇》。

7. 阳翰笙（1902-1993），原名欧阳本义，字继修，笔名华汉等，祖籍湖南安仁，生于四川高县，作家、戏剧家。著有《中国海的怒潮》《逃亡》《生之哀歌》《生死同心》《夜奔》《草莽英雄》等。抗日战争期间曾任国民政府军事委员会政治部第三厅主任秘书等职。1949 年以后曾任中国文联副主席等职。与老舍是几十年的老朋友，曾一起参与发起"文协"并担任理事和常务理事。1940 年 1 月老舍的《国家至上》脱稿后，由于他的热心帮忙得以顺利演出。1944 年老舍创作二十周年纪念，他在《新蜀报》上发表《一封向老舍先生致贺的信》，盛赞老舍"艰撑着这面大旗"（指"文协"）。

8. 宋之的（1914-1956），原名宋汝昭，河北丰润人，戏剧家、散文家。创作剧本有《罪犯》《祖国在召唤》《春寒》《雾重庆》等。抗战爆发后，与马彦祥率上海救亡演剧一队赴战地进行演剧宣传，后赴重庆、香港等地，曾参与组织上海业余剧人协会、旅港剧人协会、中国艺术剧社等戏剧团体。解放后任总政治部文艺处处长，主编《解放军文艺》。抗战期间与老舍结下深厚的友谊。1940 年与老舍合著话剧《国家至上》，大获成功。1943 年其作品《祖国在召唤》公演时，老舍撰文《祝贺中国艺术剧社首次公演》。

9. 以上节选自《八方风雨》，《老舍全集》（第十四卷），北京：人民文学出版社，2013 年，第 387-388 页。

10. 楼适夷（1905-2001），原名楼锡春，作家、翻译家、出版家，浙江余姚人。早年参加太阳社，曾留学日本，1931 年回国，从事"左联"和"文总"（中国左翼文化总同盟的简称）的党团工作，任《前哨》编辑，后参加反帝同盟，在中共江苏省委工作，曾任中华全国文艺界抗敌协会理事，《抗战文艺》及《文艺阵地》编辑、代理主编等职。新中国成立后曾任人民文学出版社副总编辑等职。抗战中与老舍相识，曾在千户街与初到武汉的老舍同住一个月"朝夕相处无话不谈"（《忆老舍》），抗战中两人一起为"文协"而努力，新中国成立后任职人民文学出版社的他与老舍也交往频繁。

11. 王平陵（1896-1964），本名王仰嵩，字平陵，笔名有西泠、史痕、秋涛等，江苏溧阳人。小说家、散文家、新闻界人士，著有《狮子吼》《茫茫夜》等。主编《时事新报》副刊《学灯》等。提倡"民族主义文学"，主编《文艺月刊》以和右翼文学运动对抗。1938 年参与发起成立中华全国文艺界抗敌协会，当选为常务理事、组织部主任，与老舍共事。《文艺月刊》改名《文艺月刊战时特刊》继续出版，曾发表老舍的《残雾》等作品。1949 年 11 月去台湾，后赴菲律宾讲学，1964 年病逝于台湾。

12. 华林（1889-1981），散文家，浙江长兴人。主要作品有《枯叶集》《求索》等。早年留法，回国后历任杭州艺专、新华艺专、武昌艺专教授。1938年在武汉参与发起中华全国文艺界抗敌协会，被推为总务部副主任，与老舍长年共事。1945年初骆宾基、丰村被捕，老舍推派其与姚蓬子等人奔走营救。1946年2月出席"文协"上海分会欢送老舍、曹禺赴美讲学大会并发言。

13. 丰子恺（1898-1975），原名丰润，字子恺，浙江崇德石门湾人。画家、散文家、美术教育家、音乐教育家、漫画家、书法家和翻译家，是一位多方面卓有成就的文艺大师。著有《缘缘堂随笔》《八年乱离草》等。绘画作品有《子恺画集》等。早年曾从李叔同学习绘画、音乐，深受其佛学思想影响。"五四"后，开始进行漫画创作。早期漫画作品多取自现实题材，带有"温情的讽刺"。二十世纪五十年代后曾任中国美术家协会常务理事、美协上海分会主席、上海中国画院院长。丰子恺的漫画风格独特，内涵深刻，耐人寻味，深受人们喜爱。曾应约为"文协"设计了会徽及会员证。

14. 宋云彬（1897-1979），别名宋佩平，曾用笔名宋佩韦，著名文史学者、杂文家、民主人士，浙江海宁人。代表作品有《东汉之宗教》《王守仁与宋明理学》《明文学史》等。二十世纪三十年代任开明书店编辑，主持编辑校订大型辞书《辞通》，主编过《中学生》杂志。抗战初与老舍在武汉结识，服务抗战文艺。战时在桂林参与创办文化供应社，编辑《野草》杂志。战后到重庆主编民盟刊物《民主生活》。1949年到北京，参加教科书审查工作。1952年回浙江任文联主席、省文史馆馆长。

15. 钟天心（1903-1987），字汝中，广东五华人。毕业于南开中学、北京大学。曾任广州市政府秘书等职。抗日战争时期，公职之外创办《再生》《生力》《民主世界》等刊物。1949年初被国民党政府指派为国共和谈的五位代表之一，但未参加。旋迁居香港，任大学教授。1958年去台湾，1973年赴美国定居。

16. 郁达夫（1896-1945），原名郁文，字达夫，浙江富阳人。著名小说家、散文家、诗人。作品以小说和散文最为著称，风格独特。代表作有《沉沦》《银灰色的死》《采石矶》《春风沉醉的晚上》等。短篇小说集《沉沦》问世时产生很大影响。留学日本，1921年与郭沫若、田汉、成仿吾、张资平等人成立创造社。1938年在武汉"文协"成立大会上当选为"文协"理事，任研究部主任，力主老舍任总务主任。赴香港、新加坡等地宣传抗战，在华侨中筹集捐款汇寄老舍。

17. 邵力子（1882-1967），原名邵景泰，字仲辉，号凤寿，浙江绍兴人。中国近代著名政治活动家、教育家。早年加入同盟会，并与柳亚子发起组织南社，提倡革新文学。1921 年加入上海共产主义小组，同年加入中国共产党，主张国共合作，曾任国民党中宣部部长。抗战中关心抗战文艺事业，支持中华全国文艺界抗敌协会的工作，任"文协"成立大会总主席并被选为常务理事。在重庆时，也经常出席"文协"的各种活动，与老舍交往甚多。1949 年国民党政府拒绝签订和平协定后，脱离国民党政府。

18．方治（1896-1989），字希孔，安徽桐城人，桐城派，方苞后人。早年在桐城中学受到了良好的新式教育，并打下了中国传统文化的基础。曾任国民党中央宣传部副部长等要职。1949 年退居台湾。

19．鹿地亘（1903-1982），日本进步作家，本名濑口贡，东京帝国大学毕业，1933 年被选为无产阶级作家联盟成员，为日本无产阶级作家联盟负责人之一。九一八事变后，他发表反战言论，因而受到日本军国主义的迫害。1935 年流亡到中国上海，与宋庆龄、鲁迅等都有往来。

20．卢冀野（1905-1951），原名卢正绅，字冀野，自号饮虹、小疏，笔名卢前，江苏南京人。戏曲史研究专家、散曲作家、剧作家、诗人。有新诗集《春雨》《绿帘》，小说集《三弦》，旧体诗集《梦蝶庵绝句》《卢冀野诗选》等，词集《中兴鼓吹》等，散曲集《饮虹乐府九卷》，剧曲有《饮虹五种》《楚凤烈传奇》等。主要论著有《何谓文学》《词曲研究》《中国散曲概论》《中国戏剧概论》《中国戏剧史大纲》《明清戏曲史》《八股文小史》等。曾受聘金陵大学、河南大学、暨南大学、光华大学、四川大学、中央大学等大学教授，讲授文学、戏剧。1943 年到重庆任《中华音府》编辑。1946 年任通志馆馆长。后主编《草书月刊》《南京小志》等。

21．老舍原诗："三月莺花黄鹤楼，骚人无复旧风流。忍听杨柳大堤曲，誓雪江山半壁仇。李杜光芒齐万丈，乾坤血泪共千秋。凯歌明日春潮急，洗笔携来东海头。"原载 1938 年 3 月 26 日《文艺战线》第二卷第一期"中华全国文艺界抗敌协会成立纪念特辑"。

22．穆木天（1900-1971），原名穆敬熙，吉林伊通人。象征派诗人的代表，有诗集《旅心》《流亡者之歌》《新的旅途》等。文学翻译家，译有《欧也尼·葛朗台》《幻灭》《王尔德童话》《惩罚》《冰雪老人》等，编写过《法国文学史》。历任桂林师范学院、同济大学、暨南大学、复旦大学、东北师范大学、北京师范大学教授。在武汉"文协"工作中与老舍相识，以后多有交往。

23．蒋锡金（1915-2003），曾用名有蒋镛、金锡包等，笔名有锡金、长庚、蒋青嶂等，江苏宜兴人。著名诗人、作家，有剧本《台儿庄》（与王莹合著）、《横山镇》，诗集《黄昏星》等。抗战爆发后与老舍相识，曾一同参与中华全国文艺界抗敌协会的筹备工作，经老舍提议，与楼适夷、姚蓬子等主持"文协"会刊《抗战文艺》的日常编务工作。

24．宋元（1917-　），原名宋得一，曾用笔名紫墟，湖南湘阴人，现代女小说家。主要作品有诗集《三八颂》《誓言》《一场喜剧》，儿童歌剧《花儿朵朵开》和美术电影故事片《夸口的青蛙》《野外的遭遇》《打猪记》等。1936年高中毕业，进半工半读大学，并短时期参加《武汉文艺》社。抗日战争爆发后，参加由老舍主持的中华全国文艺界抗敌协会，并在赈济委员会、妇女辅导学院、善后救济总署工作。新中国成立后先后任职于文化部电影局、上海电影制片厂、江苏省文化局等。

25．盛成（1899-1997），江苏仪征人，作家、诗人、翻译家、语言学家。著有自传体小说《我的母亲》，法文诗集《狂年吼》《秋心的美人》，论著有《唐代美术》《温庭筠研究》《马来语系与中国古代语言文字的关系》《中国人名、地名与马来语义的关系》等。少年时代即加入同盟会，参加辛亥革命和五四运动。后赴法勤工俭学。1927年任教于巴黎大学。1928年以法文著作《我的母亲》轰动欧洲，同年加入法国文人（作家）协会。1930年回国。1931年起先后任北京大学、广西大学、中山大学教授。抗战爆发后，曾与胡愈之等组织上海市各界救亡协会，任国际宣传委员会总干事。其后去武汉，参与中华全国文艺界抗敌协会的筹备工作，与老舍相识并被选为常务理事。

26．孙师毅（1904-1966），笔名施谊，生于江西南昌，电影导演、作家。代表作品有《新女性》《开路先锋歌》和《大路歌》。1926年起从事影剧活动。1938年，在武汉参加周恩来领导的军事委员会政治部第三厅工作，参加中华全国文艺界抗敌协会的筹备工作。第三厅改组为文化工作委员会时任委员，在重庆导演话剧《大雷雨》《夜店》。1949-1951年，在香港任《文汇报》总编辑。1957年回到北京。1958年调文化部参加中国电影资料馆的筹建工作，任顾问。

27．以上节选自《记"文协"成立大会》，《老舍全集》（第十四卷），北京：人民文学出版社，2013年，第142-147页。

28．张善子（1882-1940），名泽，字善，一作善子，又作善之，号虎痴，四川内江人，画家。早年曾与其弟张大千一起东渡日本学画。回国后任上海美术专科学校教授，并与黄宾虹等组织烂漫社。擅画走兽、山水、花卉，尤以画虎著称。抗战初期至武汉，激于爱国热忱，曾主动要求参加中华全国文艺界抗敌协会，被破例吸收入会。为老舍画过黑虎扇面。

29. 据参会的胡绍轩理事晚年回忆，此人是郁达夫，他当时说："各部主任都是大家推选的，选定了就应该接受。老舍先生的总务部主任，他不干；我的研究部主任也不干，我的态度也是很坚决的。好吧，今天焕章先生请吃饭，这顿饭是要叨扰的，吃完饭我们就散伙。"郁达夫的这着棋很妙，老舍被他将了一军，也只好笑而不语了。

30. 以上节选自《八方风雨》，《老舍全集》（第十四卷），北京：人民文学出版社，2013年，第388-389页。一般中国现代文学史对"文协"的叙述言之不详，而不分党派地记叙文化人活动，此后也甚少，这里可立此存照。

31. 老舍之贡献于"文协"，可以说没有老舍就没有"文协"。此文是老舍为"文协"成立七周年所作的总结。此外，老舍还作有《会务报告》等多篇，都是关于"文协"的珍贵史料。

32. 1938年7月30日，因武汉形势吃紧，老舍与何容、老向等携带"文协"总会印鉴，乘船离开武汉入川。8月14日，到达重庆。

33. 抗战爆发后，华北、华中、华南等经济发达地区相继沦陷，中国损失了绝大部分工业，以及半数以上的农业。至1942年滇缅公路被日军切断，几乎丧失了所有对外交通通道。1944年的进口量仅为1937年总进口量的6%。供需失衡之外，市面流通的法币剧增。七七事变前的法币发行总额为14亿元，至1939年4月翻了一番，达28亿元，1941年底增至151亿元，1944年底为1894亿元，到抗战结束时的1945年8月，法币发行额已是5569亿元。八年间，法币数量增加了400倍。物价翻了1800倍。

34. 以上节选自《"文协"七岁》，《老舍全集》（第十八卷），北京：人民文学出版社，2013年，第334-335页。

35. 该刊的刊期、出版地点、执编人员屡有变动：在汉口出版期间为三日刊、周刊，楼适夷、姚蓬子、蒋锡金、孔罗荪等执编。武汉沦陷前夕出版的《武汉特刊》，由冯乃超、罗荪、叶以群、戈宝权编辑。1938年10月8日，《抗战文艺》迁往重庆继续出版，始为周刊，后改半月刊、月刊。由老舍、姚蓬子执编，孔罗荪曾一度参与编辑。1946年5月4日出至第10卷第6期终刊。共计出版72期。《武汉特刊》

共出 4 期。另有《文协成立五周年纪念特刊》《文协成立七周年并庆祝第一届文艺节纪念特刊》各一册。《抗战文艺》是贯穿抗战时期始终的唯一的全国性大型文艺刊物。

36．姚蓬子（1891－1969），原名姚方仁，后改名姚杉尊，笔名丁爱、姚梦生等，浙江诸暨人，姚文元之父。1930 年参加中国左翼作家联盟。1931 年在上海主编《文艺生活》月刊。1938 年参加中华全国文艺界抗敌协会，因在"文协"工作与老舍往来频繁。1945 年，抗战胜利，迁作家书屋至上海继续营业。1955 年后以译著和写作为生。1963 年任教于上海师范学院中文系。

37．孔罗荪（1912－1996），原名孔繁衍，笔名叶知秋、罗荪，上海人。1928 年开始发表作品。1930 年肄业于哈尔滨政法大学。历任《国际协报》副刊《蓓蕾》《紫线》及《战斗》旬刊主编。参与发起成立中华全国文艺抗敌协会，任理事兼出版部副部长。在二十世纪三四十年代的"文协"工作与五六十年代的"作协"工作中，与老舍时相过从。五十年代起在南京、上海文联等机构任职，后任《文艺报》主编，中国作家协会书记处常务书记。

38．这里的"土纸"是指川纸。抗战中，因陇海路不通，西北各地只能用川纸。其制作纯系土法，未加改良，纸面毛糙。

39．一般文学史对不同区域的抗战文艺活动的描述是不大均衡的，对解放区、国统区、沦陷区的叙述重点及篇幅的安排还没有注意到《抗战文艺》的文献价值，因而老舍的总结有不可忽略的价值。

40．在当时，没有政治力量的支持，文艺就无法真正下乡入伍，这就是和延安的为工农兵服务的本质区别。老舍作为主事者的无奈感受，反转过来会觉得二十世纪五十年代的政治力量对文艺的支持的难得，所以他的文艺配合政治，有个人与历史的逻辑。

41．以上节选自《八方风雨》，《老舍全集》（第十四卷），北京：人民大学出版社，2013 年，第 389－392 页。

第五节 "入"川

一、空袭

在武汉，我们都不大知道怕空袭。遇到夜袭，我们必定"登高一望"。探照灯把黑暗划开，几条银光在天上寻找。找到了，它们交叉在一处，照住那银亮的，几乎是透明的敌机。而后，红的黄的曳光弹打上去，高射炮紧跟着开了火。有声有色，真是壮观。

四月二十九与五月三十一日的两次大空战，我们都在高处看望。看着敌机被我机打伤，曳着黑烟逃窜，走着走着，一团红光，敌机打几个翻身，落了下去；有多么兴奋，痛快呀！一架敌机差不多就在我们的头上，被我们两架驱逐机截住，它就好像要孵窝的母鸡似的，有人捉它，它就爬下不动那样，老老实实的被击落。

可是，一进七月，空袭更凶了，而且没有了空战。在我的住处，有一个地洞，横着竖着，上下与四壁都用木柱密密的撑住，顶上堆着沙包。有一天，也就是下午两三点钟吧，空袭，我们入了这个地洞。敌机到了。一阵风，我们听到了飞沙走石；紧跟着，我们的洞就像一只小盒子被个巨人提起来，紧紧的乱摇似的，使我们眩晕。离洞有三丈吧，落了颗五百磅的炸弹，碎片打过来，把院中的一口大水缸打得粉碎。我们门外的一排贫民住房都被打垮，马路上还有两个大的弹坑。

我们没被打死，可是知道害怕了。再有空袭，我们就跑过铁路，到野地的

171

荒草中藏起去。天热，草厚，没有风，等空袭解除了，我的袜子都被汗湿透。

不久，冯先生把我们送到汉口去。武昌已经被炸得不像样子了。千家街的福音堂中了两次弹。蛇山的山坡与山脚死了许多人。

二、别武汉

因为我是"文协"的总务主任，我想非到万不得已不离开汉口。我们还时常在友人家里开晚会，十回倒有八回遇上空袭，我们煮一壶茶，灭去灯光，在黑暗中一直谈到空袭解除。邵先生劝我们快走，他的理由是："到了最紧急的时候，你们恐怕就弄不到船位，想走也走不脱了！"

这样，在七月三十日，我，何容，老向，与肖伯青[1]（"文协"的干事），便带着"文协"的印鉴与零碎东西，辞别了武汉。只有友人白君和冯先生派来的副官，来送行。

船是一家中国的公司的，可插着意大利旗子。这是条设备齐全，而一切设备都不负责任的船。舱门有门轴，而关不上门；电扇不会转；衣钩掉了半截；什么东西都有，而全无用处。开水是在大木桶里。我亲眼看见一位江北娘姨把洗脚水用完，又倒在开水桶里！我开始拉痢。

一位军人，带着紧要公文，要在城陵矶下船。船上不答应在那里停泊。他耽误了军机，就碰死在绕锚绳的铁柱上！

船只到宜昌。我们下了旅馆。我继续拉痢。天天有空袭。在这里，等船的人很多，所以很热闹——是热闹，不是紧张。中国人仿佛不会紧张。这也许就是日本人侵华失败的原因之一吧？日本人不懂得中国人的"从容不迫"的道理。

我们求一位黄老翁给我们买票。他是一位极诚实坦白的人，在民生公司作事多年。他极愿帮我们的忙，可是连他也不住的抓脑袋。人多船少，他没法子临时给我们赶造出一只船来。等了一个星期，他算是给我们买了铺位——在甲板上。

我们不挑剔地方，只要不叫我们浮着水走就好。

仿佛全宜昌的人都上了船似的。不要说甲板上，连烟囱下面还有几十个难童呢。开饭，昼夜的开饭。茶役端着饭穿梭似的走，把脚上的泥垢全印在我们的被上枕上。我必须到厕所去，但是在夜间三点钟，厕所外边还站着一排候补员呢！

三峡有多么值得看哪。可是，看不见。人太多了，若是都拥到船头上去观景，船必会插在江里，永远不再抬头。我只能侧目看下面，看到人头——头发很黑——在水里打旋儿。

三、重庆

八月十四，我们到了重庆。上了岸，我们一直奔了青年会去。会中的黄次咸[2]与宋杰人[3]两先生都欢迎我们，可是怎奈宿舍已告客满。这时候重庆已经来了许多公务人员和避难的人，旅馆都有人满之患。青年会宿舍呢，地方清静，床铺上没有臭虫，房价便宜，而且有已经打好了的地下防空洞，所以永远客满。我们下决心不去另找住处。我们知道，在会里——那怕是地板呢——作候补，是最牢靠的办法。黄先生们想出来了一个办法，教我们暂住在机器房内。这是个收拾会中的器具的小机器房，很黑，响声很大。

天气还很热。重庆的热是出名的。我永远没睡过凉席，现在我没法不去买一张了。睡在凉席上，照旧汗出如雨。墙，桌椅，到处是烫的；人仿佛是在炉里。只有在一早四五点钟的时候，稍微凉一下，其余的时间全是在热气团里。城中树少而坡多，顶着毒花花的太阳，一会儿一爬坡，实在不是好玩的。

四川的东西可真便宜，一角钱买十个很大的烧饼，一个铜板买一束鲜桂圆。好吧，天虽热，而物价低，生活容易，我们的心中凉爽了一点。在青年会的小食堂里，我们花一二十个铜板就可以吃饱一顿。

"文协"的会友慢慢的都来到，我们在临江门租到了会所，开始办公。

我们的计划对了。不久，我们便由机器房里移到楼下一间光线不很好的屋里去。过些日子，又移到对门光线较好的一间屋中。最后，我们升到楼上去，屋子宽，光线好，开窗便看见大江与南山。何容先生与我各据一床。他编《抗到底》，我写我的文章。他每天是午前十一点左右才起来。我呢，到十一点左右已写完我一天该写的一二千字。写完，我去吃午饭。等我吃过午饭回来，他也出去吃东西，我正好睡午觉。晚饭，我们俩在一块儿吃。晚间，我睡得很早，他开始工作，一直到深夜。我们，这样，虽分住一间屋子，可是谁也不妨碍谁。赶到我们偶然都喝醉了的时候，才忘了这互不侵犯协定，而一齐吵嚷一回。

我开始正式的去和富少舫先生学大鼓书。好几个月，才学会了一段《白帝城》，腔调都摹拟刘（宝全）派。学会了这么几句，写鼓词就略有把握了。几年中，我写了许多段，可是只有几段被富先生们采用了：

> 《新拴娃娃》（内容是救济难童），富先生唱。
> 《文盲自叹》（内容是扫除文盲），富先生唱。
> 《陪都巡礼》（内容是赞美重庆），富贵花小姐唱。
> 《王小赶驴》（内容是乡民抗敌），董莲枝女士唱。

以上四段，时常在陪都演唱。我也开始写旧剧剧本——用旧剧的形式写抗战的故事。

这时候，我还为《抗到底》写长篇小说——《蜕》[4]。这篇东西没能写完。《抗到底》后来停刊了，我就没再往下写。

转过年来，二十八年之春，我开始学写话剧剧本。对戏剧，我是十成十的外行，根本不晓得小说与剧本有什么分别。不过，和戏剧界的朋友有了来往，看他们写剧，导剧，演剧，很好玩，我也就见猎心喜，决定瞎碰一碰。好在，什么事情莫不是由试验而走到成功呢。我开始写《残雾》[5]。

五三、五四敌机狂炸重庆。投的是燃烧弹——不为炸军事目标，而是蓄意要毁灭重庆，造成恐怖。

前几天，我在公共防空洞里几乎憋死。人多，天热，空袭的时间长，洞中的空气不够用了。五三、五四我可是都在青年会里，所以没受到什么委屈。五四最糟，警报器因发生障碍，不十分响；没有人准知道是否有了空袭，所以敌机到了头上，人们还在街上游逛呢。火，四面八方全是火，人死得很多。我在夜里跑到冯先生那里去，因为青年会附近全是火场，我怕被火围住。彻夜，人们像流水一般，往城外搬。

经过这个大难，"文协"会所暂时移到南温泉去，和张恨水[6]先生为邻。我也去住了几天。[7]

四、友人与作家书屋[8]

吴组缃[9]先生的猪

从青木关到歌乐山一带，在我所认识的文友中要算吴组缃先生最为阔绰。他养着一口小花猪。据说，这小动物的身价，值六百元！

每次我去访组缃先生，必附带的向小花猪致敬，因为我与组缃先生核计过了：假若他与我共同登广告卖身，大概也不会有人出六百元来买！

有一天，我又到吴宅去。给小江——组缃先生的少爷——买了几个比醋还酸的桃子。拿着点东西，好搭讪着骗顿饭吃，否则就太不好意思了。一进门，我看见吴太太的脸比晚日还红。我心里一想，便想到了小花猪。假若小花猪丢了，或是出了别的毛病，组缃先生的阔绰便马上不存在了！一打听，果然是为了小花猪：它已绝食一天了。我很着急，急中生智，主张给它点奎宁吃，恐怕是打摆子。大家都不赞同我的主张。我又建议把它抱到床上盖上被子睡一觉，出点汗也许就好了；焉知道不是感冒呢？这年月的猪比人还娇贵呀！大家还是不赞成。后来，把猪医生请来了。我颇兴奋，要看看猪怎么吃药。猪医生把一些草药包在竹筒的大厚皮儿里，使小花猪横衔着，两头儿向后束在脖子上：这样，药味与药汁便慢慢走入里边去。把药包儿束好，小花猪的口中好像生了两个翅膀，倒并不难看。

虽然吴宅有些骚动，我还是在那里吃了午饭——自然稍微的有点不得劲儿！

过了两天，我又去看小花猪——这回是专程探病，绝不为看别人；我知道现在猪的价值有多大！小花猪的口中已无那个药包，而且也吃点东西了。大家都很高兴，我就又就棍打腿的骗了顿饭吃，并且提出声明：到冬天，得分给我几斤腊肉。组缃先生与太太没加任何考虑便答应了。吴太太说："几斤？十斤也行！想想看，那天它要是一病不起……"大家听罢，都出了冷汗！

马宗融[10]先生的时间观念

马宗融先生的表大概是，我想是一个装饰品。无论约他开会，还是吃饭，他总迟到一个多钟头，他的表并不慢。

来重庆，他多半是住在白象街的作家书屋。有的说也罢，没的说也罢，他总要谈到夜里两三点钟。假若不是别人都困得不出一声了，他还想不起上床去。有人陪着他谈，他能一直坐到第二天夜里两点钟。表、月亮、太阳，都不能引起他注意到时间。

比如说吧，下午三点他须到观音岩去开会，到两点半他还毫无动静。"宗融兄，不是三点，有会吗？该走了吧？"有人这样提醒他，他马上去戴上帽子，提起那茶碗口粗的木棒，向外走。"七点吃饭。早回来呀！"大家告诉他。他回答声"一定回来"，便匆匆地走出去。

到三点的时候，你若出去，你会看见马宗融先生在门口与一位老太婆，或是两个小学生，谈话儿呢！即使不是这样，他在五点以前也不会走到观音岩。路上每遇到一位熟人，便要谈，至少，十分钟的话。若遇上打架吵嘴的，他得过去解劝，还许把别人劝开，而他与另一位劝架的打起来！遇上某处起火，他得帮着去救。有人追赶扒手，他必然的加入，非捉到不可。看见某种新东西，他得过去问问价钱，不管买与不买。看到戏报子，马上他去借电话，问还有票没有……这样，他从白象街到观音岩，可以走一天，幸而他记得开会那件事，所以只走两三个钟头！到了开会的地方，即使大家已经散了会，他也得坐两点钟，他跟谁都谈得来，都谈得有趣，很亲切，很细腻。有人刚买一条绳子，他马上拿过来练习跳绳——五十岁了啊！

七点，他想起来回白象街吃饭，归路上，又照样的劝架，救火，追贼，问物价，打电话……至早，他在八点半左右走到目的地。满头大汗，三步当作两步走的。他走了进来，饭早已开过了。

所以，我们与友人定约会的时候，若说随便什么时间，早晨也好，晚上也好，反正我一天不出门，你哪时来也可以，我们便说"马宗融的时间吧"！

姚蓬子先生的砚台

作家书屋是个神秘的地方，不信你交到那里一份文稿，而三五日后再亲自去索回，你就必定不说我扯谎了。

讲到书屋，十之八九你找不到书屋的主人——姚蓬子先生。他不定在哪里藏着呢。他的被褥是稿子，他的枕头是稿子，他的桌上、椅上、窗台上……全是稿子。简单的说吧，他被稿子埋起来了。当你要稿子的时候，你可以看见一个奇迹。假如说尊稿是十张纸写的吧，书屋主人会由枕头底下翻出两张，由裤袋里掏出三张，书架里找出两张，窗子上揭下一张，还欠两张。你别忙，他会由老鼠洞里拉出那两张，一点也不少！

单说蓬子先生的那块砚台，也足够惊人了！那是块是无法形容的石砚。不圆不方，有许多角儿，有任何角度。有一点沿儿，豁口甚多，底子最奇，四周翘起，中间的一点凸出，如元宝之背，它会像陀螺似的在桌子上乱转，还会一头高一头低地倾斜，如浪中之船。我老以为孙悟空就是由这块石头跳出去的！

到磨墨的时候，它会由桌子这一端滚到那一端，而且响如快跑的马车。我每晚十时必就寝，而对门儿书屋的主人要办事办到天亮。从十时到天亮，他至少研十次墨，一次比一次响——到夜最静的时候，大概连南岸都感到一点震动。从我到白象街起，我没做过一个好梦，刚一入梦，砚台来了一阵雷雨，梦为之断。在夏天，砚一响，我就起来拿臭虫。冬天可就不好办，只好咳嗽几声，使之闻之。

现在，我已交给作家书屋一本书，等得到出版，我必定破费几十元，送给书屋主人一块平底的，不出声的砚台！

何容先生的戒烟

首先要声明：这里所说的烟是香烟，不是鸦片。

从武汉到重庆，我老同何容先生在一间屋子里，一直到前年八月间。在武汉的时候，我们都吸"大前门"或"使馆"牌；小大"英"似乎都不够味儿。到了重庆，小大"英"似乎变了质，越来越"够"味儿了，"前门"与"使馆"倒仿佛没了什么意思。慢慢的，"刀"牌与"哈德门"又变成我们的朋友，而与小大"英"，不管是谁的主动吧，好像冷淡得日悬一日，不久，"刀"牌与"哈德门"又与我们发生了意见，差不多要绝交的样子。何容先生就决心戒烟！

在他戒烟之前，我已声明过："先上吊，后戒烟！"本来吗，"弃妇抛雏"的流亡在外，吃不敢进大三元，喝么也不过是清一色（黄酒贵，只好吃点白干），女友不敢去交，男友一律是穷光蛋，住是二人一室，睡是臭虫满床，再不吸两枝香烟，还活着干吗？可是，一看何容先生戒烟，我到底受了感动，既觉自己无勇，又钦佩他的伟大；所以，他在屋里，我几乎不敢动手取烟！以免动摇他的坚决！

何容先生那天睡了十六个钟头，一枝烟没吸！醒来，已是黄昏，他便独自走出去。我没敢陪他出去，怕不留神递给他一枝烟，破了戒！掌灯之后，他回来了，满面红光，含着笑的，从口袋中掏出一包土产卷烟来。"你尝尝这个，"他客气地让我，"才一个铜板一枝！有这个，似乎就不必戒烟了！没有必要！"把烟接过来，我没敢说什么，怕伤了他的尊严。面对面的，把烟燃上，我俩细细地欣赏。头一口就惊人，冒的是黄烟，我以为他误把爆竹买来了！听了一会儿，还好，并没有爆炸，就放胆继续地吸。吸了不到四五口，我看见蚊子都争着向外边飞，我很高兴。既吸烟，又驱蚊，太可贵了！再吸几口之后，墙上又发现了臭虫，大概也要搬家，我更高兴了！吸到了半枝，何容先生与我也跑出去了，他低声地说："看样子，还得戒烟！"

何容先生二次戒烟，有半天之久。当天的下午，他买来了烟斗与烟叶。"几毛钱的烟叶，够吃三四天的，何必一定戒烟呢！"他说。吸了几天的烟斗，他发现了：（一）不便携带；（二）不用力，抽不到；用力，烟油射在舌头上；（三）费洋火；（四）须天天收拾，麻烦！有此四弊，他就戒烟斗，而又吸上香烟了。"始作卷烟者。其无后乎！"他说。[11]

最近二年，何容先生不知戒了多少次烟了，而指头上始终是黄的。[12]

五、《残雾》[13] 与剑北行

（三九年）初夏，"文协"得到战地党政工作委员会的资助，派出去战地访问团，以王礼锡[14]先生为团长，宋之的先生为副团长，率领罗烽[15]，白朗[16]，葛一虹[17]等十来位先生，到华北战地去访问抗战将士。

同时，慰劳总会组织南北两慰劳团，函请"文协"派员参加。理事会决议：推举姚蓬子，陆晶清[18]两先生参加南团，我自己参加北团。[19]

文协为筹点款而想演戏。大家说，这次写个讽刺剧吧，换换口味。谁写呢？大家看我。并不是因为我会写剧本，而是因为或者我会讽刺。我觉得，第一，义不容辞；第二，拼命试写一次也不无好处。不晓得一位作家须要几分天才，几分功力。我只晓得努力必定没错。于是，我答应了半个月交出一本四幕剧来。虽然没写过剧本，可是听说过一个完好的剧本须要花两年的工夫写成。我要只用半个月，太不知好歹。不过，也有原因，文协愿将此剧在五月里演出，故非快不可。再说，有写剧与演戏经验的朋友们，如应云卫[20]、章泯[21]、宋之的、赵清阁[22]、周伯勋[23]诸先生都答应给我出主意，并改正。我就放大了胆，每天平均要写出三千多字来。"五四"大轰炸那天，我把它写完。[24]

人心慢慢的安定了，我回渝筹备慰劳团与访问团出发的事情。我买了两身灰布的中山装，准备远行。

"文协"当然不会给我盘缠钱，我便提了个小铺盖卷，带了自己的几块钱，北去远征。

在起身以前，《残雾》没加修改，便交王平陵先生去发表。我走了半年。等我回来，《残雾》已上演过了[25]，很成功。导演是马彦祥[26]先生，演员有舒绣文[27]，吴茵[28]，孙坚白[29]，周伯勋诸位先生。可惜，我没有看见。

慰劳团先到西安，而后绕过潼关，到洛阳。由洛阳到襄樊老河口，而后出武关再到西安。由西安奔兰州，到由兰州榆林，而后到青海，绥远，宁夏，兴集，一共走了五个多月，两万多里。

这次长征的所见所闻，都记在《剑北篇》里——一部没有写完，而且不大像样的，长诗。在陕州，我几乎被炸死。在兴集，我差一点被山洪冲了走。这些危险与兴奋，都记在《剑北篇》里。

六、《剑北篇》³⁰

二十八，二十九，三十，这三年，日本费尽心机，用各种花样来轰炸。

我在夏天可必须离开重庆，因为在防空洞里我没法子写作。于是，一到雾季过去，我就须预备下乡，而冯先生总派人来迎接："上我这儿来吧，城里没法子写东西呀！"二十九年夏天，我住在陈家桥冯公馆的花园里。园里只有两间茅屋，归我独住。屋外有很多的树木，树上时时有各种的鸟儿为我——也许为它们自己——唱歌。我在这里写《剑北篇》。[31]

我没有什么了不起的天才，但对文艺的各种形式都愿试一试。小说，试过了，没有什么惊人的成绩。话剧，在抗战中才敢试一试，全无是处。通俗的鼓词与剧本，也试写过一些，感到十分的难写，除了得到"俗更难"一点真经验与教训外，别无可述。现在，我又搬起分量最重的东西来了——诗！我作过旧诗，不怎么高明，可是觉得怪有趣，而且格式管束着，也并不很难凑起那么一首两首的。志在多多学习，现在我要作的是新诗。新诗可真难：没有格式管着，我写着写着便失去自信，不由的向自己发问，这是诗吗？其次，我要写得俗，而没有地方去找到那么多有诗意的俗字，于是一来二去就变成"旧诗新写"或"中菜西吃"了。还有，一方面我找不到够用的有诗意的俗字，另一方面在描写风景事物的时候我又不能把自幼儿种下的审美观念一扫而光；我不能强迫自己变成洋人，不但眼珠是绿的，而且把红花也看成绿花！最后，新诗要韵不要，本不成为问题；我自己这回可是决定要韵（事实上是"辙"），而且仿照比较严整的鼓词用韵的办法，每行都用韵，以求读诵时响亮好听。这简直是跟自己过不去！韵不难找，贵在自然，也不知怎么越要自然，便越费力气！

有上述的困难，本来已当知难而退；却偏不！不但不退，而且想写成一万行！扯下脸硬干并不算勇敢；再说，文艺贵精不贵多，臭的东西越多就越臭，我晓得。不过，我所要写的是游记，断非三言两语所能道尽，故须长到万行。这里，倒没有什么中国长诗甚少，故宜试作；或按照什么理论，非长不可；而纯粹出于要把长途旅行的见闻作成"有诗为证"。那么，也许有人要问：为什么不用散文写呢？回答是：行旅匆匆，未能作到每事必问，所以不敢一板一眼地细写。我所得的只是一些印象，以诗写出，或者较为合适。

时写时停，一年的功夫仅成廿七段，共三千行。所以余的材料，仅足再写十余段的，或可共得六千行。因句句有韵的关系，六千行中颇有长句，若拆散了从新排列，亦可足万行之数。

一九四一年春初，因贫血，患头昏病，一切工作都停顿下来。

头昏病好了以后，本想继续写诗，可是身体亏弱，写诗又极费力气，于是就含着泪把稿子放在一旁，不敢再正眼去看。停搁得久了心气越发壮不起来，乃终于落了个没有恒心毅力——一个写家须有像蚕一般的巧妙，吐出可以织成绸缎的丝来，同时，还须有和牛一样壮实的身体呀！到一九四一年年底，眼看把全诗写成是无望了，遂含羞带愧的把已成的廿八段交文奖会刊印成册。何时能将全诗补成，简直不敢说了！ [32]

1．即萧伯青（1902－1986），原名萧从方，字伯青，山东清平人，编辑。早年就读北京大学，与老向、何容同学。1930年老舍回国后与之结识，成为朋友。老舍与胡絜青结婚时，曾请萧伯青做伴郎。1938年至武汉，应老舍之邀，任刚成立的"文协"总务部驻会干事，在老舍的领导下从事"文协"的具体工作。8月，又随老舍将"文协"迁至重庆。1939年去万县做教员，同年秋至北碚国立编译馆工作，兼任"文协"北碚分会干事，直至抗战胜利。抗战后随机关复员至南京。解放后调至人民出版社工作，直至退休。这时与老舍也常有来往。1979年写有《老舍在武汉、重庆、北碚》一文，详述他和老舍的交往，记述了老舍在抗战中的为人与言行。

2．黄次咸（生卒时间不详），重庆青年会总干事、生活教育社监事、生活教育社生产基金及资金筹募委员会委员、生活教育社重庆分社理事长。

3．宋杰人（1910－1980），又名宋忠俊，四川成都人。毕业于成都华西协合大学哲学系。1935－1947年任重庆青年会主任干事。老舍1938年到重庆时相识、共事，1940年4月25日，老舍等人应冯玉祥之邀赴宴，并被聘为重庆青年会名誉董事。

4．《蜕》（未完成）在《抗到底》第4期（1939年2月16日）连载，至1939年3月16日第22期止。

5．话剧《残雾》1940年4月由商务印书馆出版。

6．张恨水（1895－1967），原名张心远，安徽潜山人。著名通俗小说家、报人。曾就读于南昌甲种农业学校、苏州蒙藏垦殖学堂，因经济困难辍学。十九岁出外谋生，开始小说创作，先后在《益世报》《申报》《世界日报》《世界晚报》供职。近半个世纪的写作生涯中，创作小说100多部，近2000万言，多数是中、长篇章回小说，长篇代表作《春明外史》《金粉世家》《啼笑因缘》《八十一梦》。还写有大量文艺散文和新闻性散文，加上3000首左右的诗词和一些剧本，全部作品在3000万字以上。抗战中曾与老舍为邻。老舍曾拟邀其一同参加北路慰劳团。1944年5月五十寿辰暨创作三十周年时，老舍在《一点点认识》中赞扬他"爱惜羽毛"，是个"可爱的朋友""真正的文人""真正的职业的写家"。抗战胜利后，曾任北平《新民报》经理。新中国成立后任文化部顾问。1957年12月曾参加《文艺报》组织的《茶馆》座谈会。1959年被聘为中央文史馆馆员，改编了许多民间故事和古典名著。

7. 以上节选自《八方风雨》，《老舍全集》（第十四卷），北京：人民文学出版社，2013年，第393—397页。

8. 这一组幽默散文，让战时的困苦与紧张得以松弛一下，中国作家写友情、脾性如此者，前所未有。

9. 吴组缃（1908-1994），原名吴祖襄，字仲华，安徽泾县人，作家，代表作品《一千八百担》，短篇小说集《西柳集》《饭余集》，长篇小说《山洪》。在芜湖五中念书时曾编辑学生会创办的文艺周刊《赭山》，并开始在《皖江日报》副刊发表诗文。1949年9月起，任清华大学中文系教授，中国作协理事、书记处书记，《人民文学》编委，《红楼梦》研究会会长等职。吴组缃于1933年在北京初识老舍，1938在武汉重逢。两人一起参加"文协"筹备工作，并共同起草"文协"成立宣言，又同被选为理事。在重庆，"常常一处同吃、同住、同工作、同游散，无话不谈"（吴组缃：《〈老舍幽默文集〉序》）。1940年，吴组缃写了《一味颂扬是不够的》，从暴露黑暗面也是"文艺最重要的任务之一"的角度肯定了老舍的话剧《残雾》的成就。同年又协助老舍进行《张自忠》的创作。1942年4月至7月，老舍移居陈家桥时"距吴组缃宅七里""往往相访，日暮始别"，也曾"携伞宅七里"。新中国成立后在北京，两人也常有来往。

10. 马宗融（1890-1949），四川成都市人，回族，翻译家、教授、回族文学研究的倡导者和先驱者。早年留学日本、法国。先后在上海复旦大学、广西大学任教。抗战时任四川大学、北碚复旦大学教授。抗战期间积极参加"文协"工作，并曾通过白崇禧组织回教救国协会，促进其与中华全国文艺界抗敌协会的联系。为此，重庆的清真寺和白崇禧所投资的百龄餐厅成为作家们的重要集会场所，纪念老舍从事创作二十周年大会即在百龄餐厅举行。马宗融倡议成立了回教文化研究会，邀老舍加入，马又以回教救国协会的名义邀请老舍和宋之的创作了话剧《国家至上》。老舍与马宗融相交甚厚。

11. 戏拟《孟子·梁惠王上》。

12. 以上节选自《四位先生》，《老舍全集》（第十五卷），北京：人民文学出版社，2013年，第373—377页。这当然是幽默文，更追求滑稽效果，也就是为幽默而幽默，专为夸张的笑。

13. 话剧《残雾》在《文艺月刊·战时特刊》第3卷第8期（1939年8月）开始连载，至第4卷第1期续完。

14. 王礼锡（1901－1939），原名王庶三，江西安福人。主要著作有诗集《市声草》《去国集》，散文《啜海外杂笔》《战时日记》等。早年就读于江西心远大学。1929年在上海组织神州国光社。这一时期写了许多诗，后结集为《市声草》。1933年去伦敦、巴黎等地考察、学习，写了许多散文和诗，收入《海外杂笔》《海外二笔》《去国草》等专集。抗战爆发后，在英组织全英援华会，任副会长。1938年回国。次年重庆"文协"派出作家战地访问团，任团长。写了许多日记，报道战地访问团的情况，后收入《作家战地访问团史料选编》一书。北上时，病故于洛阳。在重庆与老舍相识并共事。他逝世后，老舍写有诗歌《哭王礼锡先生》、散文《向王礼锡先生遗像致敬》《去年今日》表示深切悼念。

15. 罗烽（1909－1991），原名傅乃奇，辽宁沈阳人，作家。著有小说集《呼兰河边》《归来》等。1933年创办《夜哨文艺》周刊，并编长春《大同报》，又组织星星剧团。1935年与白朗同到上海，参加中国左翼作家联盟，与萧军、舒群创办《报告》月刊。八一三事变后去武汉，与聂绀弩等合编《哨岗》半月刊。1938年参加中华全国文艺界抗敌协会，与老舍相识。武汉沦陷后去重庆。次年参加作家战地访问团。1940年到延安，先后任"文协"延安分会主席。新中国成立后任东北人民政府文化部副部长等职。

16. 白朗（1912－1994），原名刘东兰，笔名弋白，辽宁沈阳人。作家。1932年开始发表作品，著有长篇小说《在轨道上前进》，散文集《西行散记》《月夜到黎明》，中篇小说《为了幸福的明天》，短篇小说集《牺牲》《伊瓦鲁河畔》等。1931年参加哈尔滨反日大同盟会。历任哈尔滨《国际协报》主编、新华总社特约记者等。1952年加入中国作家协会，任理事。1956年曾与老舍同赴印度新德里参加亚非作家代表大会。

17. 葛一虹（1913－2005），原名葛曾济，字作舟，号巨川，笔名黄芜茵，上海嘉定人。戏剧理论家、翻译家、戏剧史家、出版家，新中国戏剧事业的开拓者和奠基人之一。1932年毕业于上海南洋中学，同年考入上海大同大学专攻物理化学，受"五四"以来新文化运动和爱国主义思潮的影响，在校期间筹组大同剧社、暴风雨剧社，经常在学校和上海郊区组织演出救亡戏剧。解放后曾任《戏剧报》编委、中国戏剧出版社社长、中国艺术研究院话剧研究所所长等职。1938年在重庆任中华全国文艺界抗敌协会理事、戏剧界监事，与老舍共事。1939年6月参加中华全国文艺界抗敌协会组成的作家战地访问团，往西北战地访问。

18．陆晶清（1907-1993），原名陆秀珍，笔名小鹿、娜君、梅影等，云南昆明人，作家、教授，王礼锡的夫人。1922年秋，入北京女子高等师范文科班学习，开始了写作生涯，在《晨报副刊》《文学旬刊》《语丝》等刊发表诗文，参加主编《蔷薇周刊》。1939年在重庆与老舍相识，同为抗战文艺尽力，交往密切。1944年曾写信要老舍将《四世同堂》在《扫荡报》副刊连载，并先期发表老舍所撰《预告》。1948年回国后在暨南大学、上海财经学院任教。

19．以上节选自《八方风雨》，《老舍全集》（第十四卷），北京：人民文学出版社，2013年，第397页。

20．应云卫（1904-1967），字雨辰，号扬震，祖籍浙江慈溪，出生于上海。我国早期著名电影导演和戏剧活动家。导演话剧《怒吼吧！中国》、影片《桃李劫》《梅萝香》等。抗战胜利后返回上海，任上海江南电影制片厂厂长等职。1942年组织重庆戏剧界最强阵容演出郭沫若的《屈原》。在重庆时与老舍建立了深厚的友谊，曾和其他朋友帮助鼓励老舍创作第一个话剧剧本《残雾》，后又亲自执导老舍的《面子问题》。

21．章泯（1906-1975），原名谢兴，四川峨眉人。戏剧、电影教育家。1929年毕业于国立北平大学艺术学院戏剧系。1931年当选为左翼剧联执委和编导部主任，是中国左翼话剧舞台的奠基人之一。新中国成立后，任中央电影局艺委主任、北京电影学院院长。

22．赵清阁（1914-1999），笔名清谷、铁公、人一，河南信阳人。著名女作家、画家、编辑。1933年考入上海美术专科学校，成为《女子月刊》撰稿人。1934年春，曾寄诗文求教鲁迅，得见。在洪深等人的鼓励下转向剧本创作，1936年在《妇女文化》月刊发表第一部电影文学剧本《模特儿》。1938年参加中华全国文艺界抗敌协会，主编《弹花》文艺月刊，写有五幕话剧《女杰》、三幕话剧《反攻胜利》、四幕悲剧《雨打梨花》等。此后写有《血债》《汪精卫卖国求荣》《生死恋》《清风明月》《关羽》《花木兰》等。1943年与老舍合写了四幕话剧《桃李春风》，得到教育部奖励。抗战胜利后回上海任《神州卫报》副刊主编，在上海戏剧专科学校任教。出版独幕剧集《桥》、短篇小说集《落叶》，创作中篇小说《江上烟》《艺灵魂》与长篇小说《双宿双飞》《月上柳梢》以及许多杂文、散文。新中国成立后加入了中国作家协会、上海戏剧家协会和电影工作者协会，担任上海文联委员，创作了《女儿春》《自由天地》等剧本。八十年代，创作《粉墨青青》等，九十年代仍在《人民日报》《读书》《战地》等报刊发表了诗文。

少见老舍叙述和赵清阁的交往情谊的文字，他在傅抱石为赵清阁作《红梅扁舟图》上题诗："风雨八年晦，霜江万叶明。扁舟载酒去，河山无限情。"诗之情境，鲜明深邃而无暧昧。老舍与傅抱石是愈交往感情愈深厚，与赵清阁则似有诸多不便。北京上海之间的联系，以及老舍从美国回大陆前，种种情感互动的可能，都是当下热门的话题。像傅抱石这样与二人都交厚的朋友，还有上海的杜宣。我们的文化历来不缺乏打探私人生活的兴趣与勇气，哪些是真实过程，哪些是推论加想象，哪些是八卦，都是吸引人的事情。这本书的读者也许会关心赵清阁为何终身未曾有过婚姻，编者万分抱歉，奈因这是"自传"，老舍不写，我们就提供不了任何发挥想象的材料。有研究老舍的圈内传闻，赵清阁晚年烧了一些可能有文献价值的纸质品，诚为可惜。赵清阁自有她的理由，我们应该尊重。

23. 周伯勋（1911—1987），原籍陕西临潼，生于西安市。电影人、话剧演员。北伐时曾在上海艺术大学文学系学习，先后加入南国社、左翼作家联盟、左翼戏剧家联盟。1931年进大道剧社，演出《火的跳舞》等剧，后到复旦大学学习。1938年进入中国电影制片厂工作，抗战期间曾在老舍话剧《残雾》中扮演角色。抗战胜利后参与筹办联华公司。新中国成立后主要从事制片工作。

24. 以上节选自《记写〈残雾〉》，《老舍全集》（第十七卷），北京：人民文学出版社，2013年，第260页。

25.《残雾》上演，老舍得到了三百元的上演税。他说："我管这点钱叫作'不义之财'，于是就拿它请了客，把剧团的全班人马请来，喝了一次酒：别人醉了与否，我不晓得，因为我自己已醉得不成样子了。这就是我与戏剧界朋友有来往的开始。"〔节选自《闲话我的七个话剧》，《老舍全集》（第十七卷），北京：人民文学出版社，2013年，第373页。〕

26. 马彦祥（1907—1988），原名马履，笔名尼一、司徒劳，浙江鄞州人，戏剧家。1932年任天津《益世报》副刊《语林》主编，开始与老舍通信。1934年秋赴济南任山东齐鲁大学中文系副教授，这时与正要离职去青岛山东大学的老舍相见。次年任南求戏剧学校专任导师，并与田汉等组织中国舞台协会。1938年赴武汉与老舍重逢，被选为中华全国戏剧界抗敌协会理事。主编《抗战戏剧》，导演老舍话剧《残雾》《国家至上》等。二十世纪五十年代任文化部戏曲改进局副局长等职。这时期与老舍交往更密切，常在一起讨论戏剧改革问题。

27．舒绣文（1915—1969），原名许飞琼，安徽安庆人，话剧、电影表演艺术家，中国第一位女配音演员。代表作《一江春水向东流》。二十世纪三十年代初参加五月花剧社、春秋剧社、上海业余影人剧社等团体。1941年参加中华剧艺社，先后演出《棠棣之花》《虎符》《天国春秋》。抗日战争胜利后，参加拍摄《一江春水向东流》。1949年参加第一次全国文代会，后随军南下。后调北京人民艺术剧院任演员。在重庆与老舍相识，曾参加老舍第一部话剧《残雾》的演出。新中国成立后参演《女店员》，成功地塑造了《骆驼祥子》中的虎妞。

28．吴茵（1909—1991），原名杨瑛。江苏吴中人，生于天津。电影表演艺术家。八一三事变后随影人剧团到重庆、成都演出话剧。1940年参加老舍话剧《残雾》的演出，成功塑造冼老太太形象。后专攻老年角色的表演艺术。抗战胜利后到上海昆仑影片公司，五十年代为上海电影制片厂演员。

29．孙坚白（1914—2008），又名石羽，回族，天津人，表演艺术家。曾任中国青年艺术剧院副院长，被话剧界誉为"体验派先驱"。抗战起从天津只身辗转回到母校国立南京剧专，又随全校师生赴渝。加入中国万岁剧团，会同陶金、白杨、江村等参与了《屈原》《日出》《棠棣之花》等话剧，以及《放下你的鞭子》《疯了的母亲》等街头活报剧的演出。曾参演老舍话剧《残雾》《国家至上》等。

30．长诗《剑北篇》于1942年在大陆图书公司出版。

31．以上节选自《八方风雨》，《老舍全集》（第十四卷），北京：人民文学出版社，2013年，第397—399页。

32．此诗终未补全。以上节选自《我怎样写〈剑北篇〉》，《老舍全集》（第十七卷），北京：人民文学出版社，2013年，第434—436页。

第六节 滇行与青蓉行[1]

一、滇行

三十年夏，罗莘田先生来到重庆。因他的介绍，我认识了清华大学校长梅贻琦[2]先生，梅先生听到我的病与生活状况，决定约我到昆明去住些日子。昆明的天气好，又有我许多老友，我很愿意去。在八月下旬，我同莘田搭机，三个钟头便到了昆明。

我很喜爱成都，因为它有许多地方像北平。不过，论天气，论风景，论建筑，昆明比成都还更好。我喜欢那比什刹海更美丽的翠湖，更喜欢昆明湖——那真是湖，不是小小的一汪水，像北平万寿山下的人造的那个。土是红的，松是绿的，天是蓝的，昆明的城外到处像油画。

更使我高兴的，是遇见那么多的老朋友。杨今甫[3]大哥的背有点驼了，却还是那样风流儒雅。他请不起我吃饭，可是也还烤几罐土茶，围着炭盆，一谈就和我谈几点钟。罗膺中[4]兄也显着老，而且极穷，但是他还给我包饺子，煮俄国菜汤吃。郑毅生[5]，陈雪屏[6]，冯友兰[7]，冯至[8]，陈梦家[9]，沈从文[10]，章川岛[11]，段喆人[12]，闻一多[13]，萧涤非[14]，彭啸咸[15]，查良钊[16]，徐旭生[17]，钱端升[18]诸先生都见到，或约我吃饭，或陪我游山逛景。这真是快乐的日子。在城中，我讲演了六次；虽然没有什么好听，听众倒还不少。在城中住腻，便同莘田下乡。提着小包，顺着河堤慢慢的走，风景既像江南，又非江南；有点像北方，又不完全像北方；使人快活，仿佛是置身于一种晴朗的梦境，江南与北方混在一起而还很调谐的，只有在梦中才会偶尔看到的境界。

在乡下，我写完了《大地龙蛇》[19] 剧本。这是受东方文化协会的委托，而始终未曾演出过的，不怎么高明的一本剧本。

认识一位新朋友——查阜西 [20] 先生。这是个最爽真，热情，多才多艺的朋友。他听我有愿看看大理的意思，就马上决定陪我去。几天的工夫，他便交涉好，我们坐两部运货到畹汀的卡车的高等黄鱼。所谓高等黄鱼者，就是第一不要出钱，第二坐司机台，第三司机师倒还请我们吃酒吃烟——这当然不在协定之内，而是在路上他们自动这样作的。两位司机师都是北方人。在开车之前他们就请我们吃了一桌酒席！后来，有一位摔死在澜沧江上，我写了一篇小文 [21] 悼念他。

到大理，我们没有停住，马上奔了喜洲镇去。大理没有什么可看的，不过有一条长街，许多卖大理石的铺子而已。它的城外，有苍山洱海，才是值得看的地方。到喜洲**镇去**的路上，左是高山，右是洱海，真是置身图画中。喜洲镇，虽然是个小镇子，**却有**宫殿似的建筑，小街左右都流着清清的活水。华中大学由武昌移到这里来，我又找到游泽丞 [22] 教授。他和……李何林 [23] 教授，陪着我们游山泛水。这真是个美丽的地方，而且在赶集的时候，能看到许多夷民。

极高兴的玩了几天，吃了不知多少条鱼，喝了许多的酒，看了些古迹，并对学生们讲演了两三次，我们依依不舍的道谢告辞。在回程中，我们住在了下关等车。在等车之际，有好几位回教朋友来看我，因为他们演过《国家至上》[24]。查阜西先生这回大显身手，居然借到了小汽车，一天便可以赶到昆明。

在昆明过了八月节，我飞回了重庆来。[25]

二、青蓉行

今年（一九四二）八月初，陈家桥一带的土井已都干得滴水皆无。要水，须到小河湾里去“挖”。天既奇暑，又没水喝，不免有些着慌了。很想上缙云山去“避难”，可是据说山上也缺水。正在这样计无从出的时候，冯焕章先生来约同去灌县与青城。这真是福自天来了！

八月九日晨出发。同行者还有赖亚力²⁶与王冶秋²⁷二先生，都是老友，路上颇不寂寞。在来凤驿遇见一阵暴雨，把行李打湿了一点，临时买了一张席子遮在车上。打过尖，雨已晴，一路平安的到了内江。内江比二三年前热闹得多了，银行和饭馆都新增了许多家。傍晚，街上挤满了人和车。次晨七时又出发，在简阳吃午饭。下午四时便到了成都。天热，又因明晨即赴灌县，所以没有出去游玩。夜间下了一阵雨。

十一日早六时向灌县出发，车行甚缓，因为路上有许多小渠。路的两旁都有浅渠，流着清水；渠旁便是稻田；田埂上往往种着薏米，一穗穗的垂着绿珠。往西望，可以看见雪山。近处的山峰碧绿，远处的山峰雪白，在晨光下，绿的变为明翠，白的略带些玫瑰色，使人想一下子飞到那高远的地方去。还不到八时，便到了灌县。城不大，而处处是水，像一位身小而多乳的母亲，滋养着川西坝子的十好几县。住在任觉五²⁸先生的家中。孤零零的一所小洋房，两面都是雪浪激流的河，把房子围住，门前终日几乎没有一个行人，除了水声也没有别的声音。门外有些静静的稻田，稻子都有一人来高。远望便见到大面青城雪山，都是绿的。院中有一小盆兰花，时时放出香味。

青年团正在此举行夏令营，一共有千名以上的男女学生，所以街上特别显着风光。学生和职员都穿汗衫短裤（女的穿短裙），赤脚着草鞋，背负大草帽，非常的精神。张文白²⁹将军与易君左³⁰先生都来看我们，也都是"短打扮"，也就都显着年轻了好多。夏令营本部在公园内，新盖的礼堂，新修的游泳池；原有一块不小的空场，即作为运动和练习骑马的地方。女学生也练习马术，结队穿过街市的时候，使居民们都吐吐舌头。

灌县的水利是世界闻名的。在公园后面的一座大桥上，便可以看到滚滚的雪水从离堆流进来。在古代，山上的大量雪水流下来，非河身所能容纳，故时有水患。后来，李冰父子把小山硬凿开一块，水乃分流——离堆便在凿开的那个缝子的旁边。从此双江分灌，到处划渠，遂使川西平原的十四五县成为最富庶的区域——只要灌县的都江堰一放水，这十几县便都不下雨也有用不完的水了。城外小山上有二王庙，供养的便是李冰父子。在庙中高处可以看见都江堰的全景。在两江未分的地方，有驰名的竹索桥。距桥不远，设有鱼嘴，使流水分家，而后一江外行，一江入离堆，是为内外江。到冬天，在鱼嘴下设阻碍，把水截住，则内江干涸，可以淘滩。春来，撤去阻碍，又复成河。据说，每到春季开水的时候，有多少万人来看热闹。在二王庙的墙上，刻着古来治水的格言，如深淘滩，低作堰……等。细细玩味这些格言，再看着江堰上那些实际的设施，便可以看出来，治水的决窍只有一个字——"软"。水本力猛，遇阻则激而决溃，所以应低作堰，使之轻轻漫过，不至出险。水本急流而下，波涛汹涌，故中设鱼嘴，使分为二，以减其力；分而又分，江乃成渠，力量分散，就有益而无损了。作堰的东西只是用竹编的篮子，盛上大石卵。竹有弹性，而石卵是活动的，都可以用"四两破千斤"的劲儿对付那惊涛骇浪。用分化与软化对付无情的急流，水便老实起来，乖乖的为人们灌田了。

竹索桥最有趣。两排木柱，柱上有四五道竹索子，形成一条窄胡同儿。下面再用竹索把木板编在一处，便成了一座悬空的，随风摇动的，大桥。我在桥上走了走，虽然桥身有点动摇，虽然木板没有编紧，还看得到下面的急流，——看久了当然发晕——可是绝无危险，并不十分难走。

治水和修构竹索桥的方法，我想，不定是经过多少年代的试验与失败，而后才得到成功的。而所谓文明者，我想，也不过就是能用尽心智去解决切身的问题而已。假若不去下一番功夫，而任着水去泛滥，或任着某种自然势力兴灾作祸，则人类必始终是穴居野处，自生自灭，以至灭亡。看到都江堰的水利与竹索桥，我们知道我们的祖先确有不甘屈服而苦心焦虑的去克服困难的精神。可是，在今天，我们还时时听到看到各处不是闹旱便是闹水，甚至于一些蝗虫也能教我们去吃树皮草根。可怜，也可耻呀！我们连切身的衣食问题都不去设法解决，还谈什么文明与文化呢？

灌县城不大，可是东西很多。在街上，随处可以看到各种的水果，都好看好吃。在此处，我看到最大的鸡卵与大蒜大豆。鸡蛋虽然已卖到一元二角一个，可是这一个实在比别处的大着一倍呀。雪山的大豆要比胡豆还大。雪白发光，看着便可爱！药材很多，在随便的一家小药店里，便可以看到雷震子，贝母，虫草，熊胆，麝香，和多少说不上名儿来的药物。看到这些东西，使人想到西边的山地与草原里去看一看。啊，要能到山中去割几脐麝香，打几匹大熊，够多威武而有趣呀！

191

物产虽多，此地的物价可也很高。只有吃茶便宜，城里五角一碗，城外三角，再远一点就卖二角了。青城山出茶，而遍地是水，故应如此。等我练好辟谷的工夫，我一定要搬到这一带来住，不吃什么，只喝两碗茶，或者每天只写二百字就够生活的了。

在灌县住了十天。才到青城山去。山在县城西南，约四十里。一路上，渠溪很多，有的浑黄，有的清碧：浑黄的大概是上流刚下了大雨。溪岸上往往有些野花，在树荫下幽闲的开着。山口外有长生观，今为荫堂中学校舍；秋后，黄碧野[31]先生即在此教书。入了山，头一座庙是建福宫，没有什么可看的。由此拾阶而前，行五里，为天师洞——我们即住于此。由天师洞再往上走，约三四里，即到上清宫。天师洞上清宫是山中两大寺院，都招待游客，食宿概有定价，且甚公道。

从我自己的一点点旅行经验中，我得到一个游山玩水的诀窍："风景好的地方，虽无古迹，也值得去，风景不好的地方，纵有古迹，大可以不去。"古迹，十之八九，是会使人失望的。以上清宫和天师洞两大道院来说吧，它们都有些古迹，而一无足观。上清宫里有鸳鸯井，也不过是一井而有二口，一方一圆，一干一湿；看它不看，毫无关系。还有麻姑池，不过是一小方池浊水而已。天师洞里也有这类的东西，比如洗心池吧，不过是很小的一个水池；降魔石呢，原是由山崖裂开的一块石头，而硬说是被张天师用剑劈开的。假若没有这些古迹，这两座庙子的优美自一点也不减少。上清宫在山头，可以东望平原，青碧千顷；山是青的，地也是青的，好像山上的滴翠慢慢流到人间去了的样子。在此，早晨可以看日出，晚间可以看圣灯；就是白天没有什么特景可观的时候，登高远眺，也足以使人心旷神怡。天师洞，与上清宫相反，是藏在山腰里，四面都被青山环抱着，掩护着，我想把它叫作"抱翠洞"，也许比原名更好一些。

不过，不管庙宇如何，假若山林无可观，就没有多大意思，因为庙以庄严整齐为主，成不了什么很好的景致。青城之值得一游，正在乎山的本身也好；即使它无一古迹，无一大寺，它还是值得一看的名山。山的东面倾斜，所以长满了树木，这占了一个"青"字。山的西面，全是峭壁千丈，如城垣，这占了一个"城"字。山不厚，由"青"的这一面转到"城"的那一面，只须走几里路便够了。山也不算高，由脚至顶不过十里路。既不厚，又不高，按说就必平平无奇了。但是不然。它"青"，青得出奇，它不像深山老峪中那种老松凝碧的深绿，也不像北方山上的那种东一块西一块的绿，它的青色是包住了全山，没有露着山骨的地方；而且，这个笼罩全山的青色是竹叶，楠叶的嫩绿，是一种要滴落的，有些光泽的，要浮动的，淡绿。这个青色使人心中轻快，可是不敢高声呼唤，仿佛怕把那似滴未滴，欲动未动的青翠惊坏了似的。这个青色是使人吸到心中去的，而不是只看一眼，夸赞一声便完事的。当这个青色在你周围，你便觉出一种恬静，一种说不出，也无须说出的舒适。假若你非去形容一下不可呢，你自然的只会找到一个字——幽。所以吴稚晖先生说："青城天下幽"。幽得太厉害了，便使人生畏；青城山却正好不太高，不太深，而恰恰不大不小的使人既不畏其旷，也不嫌它窄；它令人能体会到"悠然见南山"的那个"悠然"。

山中有报更鸟，每到晚间，即梆梆的呼叫，和柝声极相似，据道人说，此鸟不多，且永不出山。那天，寺中来了一队人，拿着好几枝猎枪，我很为那几只会击柝的小鸟儿担心，这种鸟儿有个缺欠，即只能打三更——梆，梆梆——无论是傍晚还是深夜，它们老这么叫三下。假若能给它们一点训练，教它们能从一更报到五更，有多么好玩呢！

白日游山，夜晚听报更鸟，"悠悠"的就过了十几天。寺中的桂花开始放香，我们恋恋不舍的离别了道人们。

返灌县城，只留一夜，即回成都。过郫县，我们去看了看望丛祠；没有什么好看的，地方可是很清幽，王法勤委员即葬于此。

成都的地方大，人又多，若把半个多月的旅记都抄写下来，未免太麻烦了。拣几项来随便谈谈吧。

（一）成都"文协"分会：自从川大迁开，成都"文协"分会因短少了不少会员，会务曾经有过一个时期不大旺炽。此次过蓉，分会全体会员举行茶会招待，到会的也还有四十多人，并不太少。会刊——《笔阵》——也由几小页扩充到好几十项的月刊，虽然月间经费不过才有百元钱。这样的努力，不能不令人钦佩！可惜，开会时没有见到李劼人[32]先生，他上了乐山。《笔阵》所用的纸张，据说，是李先生设法给捐来的；大家都很感激他；有了纸，别的就容易办得多了。会上，也没见到圣陶[33]先生，可是过了两天，在开明分店见到。他的精神很好，只是白发已满了头。他的少爷们，他告诉我，已写了许多篇小品文，预备出个集子，想找我作序，多么有趣的事啊！郭子杰先生陶雄[34]先生都约我吃饭，牧野[35]先生陪着我游看各处，还有陈翔鹤[36]，车瘦舟[37]诸先生约我聚餐——当然不准我出钱——都在此致谢。瞿冰森[38]先生和中央日报的同仁约我吃真正的成都味的酒席，更是感激不尽。

（二）看戏：吴先忧[39]先生请我看了川剧，及贾瞎子[40]的竹琴，德娃子[41]的洋琴，这是此次过蓉最快意的事。成都的川剧比重庆的好得多，况且我们又看的是贾佩之[42]，萧楷成[43]，周慕莲[44]，周企何[45]几位名手，就更觉得出色了。不过，最使我满意的，倒还是贾瞎子的竹琴。乐器只有一鼓一板，腔调又是那么简单，可是他唱起来仿佛每一个字都有些魔力，他越收敛，听者越注意静听，及至他一放音，台下便没法不喝彩了。他的每一个字像一个轻打梨花的雨点，圆润轻柔；每一句是有声有色的一小单位；真是字字有力，句句含情。故事中有多少人，他要学多少人，忽而大嗓，忽而细嗓，而且不只变嗓，还要咬音吐字各尽其情；这真是点本领！希望再有上成都去的机会。多听他几次！[46]

（三）看书：在蓉，住在老友侯宝璋[47]大夫家里。虽是大夫，他却极喜爱字画。有几块闲钱，他便去买破的字画；这样，慢慢的他已收集了不少四川先贤的手迹。这样，他也就与西玉龙街一带的古玩铺及旧书店都熟识了。他带我去游玩，总是到这些旧纸堆中来。成都比重庆有趣就在这里——有旧书摊儿可逛。买不买的且不去管，就是多摸一摸旧纸陈篇也是快事啊。真的，我什么也没买，书价太高。可是，饱了眼福也就不虚此行。一般的说，成都的日用品比重庆的便宜一点，因为成都的手工业相当的发达，出品既多，同业的又多在同一条街上售货，价格当然稳定一些。鞋、袜、牙刷、纸张什么的，我看出来，都比重庆的相因着不少[48]。旧书虽贵，大概也比重庆的便宜，假若能来往贩卖，也许是个赚钱的生意。不过，我既没发财的志愿，也就不便多此一举，虽然贩卖旧书之举也许是俗不伤雅的吧。

（四）归来：因下雨，迟至中秋前一日才动身返渝。中秋日下午五时到陈家桥，天还阴着。夜间没有月光，马马虎虎的也就忘了过节。这样也好，省得看月思乡，又是一番难过！[49]

1．老舍曾写过游记《滇行短记》，详细记载了此行。

2．梅贻琦（1889-1962），字月涵，祖籍江苏武进，天津人。第一批庚款留美学生，1914年由美国伍斯特理工学院学成归国到清华学校任教。1931-1948年任清华大学校长。在西南联大期间，1941年8月邀请老舍赴昆明访问、讲学。1955年，在台湾新竹创建"清华大学"并任校长。

3．杨今甫（1890-1956），名振声，字金甫，又字今甫，山东蓬莱人。现代著名教育家、小说家。曾任武昌大学、北京大学、燕京大学、中山大学教授。1928年任清华大学教务长、文学院院长兼中文系教授。1929年到青岛筹备青岛大学，任校长。1932年春去北平负责编写华北中小学教材和基本读物，次年起又与沈从文同编《大公报》文艺副刊。老舍曾在《怀友》中提及回北平探亲接受他们共同宴请。1941年在联大叙永分校任职，他曾请老舍任教，被婉拒。8月二人在昆明相见。二十世纪五十年代任北京市文联常务理事，创作部部长，与老舍共事两年。

4．罗膺中（1900-1950），名庸，字膺中，江苏江都人，生于北京。学者、文学史研究家。曾任北京大学、北京师范大学、中山大学、辅仁大学、浙江大学、西南联大等校教授。抗战胜利后任昆明师院教授。1950年病逝于重庆。擅长骈体散文、诗词。著述有《中国文学史异论》《陶诗编年》等。二十世纪三十年代与老舍相识。1939年前后应老舍之约以"陀陵"为笔名发表抗战文艺理论作品，并创作民间文艺作品。1941年老舍赴滇时重逢，曾听老舍朗读《大地龙蛇》第2幕并提出修改意见。

5．郑毅生（1899-1981），名天挺，又名庆甡，字毅生，福建长乐人，中国近现代历史学家、教育家。著有《清史探微》《探微集》《清史简述》并与翦伯赞主编《中国通史参考资料》等。1920年毕业于北京大学，后任北大教授兼文科研究所副所长、西南联大总务长、北大史学系主任和秘书长。1941年在西南联大时与老舍相识。二十世纪五十年代任南开大学历史系主任、明清史研究室主任、副校长、顾问，中国史学会主席团执行主席等职，曾参加教育部文科教材编选工作。

6. 陈雪屏（1901-1999），号劲盒，江苏宜兴人。曾在东北大学担任教育心理系主任。九一八事变后任职北京师范大学教育系。1932 年回到北京大学理学院的心理系任教。1948 年曾短暂代理国民政府教育部长。1953 年开始担任台湾大学心理学系教授，并筹备成立研究学院。

7. 冯友兰(1895-1990)，字芝生，河南唐河人，哲学家、教育家，著述辑为《三松堂全集》十四卷。1918 年毕业于北京大学哲学系，1924 年获美国哥伦比亚大学哲学博士学位。回国后，任清华大学教授、哲学系主任、文学院院长，西南联合大学教授、文学院院长。曾获美国普林斯顿大学、印度德里大学、美国哥伦比亚大学名誉文学博士。老舍 1941 年去西南联大时相识。

8. 冯至（1905-1993），原名冯承植，河北涿州人。诗人、翻译家。1939 年春任西南联大外文系教授。1941 年秋老舍到昆明与之结交。二十世纪五六十年代与老舍交往，老舍曾经为他向齐白石求画，画面有瓜藤配有精致小虫"红娘子"，极爱，"文革"时毁于红卫兵之手。

9. 陈梦家（1911-1966），笔名陈慢哉，浙江上虞人，生于南京，诗人，考古学家，古文字学家。著有《梦家诗集》《殷墟卜辞综述》《西周铜器断代》等。二十世纪三十年代后期新月派享有盛名的代表诗人和重要成员。1941 年，在西南联大时与老舍结识。

10. 沈从文（1902-1988）原名沈岳焕，字崇文，笔名休芸芸等。湖南凤凰人，小说家、散文家、文物研究家。著述辑为《沈从文全集》三十二卷。1931-1933 年在青岛大学任教，抗战爆发后到西南联大任教，1946 年回到北京大学任教，新中国成立后在中国历史博物馆和中国社会科学院历史研究所工作，主要从事中国古代历史与文物的研究。1933 年 9 月起，与萧乾编辑《大公报·文艺》，其时与回北平探亲的老舍相识。1941 年老舍到昆明时重逢。新中国成立后与老舍亦有交往。

11. 章廷谦（1901-1981），字矛尘，笔名川岛，浙江上虞人。散文家，学者。有散文集《月夜》等。1919 年入北京大学哲学系读书，在北京《晨报副刊》《语丝》杂志发表文章。1922 年毕业留校。曾参与发起和编辑《语丝》，与鲁迅来往甚密。1926 年任《民国日报》编辑。1930 年 11 月，在南京任教育部编审。抗日战争胜利后，回北京大学中文系任教。1941 年，在西南联大时与老舍相识。

12. 段喆人（1900-？）河北高阳人，学者。在北京师范学校时与老舍是同班同学，毕业后在小学任校长。抗战时在武汉、重庆、昆明等地任教。新中国成立后任西南师范学院教育系教授。后任河北师范大学外语系教授。1938 年到 1940 年与老舍同在重庆，曾和在渝的老同学聚会。老舍即兴唱了一段京剧花脸，博得大家喝彩。1940 年署名"北田"在《中央日报》副刊发表《评〈骆驼祥子〉》。1941 年老舍到昆明，他作为中法中学校长，约请老舍到校演讲。

13.闻一多（1899-1946），本名闻家骅，字友三，湖北浠水人，著名学者，新月派代表诗人，有诗集《红烛》《死水》。1912 年考入清华大学留美预备学校。1916 年开始在《清华周刊》上发表系列读书笔记。1925 年 3 月在美国留学期间创作《七子之歌》。曾经在青岛大学任教，与老舍一起办《避暑录话》，后回清华大学任中文系教授。1941 年在昆明热情接待老舍，主持在西南联大的演讲。1946 年 7 月 15 日在云南昆明被国民党特务暗杀。

14.萧涤非（1906-1991），原名忠临，江西临川人。古典文学研究专家，以研究杜诗著称。主要著作有《杜甫研究》《解放集》等，曾点校《皮子文薮》《杜甫全集》。他是老舍的好友，从二十世纪三十年代初开始交往，曾在山东大学共事。他宣布结婚并当日离开青岛时，老舍在匆忙中赶往车站送行并以《牛天赐传》相赠，1941 年在昆明老舍又题诗相赠。

15.彭啸咸（生卒时间不详），原名彭仲铎，字啸咸。古典文学研究专家。在山大时与老舍同事，1941 年在昆明重逢。

16.查良钊（1897-1982），字勉仲，浙江海宁人，生于天津，教育家。早年留学美国，1922 年回国，先后在北京师范大学、河南大学任教，曾任陕西教育厅代理厅长。1938 年被聘为西南联大训导长兼师范学院教授。抗战胜利后，任昆明师范学院院长。1950 年至 1954 年任印度德里大学中央教育研究所客座教授，后去台湾，任台湾大学心理学教授兼训导长。老舍 1941 年去昆明时与之相识。

17.徐旭生（1888-1976），原名徐炳昶，笔名虚生。河南唐河人。古史及考古学家，主要著作有《中国古史的传说时代》等。曾留学法国。1919 年回国后在开封、北京等地任教。1925 年至 1937 年间曾主编《猛进》杂志，并任北京大学教务长、北京师范大学校长、北平研究院史学研究会会长。抗战爆发后到昆明。解放后任中国科学院考古研究所研究员。1941 年老舍去昆明讲学时曾访问过他。

18.钱端升（1900-1990），字寿朋，上海人，法学家、政治学家，著有《中国政治史》等。1925 年任教于北京大学等校。后任国民党中央宣传部编纂。1928 年任国民政府大学院文化事业处处长。二十世纪三十年代初任南京中央大学法学院副教授。抗战中任西南联大教授，老舍1941年游滇期间与之相识。1948年当选国立中央研究院院士。新中国成立后在北京大学、北京政法学院（今中国政法大学）任职。

19．剧本《大地龙蛇》1942年11月由国民图书出版社出版。

20．查阜西（1895-1976），原名镇湖，又名夷平，江西修水人，古琴家。幼年在家乡学奏琴歌，后在长沙、苏州、上海等地从事琴学活动。1941年在昆明与老舍结交，曾为老舍演奏古琴，陪老舍游昆明、大理。老舍曾在《滇行短记》和《八方风雨》里写到他。二十世纪五十年代曾任中央音乐学院民族乐器系主任、北京古琴研究会会长。

21．即《悼赵玉山司机师》。

22．即游国恩（1899-1978），字泽承，江西临川人，著名楚辞研究专家、文学史家、北京大学教授。毕生从事教学和学术研究，对中国古代文学，特别是对《楚辞》的研究做出了重大贡献。二十世纪三十年代与老舍结识，成为好友。

23．李何林（1904-1988），原名李延寿，安徽霍丘（今霍邱）人。中国现代文学研究、鲁迅研究奠基者之一。1924年肄业于南京国立东南大学。1940年经老舍介绍到云南华中大学任教，1941年老舍赴云南讲学时愉快重逢。历任天津师院、中法大学、华中大学、北京师范大学及南开大学教授、中文系主任、鲁迅博物馆馆长。

24．话剧《国家至上》在《抗战文艺》第6卷第1期（1940年3月）开始连载，第6卷第2期续载完。

25．以上节选自《八方风雨》，《老舍全集》（第十四卷），北京：人民文学出版社，2013年，第399-401页。

26．赖亚力（1910-1994），原名赖兴治，四川内江人，革命家、外交家。1934年，毕业于北京大学经济系。同年开始共产党地下工作，任教于北京私立大同中学，宣传抗日。旋赴冯玉祥处任研究员，1935年任研究室主任，兼任冯玉祥秘书。抗战期间与老舍多有交往。二十世纪五十年代陪同毛泽东、周恩来访问苏联，担任中苏友好协会副总干事兼秘书处主任。1975年出任中国常驻联合国代表团大使级副代表。曾以副总编辑身份编《冯玉祥选集》。

27．王冶秋（1909-1987），又名野秋，安徽霍邱人。作家，主要作品有短篇小说集《青城山》，散文集《狱中琐记及其他》《辛亥革命前的鲁迅先生》等。1939年起在冯玉祥处工作。1947年在晋冀鲁豫北方大学、晋察冀华北联合大学做研究员。1949年到北京任文化接管委员会文物部副主任。新中国成立后从事文物考古管理工作，先后任中央文化部文物局副局长、国家文物局局长等职。他是老舍多年的老友，二人经常通信，无话不谈。

28. 任觉五（1900-1994），四川都江堰人。专著有《哲学思想》《生的宇宙论与民生史观》等七部。先后就读于南开大学、中央大学，黄埔陆军军官学校第四期政治科毕业，留学日本明治大学。曾任国民党中央革命实践研究院副主任、国民党中央委员等职。复兴社领导人。老舍等人此行住其住所十天。

29. 张治中（1890-1969），原名本尧，字文白，安徽巢湖人。黄埔系骨干将领，中国国民革命军陆军上将。1932年"一·二八"淞沪会战时任第五军军长，在上海抵抗侵华日军；1937年11月，任湖南省主席，因失误导致"11·13长沙大火"事件而被革职。1945年，调任国民党军事委员会政治部部长兼三民主义青年团书记；1949年，致电陶峙岳将军和新疆主席包尔汉，促成新疆和平解放。

30. 易君左（1899-1972），字家钺，湖南汉寿人。作家，著有《君左诗选》《君左散文选》《中国文学史》等。早年留学日本，回国后曾任泰东书局编辑、安徽公立法政专门学校教授。抗战时在重庆军事委员会总政治部、文化运动委员会、四川省政府编译室等单位任职。抗战胜利后任《和平日报》社社长，后赴香港，1967年去台湾。曾参加"文协"的活动，老舍在《第一届诗人节》中曾提到他。

31. 碧野（1916-2008），原名黄潮洋，广东大埔人。作家，著有长篇小说《我们的力量是无敌的》《阳光灿烂照天山》《丹凤朝阳》和散文集《月亮湖》《情满青山》《天山景物记》等。他曾任中华全国文艺界抗敌协会成都分会理事、莽原出版社总编辑，曾在晋冀鲁豫边区北方大学艺术学院、华北大学文艺学院任教。新中国成立后，历任中央文学研究所创作员，中国作协第三、四届理事和湖北分会副主席。与老舍在武汉初识，1942年在青城山再会，后在重庆相聚。1980年作《老舍的风格》追忆他们的友谊及老舍的精神品格。

32. 李劼人（1891-1962），原名李家祥，常用笔名劼人、老懒、懒心等，四川成都人。中国现代具有世界影响的小说家，著有长篇小说《死水微澜》《暴风雨前》《大波》等，也是重要的法国文学翻译家。译有20多种法国小说，各种著译作品几百万字。知名社会活动家、实业家。抗战起即投身救亡运动。1939年1月，当选为中华全国文艺界抗敌协会成都分会常务理事、总理事，主编《笔阵》。二十世纪五十年代后，历任西南军政委员会文教委员会委员，四川省政协副主席、文联主席，成都市副市长。因公赴京时，曾与老舍会面。

33. 叶圣陶（1894-1988），原名叶绍钧、字秉臣、圣陶，江苏苏州人。作家、教育家、文学出版和社会活动家。1916 年，进上海商务印书馆附设尚公学校执教，作童话故事《稻草人》，1923 年发表长篇小说《倪焕之》。老舍与叶圣陶于 1934 年夏在上海初次见面。1936 年 10 月叶圣陶在《新少年》上发表《北平的洋车夫》，对刚开始连载的《骆驼祥子》第一章予以评价，肯定老舍创作的口语化和幽默风格。抗战时在"文协"成都分会主编《笔阵》，抗战胜利后继老舍出任"中华全国文艺界协会"（"文协"更名）总务部主任，主编会刊《中国作家》。1949 年后，先后任教育部副部长、中华人民共和国全国政协副主席等职。于 1956 年与老舍同赴印度参加亚非作家会议，1961 年同赴内蒙古。

34. 陶雄（1911- ），笔名云天，江苏镇江人，作家、戏剧评论家。1936 年任南京戏剧学校讲师，开始文学创作。1938 年加入中华全国文艺界抗敌协会。1942 年参与组织"文协"成都分会，任理事。抗战期间主编过《华西晚报》文艺副刊，1946 年起任南京戏剧专科学校副教授兼总务主任。二十世纪五十年代后，任华东文化部艺术处戏改科科长、上海艺术研究所研究员等职。编剧和导演样板戏《智取威虎山》。

35. 牧野（1909-1991），原名厉歌天，河南通许人。1938 年毕业于中央航空学校飞行专业。毕业后曾任飞行教官，与入侵的日寇先后升空 6 次作战曾获抗战勋章，1941 年任中华文艺界抗敌协会成都分会理事，与叶圣陶联合主编《笔阵》，在成都、重庆以及上海发表过部分作品。新中国成立后历任北京电影制片厂科教片编剧，西安电影制片厂编剧，全国第一次文代会代表。

36. 陈翔鹤（1901-1969），重庆人，著名作家、出版家、文史专家。1923 年与冯至、林如稷等人在上海成立浅草社，开始创作与编辑活动。早期短篇小说《西风吹到了枕边》及一些剧本表现"五四"后青年的苦闷。1927 年后在山东、吉林等地任教。抗战爆发返川，任中国文艺界抗敌协会成都分会常务理事，1942 年 8 月与老舍在成都见面。二十世纪五十年代，任四川省文联副主席、中国作家协会古典文学部副部长、《文学遗产》主编。发表有很大影响的历史小说《陶渊明写挽歌》《广陵散》。

37. 车瘦舟（1914-2013），原名车辐，四川成都人。作家，著有《川菜杂谈》《锦城旧事》《锦水悠悠》等。抗战时期为"文协"成都分会理事，《四川日报》《民声报》《华西晚报》记者、编辑等，二十世纪五十年代后在四川省文联工作。

38. 瞿冰森（生卒时间不详），曾任《晨报》副刊编辑，抗战中为成都《中央日报》

（《中兴日报》）社社长。1942年曾在成都宴请老舍。

39．吴先忧（？－1956），四川盐亭人，教育家。早年曾与沈若仙、张拾遗、施汝聪、施居甫、卢剑波、毛一波等组织半月社，出版《半月》杂志，响应五四运动。与此同时，又与一批学生向成都高师朝鲜籍学生高自性学习世界语，组织世界语学会，曾借成都市通俗教育馆开办世界语班，自编《世界语读本》为教材。曾在四川大学教授过世界语。

40．贾瞎子（1894-1951），原名贾树三，回族，四川成都人。四川竹琴艺术家。三岁失明，六岁沿街卖艺，后向马少成学唱。二十世纪二十年代初学竹琴戏，师从蔡觉之。多年钻研，形成"贾派"竹琴，代表曲目有《华容道》等。

41．德娃子（1903-1982），原名李德才，四川成都人。成都著名扬琴艺人。家境贫寒，只读了一年私塾，即随父学唱演出。因生活所迫，变声期天天演唱，竟致倒嗓辍演。但他经过三年苦练，艺术大进，还练出了仄音嗓子。重返舞台后，与名艺人郭敬之、廖正学同台演唱，深为内外行叹服。与竹琴名家贾树三、相书名家曾炳昆并号"蓉城三绝"。擅长曲目有《孙夫人祭江》《香莲闯宫》《活捉三郎》《白毛女》等。他为四川扬琴艺术培养出不少优秀人才。

42．贾佩之（1884-1954），应为贾培之，四川温江人。川剧艺术家，工老生、花脸，兼擅小丑。早年曾加入三庆会。新中国成立后曾任三庆剧社社长、大众剧院院长、重庆市实验川剧院院长、西南川剧院副院长等职。

43．萧楷成（1878-1950），一作楷臣，原名金华，又名模。四川崇庆人。出身梨园世家，川剧工小生，兼老生和丑。萧楷成十一岁登台，经名丑刘育三指点改唱小生，声誉渐隆。表演重气度，尚传神，有书卷气；甩发、褶子、腰、腿功夫都好。

44．周慕莲（1900-1961），字瑶卿，四川成都人，川剧表演艺术家。早年曾在川剧"永遇乐"班和"三庆会"班学艺，工旦角，逐渐成为著名的川剧艺术家。解放后曾任重庆市川剧院院长，著有《周慕莲舞台艺术》。

45．周企何（1911-1988），原名园园，四川成都人。川剧演员。五岁入太洪班学艺，演娃娃生，九岁开始在成都登台演出，1926年入成都三庆会，从师唐阴甫，习文武小生。1930年倒嗓后学丑，曾搭班在四川各地演出。新中国成立后担任四川省川剧院副院长，对川剧传统表演艺术有所发展。

46．戏曲之中，老舍无论戏剧还是曲艺，能写会演，渊深广博，无所不能。"戏"通京、昆，有"一赶三"之能：即演一折戏，一人可轮流扮演三种不同角色。唱戏的看家本领是老旦，学龚云甫；铜锤花脸、老生皆擅。曲艺是旗人的玩家本领，因曲艺门类、曲种繁多，每到一方都有在地特色，各有名家好手，老舍好学不倦，且能在"戏"与"曲"之间融会贯通，在不同曲种、风格流派之间比较表现讨论，汲取优长。他对曲艺说唱功夫的兴趣极浓，与艺人的交往，有真性情，也了解江湖码头规矩；所以艺人与他相处，都服他的为人。

47. 侯宝璋（1893—1967），字又我，安徽凤台人，医学家。早年留学美国、德国。1934年起任齐鲁大学医学院病理系主任。抗战时随校迁成都，任华西齐鲁医学院联合病理系主任、代理医学院院长。1948年起接受英国教育部聘请任香港大学病理系主任、代理医学院院长。1962年回北京任中国医科大学副校长兼病理教研室主任。是中国现代病理学的创始人之一，英国皇家学会病理学终身会员。爱好文物、字画，1962年回京后，将自己在海外搜集的文物分批献给国家，受到文化部、国家文物局的表彰。与老舍是齐鲁大学的同事和好友，抗战中老舍几次去成都都必去他家，1949年从美国回国途经香港也住他家。

48. 相因，有价格便宜而适合自己的意思，川蜀人多用这个说法。

49. 以上节选自《青蓉略记》，《老舍全集》（第十四卷），北京：人民文学出版社，2013年，第317—323页。

第七节　多鼠斋与贫血

一、多鼠斋杂谈

戒酒

并没有好大的量，我可是喜欢喝两杯儿。因吃酒，我交下许多朋友[1]——这是酒的最可爱处。大概在有些酒意之际，说话作事都要比平时豪爽真诚一些，于是就容易心心相印，成为莫逆。人或者只在"喝了"之后，才会把专为敷衍人用的一套生活八股抛开，而敢露一点锋芒或"谬论"——这就减少了我脸上的俗气，看着红扑扑的，人有点样子！

自从在社会上作事至今的廿五六年中，我不记得一共醉过多少次[2]，不过，随便的一想，便颇可想起"不少"次丢脸的事来。所谓丢脸者，或者正是给脸上增光的事，所以我并不后悔。酒的坏处并不在撒酒疯，得罪了正人君子——在酒后还无此胆量，未免就太可怜了！酒的真正的坏处是它伤害脑子。

"李白斗酒诗百篇"是一位诗人赠另一位诗人的夸大的谀赞。据我的经验，酒使脑子麻木、迟钝、并不能增加思想产物的产量。即使有人非喝醉不能作诗，那也是例外，而非正常。在我患贫血病的时候，每喝一次酒，病便加重一些；未喝的时候若患头"昏"，喝过之后便改为"晕"了，那妨碍我写作！

对肠胃病更是死敌。去年，因医治肠胃病，医生严嘱我戒酒。从去岁十月到如今，我滴酒未入口。

203

不喝酒，我觉得自己像哑吧了：不会嚷叫，不会狂笑，不会说话！啊，甚至于不会活着了！可是，不喝也有好处，肠胃舒服，脑袋昏而不晕，我便能天天写一二千字！虽然不能一口气吐出百篇诗来，可是细水长流的写小说倒也保险；还是暂且不破戒吧！

戒烟

戒酒是奉了医生之命，戒烟是奉了法弊的命令。什么？劣如"长刀"也卖百元一包？老子只好咬咬牙，不吸了！

从廿二岁起吸烟，至今已有一世纪的四分之一。这廿五年养成的习惯，一旦戒除可真不容易。

吸烟有害并不是戒烟的理由。而且，有一切理由，不戒烟是不成。戒烟凭一点"火儿"。那天，我只剩了一支"华丽"。一打听，它又长了十块！三天了，它每天长十块！我把这一支吸完，把烟灰碟擦干净，把洋火放在抽屉里。我"火儿"啦，戒烟！

没有烟，我写不出文章来。廿多年的习惯如此。这几天，我硬撑！我的舌头是木的，嘴里冒着各种滋味的水，嗓门子发痒，太阳穴微微的抽着疼！——顶要命的是脑子里空了一块！不过，我比烟要更厉害些：尽管你小子给我以各样的毒刑，老子要挺一挺给你看看！

毒刑夹攻之后，它派来会花言巧语的小鬼来劝导："算了吧，也总算是个作家了，何必自苦太甚！况且天气是这么热；要戒，等到秋凉，总比较的要好受一点呀！"

"去吧！魔鬼！咱老子的一百元就是不再买又霉、又臭、又硬、又伤天害理的纸烟！"

今天已是第六天了，我还撑着呢！长篇小说没法子继续写下去；谁管它！除非有人来说："我每天送你一包'骆驼'，或廿支'华福'，一直到抗战胜利为止！"我想我大概不会向"人头狗"和"长刀"什么的投降的！

戒茶

我既已戒了烟酒而半死不活，因思莫若多加几种，爽性快快的死了倒也干脆。

谈再戒什么呢？

戒荤吗？根本用不着戒，与鱼不见面者已整整二年，而猪羊肉近来也颇疏远。还敢说戒？平价之米，偶而有点油肉相佐，使我绝对相信肉食者"不鄙"！若只此而戒除之，则腹中全是平价米，而人也决变为平价人，可谓"鄙"矣！不能戒荤！

必不得已，只好戒茶。

我是地道中国人，咖啡、蔻蔻、汽水、啤酒，皆非所喜，而独喜茶。有一杯好茶，我便能万物静观皆自得。烟酒虽然也是我的好友，但它们都是男性的——粗莽，热烈，有思想，可也有火气——未若茶之温柔，雅洁，轻轻的刺戟，淡淡的相依；茶是女性的。

我不知道戒了茶还怎样活着，和干吗活着。但是，不管我愿意不愿意，近来茶价的增高已教我常常起一身小鸡皮疙瘩！

茶本来应该是香的，可是现在卅元一两的香片不但不香，而且有一股子咸味！为什么不把咸蛋的皮泡泡来喝，而单去买咸茶呢？六十元一两的可以不出咸味，可也不怎么出香味，六十元一两啊！谁知道明天不就又长一倍呢！

恐怕呀，茶也得戒！我想，在戒了茶以后，我大概就有资格到西方极乐世界去了——要去就抓早儿，别把罪受够了再去！想想看，茶也须戒！

猫的早餐

多鼠斋的老鼠并不见得比别家的更多，不过也不比别处的少就是了。前些天，柳条包内，棉袍之上，毛衣之下，又生了一窝。

没法不养只猫子了，虽然明知道一买又要一笔钱，"养"也至少须费些平价米。

花了二百六十元买了只很小很丑的小猫来。我很不放心。单从身长与体重说，厨房中的老一辈的老鼠会一日咬两只这样的小猫的。我们用麻绳把咪咪拴好，不光是怕它跑了，而是怕它不留神碰上老鼠。

我们很怕咪咪会活不成的，它是那么瘦小，而且终日那么团着身哆哩哆嗦的。

人是最没办法的动物，而他偏偏爱看不起别的动物，替它们担忧。

吃了几天平价米和煮包谷，咪咪不但没有死，而且欢蹦乱跳的了。它是个乡下猫，在来到我们这里以前，它连米粒与包谷粒大概也没吃过。

我们只觉得有点对不起咪咪——没有鱼或肉给它吃，没有牛奶给它喝。猫是食肉动物，不应当吃素！

可是，这两天，咪咪比我们都要阔绰了；人才真是可怜虫呢！昨天，我起来相当的早，一开门咪咪骄傲的向我叫了一声，右爪按着个已半死的小老鼠。咪咪的旁边，还放着一大一小的两个死蛙——也是咪咪咬死的，而不屑于去吃，大概死蛙的味道不如老鼠的那么香美。

我怔住了，我须戒酒、戒烟、戒茶、甚至要戒荤，而咪咪——会有两只蛙，一只老鼠作早餐！说不定，它还许已先吃过两三个蚱蜢了呢！

最难写的文章

或问：什么文章难写？

答：自己不愿意写的文章最难写。比如说：邻居二大爷年七十，无疾而终。二大爷一辈子吃饭穿衣，喝两杯酒，与常人无异。他没立过功，没立过言。他少年时是个连模样也并不惊人的少年，到老年也还是个平平常常的老人，至多，我只能说他是个安分守己的好公民。可是，文人的灾难来了！二大爷的儿子——大学毕业，现在官居某机关科员——送过来讣文，并且诚恳的请赐挽词。我本来有两句可以赠给一切二大爷的挽词："你死了不能再见，想起来好不伤心！"可是我不敢用它来搪塞二大爷的科员少爷，怕他说我有意侮辱他的老人。我必须另想几句——近邻，天天要见面，假若我决定不写，科员少爷会恼我一辈子的。可是，老天爷，我写什么呢？

在这很为难之际，我真佩服了从前那些专凭作挽诗寿序挣饭吃的老文人了！你看，还以二大爷这件事为例吧，差不多除了扯谎，我简直没法写出一个字。我得说二大爷天生的聪明绝顶，可是还"别"说他虽聪明绝顶，而并没著过书，没发明过什么东西，和他在算钱的时候总是脱了袜子的。是的，我得把别人的长处硬派给二大爷，而把二大爷的短处一字不题。这不是作诗或写散文，而是替死人来骗活人！我写不好这种文章，因为我不喜欢扯谎。

在挽诗与寿序等而外，就得算"九一八"，"双十"与"元旦"什么的最难写了。年年有个元旦，年年要写元旦，有什么好写呢？每逢接到报馆为元旦增刊征文的通知，我就想这样回复："死去吧！省得年年教我吃苦！"可是又一想，它死了岂不又须作挽联啊？于是只好按住心头之火，给它挤凑几句——这不是我作文章，而是文章作我！说到这里，相应提出："救救文人！"的口号，并且希望科员少爷与报馆编辑先生网开一面，叫小子多活两天！

最可怕的人

我最怕两种人：第一种是这样的——凡是他所不会的，别人若会，便是罪过。比如说：他自己写不出幽默的文字来，所以他把幽默文学叫作文艺的脓汁，而一切有幽默感的文人都该加以破坏抗战的罪过。他不下一番工夫去考查考查他所攻击的东西到底是什么，而只因为他自己不会，便以为那东西该死。这是最要不得的态度，我怕有这种态度的人，因为他只会破坏，对人对己都全无好处。假若他作公务员，他便只有忌妒，甚至因忌妒别人而自己去作汉奸；假若他是文人，他便也只会忌妒，而一天到晚浪费笔墨，攻击别人，且自鸣得意，说自己颇会批评——其实是扯淡！这种人乱骂别人，而自己永不求进步；他污秽了批评，且使自己的心里堆满了尘垢。

第二种是无聊的人。他的心比一个小酒盅还浅，而面皮比墙还厚。他无所知，而自信无所不知。他没有不会干的事，而一切都莫名其妙。他的谈话只是运动运动唇齿舌喉，说不说与听不听都没有多大关系。他还在你正在工作的时候来"拜访"。看你正忙着，他赶快就说，不耽误你的工夫。可是，说罢便安然坐下了——两个钟头以后，他还在那儿坐着呢！他必须谈天气，谈空袭，谈物价，而且随时给你教训："有警报还是躲一躲好！"或是"到八月节物价还要涨！"他的这些话无可反驳，所以他会百说不厌，视为真理。我真怕这种人，他耽误了我的时间，而自杀了他的生命！

衣 [3]

对于英国人，我真佩服他们的穿衣服的本领。一个有钱的或善交际的英国人，一天也许要换三四次衣服。开会，看赛马，打球，跳舞……都须换衣服。据说：有人曾因穿衣脱衣的麻烦而自杀。我想这个自杀者并不是英国人。英国人的忍耐性使他们不会厌烦"穿"和"脱"，更不会使他们因此而自杀。

我并不反对穿衣要整洁，甚至不反对衣服要漂亮美观。可是，假若教我一天换几次衣服，我是也会自杀的。想想看，系钮扣解钮扣，是多么无聊的事！而钮扣又是那么多，那么不灵动，那么不起好感，假若一天之中解了又系，系了再解，至数次之多，谁能不感到厌世呢！

在抗战数年中，生活是越来越苦了。既要抗战，就必须受苦，我决不怨天尤人。再进一步，若能从苦中求乐，则不但可以不出怨言，而且可以得到一些兴趣，岂不更好呢！在衣食住行人生四大麻烦中，食最不易由苦中求乐，菜根香一定香不过红烧蹄膀！菜根使我贫血；"狮子头"却使我壮如雄狮！

住和行虽然不像食那样一点不能将就，可是也不会怎样苦中生乐。三伏天住在火炉子似的屋内，或金鸡独立的在汽车里挤着，我都想掉泪，一点也找不出乐趣。

只有穿的方面，一个人确乎能由苦中找到快活。七七抗战后，由家中逃出，我只带着一件旧夹袍和一件破皮袍，身上穿着一件旧棉袍。这三袍不够四季用的，也不够几年用的。所以，到了重庆，我就添置衣裳。主要的是灰布制服。这是一种"自来旧"的布作成的一下水就一蹶不振，永远难看。吴组缃先生名之为斯文扫地的衣服。可是，这种衣服给我许多方便——简直可以称之为享受！我可以穿着裤子睡觉，而不必担心裤缝直与不直；它反正永远不会直立。我可以不必先看看座位，再去坐下；我的宝裤不怕泥土污秽，它原是自来旧。雨天走路，我不怕汽车。晴天有空袭，我的衣服的老鼠皮色便是伪装。这种衣服给我舒适，因而有亲切之感。它和我好像多年的老夫妻，彼此有完全的了解，没有一点隔膜。

我希望抗战胜利之后，还老穿着这种困难衣，倒不是为省钱，而是为舒服。

行

朋友们屡屡函约进城，始终不敢动。"行"在今日，不是什么好玩的事。看吧，从北碚到重庆第一就得出"挨挤费"一千四百四十元。所谓挨挤费者就是你须到车站去"等"，等多少时间？没人能告诉你。幸而把车等来，你还得去挤着买票，假若你挤不上去，那是你自己的无能，只好再等。幸而票也挤到手，你就该到车上去挨挤。这一挤可厉害！你第一要证明了你的确是脊椎动物，无论如何你都能挺挺的立着。第二，你须证明在进化论中，你确是猴子变的，所以现在你才嘴手脚并用，全身紧张而灵活，以免被挤成像四喜丸子似的一堆肉。第三，你须有"保护皮"，足以使你全身不怕伞柄、胳臂肘、脚尖、车窗，等等的戳、碰、刺、钩；否则你会遍体鳞伤。第四，你须有不中暑发痧的把握，要有不怕把鼻子伸在有狐臭的腋下而不能动的本事……你须备有的条件太多了，都是因为你喜欢交那一千四百多元的挨挤费！

我头昏，一挤就有变成爬虫的可能，所以，我不敢动。

再说，在重庆住一星期，至少花五六千元；同时，还得耽误一星期的写作；两面一算，使我胆寒！

以前，我一个人在流亡，一人吃饱便天下太平，所以东跑西跑，一点也不怕赔钱。现在，家小在身边⁴，一张嘴便是五六个嘴一齐来，于是嘴与胆子乃适成反比，嘴越多，胆子越小！

重庆的人们哪，设法派小汽车来接呀，否则我是不会去看你们的。你们还得每天给我们一千元零花。烟、酒都无须供给，我已戒了。啊，笑话是笑话，说真的，我是多么想念你们，多么渴望见面畅谈呀！

狗

中国狗恐怕是世界上最可怜最难看的狗。此处之"难看"并不指狗种而言，而是与"可怜"密切相关。无论狗的模样身材如何，只要喂养得好，它便会长得肥肥胖胖的，看着顺眼。中国人穷。人且吃不饱，狗就更提不到了。因此，中国狗最难看；不是因为它长得不体面，而是因为它骨瘦如柴，终年夹着尾巴。

每逢我看见被遗弃的小野狗在街上寻找粪吃，我便要落泪。我并非是爱作伤感的人，动不动就要哭一鼻子。我看见小狗的可怜，也就是感到人民的贫穷。民富而后猫狗肥。

中国人动不动就说：我们地大物博。那也就是说，我们不用着急呀，我们有的是东西，永远吃不完喝不尽哪！哼，请看看你们的狗吧！

还有：狗虽那么找不着吃，（外国狗吃肉，中国狗吃粪；在动物学上，据说狗本是食肉兽。）那么随便就被人踢两脚，打两棍，可是它们还照旧的替人们服务。尽管它们饿成皮包着骨，尽管它们刚被主人踹了两脚，它们还是极忠诚的去尽看门守夜的责任。狗永远不嫌主人穷。这样的动物理应得到人们的赞美，而忠诚、义气、安贫、勇敢，等等好字眼都该归之于狗。可是，我不晓得为什么中国人不分黑白的把汉奸与小人叫作走狗，倒仿佛狗是不忠诚不义气的动物。我为狗喊冤叫屈！

猫才是好吃懒作，有肉即来，无食即去的东西。洋奴与小人理应被叫作"走猫"。

或者是因为狗的脾气好，不像猫那样傲慢，所以中国人不说"走猫"而说"走狗"？假若真是那样，我就又觉得人们未免有点"软的欺，硬的怕"了！

不过，也许有一种狗，学名叫作"走狗"；那我还不大清楚。

帽

在"七七"抗战后，从家中跑出来的时候，我的衣服虽都是旧的，而一顶呢帽却是新的。那是秋天在济南花了四元钱买的。

廿八年随慰劳团到华北去，在沙漠中，一阵狂风把那顶呢帽刮去，我变成了无帽之人。假若我是在四川，我便不忙于再去买一顶——那时候物价已开始要张开翅膀。可是，我是在北方，天已常常下雪，我不可一日无帽。于是，在宁夏，我花了六元钱买了一顶呢帽。在战前它公公道道的值六角钱。这是一顶很顽皮的帽子。它没有一定的颜色，似灰非灰，似紫非紫，似赭非赭，在阳光下，它仿佛有点发红，在暗处又好似有点绿意。我只能用"五光十色"去形容它，才略为近似。它是呢帽，可是全无呢意。我记得呢子是柔软的，这顶帽可是非常的坚硬，用指一弹，它嘡嘡的响。这种不知何处制造的硬呢会把我的脑门儿勒出一道小沟，使我很不舒服；我须时时摘下帽来，教脑袋休息一下！赶到淋了雨的时候，它就完全失去呢性，而变成铁筋洋灰了的。因此，回到重庆以后，我就是能不戴它就不戴；一看见它我就有点害怕。

因为怕它，所以我在白象街茶馆与友摆龙门阵之际，我又买了一顶毛织的帽子。这一顶的确是软的，软得可以折起来，我很高兴。

不幸，这高兴又是短命的。只戴了半个钟头，我的头就好像发了火，痒得很。原来它是用野牛毛织成的。它使脑门热得出汗，而后用那很硬的毛儿刺那张开的毛孔！这不是戴帽，而是上刑！

把这顶野牛毛帽放下，我还是得戴那顶铁筋洋灰的呢帽。经雨淋、汗沤、风吹、日晒，到了今年，这顶硬呢帽不但没有一定的颜色，也没有一定的样子了——可是永远不美观。每逢戴上它，我就躲着镜子；我知道我一看见它就必有斯文扫地之感！

前几天，花了一百五十元把呢帽翻了一下。它的颜色竟自有了固定的倾向，全体都发了红。它的式样也因更硬了一些而暂时有了归宿，它的确有点帽子样儿了！它可是更硬了，不留神，帽檐碰在门上或硬东西上，硬碰硬，我的眼中就冒了火花！等着吧，等到抗战胜利的那天，我首先把它用剪子铰碎，看它还硬不硬！

昨天

昨天一整天不快活。老下雨，老下雨，把人心都好像要下湿了！

有人来问往哪儿跑？答以：嘉陵江没有盖儿。[5]邻家聘女。姑娘有二十二三岁，不难看。来了一顶轿子，她被人从屋中掏出来，放进轿中；轿夫抬起就走。她大声的哭。没有锣鼓。轿子就那么哭着走了。看罢，我想起幼时在鸟市上买鸟。贩子从大笼中抓出鸟来，放在我的小笼中，鸟尖锐的叫。

黄狼夜间将花母鸡叼去。今午，孩子们在山坡后把母鸡找到。脖子上咬烂，别处都还好。他们主张还炖一炖吃了。我没拦阻他们。乱世，鸡也该死两遭的！

头总是昏。一友来，又问："何以不去打补针？"我笑而不答，心中很生气。

正写稿子，友来。我不好让他坐。他不好意思坐下，又不好意思马上就走。中国人总是过度的客气。

友人函告某人如何，某事如何，即答以："大家肯把心眼放大一些，不因事情不尽合己意而即指为恶事，则人世纠纷可减半矣！"发信后，心中仍在不快。

长篇小说越写越不像话，而索短稿者且夥，颇郁郁！

晚间屋冷话少，又戒了烟，呆坐无聊，八时即睡。这是值得记下来的一天——没有一件痛快事！在这样的日子，连一句漂亮的话也写不出！为什么我们没有伟大的作品哪？哼，谁知道！[6]

二、旧诗与贫血

雾季又到，回教协会邀我和宋之的先生合写以回教为主题的话剧。我们就写了《国家至上》。这剧本，在重庆，成都，昆明，大理，香港，桂林，兰州，恩施，都上演过。它是抗战文艺中一个成功的作品。因写这剧本，我结识了许多回教的朋友。有朋友，就不怕穷。我穷，我的生活不安定，可是我并不寂寞。

二十九年冬，因赶写《面子问题》[7]剧本，我开始患头晕。生活苦了，营养不足，又加上爱喝两杯酒，遂患贫血。贫血遇上努力工作，就害头晕——一低头就天旋地转，只好静卧。这个病，至今还没好，每年必犯一两次。病一到，即须卧倒，工作完全停顿！着急，但毫无办法。有人说，我的作品没有战前的那样好了。我不否认。想想看，抗战中，我是到处流浪，没有一定的住处，没有适当的饭食，而且时时有晕倒的危险，我怎能写出字字珠玑的东西来呢？ [8]

在过去的二年里 [9]，有两桩事仿佛已在我的生活中占据了地位：一桩是夏天必作几首旧诗，另一桩是冬天必患头晕。

对于旧诗，我并没有下过多少工夫，所以非到极闲在的时节，决不动它。所谓"极闲在"者，是把游山玩水的时候也除外，因为在山水之间游耍，腿脚要动，眼睛要看，心中要欣赏，虽然没有冗屑缠绕，到底不像北窗高卧那样连梦也懒得作。况且，名山大川与古迹名胜，已经被古人诔赞过不知多少次，添上自己一首半首不甚像样子的诗，只是献丑而已，大可以不必多此一举。赶到心中真有所感而诗兴大发了，我也是去诌几行白话诗，即使不能道前人之所未道，到底在形式上言语上还可以不落旧套，写在纸上或野店的泥壁上多少另有点味道。这样的连在山水之间都不大作旧诗，手与心便无法不越来越钝涩，渐渐的仿佛把平仄也分不清楚了似的。

可是，在过去的二年中，我似乎添了个"旧诗季节"。这是在夏天。两年来，身体总是时常出毛病，不知哪时就抛了锚；所以一入夏便到乡间去住，以避城市的忙乱，庶几可以养心。四川的乡间，不像北方的村庄那样二三百户住在一处，而只是三五人家，连个卖酒的小铺也找不到。要去赶场，才能买到花生米，而场之所在往往是十里以外。要看朋友，也往往须走十里八里。农家男女都有他们自己的工作与生活，可是外人插不进手去：看他们插秧，放牛，拔草，种菜，说笑，只是"看"着而已。有时候，从朝至夕没地方去说一句话！按说，在这个环境下，就应当埋头写作，足不出户了。但是不行。我是来养心，不是来拼命。即使天天要干活，也必须有个一定的限制，一天只写，比如说，一千字；不敢贪多。这样，写完了这一千字或五百字，便心无一事，只等日落就寝。到晚间，连个鬼也看不见。在这时节，我的确是"极"闲在了。

人是奇怪的东西，太忙了不好，太闲了也不好。当我完全无事作的时候，身体虽然闲在，脑子却不能像石头那样安静。眼前的山水竹树与草舍茅亭都好像逼着我说些什么；在我还没有任何具体的表示的时候，我的口中已然哼哼起来。哼的不是歌曲或文章，而是一种有腔无字的诗。我不能停止在这里，哼着哼着便不由的去想些词字，把那空的腔调填补起来；结果，便成了诗，旧诗。

去夏我作了十几首，有相当好的，也有完全要不得的¹⁰。今年夏天，又作了十几首，差不多没有一首像样儿的。我只是那么哼，哼出字来便写在纸上，并不拧着眉毛去推敲，因为这本是一时的兴之所至，够自己哼哼着玩的使己满意，故无须死下功夫也。兹将村居四首写录出来，并无"此为样本"的意思，不过是多少也算生活上的一点微痕而已：

> 茅屋风来夏似秋，日长竹影引清幽。
> 山前林木层层隐，雨后溪沟处处流。
> 偶得新诗书细字，每赊村酒润闲秋；
> 中年喜静非全懒，坐待鹃声午夜收。

> 半老无官诚快事，文章为命酒为魂。
> 深情每祝花长好，浅醉唯知诗至尊！
> 送雨风来吟柳岸，借书人去掩柴门。
> 庄生蝴蝶原游戏，茅屋孤灯照梦痕。

> 中年无望返青春，且作江湖流浪人；
> 贫未亏心眉不锁，钱多买酒友相亲。
> 文惊俗子千铢贵，诗写幽情半日新，
> 若许太平鱼米贱，乾坤为宅置闲身。

> 历世于今五九年，愿尝死味懒修仙。
> 一张苦脸唾犹笑，半老白痴醉且眠。
> 每到艰危诗入蜀，略知离乱命由天；
> 若应啼泪须加罪，敢盼来生代杜鹃！

夏天，能够住在有竹林的乡间，喝两杯白干，谄几句旧诗，不论怎么说，总算说得过来。一到冬天，在过去的两年里，可就不这么乐观了。冬天，我总住在城里。人多，空气坏，饮食欠佳，一面要写文卖钱，一面还要办理大家委托的事情；于是，由忙而疲，由疲而病；平价米的一些养份显然是不够支持这部原本不强健的躯体的。一病倒，诸事搁浅；以吃药与静卧代替了写作与奔走。用不着着急生气呀，病魔是立意要折磨人的，并不怕我们向他恫吓与示威啊。病，客观的来说，会使人多一些养气的工夫。它用折磨，苦痛，挑动人，压迫你；你可千万别生气，别动肝火，那样一来，病便由小而大，由大而重，甚至带着你的生命凯歌而归。顶好，不抵抗，逆来顺受，使它无可如何。多咱它含羞而退，你便胜利了。就是这样，我总是慢慢的把病魔敷衍走；大半已是春天了。春残夏到，我便又下了乡，留着神，试着步，天天写一点点文章；闲来无事便哼一半首诗。[11]

三、四大皆空

"七七"抗战后，我由济南逃出来。北平又像庚子那年似的被鬼子占据了。可是母亲日夜惦念的幼子却跑西南来。母亲怎样想念我，我可以想像得到，可是我不能回去。每逢接到家信，我总不敢马上拆看，我怕，怕，怕，怕有那不祥的消息。人，即使活到八九十岁，有母亲便可以多少还有点孩子气。失了慈母便像花插在瓶子里，虽然还有色有香，却失去了根。有母亲的人，心里是安定的。我怕，怕，怕家信中带来不好的消息，告诉我已是失了根的花草。

去年一年，我在家信中找不到关于老母的起居情况。我疑虑，害怕。我想像得到，若有不幸，家中念我流亡孤苦，或不忍相告。母亲的生日是在九月，我在八月半写去祝寿的信，算计着会在寿日之前到达。信中嘱咐千万把寿日的详情写来，使我不再疑虑。十二月二十六日，由文化劳军的大会上回来，我接到家信。我不敢拆读。就寝前，我拆开信，母亲已去世一年了！[12]

几天来，我不能工作。因为我要作写家，所以苦了老母，她可是永没有说过一句怨言。她不认字，每当我回家的时候，她可是总含笑的问："又写书哪？"这是最伟大的鼓励，她情愿受苦，决不拦阻儿子写书！[13]

生命是母亲给我的。我之能长大成人，是母亲的血汗灌养的。我之能成为一个不十分坏的人，是母亲感化的。我的性格，习惯，是母亲传给的。她一世未曾享过一天福，临死还吃的是粗粮。唉！还说什么呢？心痛！心痛！[14]

我到成都，见到齐大的老友们。他们说：齐大在济南的校舍已完全被敌人占据，大家的一切东西都被劫一空，连校园内的青草也被敌马啃光了。

好，除了我、妻、儿女，五条命以外，什么也没有了！而这五条命能否有足够维持的衣食，不至于饿死，还不敢肯定的说。她们的命短呢，她们死；我该归阴呢，我死。反正不能因为穷困死亡而失了气节！因爱国，因爱气节，而稍微狠点心，恐怕是有可原谅的吧？

器物现金算得了什么呢？将来再买再挣就是了！呕，恐怕经了这次教训，就永不购置像样儿的东西，以免患得患失，也不会再攒钱，即使是子女的教育费。我想，在抗战胜利以后，有了钱便去旅行，多认识认识国内名山大川，或者比买了东西更有意义。至于书籍，虽然是最喜爱的东西，也不应再自己收藏，而是理应放在公众图书馆里的。[15]

1. 台静农作《我与老舍与酒》，竟然不说创作成绩，专门谈喝酒，以之庆贺老舍写作二十年纪念：

……（在青岛）我们便厮熟了，常常同几个朋友吃馆子，喝着老酒，黄色，像绍兴的竹叶青，又有一种泛紫黑色的，味苦而微甜。据说同老酒一样的原料，故叫作苦老酒，味道是很好的，不在绍兴酒之下。直到现在，我想到老舍兄时，便会想到苦老酒。有天傍晚，天气阴霾，北风虽不大，却马上就要下雪似的，老舍忽然跑来，说有一家新开张的小馆子，卖北平的炖羊肉，于是同石荪仲纯两兄一起走在马路上，我私下欣赏着老舍的皮马褂，确实长得可以，几乎长到皮袍子一大半，我在北平中山公园看过新元史的作者八十岁翁穿过这么长的一件外衣，他这一身要算是第二件了。

……接他来信，要我出席鲁迅先生二周年祭报告，当我到了重庆的晚上，适逢一位病理学者拿了一瓶地道的茅台酒；我们三个人在×市酒家喝了。几天后，又同几个朋友喝了一次绍兴酒，席上有何容兄，似乎喝到他死命的要喝时，可是不让他再喝了。这次见面，才知道他的妻儿还留在北平。武汉大学请他教书去，没有去，他不愿意图个人的安适，他要和几个朋友支持着"文协"，但是，他已不是青岛时的老舍了，真个清癯了，苍老了，面上更深刻着苦闷的条纹了。三十年春天，我同建功兄去重庆，出他意料之外，他高兴得"破产请客"。

……这三年的期间，活下去大不容易，我个人的变化并不少，老舍兄的变化也不少罢，听说太太从北平带着小孩来了，应该有些慰安了，却又害了一场盲肠炎。能不能再喝几盅白酒呢？这个是值得注意的事，因为战争以来，朋友们往往为了衰病都喝不上酒了；至于穷喝不起，那又当别论。话又说回来了，在老舍兄写作二十年纪念日，我竟说了一通酒话，颇像有意剔出人家的毛病来，不关祝贺，情类告密，以嗜酒者犯名士气故耳。

节选自台静农《我与老舍与酒》，见舒济编《老舍和朋友们》，北京：三联书店，1991年，第113页。

2. 老舍自己的文字记录有三次醉酒：

第一次是在北平，我正住在翊教寺一家公寓里。好友卢嵩庵从柳泉居运来一坛子"竹叶青"。又约来两位朋友——内中有一位是不会喝的——大家就抄起茶碗来。坛子虽大，架不住茶碗一个劲进攻；月亮还没上来，坛子已空。……一睁眼已经红日东升了。

第二次是在天津，和朱荫棠在同福楼吃饭，各饮绿茵陈二两。吃完饭，到一家茶肆去品茗。我朝窗坐着，看见了一轮明月，我就吐了。这回决不是酒的作用，毛病是在月亮。

第三次是在伦敦。那里的秋月是什么样子，我说不上来——也许根本没有月亮其物。中国工人俱乐部里有多人凑热闹，我和沈刚伯也去喝酒。我们俩喝了两瓶葡萄酒。酒是用葡萄还是葡萄叶儿酿的，不可得而知，反正价钱很便宜；我们俩自古至今总没作过财主。喝完，各自回寓所。一上公众汽车，我的脚忽然长了眼睛，专找别人的脚尖去踩。这回可不是月亮的毛病。

节选自《抬头见喜》，《老舍全集》（第十三卷），北京：人民文学出版社，2013年，第783—784页。

3. 张爱玲有《更衣记》，普遍地谈女人因时而易的着装；若是换了男人，老舍最有资格说。二十世纪，中国人在中装、西装里变化服饰，但西服本土化的中山装曾更为煊赫。这一时代，中装、西装、中山装的变化与社会政治的互动非常明显，尤其是那些身披时代风雨的知识分子的穿着。中国现代文学作家是这样，老舍可为代表，他们的穿着应是文化批评的重要对象。老舍几十年里的照片，时而着中装（皮袍、长衫、大袄、小褂），以西装和中山装为主。老舍着装，中装标志不了其社会身份，而西装略微标志着文化选择，中山装体现身份立场与政治认同，历史蕴含更丰富。老舍着装的数十年历史演变，是民族、国家、政治态度的隐喻。徐德明有专文《老舍着装的历史内涵与精神表征》。

4. 1943年9月9日，胡絜青携子女逃离北平，辗转数省，10月28日到了重庆。

5. 以上节选自《致王冶秋》，《老舍全集》（第十五卷），北京：人民文学出版社，2013年，第605页。彼时日军偷袭重庆，众人纷纷准备再次撤退。友人关切问及老舍，老舍曾说"北面就是滔滔的嘉陵江，那里便是我的归宿"。此话传出后，又得众友人来信询问、劝阻。1944年老舍给王冶秋的信中说："跳江之计是句实谈，也是句实话。假若不幸敌人真攻进来，我们有什么地方，方法，可跑呢？蓬子说可同他的家眷避到广安去。广安有什么安全？丝毫也看不出！不用再跑了，坐等为妙；嘉陵江又近又没盖儿！"也体现了姚蓬子以战事渐近探老舍的口风，也一样是"碰了个钉子"。

6. 以上节选自《多鼠斋杂谈》，《老舍全集》（第十五卷），北京：人民文学出版社，2013年，第398—409页。

7. 话剧《面子问题》1941年4月由正中书局出版。

8. 以上节选自《八方风雨》，《老舍全集》（第十四卷），北京：人民文学出版社，2013年，第399页。

9. 指1941年至1942年。

10. 诗作有《北碚辞岁》："雾里梅花江上烟，小三峡里又新年。病中逢酒仍须醉，家在卢沟桥北边。"《述怀》："辛酸步步向西来，不到河清眉不开！身后声名留气节，眼前风物愧诗才；论人莫逊春秋笔，入世方知圣哲哀；四海飘零余一死；青天尚在敢心灰！"

11. 以上节选自《旧诗与贫血》，《老舍全集》（第十四卷），北京：人民文学出版社，2013年，第331—333页。

12. 以上节选自《我的母亲》，《老舍全集》（第十四卷），北京：人民文学出版社，2013年，第330页。

13. 本段节选自《讣告》，《老舍全集》（第十四卷），北京：人民文学出版社，2013年，第335—336页。

14. 本段节选自《我的母亲》，《老舍全集》（第十四卷），北京：人民文学出版社，2013年，第330页。

15. 本段节选自《四大皆空》，《老舍全集》（第十四卷），北京：人民文学出版社，2013年，第341—342页。

第八节　"文牛"与"愚人"

一、文牛

这时候，我已移住白象街新蜀报馆[1]。青年会被炸了一部分，宿舍已不再办。

夏天，我下乡，或去流荡；冬天便回到新蜀报馆，一面写文章，一面办理"文协"的事。"文协"也找到了新会所，在张家花园。

物价像发疯似的往上涨。文人们的生活都非常的困难。我们已不能时常在一处吃饭喝酒了，因为大家的口袋里都是空空的。"文协"呢有许多会员到桂林和香港去，人少钱少，也就显着冷落。可是，在重庆的几个人照常的热心办事，不肯教它寂寂的死去。办事很困难，只要我们动一动，外边就有谣言，每每还遭受了打击。我们可是不灰心，也不抱怨。我们诸事谨慎，处处留神。为了抗战，我们甘心忍受一切的委屈。

我的身体也越来越坏，本来就贫血，又加上时常"打摆子"（川语，管疟疾叫打摆子），所以头晕病更加重了。[2]不留神，猛一抬头，或猛一低头，眼前就黑那么一下，老使人有"又要停电"之感！每天早上，总盼着头不大昏，幸而真的比较清爽，我就赶快的高高兴兴去研墨，期望今天一下子能写出两三千字来。墨研好了，笔也拿在手中，也不知怎么的，头中轰的一下，生命成了空白，什么也没有了，除了一点轻微的嗡嗡的响声。这一阵好容易过去了，脑中开始抽着疼，心中烦躁得要狂喊几声！只好把笔放下——文人缴械！一天如此，两天如此，忍心的，耐性的敷衍自己："明天会好些的！"第三天还是如此，我开

220

始觉得："我完了！"放下笔，我不会干别的！是的，我晓得我应当休息，并且应当吃点补血的东西——豆腐、猪肝、猪脑、菠菜、红萝卜等。但是，这年月谁休息得起呢？紧写慢写还写不出香烟钱怎敢休息呢？至于补品，猪肝岂是好惹的东西，而豆腐又一见双眉紧皱，就是菠菜也不便宜啊。如此说来，理应赶快服点药，使身体从速好起来，可是西药贵如金，而中药又无特效。怎办呢？到了这般地步，我不能不后悔当初为什么单单选择这一门职业了！唱须生的倒了嗓子，唱花旦的损了面容，大概都会明白我的苦痛：这苦痛是来自希望与失望的相触，天天希望，天天失望，而生命就那么一天天的白白的摆过去，摆向绝望与毁灭！

最痛苦是接到朋友征稿的函信的时节。

朋友不仅拿你当作个友人，而且是认为你是会写点什么的人。可是，你须向友人们道歉；你还是你，你也已经不是你——你已不能够作了！

吃的是草，**挤**出的是牛奶；可是，文人的身体并不和牛一样壮，怎办呢？ ³

不过，头晕**并没完**全阻止了我的写作。只要能挣扎着起床，我便拿起笔来，等头晕得不能坐立，再把它放下。就是在这么挣扎的情形下，八年中我写了：

鼓词，十来段。旧剧，四五出。话剧，八本。短篇小说，六七篇。长篇小说，三部。长诗，一部。此外还有许多篇杂文。

这点成绩，由质上量上说都没有什么了不起。不过，把病痛，困苦，与生活不安定，都加在里面，即使其中并无佳作，到底可以见出一点努力的痕迹来了。

二、愚人

书虽出了不少，而钱并没拿到几个。战前的著作大致情形是这样的：商务的三本（《老张的哲学》，《赵子曰》，《二马》），因沪馆与渝馆的失去联系，版税完全停付；直到三十二年才在渝重排。《骆驼祥子》，《樱海集》，《牛天赐传》，《老牛破车》⁴四书，因人间书屋已倒全无消息。到三十一年，我才把《骆驼祥子》交文化生活出版社重排。《牛天赐传》到最近才在渝出版。《樱海集》与《老牛破车》都无机会在渝付印。其余的书的情形大略与此相同，所以版税收入老那么似有若无。在抗战中写的东西呢，像鼓词，旧剧等，本是为宣传抗战而写的，自然根本没想到收入。话剧与鼓词，目的在学习，也谈不到生意经。只有小说能卖，可是因为学写别的体裁，小说未能大量生产，收入就不多。[5]

我的资本很小，纸笔墨砚而已。我的生活可以按照自己的意思安排，白天睡，夜里醒着也好，昼夜都不睡也可以；一日三餐也好，八餐也好！反正我是在我自己的屋里操作，别人也不能敲门进来，禁止我把脚放在桌子上。专凭这一点自由，我就不能不满意我的职业。况且，写得好吧歹吧，大致都能卖出去，喝粥不成问题，倒也逍遥自在；虽然因此而把妒忌我的先生们鼻子气歪，我也没法子代他们去搬正！

可是，在近几个月来，也不知怎么我也失去了自信，而时时不满意我的职业了。这是吉是凶，且不去管，我只觉得"不大是味儿"！心里很不好过！

我的职业是"写"。只要能写，就万事亨通。可是，近来我写不上来了！问题严重得很，我不晓得生了娃娃而没有奶的母亲怎样痛苦，我可是晓得我比她还更痛苦。没有奶，她可以雇乳娘，或买代乳粉，我没有这些便利。写不出就是写不出，找不到代替品与代替的人。

天天能写一点，确实能觉得很自由自在，赶到了一点也写不出的时节呀，哈哈，你便变成世界上最痛苦的人！你的自由，闲在，正是你的刑罚；你一分钟一分钟无结果的度过，也就每一分钟都如坐针毡！你不但失去工作与报酬，你简直失去了你自己！

一夏天除了阴雨，我的卧室兼客厅兼饭堂兼浴室兼书房的书房，热得老像一只大火炉。夜间一点钟以后，我才能勉强的进去睡。睡不到四个小时，我就必须起来，好乘早凉儿工作一会儿；一过午，屋内即又放烤炉。一夏天，我没有睡足。睡不足，写的也就不多，一拿笔就觉得困啊。我很着急，但是想不出办法。缙云山上必定凉快，谁去得起呢！[6]

不过，写作的成绩虽不好，收入也虽欠佳，可是我到底学习了一点新的技巧与本事。这就"不虚此写"！一个文人本来不是商人，我又何必一定老死盯着钱呢？没有饿死，便是老天爷的保佑；若专算计金钱，而忘记了多学习，多尝试，则未免挂羊头而卖狗肉矣。我承认八年来的成绩欠佳，而不后悔我的努力学习。我承认不计较金钱，有点愚蠢，我可也高兴我肯这样愚蠢；天下的大事往往是愚人干出来的。

有许多去教书的机会，我都没肯去：一来是，我的书籍，存在了济南，已全部丢光；没有书自然没法教书。二来是，一去教书，势必就耽误了乱写，我不肯为一点固定的收入而随便搁下笔。笔是我的武器，我的资本，也是我的命。[7]

三、文艺与木匠

一位木匠的态度，据我看：（一）要作个好木匠；（二）虽然自己已成为好木匠，可是绝不轻看皮匠、鞋匠、泥水匠，和一切的匠。

此态度适用于木匠，也适用于文艺写家。我想，一位写家既已成为写家，就该不管怎么苦，工作怎样繁重，还要继续努力，以期成为好的写家，更好的写家，最好的写家。同时，他须认清：一个写家既不能兼作木匠、瓦匠，他便该承认五行八作的地位与价值，不该把自己视为至高无上，而把别人踩在脚底下。

我有三个小孩。除非他们自己愿意，而且极肯努力，作文艺写家，我决不鼓励他们，因为我看他们作木匠、瓦匠、或作写家，是同样有意义的，没有高低贵贱之别。

假若我的一个小孩决定作木匠去，除了劝告他要成为一个好木匠之外，我大概不会絮絮叨叨的再多讲什么，因为我自己并不会木工，无须多说废话。

假若他决定去作文艺写家，我的话必然的要多了一些，因为我自己知道一点此中甘苦。

第一，我要问他：你有了什么准备？假若他回答不出，我便善意的，虽然未必正确的，向他建议：你先要把中文写通顺了。所谓通顺者，即字字妥当，句句清楚。假若你还不能作到通顺，请你先去练习文字吧，不要开口文艺，闭口文艺。文字写通顺了，你要"至少"学会一种外国语，给自己多添上一双眼睛。这样，中文能写通顺，外国书能念，你还须去生活。我看，你到三十岁左右再写东西，绝不算晚。

第二，我要问他：你是不是以为作家高贵，木匠卑贱，所以才舍木工而取文艺呢？假若你存着这个心思，我就要毫不客气的说：你的头脑还是科举时代的，根本要不得！况且，去学木工手艺，即使不能成为第一流的木匠，也还可以成为一个平常的木匠，即使不能有所创造，还能不失规矩的仿制；即使供献不多，也还不至于糟踏东西。至于文艺呢，假若你弄不好的话，你便糟践不知多少纸笔，多少时间——你自己的，印刷人的，和读者的；罪莫大焉！你看我，已经写作了快二十年，可有什么成绩？我只感到愧悔，没有给人盖成过一间小屋，作成过一张茶几，而只是浪费了多少纸笔，谁也不曾得到我一点好处？高贵吗？啊，世上还有高贵的废物吗？

第三，我要问他：你是不是以为作写家比作别的更轻而易举呢？比如说，作木匠，须学好几年的徒，出师以后，即使技艺出众，也还不过是默默无闻的匠人；治文艺呢，你可以用一首诗，一篇小说，而成名呢？我告诉你，你这是有意取巧，避重就轻。你要知道，你心中若没有什么东西，而轻巧的以一诗一文成了名，名适足以害了你！名使你狂傲，狂傲即近于自弃。名使你轻浮、虚伪。文艺不是轻而易举的东西，你若想借它的光得点虚名，它会极厉害的报复，使你不但挨不近它的身，而且会把你一脚踢倒在尘土上！得了虚名，而丢失了自己，最不上算。

第四，我要问他：你若干文艺呢，是不是要干一辈子？假若你只干一年半载，得点虚名便闪躲开，借着虚名去另谋高就，你便根本是骗子！我宁愿你死了，也不忍看你作骗子！你须认定：干文艺并不比作木匠高贵，可是比作木匠还更艰苦。

在文艺里找慈心美人，你算是看错了地方！

第五，我要告诉他：你别以为我干这一行，所以你也必须来个“家传”。世上有用的事多得很，你有择取的自由。我并不轻看文艺，正如同我不轻看木匠。我可是也不过于重视文艺，因为只有文艺而没有木匠也成不了世界。我不后悔干了这些年的笔墨生涯，而只恨我没能成为好的写家。作官教书都可以辞职，我可不能向文艺递辞呈，因为除了写作，我不会干别的；已到中年，又极难另学会些别的。这是我的痛苦，我希望你别再来一回。不过，你一定非作写家不可呢，你便须按着前面的话去准备，我也不便绝对不同意，你有你的自由。你可得认真的去准备啊！[8]

————————————

1．重庆白象街在望龙门和太平门之间。相传，那城墙边原来有一巨石，像一头象，取名白象。白象街 15 号是 1897 年宋育仁主办的《渝报》和 1924 年萧楚女任主笔的《新蜀报》报社旧址。1938 年，老舍移居白象街新蜀报馆。

2．以上节选自《八方风雨》，《老舍全集》（第十四卷），北京：人民文学出版社，2013 年，第 401 页。

3．以上节选自《文牛》，《老舍全集》（第十五卷），北京：人民文学出版社，2013 年，第 412–413 页。

4．《老牛破车》1937 年 4 月由人间书屋初版印行。书中收入的文章，都是省思自己已经出版的作品，中国现代作家如此反思、苛求自己的作家，仅老舍而已。

5．以上节选自《八方风雨》，《老舍全集》（第十四卷），北京：人民文学出版社，2013 年，第 402 页。

6．以上节选自《文牛》，《老舍全集》（第十五卷），北京：人民文学出版社，2013 年，第 411–412 页。缙云山是避暑之地，官绅奸商可以去得，老舍没有资本。

7．以上节选自《八方风雨》，《老舍全集》（第十四卷），北京：人民文学出版社，2013 年，第 402–403 页。

8．以上节选自《文艺与木匠》，《老舍全集》（第十五卷），北京：人民文学出版社，2013 年，第 379–381 页。以木匠比文艺家，未尝没有耶稣为木匠的潜意识支配，老舍是个基督徒。他在这里提倡要有两种语言，至少有一门外语，二十世纪五十年代老舍还对工人作家重提这个看法——一个始终不变的作家要求。衡之于过去、现在，这都是一个高标准。

第九节　在北碚

一、北碚

北碚是嘉陵江上的一个小镇子，离重庆有五十多公里，这原是个很平常的小镇市；但经卢作孚[1]与卢子英[2]先生们的经营，它变成了一个"试验区"。在抗战中，因有许多学校与机关迁到此处，它又成了文化区。市面自然也就跟着繁荣起来。它的整洁的旅舍，相当大的饭馆，浴室，和金店银行。它也有公园，体育场，戏馆，电灯，和自来水。它已不是个小镇，而是个小城。它的市外还有北温泉公园，可供游览及游泳；有山，山上住着太虚大师[3]与法尊法师[4]，他们在缙云寺中设立了汉藏理学院，教育年青的和尚。

二十八、二十九两年，此地遭受了轰炸，炸去许多房屋，死了不少的人。可是随炸随修。它的市容修改得更整齐美丽了。这是个理想的住家的地方。具体而微的，凡是大都市应有的东西，它也都有。它有水路，旱路直通重庆，百货可以源源而来。它的安静与清洁又远非重庆可比。它还有自己的小小的报纸呢。

林语堂先生在这里买了一所小洋房。在他出国的时候，他把这所房交给老向先生与"文协"看管着。因此，一来这里有许多朋友，二来又有住处，我就常常来此玩玩。在复旦，有陈望道[5]，陈子展[6]，章靳以[7]，马宗融，洪深[8]，赵松庆[9]，伍蠡甫[10]，方令孺[11]诸位先生；在编译馆，有李长之[12]，梁实秋[13]，隋树森[14]，阎金锷[15]，老向诸位先生；在礼乐馆，有杨仲子[16]，杨荫浏[17]，卢前，张充和[18]诸位先生；此处还有许多河北的同乡；所以我喜欢来到此处。虽然他们都穷，但是轮流着每家吃一顿饭，还不至于教他们破产。[19]

二、《火葬》[20]

在抗战中，因为忙，病，与生活不安定，很难写出长篇小说来。连短篇也不大写了，这是因为忙，病，与生活不安定之外，还有稍稍练习写话剧及诗等的缘故。从一九三八年到一九四三年，我只写了十几篇短篇小说，收入《火车集》[21]与《贫血集》[22]。《贫血集》这个名字起得很恰当，从一九四〇年冬到现在（一九四四年春），我始终患着贫血病。每年冬天只要稍一劳累，我便头昏；若不马上停止工作，就必由昏而晕，一抬头便天旋地转。天气暖和一点，我的头昏也减轻一点，于是就又拿起笔来写作。按理说，我应当拿出一年半载的时间，作个较长的休息。可是，在学习上，我不肯长期偷懒；在经济上，我又不敢以借债度日。因此，病好了一点，便写一点；病倒了，只好"高卧"。于是，身体越来越坏，作品也越写越不像话！在《火车》与《贫血》两集中，惭愧，简直找不出一篇像样子的东西！[23]

三十一年夏天，我又来到北碚，写长篇小说《火葬》，从这一年春天，空袭就很少了；即使偶尔有一次，北碚也有防空洞，而且不必像在重庆那样跑许多路。[24]

天奇暑，乃五时起床，写至八时即止，每日可得千余字。本拟写中篇，但已得五六万字，仍难收笔，遂改作长篇。九月尾，已获八万余字，决于双十日完卷，回渝。十月四日入院割治盲肠，一切停顿。二十日出院，仍须卧床静养。时家属已由北平至宝鸡；心急而身不能动，心乃更急。赖友好多方协助，家属于十一月中旬抵碚。二十三日起，缓缓补写小说；伤口平复，又患腹疾，日或仅成三五百字。十二月十一日写完全篇，约十一万字，是为《火葬》。它要告诉人们，在战争中敷衍与怯懦怎么恰好是自取灭亡。

五年多未写长篇，执笔即有畏心；越怕越慌，致失去自信。天气奇暑，又多病痛，非极勉强的把自己机械化了，便没法写下去。可是，把身心都机械化了，是否能写出好作品呢？过度的勉强每每使写作变成苦刑。我吸烟，喝茶，

227

愣着，擦眼镜，在屋里乱转，着急，出汗，而找不到我所需要的字句。勉强得到的几句，绝对不是由笔中流出来的，而是硬把文字堆砌起来的破砖乱瓦，是没法修改的，最好的方法是把纸撕掉另写。另写么，我早已精疲力尽！只好勉强的留下那些破烂儿吧。这不是文艺创作，而是由夹棍夹出来的血！²⁵ 故事的地方背景是由我心里钻出来的。我要写一个被敌人侵占了的城市，可是抗战数年来，我并没有在任何沦陷过的地方住过。只好瞎说吧。这样一来，我的"地方"便失去读者连那里的味道都可以闻见的真切。

我想多方面的去写战争，可是我到处碰壁，大事不知，小事知而不详。我没有足以深入的知识与经验。我只画了个轮廓，而没能丝丝入扣的把里面填满。

有人说我写东西完全是瞎碰，碰好就好，碰坏就坏，因为我写的有时候相当的好，有时候极坏。我承认我有时候写得极坏，但否认瞎碰。文艺不是能瞎碰出来的东西。作家以为好的，读者未必以为好，见仁见智，正自不易一致。不过，作者是否用了心，他自己却知道得很清楚。像《火葬》这样的作品，要是搁在抗战前，我一定会请它到字纸篓中去的。现在，我没有那样的勇气。这部十万多字的小说，一共用了四个多月的光阴。光阴即便是白用的，可是饭食并不白来。十行纸——连写抄副本——用了四刀，约计一百元。墨一锭，一百二十元——有便宜一点的，但磨到底还是白的。笔，每枝只能写一万上下字，十枝至少须用二百元。求人抄副本共用了一千一百元。请问：下了这么大的本钱，我敢轻于把它丢掉么？我知道它不好，可是没法子不厚颜去发表。我并没瞎碰，而是作家的生活碰倒了我！这一点声明，我并不为求人原谅我自己，而是为教大家注意一点作家的生活应当怎样改善。假若社会上还需要文艺，大家就须把文艺作家看成个也非吃饭喝茶不可的动物。抗战是艰苦的，文人比谁都晓得更清楚，但是在稿费比较纸笔费还要少的情形下，他们也只好去另找出路了。²⁶

三、盲肠与家计

十月初，我得了盲肠炎，这个病与疟疾，在抗战中的四川是最流行的；大家都吃平价米，里边有许多稗子与稻子。一不留神把它们咽下去，入了盲肠，便会出毛病。空袭又多，每每刚端起饭碗警报器响了；只好很快的抓着吞咽一碗饭或粥，顾不得细细的挑拣；于是盲肠炎就应运而生。

我入了江苏医院。外科主任刘玄三先生亲自动手。他是北方人，技术好，又有个热心肠。可是，他出了不少的汗。找了三个钟头才找到盲肠。我的胃有点下垂，盲肠挪了地方，倒仿佛怕受一刀之苦，而先藏躲起来似的。经过还算不错，只是外边的缝线稍粗（战时，器材缺乏），创口有点出水，所以多住了几天院。

我还没出院，家眷由北平逃到了重庆。只好教他们上北碚来。我还不能动。多亏史叔虎，李效阆两位先生——都是我的同学——设法给他们找车，他们算是连人带行李都来到北碚。

从这时起，我就不常到重庆去了。交通越来越困难，物价越来越高；进一次城就仿佛留一次洋似的那么费钱。除了“文协”有最要紧的事，我很少进城。

妻絜青在编译馆找了个小事，月间拿一石平价米，我照常写作，好歹的对付着过日子。

按说，为了家计，我应去找点事作。但是，一个闲散惯了的文人会作什么呢？不要说别的，假若从武汉撤退的时候，我若只带二三百元（这并不十分难筹）的东西，然后一把搂一把的去经营，总不定我就会成为百万之富的人。有许多人，就是这样的发了财的。但是，一个人只有一个脑子，要写文章就顾不得作买卖，要作生意就不用写文章。[27]脑子之外，还有志愿呢。我不能为了金钱而牺牲了写作的志愿。那么，去作公务人员吧？也不行！公务人员虽无发国难财之嫌，可是我坐不惯公事房。去教书呢，我也不甘心。教我放下毛笔，去拿粉笔，我不情愿。我宁可受苦，也不愿改行。往好里说，这是坚守自己的岗位；往坏里说，是文人本即废物。随便怎么说吧，我的老主意。

我戒了酒。在省钱而外，也是为了身体。酒，到此时才看明白，并不帮忙写作，而是使脑子昏乱迟钝。

我也戒烟。这却专为省钱。[28]

四、习作二十年——我的话剧

当我开始写小说的时候，我并不明白什么是小说。同样的，当我开始写剧本的时候，我也并不晓得什么是戏剧。

到写剧本的时候，我已经四十岁了。在文字上，经过十多年的练习，多少熟练了一些；在生活经验上，也当然比从前更富裕了许多。仗着这两件工具——文字与生活经验——我就大胆地去尝试。

我的第一个剧本，《残雾》，只写了半个月。

剧本既能被演出，而且并没惨败，想必是于乱七八糟之中也多少有点好处。想来想去，想出两点来，以为敝帚千金的根据：（一）对话中有些地方颇具文艺性——不是板板的只支持故事的进行，而是时时露出一点机智来。（二）人物的性格相当的明显。

因为《残雾》的演出，天真的马宗融兄封我为剧作家了。他一定教我给回教救国协会写一本宣传剧。我没有那么大的胆子，因为自己知道《残雾》的未遭惨败完全是瞎猫碰着了死耗子。说来说去，情不可却，我就拉出宋之的兄来合作。我们俩就写了《国家至上》。在宣传剧中，这是一本成功的东西，它有人物，有情节，有效果，又简单易演。这出戏在重庆演过两次，在昆明、成都、大理、兰州、西安、桂林、香港，甚至于西康，也都上演过。在重庆上演，由张瑞芳[29]女士担任女主角；回教的朋友们看过戏之后，甚至把她唤作"我们的张瑞芳"了！

此剧的成功，当然应归功于宋之的兄，他有写剧的经验，我不过是个"小学生"。可是，我也很得意——不是欣喜剧本的成功，而是觉得抗战文艺能有这么一点成绩，的确可以堵住那些说文艺不应与抗战结合者的嘴，这真应浮之大白！去年，我到大理，一位八十多岁的回教老人，一定要看看《国家至上》的作者，而且求我给他写几个字，留作纪念。回汉一向隔膜，有了这么一出戏，就能发生这样的好感，谁说文艺不应当负起宣传的任务呢？

张自忠[30]将军殉国后，军界的朋友托我写一本《张自忠》[31]。这回，我卖了很大的力气，全体改正过五次，可是，并没能写好。

《面子问题》还是吃了不管舞台的亏。

《大地龙蛇》中的思想，颇费了我一些心血去思索。其结构则至为幼稚。

《归去来兮》[32]四平八稳，没有专顾文字而遗忘了技巧，虽然我也没太重视技巧。

《谁先到了重庆》[33]这本戏，仿佛可拿出一点技巧来。[34]

《桃李春风》[35]虽然得过奖，里面缺欠可实在不少，此剧系与赵清阁先生合写的，上演时的修正，都是由她动笔的，那时节我正卧病北碚。[36]

剧本是多么难写的东西啊！动作少，失之呆滞；动作多，失之芜乱。文字好，话剧不真；文字劣，又不甘心。顾舞台，失了文艺性；顾文艺，丢了舞台。我看哪，还是去写小说吧，写剧太不痛快了！处处有限制，腕上如戴铁镣，简直是自找苦头吃！自然，我也并不后悔把时间与心血花在了几个不成剧本的剧本上，吃苦原来就是文艺修养中当然的条件啊！[37]

五、二十年纪念会

三十三年四月十六日，"文协"开年会。第二天，朋友们给我开了写作二十年纪念会[38]，到会人很多，而且有朗诵，大鼓，武技，相声，魔术等游艺节目。有许多朋友给写了文章，并且送给我礼物。到大家教我说话的时候[39]，我已泣不成声。我感激大家对我的爱护，又痛心社会上对文人的冷淡，同时想到自己的年龄加长，而碌碌无成，不禁百感交集，无法说出话来。

这却给我以很大的鼓励。我知道我写作成绩并不怎么好；友人们的鼓励我，正像鼓励一个拉了二十年车的洋车夫，或辛苦了二十年的邮差，虽然成绩欠佳，可是始终尽责不懈。那么，为酬答友人的高情厚谊，我就该更坚定的守住岗位，专心一志的去写作，而且要写得用心一些。我决定把《四世同堂》写下去。这部百万字的小说，即使在内容上没什么可取，我也必须把它写成，成为从事抗战文艺的一个较大的纪念品。[40]

六、《四世同堂》[41]

我开始计划写一部百万字的长篇小说。一百万字，我想，能在两年中写完；假若每天能照准写一千五百字的话。三十三年元月，我开始写这长篇——就是《四世同堂》。

可是，头昏与疟疾时常来捣乱。到三十三年年底，我才只写了三十万字。这篇东西大概非三年写不完了。

北碚虽然比重庆清静，可是夏天也一样的热。我的卧室兼客厅兼书房的屋子，三面受阳光的照射，到夜半热气还不肯散，墙上还可以烤面包。我睡不好。睡眠不足，当然影响到头昏。屋中坐不住，只好到室外去，而室外的蚊子又大又多，扇不停挥，它们还会乘机而入，把疟虫注射在人身上。

"打摆子"使贫血的人更加贫血。

三十三年这一年又是战局最黑暗的时候，中原，广西，我们屡败；敌人一直攻进了贵州。这使我忧虑，也极不放心由桂林逃出来的文友的安全。忧虑与关切也减低了我写作的效率。我可是还天天写作。除了头昏不能起床，我总不肯偷懒。

三十四年，我的身体特别坏。年初，因为生了个小女娃娃[42]，我睡得不甚好，又患头晕。春初，又打摆子。以前，头晕总在冬天。今年，夏天也犯了这病。秋间，患痔，拉痢。这些病痛时常使我放下笔。本想用两年的工夫把《四世同堂》写完，可是到三十四年年底，只写了三分之二。这简直不是写东西，而是玩命[43]！

1．卢作孚（1893-1952），又名卢思，重庆合川人，著名实业家、教育家、社会活动家、农村社会工作先驱。幼年家境贫寒，辍学后自学成才；1925年创办的民生公司是中国现代最大和最有影响的民营企业之一。

2．卢子英（1905-2009），重庆合川人，实业家，卢作孚之弟。抗战时期曾协助其兄开发北碚，任四川嘉陵江三峡实验区（今重庆市北碚区）区长。

3．太虚大师（1890-1947），法名唯心，字太虚，号昧庵，俗姓吕，原籍浙江崇德（今桐乡），生于浙江海宁，近代著名高僧。太虚大师是中国近代佛教改革运动中的一位理论家和实践家。他把自己的一生都献给了振兴佛教、建设新佛教文化的事业。老舍《赠太虚法师》的旧体诗既饶趣味，也是文字功力的显现，诗集现代艺术家人（笔）名为句，天然去雕饰，气象非凡："大雨洗星海，长虹万籁天，冰莹成舍我，碧野林风眠。"此诗呈一位与山林为伴的高僧，无比恰当。

4．法尊法师（1902-1980），俗姓温，名庚公，字妙贵，生于河北深州。通晓藏文，译著有《菩提道次第论》《密宗道次第论》《辨了不了义论》《大毗婆沙论》等。1936年在重庆代理太虚主持汉藏教理院至四十年代末。1950年在北京主持菩提学会藏文译事。历任中国佛协常务理事，中国佛学院副院长、院长之职。老舍曾经在汉藏教理院讲演《灵的文学》。

5．陈望道（1891-1977），原名参一，笔名陈佛突、陈雪帆、南山等，浙江义乌人。中国著名教育家、修辞学家、语言学家、民盟中央副主席，担任过《辞海》总主编，撰著《漫谈〈马氏文通〉》和《修辞学发凡》。早年就读于金华中学，曾赴日本早稻田大学学习文学、哲学、法律等并阅读马克思主义书籍，回国后任复旦大学校长、上海大学等高校教授。1940年3月当选中华全国文艺界抗敌协会第四届理事，与老舍有交往。

6．陈子展（1898-1990），原名炳𡐌，湖南长沙人。作家、文学史家，著有《中国近代文学之变迁》《最近三十年中国文学》《诗经直解》《楚辞直解》等。抗战期间随复旦大学西迁重庆北碚，参加中华全国文艺界抗敌协会，与老舍相识并成为好友。

7. 章靳以(1909-1959)，原名章方叙，笔名靳以，天津人。作家，有《红烛》《血与火花》《洪流》等小说散文集十余部。二十世纪三十年代写了许多反映小市民和知识分子生活。新中国成立后热情参加文化建设工作和各项政治活动，曾任人大代表，中国作家协会理事、书记处书记，作协上海分会副主席等职。

8. 洪深(1894-1955)，原名洪达，号伯骏，字潜斋、浅哉，江苏武进人。剧作家、戏剧理论家，著述有《洪深文集》四卷。1916-1922年赴美留学。进行过编剧、导演、表演等全面的理论和实践探索，是中国现代话剧和电影的奠基人之一。与老舍相识于青岛，1935年曾共同参与编辑《民报·避暑录话》，1942年老舍主持洪深五十寿辰庆祝大会，并写鼓词《赞美梅花》。

9. 赵松庆(1903-1965)，应为赵宋庆，江苏丹徒人，学者。1925年就读复旦大学中文系。1929年赴新加坡，任职于华侨中学，华坡中华学校、新加坡国民日报社等处。1931年回国。二十世纪五十年代参加土改，因病回原籍休养，直至去世。与老舍在新加坡华侨中学有短暂的同事关系，在重庆北碚时交往颇多。

10. 伍蠡甫(1900-1992)，字叔潜，笔名敬庵，广东新会人，生于上海。文艺理论家、国画家，著有《访艺录》《中国画论研究》《伍蠡甫艺术美学文集》等。1923年毕业于上海私立复旦大学文科。后留学英国，入伦敦大学攻读。归国后历任上海复旦大学教授兼文学院院长、外国文学系主任，同时从事外国文学翻译工作。抗战期间随复旦大学西迁重庆北碚，参加了中华全国文艺界抗敌协会的活动，与老舍有往来。

11. 方令孺(1897-1976)，安徽桐城人，方苞的后代。散文作家、女诗人，著散文集《信》等。先后任青岛大学讲师和重庆国立剧专教授。1939年至1942年任重庆北碚国立编译馆编审。1943年后在上海复旦大学中文系任教授。在重庆时期积极参加老舍组织的"文协"活动。

12. 李长之(1910-1978)，原名李长治、李长植，笔名何逢、方棱等，山东利津人。作家、文学评论家，文学史家，著作有《道教徒的诗人李白及其痛苦》《司马迁之人格与风格》《迎中国的文艺复兴》《陶渊明传论》《中国文学史略稿》等。他于1933年结识老舍，二十世纪四十年代在重庆重逢。他先后写了《离婚》《读〈猫城记〉》《贫血集》《火葬》等，及时地评介老舍新作。1946年老舍赴美时，他写《送老舍和曹禺》一文，将老舍与曹禺的为人和为文作了比较。此后两人一直保持着友谊。五十年代后一直任北京师范大学教授。

13. 梁实秋（1903-1987）原名治华，字实秋，笔名秋郎等，浙江余杭人，生于北京。文艺理论家、散文家、翻译家。1938年秋在《中央日报》副刊《平明》发表《编者的话》，因提出也欢迎"与抗战无关的材料"引起抗战文艺界的误会与论争。梁实秋移居北碚后，因参加"文协"活动与老舍来往频繁。两人曾同在募款劳军晚会上表演相声，并有书信往还。1949年到台湾，任台湾师范学院英语系教授。六七十年代梁实秋写了《忆老舍》《记老舍》《关于老舍》等文章追怀故人。1987年曾计划回北京并探访老舍亲属未实现，不久病逝。

14. 隋树森（1906-1989），字育楠，山东招远人，生于北京。古典文学研究家、翻译家，编辑出版《全元散曲》，翻译青木正儿《中国文学概说》《元人杂剧序说》，盐谷温《元曲概说》等。1928年考入北京师范大学，七七事变后到重庆，在国立编译馆工作至1949年。抗战期间，常与朋友们一起接待老舍。此后先后在北京出版总署、人民教育出版社工作。

15. 阎金锷（1910-1970），别号利甫、砺甫，笔名唐高、严思雁、扬克恩，山东惠民人，戏剧研究家，著有《汉剧》《川剧序说》《湘剧史》等。早年毕业于山东大学，二十世纪四十年代在重庆北碚任国民政府教育部中小学教科用书编委会与国立编译馆编审。新中国成立后任湖南省戏曲工作室主任、中国剧协湖南分会副主席。1940年老舍到北碚时与他开始交往。1943年至1946年与胡絜青在编译馆共事。

16. 杨仲子（1885-1962），原名祖锡，号粟翁。音乐教育家、篆刻艺术家。他有较深的古典文学根底。留学法国，1918年回国响应蔡元培"以美育代宗教"，入北京大学致力艺术教育。后在北京女子高等师范学校音乐体育专修科、北京大学文理学院等校任教授。1947年在南京任全国音乐学会理事长、礼乐馆编纂等职。建国后，在江苏省文史研究馆任职。

17. 杨荫浏（1899-1984），字亮卿，号二壮，又号清如，江苏无锡人。民乐家，整理出版《阿炳曲集》《古琴曲汇编》等民乐曲集，著有《中国音乐史纲》等。1941年至1949年任国立音乐学院教授，曾兼任在北碚的国立礼乐馆编纂和乐典组主任，这时与老舍相识。新中国成立后任教于中国音乐学院。

18. 张充和（1914-2015），安徽合肥人，艺术教育家。擅长诗词、书画、昆曲。抗战时在重庆北碚国立礼乐馆任职，曾和老舍一起参加由北碚各机关团体举行的募款劳军晚会演出。1948年赴美国，先后在加州大学、耶鲁大学任教。

19. 以上节选自《八方风雨》，《老舍全集》（第十四卷），北京：人民文学出版社，2013年，第403-404页。

20.《火葬》在《文艺先锋》第4卷第1期（1944年1月）开始连载，至第4卷第6期续载完。1944年5月由晨光出版公司出版。

21. 短篇小说集《火车集》1939年8月由上海杂志公司出版，收入《火车》《人同此心》《杀狗》《兔》《东西》《浴奴》《一块猪肝》《一封家信》《我这一辈子》等九篇作品。

22. 短篇小说集《贫血集》1944年3月由重庆文聿出版社出版，收入《恋》《小木头人》《不成问题的问题》《八太爷》《一筒炮台烟》等五篇作品。

23. 以上节选自《我怎样写短篇小说》，《老舍全集》（第十六卷），北京：人民文学出版社，2013年，第197页。

24. 以上节选自《八方风雨》，《老舍全集》（第十四卷），北京：人民文学出版社，2013年，第404页。

25. 言痛苦如受刑，夹棍刑罚，用刑夹小腿胫骨，收绳一分，入骨疼痛。

26. 以上节选自《火葬·序》，《老舍全集》（第三卷），北京：人民文学出版社，2013年，第325-329页。

27. 在重庆倒卖发国难财者不乏，小说反映此现象的有张恨水的《纸醉金迷》等。

28. 以上节选自《八方风雨》，《老舍全集》（第十四卷），北京：人民文学出版社，2013年，第404-405页。

29. 张瑞芳（1918-2012），北京人，生于河北保定。话剧、电影表演艺术家。1935年进入北平国立艺专西洋画系学习，热心参加北平戏剧界的活动。抗战爆发后参加北平学生移动剧团，在山东、河南一带开展抗日演剧宣传活动。1938年秋到重庆。此后主演过《棠棣之花》《屈原》《北京人》《家》等近20部话剧。1940年4月参加中国万岁剧团，新中国成立后在中国青年艺术剧院、上海电影制片厂工作。在由老舍、宋之的创作的话剧《国家至上》中扮演张孝英。

30. 张自忠（1891-1940），字荩臣，后改荩忱，山东临清人。第五战区右翼集团军兼第三十三集团军总司令，著名抗日将领、民族英雄。1937年至1940年先后参与临沂向城战斗、徐州会战、武汉会战、随枣会战与枣宜会战等。1940年在襄阳与日军战斗中，不幸牺牲。老舍曾创作四幕话剧《张自忠》。

31. 剧本《张自忠》1941年1月发表于《中苏文化》文艺特刊，并由华中图书公司出版。

32.《归去来兮》1942 年 6 月 10 日在《新蜀报》连载，至当月 29 日续完。

33. 话剧《谁先到了重庆》在《中国青年》第 7 卷第 1 期（1942 年 7 月）开始连载，至 7 卷 3 期续载完。1942 年 2 月由联友出版社出版。

34. 以上节选自《闲话我的七个话剧》，《老舍全集》（第十七卷），北京：人民文学出版社，2013 年，第 373—380 页。

35. 与赵清阁合作话剧《桃李春风》（又名《金声玉振》），1943 年 10 月发表于《文艺先锋》第 3 卷第 4 期。

36. 以上节选自《习作二十年》，《老舍全集》（第十七卷），北京：人民文学出版社，2013 年，第 419 页。

37. 以上节选自《闲话我的七个话剧》，《老舍全集》（第十七卷），北京：人民文学出版社，2013 年，第 380 页。适成反讽的是，老舍在二十世纪五十年代几乎只写剧本而忘了小说，而且大都近似于《国家至上》的路数，宣传剧占了很大比重；真正成功的还是《茶馆》那样距离宣传目的较远的。

38. 老舍创作纪念会的发起人包括：邵力子、张道藩、郭沫若、沈雁冰、孙伏园、姚蓬子、吴组缃、何容、黄芝冈、阳翰笙、胡风、华林、宋之的、曹靖华、叶以群、梅林、冯乃超、冯雪峰、臧克家、葛一虹、陈白尘、张静庐、姚雪垠、王平陵、赵清阁、富少舫。纪念会的事情主要由阳翰笙、以群、梅林、臧云远等几人在操办。纪念茶会于 4 月 17 日下午在百龄餐厅举行，参加者有三百多人，他们自带茶资。大鼓、武技、相声等游艺节目，也是投老舍之擅场所好。

39. 老舍的答词是："今天承诸友好集会纪念，愧不敢当。……今天诸友的厚爱，我敬谨接受，并深致谢意，此后必定用笔写下去，写下去。……我谢谢大家。回想这二十年是不容易的事，但也象拉二十年的洋车，抬二十年的滑杆那样不容易。二十年写这点东西实在是不多，我一定依照大家的盼望，有一口气的时候一直写下去。"

40. 以上节选自《八方风雨》，《老舍全集》（第十四卷），北京：人民文学出版社，2013 年，第 406—407 页。

41. 长篇小说《四世同堂》第一部《惶惑》1944 年 11 月在《扫荡报》开始连载，至 1945 年 9 月 2 日续载完。1946 年 11 月，第二部《偷生》由晨光出版公司出版。1946 年 9 月至 1948 年 6 月，老舍在旅美期间，完成了《四世同堂》的第三部《饥荒》。老舍回国后，1950 年 5 月至 1951 年 1 月由上海《小说》月刊连载前半部（一至二十段）。

出于不知名的原因,《饥荒》后半部未获刊发。及至"文革",《饥荒》手稿佚失。后由英文节略本转译回来,凑齐全本。

42. 老舍的三女儿舒立 1945 年 2 月 14 日生于重庆,家中的老四。1962 年考入北京大学技术物理系,老舍为此写了篇小文《可喜的寂寞》。毕业后曾在辽源市矿区中学任教。1978 年调北京市玻璃研究所工作。后于北京市联合大学建材轻工学院任讲师。业余时间习中国画,尤爱画猫。1995 年因病退休。

43. 以上节选自从《八方风雨》,《老舍全集》(第十四卷),北京:人民文学出版社,2013 年,第 406—407 页。没有抗战,老舍还会有多少《骆驼祥子》《离婚》《断魂枪》。战争让他遭逢贫病疾苦,也苦闷过,但他的创作持续自主地发展着。"文协"的责任让老舍有"戏",他"不做官,不教书,也不善于应付人,但在'文协'却对付了下去。……它是个不用协商的团体"。(赵景深:《记一个作家集会》,《文艺春秋》第 3 卷第 1 期,1946 年 7 月 15 日。)他牺牲艺术得到宣传而不后悔,本阶段戏剧创作为《茶馆》的伟大成就打下了基础。抗战中后期,他对民族文化和小说叙事形式有了更深刻的反思,于是有《四世同堂》。

第十节　望北平

抗战胜利了，我进了一次城。按我的心意，"文协"既是抗敌协会，理当以抗战始，以胜利终。进城，我想结束结束会务，宣布解散。朋友们可是一致的不肯使它关门。他们都愿意把"抗敌"取销，成为永久的文艺协会。于是，大家开始筹备改组事宜，不久便得社会部的许可，发下许可证。

关于复员，我并不着急。一不营商，二不求官，我没有忙着走的必要。八年流浪，到处为家；反正到哪里，我也还是写作，干吗去挤车挤船的受罪呢？我很想念家乡，这是当然的。可是，我既没钱去买黑票，又没有衣锦还乡的光荣，那么就教北平先等一等我吧。写了一首"乡思"的七律，就拿它结束这段"八方风雨"吧：

> 茫茫何处话桑麻？破碎山河破碎家；
> 一代文章千古事，余年心愿半庭花！
> 西风碧海珊瑚冷，北岳霜天羚角斜；
> 无限乡思秋日晚，夕阳白发待归鸦！[1]

1. 以上节选自《八方风雨》,《老舍全集》(第十四卷),北京:人民文学出版社,2013 年,第 407 页。

第五章　旅美译介

我们必须要使美国朋友们能够真正了解我们的老百姓，了解我们的文化。[1]

---

1. 以上节选自《旅美观感》，《老舍全集》（第十四卷），北京：人民文学出版社，2013年，第48页。老舍的对外文化介绍工作，除了一些演讲与文章，如《现代中国小说》等，主要集中在小说翻译上。老舍到美国是应美国国务院邀请讲学，计划为时一年。同时受邀请的有曹禺。二人同行，曹禺先于老舍归国。老舍在美国三年半，全力完成《四世同堂》《鼓书艺人》的撰写及《离婚》三部书的翻译。老舍于1946年3月4日离开上海赴美。1945年11月底，因《骆驼祥子》英译本（伊文·金译）在美国畅销并博得好评，美使馆文化专员曾亲访老舍。可以说，老舍是作为美国人眼中最出色的中国作家之一而受邀请的。本章选材大多根据老舍给代理人的书信。所述不外乎他与译者、出版商、代理人之间的关系。这些信件中记载了他在美的主要活动经历，只是太简略了些。因为是书信，故文字的风格与其他几章就有较大的区别，这似乎与"自传"文体有点不合，却是没有办法的事，因为关于这段生活，老舍几乎没有文章谈及。

第一节 旅美观感

一、美国"人"与"剧"

与曹禺兄以三月廿日抵西雅图，至今未得闲散。[1] 我是第一次来到美国，到现在止，我只到过四个美国的大城市：西雅图，芝加哥，华盛顿和纽约。

在芝加哥停留四天，我感到美国人非常热情，和蔼，活泼，可爱。有一天在华盛顿的街上，我向一位妇女问路，她立刻很清楚地告诉我，当我坐进汽车，关上车门，快要开车的时候，她还极恳切地嘱咐司机，要司机好好替我开到目的地。

我也遇见曾经到过中国的美国教授，士兵和商人，这些人对于中国的印象都很好，他们都说喜欢中国人，仍然想回到中国。我们不要听到这种话就"受宠若惊"，我们应该了解我们自己也是世界人，我们也是世界的一环，我们必须要使美国朋友们能够真正了解我们的老百姓，了解我们的文化。在今天，许多美国人所了解的不是今日的中国人，而是千百年前的唐宋时代的中国人，他们对于唐诗，宋词都很欣赏。但是我也曾看见一位研究中国古画的画家，在他的作品中，有一幅画，他把中国的长城画到黄河以南来了，实在令人可笑。

中美两国都有爱好和平的精神，中美两国实在应该联合起来。不过，要请各位注意的，我所说的联合起来是没有政治意义的，只是说中美两国的文化要联合起来，发扬两国人民爱好和平的精神。

我们对外的宣传，只是着重于政治的介绍，而没有一个文化的介绍，我觉得一部小说与一部剧本的介绍，其效果实不亚于一篇政治论文。过去我们曾经向美国介绍我国宋词、康熙瓷瓶，这最多只是使美国人知道我们古代在文学艺术上的成就，但却不能使他们了解今日中国文化情形。我觉得中国话剧在抗战期间实在有成就，并不是拿不出的东西，这些话剧介绍给美国，相信一定会比宋词、康熙瓷瓶更有价值，更受欢迎。

不要以为美国人的生活是十分圆满的，在美国全国也有许多困难的问题，比如劳资纠纷，社会不安。我们也要研究他们社会不安的原因，作为改进我们自己社会不景现象的参考。我们不要过分重视别人，轻视自己，也不要过分重视自己，轻视别人。[2]

由西雅图，到华盛顿，再到纽约，一路走马看花，已共看了两次舞剧，三次广播剧，两次音乐剧和八次话剧。曹禺兄看得更多一些。在我看，美国的戏剧，在演技与设备上，是百老汇胜于他处；但在思想上和尝试上，各处却胜于百老汇。百老汇太看重了钱。至于演技与剧本，虽然水准相当的高，可并无惊人之处。老实说，中国话剧，不论在剧本上还是在演技上，已具有了很高的成就。自然我们还有许多缺陷，但是假若我们能有美国那样的物质条件，与言论自由，我敢说：我们的话剧绝不弱于世界上任何人。[3]

到美之前，即决定以"杀车法"应付一切，以免开足马力，致身心交败；美人生活以"忙"著名，而弟等身体如重庆之旧汽车，必有吃不消者。但双脚一践美土，"杀车"即不大灵；如小鱼落急流中身不由己，欲慢而不能；遂亦随遇而安，且战且走，每每头昏眼花。[4]

二、"大杂楼"

在此一年半了。去年同曹禺到各处跑跑，开开眼界。今年，剩下我一个人，打不起精神再去乱跑，于是就闷坐斗室，天天多吧少吧写一点——《四世同堂》的第三部。洋饭吃不惯，每日三餐只当作吃药似的去吞咽。住处难找，而且我又不肯多出租钱，于是又住在大杂院里——不，似应说大杂"楼"里。不过，一想起抗战中所受的苦处，一想起国内友人们现在的窘迫，也就不肯再呼冤；有个床能睡觉，还不好吗？最坏的是心情。假如我是个翩翩少年，而且袋中有冤孽钱，我大可去天天吃点喝点好的，而后汽车兜风，舞场扭腰，乐不思蜀。但是，我是我，我讨厌广播的嘈杂，大腿戏的恶劣，与霓虹灯爵士乐的刺目灼耳。没有享受，没有朋友闲谈，没有茶喝。于是也就没有诗兴与文思。写了半年多，"四世"的三部只成了十万字！这是地道受洋罪！

我的肚子还时时跟我捣乱；懒得去诊治，在这里，去见个医生比见希特勒还难；呕，原谅我，我以为那个恶魔还活着呢！痔疮也不减轻，虽然天天坐洋椅子！头还是常常发昏。谁管它呢，这年月，活着死去好像都没有多少区别。假若一旦死去，胃，头，痔不就一下子都好了么？

多想写一点旅美杂感，可是什么事都非三天两天能看明白的，总写些美国月亮如何的光明，有什么意思呢？写杂感也须读许多书，我的头昏，读不下书去。

酒可不大吃了。吃一点，因为头昏，就会醉；爽兴不吃。没有醇酒，似乎也就没有妇人；也好，这样可以少生是非。

百老汇的戏，有时候有一两出好的，看看还过瘾。至于电影，纽约所有的好片子，全是英国的，法国的，与意大利的。好莱坞是有人才，而不作好片子，连我都替他们着急[5]。最近纽约一城，即有四五部英国片子，都是连映好几个星期！

物价不得了！比起去年来，大概现在的一元只当去年的半元了！什么都涨价，天天涨；看得过去的皮鞋已经十五元一双了。在重庆时，我就穿不起皮鞋，难道在美国也得光脚么？北平谚云"光脚的不怕穿鞋的"。好，这倒也有个意义，请捉摸捉摸看！[6]

1. 以上节选自《致吴祖光》，《老舍全集》（第十五卷），北京：人民文学出版社，2013 年，第 613 页。

2. 以上节选自《旅美观感》，《老舍全集》（第十四卷），北京：人民文学出版社，2013 年，第 408—409 页。

3. 老舍的假设恰恰是一个几十年难以摆脱的前提。物质条件渐渐赶上来，舞台剧却又让位于影像传媒。

4. 以上节选自《致吴祖光》，《老舍全集》（第十五卷），北京：人民文学出版社，2013 年，第 613—614 页。

5. 老舍后来经历了拍摄《骆驼祥子》电影的事，更证实了在当时好莱坞的商业生产机制的结果，往往"不作好片子"。

6. 节选自《海外书简》《老舍全集》（第十五卷），北京：人民文学出版社，2013 年，第 624—625 页。

第二节　写与译[1]

一、雅斗[2]

一九四六年九月里，我在雅斗（YADDO）。雅斗是美国纽约省的一所大花园，有一万多亩地。园内有松林、小湖、玫瑰圃、楼馆，与散在松荫下的单间书房。此园原为私产。园主是财主，而喜艺术。他死后，继承人们组织了委员会，把园子作为招待艺术家创作的地方。这是由一九二六年开始的，到现在已招待过五百多位艺术家。招待期间，客人食宿由园中供给。

园林极美，地方幽静。这的确是安心创作的好地点。当我被约去住一个月的时候，史沫特莱[3]正在那里撰写朱德总司令传。

客人们吃过早饭，即到林荫中的小书房去工作。游园的人们不得到书房附近来，客人们也不得凑到一处聊天。下午四点，工作停止，客人们才到一处，或打球，或散步，或划船。晚饭后，大家在一处或闲谈，或下棋，或跳舞，或喝一点酒。这样，一个月里，我差不多都能见到史沫特莱。

有一次，我们到市里去吃饭，（雅斗园距市里有二英里，可以慢慢走去）看见邻桌坐着一男一女两位黑人。坐了二十分钟，没有人招呼他们。女的极感不安，想要走出去，男的不肯。史沫特莱过去把他们让到我们桌上来，同时叫过跑堂的质问为什么不伺候黑人。那天，有某进步的工会正在市里开年会，她准备好，假若跑堂的出口不逊，她会马上去找开会的工人代表们，来兴师问罪。幸而，跑堂的见她声色俱厉，在她面前低了头；否则，那天会出些事故的。

在雅斗的时候，我跟她谈到那时候国内文艺作家的贫困。她马上教我起草一封信，由她打出多少份，由她寄给美国的前进作家们。结果，我收到了大家的献金一千四百多元，存入银行。我没法子汇寄美金，又由她写信给一位住在上海的友人，教她把美金交给那时候的"文协"负责人[4]。她的热心、肯受累、肯负责，令人感动、感激。[5]

二、迟归

1948 年 2 月 4 日致高克毅[6]

纽约多雪，一冬极寒，今晨又正落雪！
"四世"已快写完，因心情欠佳，殊不满意。
定于三月中回国，是否能按时回去，当不可知。
（1948 年 3 月 4 日致高克毅）
我又申请延展留美六个月，尚无回音；假若得不到允许，即将回国了。[7]

三、代理人[8]

1948 年 4 月 6 日致劳埃得

收到沃尔什夫人的信，她说要代我给您写信。您是否能给我打个电话，安排个见面时间？

四、译《四世同堂》

1948 年 5 月 4 日致劳埃得

休伊特·赫茨已辞去《离婚》出版代理人一职。我已经指定大卫·劳埃得先生作为出版代理人，并委托他处理一切有关这部书的版权问题。这部书的版权不属于雷诺和希契科克出版公司。

1948 年 4 月 22 日致劳埃得

关于继续出版我小说的英译本的问题，我唯一感兴趣的是目前我正和浦爱德小姐合译的一部长篇。这是一部长达一百万汉字的小说，前两部分已在上海出版，第三部分还在写，希望能在两个月内赶出来。书中讲的是八年抗战时期北平的事。就我个人而言，我自己非常喜欢这部小说，因为它是我从事写作以来最长的，可能也是最好的一本书。至于出英文版，我觉得很有必要作一些删节，至少去掉二十万字。

虽然有一次阿穆森先生让我和雷诺先生签个合同，但到目前为止，我尚未和任何人为出版此书达成协议。如果我们能找到其他人出版，我当然也很高兴。

浦爱德小姐出生在中国。她出版过两本拥有版权的关于中国的书。她看不懂中文，但听得懂。我把小说一段一段地念给她听，她可以马上译成英文，这是我很愿意与她一起工作的原因。

然而，她也有不足之处。比如，为了尽可能多地保持中国味儿，她常把英文弄得很不连贯。我给赫茨小姐看翻译稿的前十章时，她告诉我最好立刻停止和浦爱德小姐一起做。她认为浦爱德小姐的英文很怪，她说如果我继续和浦爱德小姐一起翻译下去，就有必要请第三者对文字再进行润色。如果真是那样，事情就复杂了。这恐怕也是雷诺先生认为签约还为时过早的理由。

为了这件事，我征求过沃尔什夫人的意见。她看完前十章后，认为我还可以继续同浦爱德小姐一起工作。她还说她很喜欢这个故事，文字上的问题可以交给一位称职的编辑去处理。[9]

1948 年 7 月 16 日致劳埃得

我要到乡下去住几天，大概本月 24 日返回。

从乡下回来后，大约再有两周的时间，我就能和浦爱德小姐一起翻译完我的那部长篇小说。

您能在我去乡下的期间和浦爱德小姐谈谈吗？我要在场的话，恐怕她有许多不便开口之处。

如果她不同意百分之十五的分成比例，我们可以给她百分之二十，尊意如何？

至于那篇短篇小说[10]，我看我们先别去管它，因为琼小姐已改过三次了。但假如我们把它送给哈珀杂志（Harper）或是其他您知道的杂志好不好，您看怎么样？

1948 年 7 月 21 日致劳埃得

雷诺和希契科克出版公司的阿穆森先生刚从乡下回来。他在那里花了三个星期的时间看完了《离婚》，并做了些小小的修改。昨天他来电话说这部书的出版工作可于 1948 年 11 月份就绪。

我认为浦爱德小姐的观点有道理：一部翻译作品如果被译者以外的人再插手，那么这部作品就很难保持其完整性。我同意她自己把工作做到底，并按她的意见给她百分之二十五的分成作为报酬。

我的英文水平有限，无法评论她的文风，现在完全依赖她是有点冒险。但如果再找第三者介入，这无疑会刺伤她的自尊心，对于一个朋友，我是决不会这么做的。所以，我们还是让一下步吧，也许我们对她的信任会使她获得更多的自信心。

她现在出去度假了，大概十天左右。我希望等她回城之后我们能签订那份您起草并修改的协议。

我是上星期一从乡下回来的，八月四日以后再去乡下住些日子。城里简直热得没法干活。

五、《离婚》译事

1948 年 7 月 30 日致劳埃得

有一天，我和郭小姐[11]、阿穆森先生一起谈了《离婚》的问题，按着阿穆森先生的建议，我用了两天的时间又做了必要的修改。郭小姐很欣赏这些改动，答应一定尽快将其译成英文，也许下星期一就可以把译稿交给阿穆森先生。

我相信这部小说经过修改以后就相当不错了。希望阿穆森先生尽快看完修改以后的稿子，能在近日内交给出版公司。

我想，如果这部书能尽快地出版，就能在很大程度上制止住沃得的一派胡言，如果能赶在沃得[12]的"珍本"上市之前问世，那我们就都得救了。

在我们的书出版以后，他绝对不敢用他篡改过的"珍本"和我们挑战。[13]

1948 年 8 月 3 日

明天我要去沃尔什夫人的农场住上四、五天。

我已给我在上海的出版人[14]去信了，向他说明了重新登记我所有书的版权的重要性。

我还和阿穆森先生通了电话，告诉他我已收到郭小姐寄来的《离婚》修改稿的英译稿，阿穆森先生正忙着出版事宜的最后扫尾工作。在这场和沃得较量的丑恶的奥林匹克竞赛里，我真希望能战胜他。

1948 年 8 月 3 日、8 月 25 日

您关于我的作品的中国版权问题会很棘手的看法是正确的。[15] 我在上海的代理人刚刚给我寄来《离婚》在中国的版权登记号码，不知是否有所帮助。

我看，金的论点主要建立在两个事实上：一是中美之间没有有关保护版权的法律协议；二是在我来美之前，《骆驼祥子》的版权在他手里。

如果他有《骆驼祥子》的版权，他同样也能有《离婚》的版权。我想我们最好还是找到《骆驼祥子》的合同，看看是否真是如此。如果版权登记是由出版公司办理的，那对咱们就有利多了。[16]

六、好莱坞之行

1948 年 8 月 10 日致劳埃得

我明天飞洛杉矶商量《骆驼祥子》电影脚本的定稿事宜。

1948 年 8 月 19 日致劳埃得

我是昨天晚上才回来的。

离开好莱坞的时候，我没提要报酬的事，因为对方给我买了往返机票，付了旅馆账单，加在一起要四百美元。他们是想了解我对根据小说改编的电影剧本的看法。

好莱坞职业编剧改编的剧本实在是糟糕之极。我说了我的看法以后，他们正在考虑是不是再请一位剧作家或我本人来改编这部小说。

如果他们要我来改编，我很愿意和他们签个合同，当然，我一定会征求您的意见；但如果他们去找剧作家来改编，那咱们也没什么可说的了。

1948 年 9 月 8 日致劳埃得

王浩[17]干的事真是糟透了。

本来我该被邀请去帮他改编第一个电影剧本，可王却偏偏找了个好莱坞的剧作家。把一万五千块的剧本费都花完了之后，才想到了我。这次该请我了吧，他又另找了一个人。问题就在于所有为建立独立制片公司筹集的钱都不是他的，他这么大把大把地花钱只是想证明他是老板。我想，等他把钱都花完了以后，就会一走了之，到某个大公司去谋个好差事。

除非他们再来找我，我看咱们再也犯不上为那部电影操心了。假如他们再要我去看第二个电影剧本，我们得找他们为我要每周七百五十元的报酬。

七、《鼓书艺人》[18]写与译

1949 年 2 月 9 日致楼适夷

《四世同堂》已草完，正在译。这就是为什么还未回国的原因。此书甚长，而译手又不十分高明，故颇需时日。如能完成，我想：出来一趟，若能有几本书译出，总算不虚此行；并不是因为美国舒服，才不回去——此地，对我，并不舒服！

《离婚》译本已出版了，评者十之八九予以赞美，可是销路很差！不管怎说吧，《骆驼祥子》《离婚》，及《四世同堂》三书在美出版；"牛天赐"在英（熊式一译）出版，有四书在国外印行，也总算是有了点交代。若不为等"四世"译完，我早就回国了。

1948 年 11 月 30 日致高志毅

半年来极忙，而且苦闷！

《离婚》已出版，居然得到好评，很奇怪！

日内将奉寄一本，作为圣诞礼，并祈惠正！

电影事搁浅，nothing doing！

现在又在写一新小说[19]，一时不会离开纽约。写完时，颇想去走一走——

1948 年 10 月 21 日致劳埃得

那本新小说，我已经完成了四章，其中三章已交给郭小姐去翻译。如果您能为我们准备一份四六分成的合同，我将不胜感激。如果我能保持每天两千字的速度（这几天就是这样），预计到新年时，我就能写完。

1948 年 11 月 15 日致劳埃得

郭小姐已将她译好的《大鼓》[20]的前三章拿给她的代理人看了。看过之后，会把它送给您，请您将稿子交给阿穆森先生。在给阿穆森先生之前，希望您叫人用打字机打一份清楚的底稿，那样看起来更正规一点儿。

关于我和郭小姐为新书签订合同一事，除去合同规定的她的稿酬和享有的权利之外，我想我们就不再让步了，除此以外，我没有别的意见了。

1948 年 11 月 19 日致劳埃得

我今天给阿穆森先生的信是这么写的：

"十分抱歉，我要放弃《鼓书艺人》的全部工作了。写完了十二章以后（约占全书的一半），我发现它既不像我想象的那么好，也不像我想象的那么有意思。我想我最好还是别写了。我身体疲乏极了，要彻底休息一下。

"郭小姐的代理人曾告诉劳埃得先生，说她似乎不是一个很合适的翻译人。我能想象得出对像郭小姐那样一位有创造性的作家来说，去翻译别人的作品该有多困难。

"事情现在搞成这个样子，我十分抱歉。不过，从另一个角度来说，我也很高兴能有几天休息的时间。"

我给他写信的原因是，既然郭小姐的代理人向阿穆森先生搬弄是非，我们就不该老是保持沉默。我写信的真意是好意地表明我对郭小姐并无恶意。倘若郭小姐能碰巧看到或听到这封信的内容，她说不定会感动的，因为她总以为我们一直在和她讨价还价，但在信里我对此却只字未提。如果阿穆森先生认为她有权分享我们的成果，我在信里也暗示了，不管她是一个多么伟大的译者，一旦我停止了写作，那么她将一事无成。

假如您有机会和阿穆森先生谈谈，或者他还坚持郭小姐应和我们分享稿酬的话，那么请您告诉他：如果她想要得到高达百分之四十的稿酬的话，她的其它一切权力都将失去。

1948 年 11 月 26 日致劳埃得

我刚和郭小姐开诚布公地谈了一次话，我们两人都同意她分享包括外文版权在内的百分之四十的稿酬。电影及其他（戏剧等）版权归我所有。

她建议我们尽快地签订合同。我希望她的代理人能很快地就这事和您进行磋商，以便尽快达成协议。

至于我写信告诉阿穆森先生说我停止写作的事，她说很容易解决，我们可以选三章译稿样张先给阿穆森先生看。

她希望立即签订作者和译者之间，以及与出版者之间的合同，这样她才能定下心来好好工作，否则她心里总不踏实。

（1948 年 12 月 4 日）

据郭小姐讲，我的新小说的三章译稿样张已送给阿穆森先生。她已经和阿穆森先生讲好，她要预支一千美元，每次二百五十元，分四次支付。钱直接交给她的代理人，从合同签订之日起，四个月内付清，情况就是这样。

至于预付给我的稿酬，请按您认为最合适的办法办，一千五百美元是一次付还是分期付，我全无所谓。

1948 年 12 月 10 日致劳埃得

我和出版公司之间在关于我新书的合同里，还有几条条款没谈好，我想您
会为我解决这一切的，不幸的是，那三章小说的译稿是郭小姐的代理人直接交
给阿穆森先生的，同样，郭小姐预支一千美元的事，也是这位代理人一手安排
的。所有这一切，都是在郭小姐告诉我以后，我才知道的。实际上，郭小姐的
代理人应当把那三章的译稿先送给您，应当把郭小姐要预支稿酬一事通知您，
但他没有这么做。这样一来，您可能会有一种印象，似乎我应该对此负责。我
给您写这封信就是为了澄清这一事实。如果当时我把原因告诉您，您一定会生
郭小姐和沃特金斯[21]的气。

事实上，我一向都很慎重，尽量不和阿穆森先生与雷诺先生两人打交道，
就是为了使您在为我和他们谈判时，不会觉得我在中间干扰了您。可是我无法
阻止郭或者沃特金斯直接与出版公司打交道。不过，我过去从来没有同时和两
头打过交道，希望这一点能使您满意。

眼下在出版公司手里的那三章译稿的底稿是唯一一份干净的底稿。我实在
不好意思让郭小姐再打一份，因为所有的稿子都是她一人打的，您知道，和一
个女人打交道是多么微妙的事。

我希望我们的合同能尽早地签妥，因为如果郭小姐看不见签好的合同，收
不到预付的钱，她就无法继续工作下去。

1949 年 1 月 28 日致劳埃得

郭海伦小姐真是个好司机。我们到迈阿密用了三天半的时间。最糟糕的一
段路是在佐治亚州的公路上，站在路中间的不是警察而是牛群，而郭小姐竟然
一头也没轧死！

郭小姐到离迈阿密七英里的乡下干她自己的活去了。我住在福拉格勒饭店，
这是一家小而干净的旅馆，价钱也适中。

这里也很暖和，但愿对我的腿有好处。

1949 年 2 月 9 日致劳埃得

我在迈阿密度过了一段美好的时光，现在已回到纽约。很不幸的是，我的腿还没好，我真不知该怎么办才好。

我行动不便，您能给我寄张支票来吗？

1949 年 4 月 18 日致劳埃得

谢谢您寄来的 112.5 美元的支票。

一两天之内我大概就要去巴瑟·埃斯乐医院住院，可能要动手术。戴得里奇大夫看过几次之后，腿病一天比一天重。今天早晨他说要送我去巴瑟·埃斯乐医院住院，到了那以后，我再告诉您是否要动手术。

《鼓书艺人》完整的初译稿已寄给我了，我想在住院之前看完。阿穆森先生手里也有一份，他看完以后，我再和他一起商量一下需要修改的地方，然后就算定稿了。

咱们答应给哈珀的短篇您是否已寄到英国去了？

1949 年 8 月 18 日致劳埃得

阿穆森先生已去度假，我想他一定在看《鼓书艺人》呢。

下星期一上午十一点左右，我想带着《四世同堂》第三部的稿子去见您。明天我再和浦爱德小姐最后商量一次。

1949 年 9 月 12 日致劳埃得

我和浦爱德小姐在费城她哥哥的家里过了一个周末。和她一起在树林里散步时，我突然给《四世同堂》的英文版想到了一个很好的书名——《黄色风暴》[22]，您觉得怎么样？星期四上午我要去见阿穆森先生。我会把有关《鼓书艺人》的一切情况都告诉您的。[23]

256

1．老舍和从"五四"走过来的一辈有个共同的心愿，愿意在世界与中国之间重新确立一个新的出发点，这就必须沟通世界与中国。文学界都知道，老舍兼擅各种文体，是"文武昆乱不挡"的全能作家。一般人较少了解老舍精通英语，他在英、美用英文写作、做学术讲演，在英国讲过《唐代的爱情小说》(*T'ang Love Story*) 在美国谈《中国现代小说》(*The Modern Chinese Novel*)，也写过英文话剧。当然更少人知道，老舍不仅是个"写"家，还是个"译"家。他能在现场做英语同声翻译，也能从事小说、戏剧、诗歌散文的笔译。他参与进行翻译的方式与事实，提示我们关于文学翻译的跨文化交流过程中的多元因素。老舍的口语好，只是偶或一露风采。抗战期间，一次公众集会，有许多外国朋友在场，他熟悉的朋友负责英法两种语言的翻译，累得出汗了。老舍不忍，提议那一位只管翻译法语，把英语留给自己。一时举座皆惊，老舍竟然说得流利的伦敦英语。这样的口头翻译机会不多，老舍与翻译相关者主要还是笔译。老舍译过 R．W．Church 论华兹华斯的论文，译Elizabeth Nitchie 的《文学批评》，前两章刊载于《齐大月刊》(后改为《齐大季刊》)。所译作品有近现代小说、诗歌和戏剧，署名舍予、絮青等。这些翻译作品，大都集中在二十世纪三十年代前期。一旦文学刊物对老舍的创作需求增多，他就没有那么旺盛的精力从事翻译了。

2．雅斗为老舍在美国的一处受邀暂住的居所。坐落于萨拉托加·斯普林 (Sayatoga Springs)，是一个专门用于招待各国作家和艺术家，供他们休养和写作的地方。老舍1946年9月至10月住于此，其间经常与史沫特莱会晤。

3．史沫特莱 (Agnes Smedley，1894–1950)，美国著名记者、作家和社会活动家。早年当过侍女、烟厂工人和书刊推销员。曾在《纽约呼声报》任职。1918年因声援印度独立运动而被捕入狱6个月。1919年起侨居柏林8年，积极投身印度民族解放运动，曾在柏林会见尼赫鲁。史沫特莱1928年底来华，在中国一待就是12年。抗战初、中期，她目睹了日本对中国的侵略，向世界发出了正义的声音。老舍1946

年 9 月在美国认识了她，曾随她一起给退役士兵作过反蒋宣传。她去世前曾向老舍倾诉想再来中国的愿望。老舍非常敬重她，有纪念文章《大地的女儿》）。

4. 其时叶圣陶接任老舍，是彼此信任的道义朋友。老舍二十世纪五十年代初回到北京，需要选择置办居所，参观了叶圣陶的房子，羡慕他的居所竟然像南方一样栽种了竹子。

5. 以上节选自《大地的女儿》，《老舍全集》（第十四卷），北京：人民文学出版社，2013 年，第 453−455 页。

6. 高克毅（1912−2008），笔名乔志高，江苏江宁人，知名作家、翻译家。二战结束前曾翻译老舍的剧本《桃李春风》，1948 年编辑英文《中国幽默文选》，收老舍短篇小说《牺牲》。老舍、曹禺赴美前夕，他主编的《中国杂志》创刊号上亲笔撰文介绍老舍、曹禺，为他们在纽约订好住所，并到码头迎接。此后不久他搬到旧金山，仍经常与老舍书信往来。1948 年 2 月乔志高生了儿子，取名叫有望，老舍撰对联"丰年大有，和平在望"以示祝贺。老舍离美前在旧金山逗留，他几乎天天陪同，最后送上船。

7. 节选自《致高克毅》，《老舍全集》（第十五卷），北京：人民文学出版社，第 626−627 页。此节起多有以老舍书信片语摘出汇成，为便于阅读，略去书信格式，注明时间。下同。

8. 老舍的首任出版代理是休伊特·赫茨。这里提到的沃尔什夫人即美国著名作家赛珍珠。她帮老舍联系了新的代理大卫·劳埃得。赛珍珠在致劳埃得的信中详细交代了老舍作品翻译出版的各种问题，信文如下：

亲爱的劳埃得先生：

舒舍予先生（即老舍，《骆驼祥子》的作者）正在寻找新的代理人。眼下休伊特·赫茨是他的代理人，但她由于家务繁重，可能要减少委托工作量，甚至可能要放弃这一工作。舒先生请我们给他推荐一位代理人，我认为你是很理想的人选。舒先生人很文静、十分腼腆，还很不适应这里的生活环境。

目前，他正在翻译一部长篇小说，名字叫《四世同堂》。由于下面一些原因，他的事情正处于混乱状态。或许，我最好先给你简单谈一下问题的症结所在。

他的作品的译者伊文·金（笔名），在没和他打招呼的情况下，翻译了

《骆驼祥子》。该书经雷诺和希契科克公司出版后，你可能也知道，入选为"每月佳书"。但在相当一段时间里，舒先生没有收到任何报酬。我猜想，当时他可能不知道那本书取得了这么好的效果，甚至可能根本不知道这本书已经出版了。后来，还是在朋友们的帮助下，他才分享到50%的版权税。

去年，林语堂的二女儿林太乙想翻译舒先生早期的一本小说《离婚》，因为约翰德不知道他们此举和舒先生与雷诺和希契科克公司的出版计划相冲突，结果这一设想就流产了。与此同时，伊文·金返回中国后生了一场大病，在住院恢复期间，他着手翻译了《离婚》。开始的时候，翻译工作似乎进行得还顺利，他好像也很为舒先生着想。但后来，使舒先生十分不安的是，他发现伊文·金的译文在许多重要方面大大偏离了原著，结尾则和原著完全不同。事实上，他对伊文·金在翻译《骆驼祥子》时擅自进行改动本来就十分不满。因此，当他发现伊文·金又故技重演时，他感到无法容忍这件事，并且拒绝承认伊文·金的工作。伊文·金先生变得极为粗暴，他告诉舒先生他（伊文·金）有权获得全部版权收入。他还说，照他看来，要不是他在翻译过程中对原著做了进一步完善，舒先生的著作根本一文不值。他还通过律师恫吓过舒先生。金先生眼下大概在佛罗里达，或在其他什么地方疗养，但我看他再也不会恢复成一个好人了。雷诺和希契科克公司曾向舒先生施加过很大的压力，坚持要出版《离婚》一书，但在目前这种情况下，他们当然不可能继续出版该书。他们也试图另外找人重译，但未能成功。在这期间，既然《离婚》成了一起悬案，舒先生便和艾达·浦爱德小姐一起，着手翻译他的另一部长篇小说《四世同堂》。他们给人看了这本书前十章的译稿。据我所知，正在气头上的尤金·雷诺先生说，当《离婚》还在悬而未决时，他不愿意再惹麻烦。因此，舒先生问过我是否还要继续翻译下去。我看过他们的译稿，我认为翻得不错，书的前景应当很好。可能不用我说你也知道，舒先生是当代中国最重要的作家，所以我建议他和艾达·浦爱德小姐继续翻译下去，事实上，他们取得了很不错的进展。另外，为了让他能完成这一工作，我还帮助舒先生延长了他的签证。他现在回国也很不安全，因为他是个著名的民主人士，回去后不是被杀，至少也得被捕进监狱。

我建议，如果你能像我所希望的那样，接受舒先生作为你的委托人的话，你们应该就他的事好好谈一谈。我们也应该见一见约翰德先生，我觉得他应该得到周到的照料，他有些神经过敏，而且不善于辞令。虽然尤金·雷诺先生一点也不了解他，但约翰德先生本人仍会坚持出版界的一些最强硬的职业道德观念。任何变动都应当征求舒先生的意见，并经过他同意。

以上大致包括了一些主要问题，你和舒先生谈过之后，会详细地了解到更多的情况。

你真诚的

理查德·沃尔什夫人

节选自《致大卫·劳埃得》，《老舍全集》（第十五卷），北京：人民文学出版社，2013年，第633—635页。此信为1948年3月29日沃尔什夫人致劳埃得的信件。

9. 此信中所谓的"一百万汉字的小说"即老舍的长篇小说《四世同堂》。老舍在美国的最大的企图心是让世界了解中国的文学，他的自我估价与信心，以及《骆驼祥子》翻译的成功，都促使他继续翻译自己的小说。在美国的介绍中国现代小说的成果是三部小说的翻译出版：《离婚》《四世同堂》《鼓书艺人》，尽管《四世同堂》是老舍离开美国回到中国大陆时，书才出版。另有一本《牛天赐传》是别人翻译在英国出版的。老舍的翻译方式几乎是一种林纾式的"复古"，一人口述，一人英文翻译进行笔述；不同的是，老舍英文很好，能用英文写小说与剧本，但是没有英语母语使用者的话语感。如何像使用汉语白话一样使用英文，他做不到。一个历史上成功的例子告诉老舍，两个都懂对方语言的母语使用者的协同工作会有高品质的译本，那是他和艾支顿翻译《金瓶梅》的经验。

老舍这封信的目的是在新旧出版代理人交替时期，让接替者比较充分地了解其工作对象。这一章里陈述有各种"人际法律关系"，大致为：老舍和他的出版代理人，先后两任；两位翻译者（浦爱德小姐、郭镜秋）及其代理，各有一位；与老舍抢夺版权的《骆驼祥子》的译者伊文·金，他通过法律手段与出版社纠缠；雷诺和希契科克公司的出版人雷诺和他的部属中审阅老舍译本的编辑意见，及他的法律助手和两个争夺版权、抢先翻译《离婚》的翻译者之间的交道。美国凡事都要走法律流程，老舍是中国人中最早在海外遇到出版市场与版权法律纠纷的。他们所有的事务都由代理人办，这就有了很多的文书来往。让事件更复杂的是老舍开始不熟悉这种事务与生活方式，于是又有朋友赛珍珠帮助寻找委托代理人的书信的过程。

各种代理人之间打交道的过程是为各自雇佣者权益的争取与坚持，在任何时候，这种坚持与争议都是暂时的，其实商讨与妥协才是最终的结果。老舍很快就学会了，在英国伦敦大学东方学院要求加薪时，他就有过经验与心理的实践。这种精神回到中国不大用得上，小说《沈二哥加了薪》里仅有点影子。

10. 即《马裤先生》，由罗斯·琼翻译成英文。

11. 郭小姐，即 Hellen Kuo（郭海伦），中文名郭镜秋，《离婚》《鼓书艺人》的译者。

12. 沃得即伊文·金，后者是笔名。

13. 后来实际情形是两个译本都出版了。所以，我们在美国的国会图书馆和亚利桑那大学图书馆还可以看到那个"珍本"。其间有无雷诺公司的生意经，不好遮断。

14. 即赵家璧先生。

15. 老舍是第一个碰上国际版权问题的中国现代作家，那时中国没有加入国际版权组织。在美国延续写作与翻译，老舍其实是在不断的情绪干扰中生活的。这个干扰来自于他很不熟悉的文化市场，他要维护自己的权益，就得和盗版翻译的伊文·金打官司。1947 年下半年，老舍被迫集中精力与伊文·金就版权问题理论。许多事情，老舍都不在行，原来的代理人赫茨没有精力处理老舍的事情，请求辞去代理的工作。必须有一个能干的代理人，才能处理各种别别扭扭的纠葛。赛珍珠给老舍推荐了劳埃得。然而即使官司胜利了，还不能达到让美国人民了解中国文化与文学的目标，所以老舍得自己参与到翻译中去。这个翻译过程又比较复杂，在新小说创作开始的时候，他得同时和两个人配合翻译不同的著作，一个白天合作，一个晚上 7—10 点合作，两个人的英文风格又不一样。有他不熟悉的法律事务，有他难以分身的精力问题，有几度要求美国政府延期的困难，有身体不适的痛苦，有回望大陆上的纷乱与战事的困扰，有决定去英国还是回大陆的两难，有留在北碚的家庭……太多的事情与情感矛盾，真是扯不断、理还乱。为了写完《四世同堂》和翻译，又因为好莱坞要拍《骆驼祥子》电影，老舍一再向移民局申请延期，3 个月、6 个月地申请了好几次，1949 年 6 月又住医院做了手术医治腿疾。直到 1949 年 10 月，接到周恩来嘱托文艺界朋友的联名信，邀老舍回国，终于离开了美国。

16. 伊文·金只是《骆驼祥子》的译者，不是出版人，版权若属于出版公司，则对老舍有利。对伊文·金侵犯著作权的行为，老舍则坚决斗争，绝不回避。伊文·金在出版市场上被资本家看重，《骆驼祥子》的畅销刺激了老板们的逐利之心。伊文·金也尝到了甜头，他又要翻译《离婚》，而且让老李和马少奶奶来一次团圆，这种荒唐的擅自更改简直是对这一作品的强奸。老舍这部作品的主旨不是老李对爱的追求，而是对个人尊严的维护、对敷衍苟且的生活的针砭。伊文·金一再用大团圆的结局破坏原著的精神结构，老舍看成是严重挑衅，所以必须起而反抗。他让赵家璧在国内寻找种种版权证据，后者费尽心思请郑振铎出面，寻找著名的美国律师证明。但是，中美之间没有保护版权的法律协议，伊文·金又因《骆驼祥子》的版权在手而占尽先机，打官司也不了了之。最终是资本市场的胜利，老舍和郭镜秋合作翻译的《离婚》与伊文·金的篡改本《离婚》都摆上了售书架。老舍面对这样的事情，不得不苦闷。他不能一直待在这样的国家里。

17. 即 Wang Howe，制片经办人。

18.《鼓书艺人》是老舍在 1948 年至 1949 年间于纽约写成。因中文原稿遗失，根据英文译本 *The Dram Singers* 由马小弥再译为中文。

19. 指《鼓书艺人》。

20. 同上。

21. 沃特金斯，郭静秋的代理人。

22. 即 *The Yellow Storm*。

23. 以上节选自《致大卫·劳埃得》，《老舍全集》（第十五卷），北京：人民文学出版社，2013 年，第 632−658 页。

第三节　启程[1]

（1949 年 9 月 21 日致劳埃得）

和您在电话里谈过之后，我觉得最好还是把我在香港的地址留给您：

香港香港大学

病理系

侯宝璋先生转

"S．Y．SHU"是我英文签名"SHEH—YUSHU"

（舒舍予）的简写。[2]

　　1. 1949 年 7 月，中国文学艺术界联合会第一次代表大会举行。周恩来说，打倒了国民党反动派统治，铲除了障碍，南北两路文艺队伍大会师了，就是缺少我们的老朋友老舍，已经邀请他回来了。10 月，老舍接到受周恩来嘱托的冯乃超、夏衍等人先后写来的邀请回国的信，扶病归国。

　　2. 以上节选自《致大卫·劳埃得》，《老舍全集》（第十五卷），北京：人民文学出版社，2013 年，第 658 页。

264

第六章　晚年逢盛世

我高兴回到祖国来，祖国已不是半殖民地半封建的国家，而是崭新的，必能领导全世界被压迫的人民走向光明、和平、自由、与幸福的路途上去的伟大力量！[1]

1. 以上节选自《由三藩市到天津》，《老舍全集》（第十四卷），北京：人民文学出版社，2013 年，第 415 页。老舍从此也换了一副新的笔墨，以一种包融信仰内涵的赞美语调来谈生活。

第一节　由三藩市到天津

一、旧金山

到三藩市（旧金山）恰好在双十节之前，中国城正悬灯结彩，预备庆贺。在我们的侨胞心里，双十节是与农历新年有同等重要的。

常听人言：华侨们往往为利害的，家庭的，等等冲突，去打群架，械斗。事实上，这已是往日的事了；为寻金而来的侨胞是远在一八五〇年左右；现在，三藩市的中国城是建设在几条最体面，最重要的大街上，侨胞们是最守法的公民；械斗久已不多见。

可是，在双十的前夕，这里发生了斗争，打伤了人。这次的起打，不是为了家族的，或私人间利害的冲突，而是政治的。

青年们和工人们，在双十前夕，集聚在一堂，挂起金星红旗，庆祝新中国的诞生。这可招恼了守旧的，反动的人们，就派人来捣乱。红旗被扯下，继以斗殴。

双十日晚七时，中国城有很热闹的游行。因为怕再出事，五时左右街上已布满警察。可惜，我因有个约会，没能看到游行。事后听说，游行平安无事；队伍到孙中山先生铜像前致敬，并由代表们献剑给蒋介石与李宗仁，由总领事代收。

全世界已分为两大营阵，美国的华侨也非例外：一方面悬起红旗，另一方面献剑给祸国殃民的匪酋。

在这里，我们应当矫正大家常犯的一个错误——华侨们都守旧，落后。不，连三藩和纽约，都有高悬红旗，为新中国欢呼的青年与工人。

就是在那些随着队伍，去献剑的人们里，也有不少明知蒋匪昏暴，而看在孙中山先生的面上，不好不去凑凑热闹的。另有一些，虽具有爱国的高度热诚，可是被美国的反共宣传所惑，于是就很怕"共产"。

老一辈的侨胞，能读书的并不多。晚辈们虽受过教育，而读不到关于中国的英文与华文书籍。英文书很少，华文书来不到。报纸呢（华文的）又多被二陈所控制，信意的造谣。这也就难怪他们对国事不十分清楚了。

纽约的《华侨日报》是华文报纸中唯一能报导正确消息的。我们应多供给它资料——特别是文艺与新政府行政的纲领与实施的办法。此外，也应当把文艺图书，刊物，多寄去一些。[1]

二、太平洋上

十月十三号开船。船上有二十二位回国的留学生。他们每天举行讨论会，讨论回到祖国应如何服务，并报告自己专修过的课程，以便交换知识。

同时，船上另有不少位回国的人，却终日赌钱，打麻将。

船上有好几位财主，都是菲律宾人。他们的服饰，比美国阔少的更华丽。他们的浅薄无知，好玩好笑，比美国商人更俗鄙。他们看不起中国人[2]。

十八日到檀香山。论花草，天气，风景，这真是人间的福地。到处都是花。街上，隔不了几步，便有个卖花人，将栀子，虞美人等香花织成花圈出售；因此，街上也是香的。

这里百分之四十八是日本人，中国人只占百分之二十以上。这里的经济命脉却在英美人手里。这里，早有改为美国的第四十九州之议，可是因为东方民族太多了，至今未能实现。好家伙，若选出日本人或中国人作议员，岂不给美国丢人。

二十七日到横滨。由美国军部组织了参观团，船上搭客可买票参加，去看东京。

只有四五个钟头，没有看见什么。自横滨到东京，一路上原来都是工业区。现在，只见败瓦残屋，并无烟筒；工厂们都被轰炸光了。

路上，有的人穿着没有一块整布的破衣，等候电车。许多妇女，已不穿那花狸狐哨的长衣，代替的是长裤短袄。

在东京，人们的服装显着稍微整齐，而仍掩蔽不住寒伧。女人们仍有穿西服的，可是鞋袜都很破旧。男人们有许多还穿着战时的军衣，戴着那最可恨的军帽——抗战中，中国的话剧中与图画中最习见的那凶暴的象征。

日本的小孩儿们，在战前，不是脸蛋儿红扑扑的好么？现在，他们是面黄肌瘦。被绞死的战犯只获一死而已；他们的遗毒余祸却殃及后代啊！

由参观团的男女领导员（日本人）口中，听到他们没有糖和香蕉吃——因为他们丢失了台湾！其实，他们所缺乏的并不止糖与香蕉。他们之所以对中国人单单提到此二者，倒许是为了不忘情台湾吧？

三十一日到马尼拉。这地方真热。

大战中打沉了的船还在海里卧着，四围安着标帜，以免行船不慎，撞了上去。

岸上的西班牙时代所建筑的教堂，及其他建筑物，还是一片瓦砾。有城墙的老城完全打光。新城正在建设，还很空旷，看来有点大而无当。

本不想下船，因为第一，船上有冷气设备，比岸上舒服。第二，听说菲律宾人不欢喜中国人；税吏们对下船的华人要搜检每一个衣袋，以防走私。第三，菲律宾正要选举总统，到处有械斗，受点误伤，才不上算。

可是，我终于下了船。

在城中与郊外转了一圈，我听到一些值得记下来的事：前两天由台湾运来的大批的金银。这消息使我理会到，蒋介石虽在表面上要死守台湾，可是依然不肯把他的金银分给士兵，而运到国外来。据说，菲律宾并没有什么工业；那么，蒋自己的与他的走狗的财富，便可以投资在菲律宾，到台湾不能站脚的时候，便到菲律宾来作财阀了。依最近的消息，我这猜测是相当正确的。可是，我在前面说过，菲律宾人并不喜欢中国人。其原因大概是因为中国人的经营能力强，招起菲律宾人的忌妒。那么，假若蒋匪与他的匪帮都到菲律宾去投资，剥削菲人，大概菲人会起来反抗的。一旦菲人起来反抗，那些在菲的侨胞便会吃挂误官司。蒋匪真是不祥之物啊！

舟离日本，遇上台风。离马尼拉，再遇台风。两次台风，把我的腿又搞坏。到香港——十一月四日——我已寸步难行。[3]

三、香港

下船好几天了，我还觉得床像是在摇晃。海上的颠簸使我的坐骨神经痛复发了，到现在几乎还无法行走。香港大学又在山上，每次出门都给我带来极大痛苦。

我在此地已呆了十天，仍不知何时才能回到北京。此地有许多人等船北上，所以很难弄到船票。看来，我还得再呆上一段时间，我没法从这里游回家去。

两个多星期了，可我仍弄不到去北方的船票。在这期间，病痛却一天天加剧，我已根本无法行走。一位英国朋友正努力帮我搞一张到天津的船票，但我实在怀疑他是否能行，这里有成千上万的人等着离开香港。[4]

等船，一等就是二十四天。

在这二十四天里，我看见了天津帮，山东帮，广东帮的商人们，在抢购抢卖抢运各色的货物。室内室外，连街上，入耳的言语都是生意经。他们庆幸虽然离弃了上海天津青岛，而在香港又找到了投机者的乐园。

遇见了两三位英国人，他们都稳稳当当的说：非承认新中国不可了。谈到香港的将来，他们便微笑不言了。

一位美国商人告诉我："我并不愁暂时没有生意；可虑的倒是将来中外贸易的路线！假若路线是'北'路，我可就真完了！"

我可也看见了到广州去慰劳解放军的青年男女们。他们都告诉我："他们的确有纪律，有本事，有新的气象！我们还想再去！"

好容易，我得到一张船票。

不像是上船，而像一群猪入圈。码头上的大门不开，而只在大门中的小门开了一道缝。于是，旅客，脚行，千百件行李，都要由这缝子里钻进去。嚷啊，挤啊，查票啊，乱成一团。"乐园"吗？哼，这才真露出殖民地的本色。花钱买票，而须变成猪！这是英国轮船公司的船啊！

挤进了门，印度巡警检查行李。给钱，放行。不出钱，等着吧！那黑大的手把一切东西都翻乱，连箱子再也关不上。

一上船，税关再检查。还得递包袱！

呸！好腐臭的"香"港！

四、天津

二十八日夜里开船。船小（二千多吨），浪急，许多人晕船。为避免遭遇蒋家的炮舰，船绕行台湾外边，不敢直入海峡。过了上海，风越来越冷，空中飞着雪花。许多旅客是睡在甲板上，其苦可知。

十二月六日到仁川，旅客一律不准登岸，怕携有共产党宣传品，到岸上去散放。美国防共的潮浪走得好远啊，从三藩市一直走到朝鲜！

九日晨船到大沽口。海河中有许多冰块，空中落着雪。离开华北已是十四年，忽然看到冰雪，与河岸上的黄土地，我的泪就不能不在眼中转了。

因为潮水不够，行了一程，船便停在河中，直到下午一点才又开动；到天津码头已是掌灯的时候了。

税关上的人们来了。一点也不像菲律宾和香港的税吏们，他们连船上的一碗茶也不肯喝。我心里说：中国的确革新了！

我的腿不方便，又有几件行李，怎么下船呢？幸而马耳 [5] 先生也在船上，他奋勇当先的先下去，告诉我："你在这里等我，我有办法！"还有一位上海的商人，和一位原在复旦，现在要入革大的女青年，也过来打招呼："你在这里等，我们先下去看看。"

茶房却比我还急："没有人来接吗？你的腿能走吗？我看，你还是先下去，先下去！我给你搬行李！"经过这么三劝五劝，我把行李交给他，独自慢慢扭下来；还好，在人群中，我只跌了"一"跤。

检查行李是在大仓房里，因为满地积雪，不便露天行事。行李，一行行的摆齐，丝毫不乱；税务人员依次检查。检查得极认真。换钱——旅客带着的外钞必须在此换兑人民券——也是依次而进，秩序井然。谁说中国人不会守秩序！有了新社会，才会有新社会的秩序呀！

又遇上了马耳和那两位青年。他们扶我坐在衣箱上，然后去找市政府的交际员。找到了，两位壮实，温和，满脸笑容的青年。他们领我去换钱，而后代我布置一切。同时，他们把我介绍给在场的工作人员，大家轮流着抽空儿过来和我握手，并问几句美国的情形。啊，我是刚入了国门，却感到家一样的温暖！在抗战中，不论我在哪里，"招待"我的总是国民党的特务。他们给我的是恐怖与压迫，他们使我觉得我是个小贼。现在，我才又还原为人，在人的社会里活着。

检查完，交际员们替我招呼脚行，搬运行李，一同到交际处的招待所去。到那里，已是夜间十点半钟；可是，滚热的菜饭还等着我呢。

没能细看天津，一来是腿不能走，二来是急于上北京。

但是，在短短的两天里，我已感觉到天津已非旧时的天津；因为中国已非旧时的中国。更有滋味的是未到新中国的新天津之前，我看见了那渐次变为法西斯的美国，彷徨歧路的菲律宾，被军事占领的日本，与殖民地的香港。从三藩市到天津，即是从法西斯到新民主主义，中间夹着这二者所激起的潮浪与冲突。我高兴回到祖国来，祖国已不是半殖民地半封建的国家，而是崭新的，必能领导全世界被压迫的人民走向光明，和平，自由，与幸福的路途上去的伟大力量！⁶

1. 本节文字，从对"正确消息"的肯定起，老舍开始了文字中的"正确"论述与根据消息进行猜测与判断是否"相当正确"的检讨，他的文章被赋予了一种新的脱胎换骨了的思想方式与感情内容。这样的文章写于回国后一段日子，有思想汇报的价值，表明自己的政治立场的正确性是非常重要的，可知一个资产阶级知识分子的思想改造，是他踏上中华人民共和国国土之时，下车伊始。

2. 这一次和从巴黎到新加坡的海船旅行的经验，有了对读比较的空间；下文的横滨到东京旅行，所见战后的凋敝，又可与1963年作家代表团访日作对照观；再下面就英美对新政权态度的反映，以及对投机商人的观察，香港的"香"与"臭"，都是老舍意识转换的过程展示。

3. 以上节选自《由三藩市到天津》，《老舍全集》（第十四卷），北京：人民文学出版社，2013年，第410-413页。

4. 以上节选自《致大卫·劳埃得》，《老舍全集》（第十五卷），北京：人民文学出版社，2013年，第659-660页。

5. 叶君健（1914-1999），笔名马耳，湖北黄安（今红安）人，文学翻译家。译有《安徒生童话全集》。著有《叶君健童话故事集》，长篇小说"土地三部曲"《火花》《自由》《曙光》，"寂静的群山三部曲"《山村》《旷野》《远程》，散文集《两京散记》。1936年毕业于武汉大学外国文学系。1938年在武汉国民党政府军事委员会政治部第三厅做国际宣传工作。同年参加发起成立中华全国文艺界抗敌协会，并主编该会英文刊物《中国作家》。新中国成立后，任中外文学交流委员会主任等职。他与老舍相识于1938年武汉一同发起参与中华全国文艺界抗敌协会。1942年老舍作为证婚人为他与苑茵举办了众多文艺界人事参加的婚礼。1949年由香港回天津的船上两人又巧遇。之后居住北京的两家时相过从。

6. 以上节选自《由三藩市到天津》，《老舍全集》（第十四卷），北京：人民文学出版社，2013年，第413-415页。这篇文章当然是回到北京完成的，一旦回归中国大陆，将生活环境的变迁归结为"从法西斯到新民主主义"，老舍文字中的政治意识迅即增强了。一种为知识分子接受并一致表达的社会主义制度下的意识，开始在老舍创作于五六十年代的文章中持续出现，直到他生命中的最后三四年间，如他在会见英国记者的谈话中，他才表示已经无法跟得上追求进步的青年人。

第二节　我爱新北京 [1]

一、致劳埃得 [2]

1950 年 2 月 27 日

回到北京后，我一直忙于读书和写作。本想到各处多走走，多看看，好为写作搜集些素材，但坐骨神经一直疼得厉害，结果我只好呆在家里，在阅读中获得新知识。

虽然经过十五年的分离，我的三个姐姐（七十三岁、七十岁和六十四岁）还都住在北京，身体也都尚好。我大哥也住在这里。他们看见最小的弟弟终于回来了，都非常高兴。两年前，我哥哥差点饿死。现在他的孩子全有了工作，他自己也恢复了健康。他们全都非常喜欢这个对人民真好的新政府。

我的家眷将要从重庆回到北京，我得给他们准备房子。北京现在又成了首都，想要找一处合适的房子既贵又困难。如果您能给我寄五百美元到香港，再由侯博士（香港大学病理系侯宝璋博士）转寄给我，我将非常高兴。

那部长篇小说进行得怎么样了？我听说阿穆森先生不再为雷诺和希契科克公司工作了 [3]，是真的吗？

1950 年 7 月 7 日

非常抱歉，这么长时间没给您写信了。我正忙于筹建北京市文学艺术工作者联合会的工作和写作[4]。刚刚完成一部五幕话剧剧本[5]的写作工作，不久就能公演了。

谢谢您把五百美元寄到香港。侯博士已转寄给我。我很高兴你告诉我《四世同堂》的译稿仍保存得很好。请您转告浦爱德小姐，我太忙了，实在找不出给她写信的时间。还请您告诉她，现在北京的湖和河全都重新治理过了，水都变得干净了。今年的小麦收成比去年要好，饥荒就要过去了。

1950 年 8 月 26 日

那个五幕话剧现已交给一位导演，估计九月就能公演了。我的另一部短剧[6]也可望于今年十二月公演。北京文学艺术工作者联合会已经成立，我担任主席。我现在要干的事太多，实在是太忙了。

今年夏天天气很热，不过最近两天凉快了一点。市场上梨、苹果、桃子很多。我的小女儿（小立）除了苹果什么都不吃，她晚上还要在床上藏几个苹果。

北京现在很好，通货膨胀已经过去，人人都感到欢欣鼓舞。食物也充足。人们开始爱新政府了。

关于哈科克和布雷斯公司[7]提出的共同分享额外编辑费的问题，我看我们应该同意，他们支出得太多了，我们要帮助他们。

请将随信寄去的短信和十五美元寄给罗伯特·兰得先生[8]。地址如下：

作家协会
东三十九街三号
纽约十六。

1950 年 11 月 17 日

我的工作十分忙，所以一直没给您写信。

除了坐骨神经疼之外，我很健康。我想方设法治疗，可全都无济于事。不知道什么时候，用什么办法才能去掉这烦人的痛苦。

1951 年 5 月 3 日

作为北京文联的主席[9]，我要干的事太多，简直找不出时间[10]来处理我自己的私事。北京现有二百万人口。有许多艺术家住在这里，我必须努力帮助他们。

我很想看到《黄色风暴》的样书，不知什么时候才能收到您寄给我的样书。我希望您能寄两本样书给瞿同祖先生（纽约 123 西街，52 公寓 435 号），一本给他，一本给我，他会通过香港把样书寄给我的。您也可以通过他把东西或钱寄给我。

浦爱德小姐已给我几份有关《黄色风暴》的评论文章。看来他们都很喜欢这部小说。

1951 年 5 月 21 日

听说您寄给我的样书（《黄色风暴》）已到了香港，我的朋友侯博士会设法转寄给我的。瞿同祖先生住在纽约市西 123 街的 52 公寓 435 号，他也会帮您把书和钱寄我，他是我的一位好朋友，他可以在您给我的信的信封上写中文。

这段日子我一直很忙，坐骨神经痛也一直没好，我想尽了一切治疗办法，可全都无效。

我家的白猫生了三只小猫——一只白的，两只黄白花的。可我家的小鸟死了，这下可给了我小女儿一个大哭一场的机会。

1951 年 7 月 23 日

今年北京的夏天很热。我每天只能在大清早写一会，下午就热得没法工作了。北京有许多美丽的公园，在那里我可以休息，吸到新鲜空气。可坐骨神经痛使我没法走到公园。过去三个月里，我只完成了一个短的电影剧本 [11]，其他别无建树。

对于新中国，有许许多多的事情可以说，总的可以归结为一句话：政府好。中国人民弄不清美国政府为什么要反对北京的好政府，而支持台湾的坏政府。

十分感激您告诉我《黄色风暴》将在英国出版，我很高兴。

请给瞿同祖先生五百美元。他的家眷在北京，他们会把钱交给我的。

1952 年 4 月 1 日

我现在仍忙于写那部话剧 [12]。不知何时才能完成。新社会激励全国的作家奋发写作，每一位作家都在辛勤耕耘。冬天就要过去了，北京的春天很美。我打算养许多花，侍弄这些花会为我在写作的间隙提供一个休息的机会。坐骨神经痛稍稍好了一点。我也该做些轻微的运动了，浇花对我来说就是一种轻微的运动。

1952 年 5 月 14 日

感谢您 1952 年 3 月 7 日的来信。两天前我收到《鼓书艺人》的样书，售价那么高，而书本身又不是太好，我怀疑是否能有好销路。您如果能给我寄些关于这本书的评论文章，我将不胜感激。对《黄色风暴》的评论大都是恭维话，但我怀疑《鼓书艺人》是否还会获得同样的好评。

我一直很忙，不过值得庆幸的是我的坐骨神经痛好了一点，这要感谢维生素 B 针剂。

1952 年 10 月 1 日

对不起，这只能是一个短短的便条，我实在太忙，要同时做很多事。

《牛天赐传》是我的一部不重要的作品，不值得译成英文。我对柯林先生本人及其用意一无所知。请告诉哈科特和布雷斯公司，这部书不好。如果其他出版商想出版的话，那么他们一定要经过您，在美国您是我一切书籍的出版代理人。[13]

二、北京

十年来，我始终没治好我的腿病。腿不利落，就剥夺了我深入工农兵生活的权利[14]。我不肯去给他们添麻烦。我甚至连旅行、参观也不敢多去。我喜欢旅行、参观；但是一不留神，腿病即大发，须入医院。这样，我只能在北京城里绕圈圈，找些写作资料。

我多么盼望腿疾速愈，健步如飞，能够跟青年男女一同到山南海北去生活，去写作啊！[15]

我生在北京，热爱北京。现在，我更爱北京了，因为伟大的毛泽东住在这里。

自从定为新中国的首都，五年来北京起了很大的变化。它已不是我幼年间所看到的北京，也不是前十年的北京；甚至于今天的北京已不是昨天的北京！北京天天在发展，一天比一天更美丽，更繁荣，更可爱！

北京的皇宫御苑是多么庄严美丽呀！看，那些绿或黄的琉璃屋顶，那些雕梁画柱，那些白玉石的桥栏，那些多角的各式各样的亭子，和那些金碧辉煌的牌楼，都是多么优美的艺术品啊！这些楼台殿阁，无论是在春暖花开的时候，还是在秋风明月之下，都足以使人有身入仙境之感。多少代的诗人曾写出过多少篇诗歌，赞颂这些美景啊！

可是，在我小的时候，人民不但不能到那些琼楼玉宇里边去，连看一眼的福气也没有啊！许多的地方不许人民通行，而这些地方正是最美丽的建筑和亭园所在地。后来在国民党的反动统治下，这些古迹名胜或任其颓倒，或遭到破坏，反动派甚至盗窃古物出卖。现在呢，市政府保护古物，有历史价值的老建筑先后修葺，油饰一新。故宫、博物院里历代珍藏的名画、铜器、磁器，和人间罕见的艺术品都重新整理排列，分设专室，以便人民群众参观欣赏。发掘出的古物随时展览。名闻全世的颐和园，和天坛，社稷坛，都加以修葺。什刹海修建了很大的公众游泳池。用劳动人民的血汗与智慧修成的，理应由人民享受；在这些名园中的游廊或松阴下休憩游玩的已不是有闲阶级，而是广大的人民。这些宫宇园庭不但受到保护，而且增加了新的卫生设备，施行了科学的管理方法。

在这些原有的名胜之外，人民的市政府还在继续开辟新的公园。昔日的贫民窟和荒凉的城角，现在都有了公园。人民政府首先为劳动人民服务！这是个原则。根据这个原则，北京增建了新剧院，新电影院，新的中学小学，新的诊疗所，新的文化馆，新的自来水站，新的马路，新的电灯线，和新的汽车站等。

真的，假若我这几年没在北京，而今天忽然地回来，我一定不认识我的故乡了。谁能凭空想象到在那最荒凉污浊的地带会有了公园或学校呢？以前，统治阶级的宫邸的确是富丽堂皇的，可是北京并不清洁；现在，到处都是一样，紫禁城和最偏僻的小巷都是干净整洁。卫生运动是普遍而深入的。前几天，我到西城去参加一个区政府的会议。那离我出生的地方不远。我记得清清楚楚，那里原是一大片空地，夏天只有垃圾、野草和积水；小时候，我在那里捉过蜻蜓。今天呢，那里却是一大片楼房！是的，野草、垃圾、积水，已无法在新中国的首都存在了！再看，新盖的大楼有多少座啊！北京，一向是消费都市，如今有了新的工厂啊！这是个极大的改变。一方面修建了新的工厂，另一方面又整顿了北京原有的、驰名全世的手工业。地毯、景泰蓝、雕漆、象牙雕刻等，现在全有了合作的组织，提高了质量，而且研究出新的形式与花样。

这个大变动，不但使北京改了面貌，连北京的精神也变了。看吧，北京一向是文化城，有许多大学、中学、小学。可是，在解放前，甚至于小学也没有穷人子女入学的份儿。今天呢，大学中学都有很多工农子弟。中学生已有八万多人，小学生有二十八万多人，比一九四九年增加了一倍。同样的，医院、图书馆、剧场、大饭馆……以前劳动人民不能进去，如今都是为他们预备的。以前，学校只为培养书香门第的儿女，所以课程只限于普通的文学与科学，使青年们得到一点知识，毕业后可以去作官发财。今天，学校的课程和社会发展的需要密切结合起来。谁想得到，我的第三个女孩是去学石油专科啊！

是的，一切都变了，变化最突出的是妇女。看吧，小学校里，女教师占过半数。我的大女孩已是人民教师了。机关里、医院里、一切企业机构里，哪里都有女干部。而且，电车有女司机，工地上有女瓦匠，新选的北京市人民代表，女代表占了百分之一八·八！北京真是变了，面貌与精神一齐变了，在这变化之中，我们看出来，男女的确是平等了！想想看，在三十年前，我自己的姐姐都圈在家里，专等媒婆来给她们说亲。她们没有到剧院去的资格。今天，我们有多少女演员啊！

只有人变了，才是真的变化——这不仅是变化，而是发展与进步。北京还有古老的城墙，古老的皇宫，古老的文化传统，可是因为人变了，这些古老的东西便有了新的作用，新的精神，和新的生命！向来就美的，今天更美了，表里一致的美。正如同北京最有名的木刻彩印，它保存了几世纪来优美的技术，可是又加上了新的精神。它使用传统的艺术刻出印出今天人民所喜爱的彩画来，改进了技巧，也改进了刻画的内容！就是这样，新的旅馆、学校，有一切新的设备，而保存了建筑的民族风格。屋脊上的绿琉璃的奇形怪状的兽头，变成了绿的和平鸽。绿琉璃鸽既不奇形怪状，而且象征着和平！这就是毛主席所说的"推陈出新"。一切都是这样。

这就是我所热爱的北京，也就是一切为了人民的福利，一切为了和平，一切为了社会主义的建设，而建设着的新中国的首都！ [16]

1．老舍如何用他的眼光审视中国大半个世纪的的变迁，北京是他重要的认知参照系。与抗战中的《想北平》相比，解放后的数篇以北京为对象的散文描写的不再是北京独特的风物，而是共和国的共有景象。北京与共和国之间具有了某种互文性。

2．自从老舍开始了"新社会"的生活，他便极少写关于个人生活的文章。这几封信倒是给了我们不少活生生的"传"的材料，故单编为一节。老舍为何不如以前那样愿意写自己的生活了呢？大概原因有三：一是觉得个人生活与社会比起来不足道，"个人的"是资产阶级的；二是太忙，忙于各种社会活动，写各种形式的作品：有艺术的，有宣传的；三是将回忆变作了"反省"，生活表现转变为"思想改造"。本节对所选信件仍只取其有"传"的价值的部分，并弃其书信格式，只标明日期。

3．《四世同堂》《鼓书艺人》都不是由雷诺和希契科克公司出版，而是由哈科克和布雷斯公司出版。

4．老舍回国后第一次开的会对文艺界整体似乎不是那么有影响，但决定了老舍其后的一个创作方向。那是 1950 年 1 月 4 日，中华全国文学艺术界联合会在北京饭店举行联欢茶会，庆祝新年并欢迎老舍回国。老舍住在北京饭店，腿不好而行动不便，会场的选择就着老舍方便。到会的最重要的是郭沫若、茅盾和周扬，他们三人是中华全国文学艺术界联合会的正副主席。郭沫若没有主题发言，茅盾致辞，老舍报告归国感想并谈美国文艺界的腐败堕落。周扬的话才是实质性的：老舍的回国将有助于中国文艺的通俗化运动。茶会上老舍表演的曲艺节目《太平歌词》，这是真正的通俗文艺。一般情况下，大型的活动中，任何节目都预先安排好。老舍唱太平歌词《过新年》，既是娱乐，又是政治，更是工作任务的部署与接受的有机形式，不着痕迹地让自己在文学艺术界被定位了。待到一个月后的文联常委扩大会上，老舍和邵荃麟、孙伏园、艾芜、沙汀一道被增补为中华全国文学艺术界联合委员会全国委员。这便是在组织形式上确认了老舍是文艺界有地位的一员。这样他去开展通俗文艺工作就名正言顺了。到 2 月 16 日，老舍统计两个月内写了许多曲艺作品，七八百行的鼓词，三段相声，关于写鼓词的经验、相声修改的经验（去除不合意识形态要求的成分）等。这一阶段和抗战时期向富少舫学习鼓词不一样了，这是由上级下达的工作任务。从老舍主体而言，他不轻视通俗文艺，更不轻视从事这个行当的人，这里面许许多多是他的同族旗人。这项工作持续了十几年，后续因话剧成绩的突出，大部分精力用于戏剧了。但是，通俗文艺方向的身份定位一直没有改。1953年中国文学工作者第二次会议上，老舍代表文联的发言仍集中于通俗文艺，只是多了民间文艺。到了1960年第三次会议，才有了新的重点，谈少数民族文学，那时老舍的统战作用在于他是满族的身份。老舍没有不乐意去写或改编通俗文艺，那些艺人也是重要的原因，许多的旗人都在这一行中，给他们找碗饭吃，让他们活得有点尊严，把他们那快要失传的玩意儿保存下来，老舍冲着这些人也要干这个工作。

5. 即《方珍珠》，有关曲艺艺人与新旧社会制度的两重天地的生活，以及艺人如何改造自身的戏。

6. 指话剧《龙须沟》。

7. 即出版《四世同堂》《鼓书艺人》的出版公司。

8. 老舍同日给罗伯特·兰得的信中说："我接受'作家指导'的邀请加入'美国作家协会'，我应每年交十五美元的会费。"当然，老舍是将"美国作家协会"与"法西斯"的社会区别开来的，也期望时时与美国文学界保持一种世界联系，这中间有许多的心理意识的矛盾。

9. 老舍从1950年6月任北京市文联主席。和他一起工作的汪曾祺说："始终感到领导我们的是一位作家。他和我们的关系是前辈和后辈的关系，不是上下级关系。老舍先生这样'作家领导'的作风在市文联留下很好的影响，大家都平等相处，开诚布公，说话很少顾虑，都有点书生气、书卷气。""当时市文联的干部不多，老舍先生对每个人都相当清楚。他不看干部的档案，也不找人'个别谈话'，只是从平常的谈吐中就了解一个人的才气与水平。""每年，老舍先生都要把市文联的同人约到家里聚两次。一次是菊花开的时候，赏菊。一次是他的生日——我记得是腊月二十三。酒菜很丰富，而有特点。酒是'敞开供应'，汾酒、竹叶青、伏特卡，愿意喝什么喝什么，能喝多少喝多少。有一次郑重地拿出一瓶葡萄酒，说是毛主席送来的。让大家都喝一点。菜是老舍先生亲自掂配的。老舍先生有意叫大家尝尝地道的北京风味。"（汪曾祺：《老舍先生》，《北京文学》1984年5月）北京文联主席是老舍的实际工作职务，他一天也没有把这工作当作做官。但是这个位置的设置却也不是简单的事情，任命老舍为省市级地方文联主席，是因为全国级别的位置不开代表大会则无法在符合章程的前提下得到确认，而老舍又不愿意离开他的诞生地北京。等到第二次作家协会大会，才有了老舍在全国协会中的地位。

10. 老舍对志愿、计划与时间的矛盾深有认识，他从纪念鲁迅生发出结论："一个人的精力与天才永远不能完全与他的志愿与计划相配合，人生最大的苦痛啊！只有明知这苦痛是越来越深，而杀上前去，以身殉志的，才是英雄。"老舍和许多有为的知识分子一样，以延长工作时间来扩展生命，二十世纪五十年代，老舍一天要用十多个小时来应付不同的社会活动。即便如此，仍要保证创作时间，他不能不痛苦。

11. 指电影剧本《人同此心》，创作于1951年2月至6、7月间，当时未发表。后发表于《电影创作》1994年1月号。

12. 指《春华秋实》。用老舍的话说，这是一个写运动过程的戏。众人贡献意见，因其口味不同老舍就得随之变换菜谱，所以不得不写了十稿。老舍后来公之于众，《我是怎么写〈春华秋实〉的》，其中"怎样"是一种特殊语气。

13. 以上节选自《致大卫·劳埃得》，《老舍全集》（第十五卷），北京：人民文学出版社，2013年，第660-669页。这些书信内容在当时都是不太适合公开的。这可以说是老舍的一种矛盾。从信的语气看来，老舍是在有意淡化并且中断这种联系。从中也窥得老舍的内心还是很介意世界范围对他的作品的评价与接受，这时候他对自己的新旧作品其实有两种分裂的态度。再往后，他就完全屏蔽了对自己作品在世界范围内的影响的态度。

14. "深入工农兵"是毛泽东《在延安文艺座谈会上的讲话》中写工农兵的文艺思想，只有写他们，才能保证政治标准第一。老舍回到中国，不久就写了《毛主席给了我新的文艺思想》的文章，表示认真学习了毛泽东文艺思想，找到了新的方向，这是文艺思想的改造的第一步。

15. 以上节选自《我的经验》，《老舍全集》（第十八卷），北京：人民文学出版社，2013年，第48-49页。

16. 以上节选自《北京》，《老舍全集》（第十四卷），北京：人民文学出版社，2013年，第556-558页。老舍的出身影响着他的社会视角从来都是从下面看，故而老舍最看重普通人生活的改变，社会主义建设的成绩显示出对人的基本生活权利的尊重与保障，老舍就歌颂。

第三节　壮游

一、在朝鲜

一九五三年十月，我随同中国人民第三届赴朝慰问团去到朝鲜。慰问工作结束，我得到总团长贺龙将军的允许，继续留朝数月，到志愿军部队去体验生活。[1]

朝鲜真美丽，山美、水美、花木美。朝鲜的美丽永难忘却。我的院后有一座小山，长满了树木。由我的小屋出来，我可以看到小山的一角。在那一角里，就有金黛莱花。

为什么这样爱那些花木、山水呢？因为朝鲜有最美丽的人民。

我住过的小村是三面有山的。因为三山怀抱，所以才没被万恶的美帝给炸掉。村里除了老弱，便是妇女。妇女操作一切：种田、修路、织布、教书……。她们穿的轻便，可是色彩漂亮。她们好像和山上的金黛莱花争美。金黛莱不畏风雪。她们也好像跟花儿比赛谁更坚强。我没有见过这么美丽而坚强的妇女。我不懂她们的话，但是由她们的眼神，由她们的风度，我会看出：她们绝对不许美帝侵占她们的美丽河山与家园，不管美帝多么横暴。我也经常听见她们的歌声，虽然不懂歌词，可是我知道在极端困苦中还高声歌唱的是不会向困难低头的。

美丽的人保卫住美丽的江山。

朝鲜的男人也是坚强英勇的，我见过许多位抗敌立功的英雄。好战成性的杜勒斯[2]时常吹牛，说美帝空军如何厉害，甚至极端无耻地夸口已把朝鲜炸光——杜勒斯所信奉的上帝不会饶恕他的狼心与毒嘴恶舌！可是，我见过朝鲜的英雄男女。他们保卫了美丽的河山，并在战后以忘我的劳动重建城市与农村，叫朝鲜比战前更美丽。朝鲜人民的美丽是杜勒斯之流不能理解的。是嘛，一个大资本家的奴仆怎能了解受过社会主义教育的人民有怎样美丽与崇高的品质。

我永远忘不了朝鲜风物的美丽，因为我永远忘不了那保卫美丽山河的美丽人民。我走过的每座桥，住过的每间小屋，现在一闭眼就再现出来。同时，我也再看见修桥的英雄男女，和热情招待我的小屋主人。这些人与事教育了我。在别处，我也许只看见了美丽的风景。在朝鲜，我受了美的教育，每一个英雄气概的男女都是我的先生，叫我具体地看见什么是社会主义的崇高与美丽的品质。[3]

《无名高地有了名》[4]

我在志愿军某军住了五个来月，访问了不少位强攻与坚守"老秃山"的英雄，阅读了不少有关的文件。我决定写一部小说。

可是，我写不出来。五个来月的时间不够充分了解部队生活的。我写不出人物来。

我可也不甘心交白卷。我不甘放弃歌颂最可爱的人们的光荣责任[5]。尽管只能写点报道也比交白卷好。

于是，我把听到的和看到的资料组织了下，写成此篇，它只能算作一篇报道。

我要对志愿军某军的军、师、团、营与连的首长们、干部们和战士们作衷心的感谢！没有他们的鼓励、照顾和帮助，尽管是一篇报道，我也不会写成！

篇中的人物姓名都不是真的，因为"老秃山"一役出现了许多英雄功臣，不可能都写进去，挂一漏万也不好。[6]

二、三访苏联[7]

学习笔记（1954）

我无法说出，当我到莫斯科去作第二次全苏作家代表大会的来宾的时候，我是多么兴奋，欢喜！或者也无须说吧；谁得到这种机会，谁能不感到光荣和幸福，跟我一样兴奋、欢喜呢？谁都知道，这次大会的召开是世界上的一件大事啊！我可也有为难的地方……怎么报道这么大的一件大事呢！出席大会的代表与来宾中，有多少举世仰慕的光辉名字啊！哪一个不值得热情地颂扬呢？大会发言中的精辟理论与美妙的语言，（连资格审查委员会的报告和修改会章的报告都写得富有诗意！）哪一点不值得介绍与发挥呢？我可是没有本领把他们的形象和意见都生动地画出，正确地记录下来。光是大会上的几个主要报告，一共就有几十万言。报告而外，还有一百多位代表发言呢。这样，即使我有心作个详尽的报道，也必然会落个有心无力。我只好写一些感想吧。这就是说，我不打算描画任何一位文豪的气度，虽然那么办也许是容易写出生动有趣的文字的。我也不想摘要地介绍那几篇主要报告的内容，因为它们有的已被翻译过来，有的即将翻译出来，供大家学习，用不着我再多说。当然，在写我个人的感想的时候，我不会不在这里那里引用报告中的话语；这就正是写一些感想的好处，它可以灵活运用资料啊。想来想去，写写感想，写写像学习笔记似的东西，还到底是不错的办法。[8]

访苏日记（1957）

11月4日早八时半由京起飞，只停一站，越乌兰巴托，下午三时抵依尔库斯克，住招待所内，同梅先生合住一室。招待所是新建的。5日天气已好转，但前途仍劣，不敢出游，时瞻好晴。

6日10时后起飞，三小时抵 Omsk，因候机者太多，不能下去休息，即停机间。一小时后再飞，又三小时抵莫斯科。有工会代表，中文系学生 Violet 等来接。赫鲁晓夫报告，未赶上。下午四时庆祝会。即由机场赶赴会场，已迟一小时，毛主席发言已过。会场为体育馆，容人甚多。听各兄弟国家代表发言。会后到旅馆——乌克兰，新建，32 层。甚精致。住 669 号室。街上极好看，家家灯火，五光十色。

7 日上午八时半集合，向红场出发。入场检查证件甚严。入第七台，皆为外宾。十时鸣炮。部队新武器有火箭，原子炮及导弹。进行甚速，皆机械化也。然后体育大军，进行中有表演，后有少先队，而后群众，缓缓进行，不慌促，携儿童者甚多，队伍中有不少中国学生，模型不少，手多执纸花或气球。

8 日纪念晚会，节目精彩。前半段为以各种艺术形式表现四十年历史，节奏欢快，内容丰富。后半段则为百花齐放，各种形式，各民族，新陈，互相连贯。善于利用会场，与观众打成一片。大明星参加，亦不谢幕，省时间，演三小时。

11 日上午参观农业展览馆。布置极美，如大花园。看总厅，献礼。看乌兹别克馆，赠瓜与葡萄干等。看第一个人造卫星的副件，原子堆，及机械馆。

12 日九时五十五分达列宁格勒，晚看芭蕾舞——《森林妖王》。

13 日早参观斯茂尼尔宫，原为贵族女子学校，列宁自己为司令部，今为州、市党委会。列宁住处只二小床，一橱，书房则一套沙发，二小桌而已。《和平法令》，《土平法令》及许多重要文件均在此写成。参观冬宫，走马观花，已甚疲乏。

19 日九时半达基辅，饭后游观全市。已无战祸痕迹。大楼极庄严美丽。尼泊河岸尤为美观。晚到作家之家，受对外文化、妇女、中苏友协等欢迎，献礼，有歌唱——皆极好。

28 日午后五时到京。[9]

访苏日记（1959）

5 月 16 日星期六早六时半起飞，飞较慢，九个钟头，午一时半抵莫斯科，住莫斯科旅馆。18 日代表大会开幕，22 日早大会发言。

我荣幸地参加过第二次苏联作家代表大会。现在我又来参加第三次大会，使我非常高兴！我见到许多位以前在苏联和中国见过的苏联作家，友人们见面感到亲热，我也见到许多由世界各国来的男女作家，虽然语言不同，可是心里都一样的高兴。第二次大会是在克里姆林宫开幕，而后每天在圆柱大厦开会。这次，大会始终是在克里姆林宫举行。在庄严的大厅里，我听到苏联作家的和各国代表的发言，并且听到赫鲁晓夫同志的振奋人心的致词，这使我永远不会忘记！赫鲁晓夫同志勉励作家们要作重炮，射程远，火力大，掩护着步兵前进。这就是说作家是先锋，鼓舞着人民向共产主义进军，这真是个好比喻，全场的作家都感到欢欣鼓舞，并且表示要不辜负这样的光荣嘱托与信任。

23 日大会闭幕式。晚看阿塞尔拜疆芭蕾《七美图》。24 日午后到柯热夫尼科夫家作客，住作家村，有六十多位作家住此，当初高尔基指定的地点，有林有湖。25 日去列宁格勒。八时半到，住 Europe Hotel。早饭后走马看花，游览全城光景。看堡垒。26 日早游夏宫，彼得大帝战胜瑞典而建，有喷泉 130 多，战时为德军占领，破坏甚大，现仍在整修中。27 日十二时高尔基文学讲习所座谈。晚到柯切托夫家吃饭。28 日晚看歌剧《盲人之子》，场面大舞蹈嫌稍多。午后到电影局看《征服海洋的人》甚好。29 日早会见 Bonosky，约他到中国去。看园景电影，图画展览会，高尔基之家，晚看芭蕾舞《少女塔》。31 日夜十二时起飞。[10]

三、捷克观剧

今年四月里，我到捷克斯洛伐克的首都布拉格去了，同行的还有骆文[11]同志。我们的任务是去参观在布拉格举行的全国戏剧会演。[12]我想到布拉格去已非一日了。从画片上和书史上，我久已知道布拉格是个有高度文化，古远的历史，和美丽的风景与建筑的名城。

今年，我得到了如愿以偿的机会。

我是四月二十一日到了那里的。布拉格在春天特别美；多么幸福，我正赶上百花齐放的布拉格之春！

四围的小山都是绿的，而且，在我到达的时候，是春天特有的新绿。这鲜明柔嫩的新绿，若是被微风吹动，就仿佛要往下流，流到横贯古城的维尔塔发河里；多么美的倒影啊！是的，中间一条河，四围是绿的小山，在山河之间历代人民创造了各式各样美丽的建筑与花园，这就是布拉格。布拉格全城就是个大花园。到处都是花。白的紫的丁香特别多。到哪里，哪里有花，春仿佛一会儿不愿教人们忘记它。

那些美丽的建筑，也跟花一样吸引着人。每一座古建筑都有它自己的风格与历史；而且正跟花木一样，不同的色彩与姿态并不使人感觉到不调谐。登高一望，布拉格有成百的教堂的楼尖，伸向碧空，它们的风格和式样都不同，但是也正因为彼此不同，才相得益彰。

我是去参加观摩在布拉格举行的捷克斯洛伐克全国职业剧团的会演大会。会演大会的名称原系"戏剧收获"，就是收庄稼的意思。我还是用"会演"吧，对咱们较为通俗。会演自四月十一日起，到三十日止，共二十天。我们（与我同去的还有骆文同志）接到通知已迟，所以在二十一日才赶到布拉格，一共只看到了八场戏。会后仍争取到各戏院去看戏，以补不足。

由节目的思想内容上说：此次会演的口号是"捷克斯洛伐克的戏剧是为保卫和平与建设社会主义而斗争"。保卫和平与建设社会主义是全国人民的愿望，戏剧界的活动也就与此配合，用戏剧去教育并鼓舞人民乐观地担起这光荣任务，并憎恨敌人与美国帝国主义；倡导社会主义的爱国主义，反对那有害的世界主义与小资产阶级的狭隘的国家主义。会演不仅是技术的观摩与竞赛，而且具有重大的政治目的。

由艺术上说：大城市的戏剧艺术水平高于小城市及偏僻的地方，会演的目的即在通过互相观摩，批评，互助，普遍地提高戏剧艺术的水平。

在会演后，我们又看了几场戏——其中有的是参加过会演的节目，有的不是。

我们只看到十四个节目，专凭这一些，我们无从看到捷克斯洛伐克戏剧运动的全面成就。但是，在看戏而外，我们还不断地去访问，才了解了一些情况。捷克斯洛伐克的戏剧，无论是话剧、歌剧，还是傀儡戏，都有相当长久的优美传统。这个传统不仅是民族的，而且是民族革命的。

我们不但看见了美丽的布拉格，而且在那里看到了美丽的戏剧会演，增长了见识，学习了许多新东西，这的确是我们的幸福，我们感谢！ [13]

在会演后，我们还到各地参观。捷克斯洛伐克全国到处都是美丽的，道路修得好，小村小镇都非常清洁。特别使我们兴奋的是到处都有新的建设：修桥、造路、建筑大工厂和大水闸。在有一两万人口的市镇中，我们也看到很精致玲珑的剧场。[14] 不管是在布拉格，还是在别处，我们都受到热烈的欢迎与诚恳的招待；于此，我们深刻地体会到民主兄弟国家间的深厚而美丽的友谊，和由这友谊而来的保卫和平与建设社会主义的伟大力量。

五月二十三日我们与美丽的布拉格告别。握着捷克斯洛伐克人民的手，彼此依依不舍。朋友们，你们的友谊使我们感动，永久难忘。[15]

四、新疆半月

（一九五七年）五月十九日去祝贺新疆作家协会分会 [16] 的成立。

这是我第一次到新疆去。我渴望能够在开会前后，看看天山南北，开开眼界。可是，除了乌鲁木齐，我只抓紧了时间，走马观花地看了看石河子军垦区，别的什么也没能去看。

主要的原因是内地的作家到新疆去的太少了，所以听说我来到，大家都要求见见面。看清楚了这个情形，我马上决定：先见人，后游览。参加大会的苏联作家们用两天的时间，去游吐鲁番；我没有去——我利用这两天开了四个座谈会，会见了中学语文教师、兵团文艺工作者、《天山》编辑部，和一部分业余作家。我是这么想：假若时间不够，无从去看吐鲁番和其他的地方，反正我会见了朋友，总算"尽职"。反之，我若把时间都花费在游览上，来不及会见友人，便悔之晚矣。朋友比高山大川更重要。

在半月之间，我作了十次"座谈报告"——这是我新造的词汇。大家都知道我的身体不太好，所以不便约我作长篇大论的报告，而邀我座谈。事实上，座谈会上不是递条子，便是发问，我只好作大段独白，等于作报告。除了前段提到的，我还向语文学院的教授与学生、八一农学院的大部分学员、石油管理局的野战队队员、广播电台的文艺干部与石河子的文艺爱好者作了座谈报告，并在屈原纪念会上和乌鲁木齐市的青年写作者见了面。

座谈报告而外，还接到了八十多封信，我都作了简单的答复。信中有的还附着文稿，实在找不到时间阅读，只好道歉退还。

在乌鲁木齐而外，我只看见了石河子。好，就以石河子来说，难道不是一个奇迹么？原来的石河子只有几间卖茶水的小屋，立在乌鲁木齐——伊犁的大道道旁，等待着行人在此休息、打尖、饮马。此外，便什么也没有了。今天呢，这里建起了一座新的城，有银行、邮局、百货店、食堂、电影院、学校、医院、榨油厂、拖拉机修配厂和体面而舒适的招待所。城外，原来只有苇塘万顷，今天变成了产小麦与棉花的广阔绿洲。看，天山在南，沙漠在北，中间是一望无际的绿油油的麦田与棉田。每一块田的四周都整整齐齐地种上了防风矮树，树荫下便是灌田的水渠。这是几年来。四个师（现编为两师）的战士的创造，完全从无到有，把荒原变成沃野。据说，在刚一动手开荒的时候，战士们都须用泥把脸与身上涂严，否则牛虻和蚊子会把他们咬坏。那时候，连首长也得住地窝子——地下挖个洞，上面盖些苇棍儿。那时候，狼与野兽白天也会向他们袭击。英雄的本质便是不向困难低头：他们不但开了地，而且盖起来宿舍、学校与医院等等。他们没有工程师，但是房子盖得不但质量好，而且朴雅可爱。他们会自己烧砖，也会自己安电灯。他们有手，有脑，有决心，他们就创造了一切，给世界地图上添了一座新城，一座从来没有过人剥削人的新城。在参观医院的时候，我听到刚生下来的娃娃的啼声。幸福的娃娃们，生在一个万事全新的城市里！

在这个垦区里原有些兄弟民族的农户，散居各处。他们热情地和垦荒部队合作，迁到几处，聚族而居。这样就有了办农业合作社的条件，也就马上利用了这个条件，组织起来。从公路上，我看到了一两处新村：房子，学校，全是新的。当然，他们的生活方式与社会制度也都是新的。

军垦区之外，还有多少多少建设值得写啊！我和石油管理局野战队的青年男女座谈了一次，他们赠给我一小玻璃管克拉玛依的原油，还有几小块云母与玛瑙。他们拾到了这些宝物，也收集了最宝贵的人生经验。他们不但认识了新疆的山河与宝藏，也认识了他们自己，建设社会主义的青年勇士！沙漠上的狂风，天山上的积雪，都使他们有时痛苦，又有时狂喜。痛苦啊，狂喜啊，有青年的地方就是有诗料的地方！ [17]

五、安国访问述感

（一九五八年）九月末旬，到安国县 [18] 去了几天。这不仅是访问，而是建立亲戚关系；这次住的日子很少，以后还要再来学习，多住些日子，也希望多写点文章。

看了两个人民公社 [19]：东风社与先锋社。自幼喜读描画乌托邦的作品。看了这两个公社，我觉得那些乌托邦的描述不过是些空想而已。真正的理想国是在咱们这里！这是多么可喜的事啊！

在我读过的那些乌托邦里，不过只写了一些现象，而没有说它们是怎么来的——所以是空想。看了咱们的人民公社，我们不仅知其当然，而且知其所以然。我们的理想国是眼看得到，手摸得着的，绝非空想。

让我们感谢党与毛主席吧！没有党与毛主席的最崇高的理想领导我们，我们怎么会在建国仅仅九年，就兴建起人民公社来呢？

关于人民公社的报道已有很多，我不想把所见所闻，都写在这里。我只想说些感想：

我知道，在解放前，乡下一般地是不大讲究清洁卫生的。这次，我远远看见了村庄，心里就乐得什么似的。墙啊都刷得白白的，五彩的是壁画，红的是诗歌。这比北京的胡同里要花哨的多，好看得多！土路（大概不久就全变成柏油的）都非常干净，两旁种着树。我记得当年的乡村是什么样子。拿现在和从前比一比，真有天渊之别了。这并不简单。没有思想上的跃进，不会认识清洁卫生的重要。现在，墙上写着："不干不净，吃了有病。"从前，我们不是都说："不干不净，吃了没病"么？这就是个很大的跃进！

中国人一向最讲孝道。可是，说也奇怪，在旧社会里，多少老人却挨饿受冻，没人照顾。今天，公社里有了幸福院。失去劳动力的老人们有了安乐的住处，吃的好，穿的暖。这些老人是全公社的长辈，全公社尊敬他们，照顾他们。社会主义制度真好啊！封建杜会里的讲道德，倡贤孝，不过是说说而已。只有今天，老人们才真享了福！

幼儿院也极有意义。它一方面解放了妇女，叫她们安心出去劳动，无后顾之忧；另一方面叫小儿女自幼即过集体生活，吃喝游戏都在一块儿，自然而然就会爱集体，爱清洁，守秩序，有礼貌。这个教育价值极大；自幼过惯集体生活，长大一定不会有孤立不群的坏脾气。这么教养第二代，我们的第二代的确会成为社会主义建设的接班人了。

人民公社虽然刚刚成立，可是苗头好，收成就必定好。看今天的好苗头，我们绝对相信共产主义一定会加快脚步来到，使我们的国土变成地上乐园！这个乐园不是乌托邦的幻想，而是由党与毛主席的领导，六亿人民的勤苦建设而来的。它是最真实的，同时也是最理想的。努力建设吧，地上天堂就在我们面前了！ [20]

六、内蒙风光

1961 年夏天，我们——作家、画家、音乐家、舞蹈家、歌唱家等共二十来人，应内蒙古自治区乌兰夫 [21] 同志的邀请，由中央文化部、民族事务委员会和中国文联进行组织，到内蒙古东部和西部参观访问了八个星期。陪同我们的是内蒙古文化局的布赫 [22] 同志。他给我们安排了很好的参观程序，使我们在不甚长的时间内看到林区、牧区、农区、渔场、风景区和工业基地；也看到了一些古迹、学校和展览馆；并且参加了各处的文艺活动，交流经验，互相学习。

这回，有机会看到它（大兴安岭），并且进到原始森林里边去。目之所及，哪里都是绿的。的确是林海。群岭起伏是林海的波浪。多少种绿颜色呀：深的，浅的，明的，暗的，绿得难以形容，绿得无以名之。谁进入岭中，看到那数不尽的青松白桦，能够不马上向四面八方望一望呢？有多少省份用过这里的木材呀！它的美丽与建设结为一体，不仅使我们拍掌称奇，而且叫心中感到温暖，因而亲切、舒服。

我看到了草原。那里的天比别处的天更可爱，空气是那么清鲜，天空是那么明朗，使我总想高歌一曲，表示我的愉快。在天底下，一碧千里，而并不茫茫。人畜两旺，这是个翡翠的世界。连江南也未必有这样的景色啊！

这里（达赉湖）的水有多么深，鱼有多么厚。我们吃到湖中的鱼，非常肥美。水好，所以鱼肥。有三条河流入湖中，而三条河都经过草原，所以湖水一碧千顷——草原青未了，又到绿波前。湖上飞翔着许多白鸥。在碧岸、翠湖、青天、白鸥之间游荡着渔船，何等迷人的美景！

扎兰屯真无愧是塞上的一颗珍珠。多么幽美呀！它不像苏杭那么明媚，也没有天山万古积雪的气势，可是它独具风格，幽美得迷人。它几乎没有什么人工的雕饰，只是纯系自然的那么一些山川草木。[23]

七、广州戏剧创作会议

一九六二年的上半年，我没能写出什么东西来。不是因为生病，也不是因为偷懒，而是因为出游。

二月里，我到广州去参加戏剧创作会议。在北方，天气还很冷，上火车时，我还穿着皮大衣。一进广东界，百花盛开，我的皮大衣没了用处。于是就动了春游之念。在会议进行中，我利用周末，游览了从化、佛山、新会、高要等名城。广东的公路真好，我们的车子又新又快，幸福非浅。会议闭幕后，游兴犹浓，及同阳翰笙、曹禺诸友，经惠阳、海丰、普宁、海门等处，到汕头小住，并到澄海、潮安参观。再由潮汕去福建，游览了漳州、厦门、泉州与福州，然后从上海回北京。

在各地游览中，总是先逛公园。从前，我不敢多到公园去，讨厌那些饱食终日，言不及义的闲人们。现在，一进公园，看到花木的繁茂，亭池的美丽，精神已为之一振。及至看到游人，心里便更加高兴。看，劳动人民扶老携幼，来过星期日或别的假日，说着笑着，或三五友人聚餐，或全家品茗休息，多么美丽呀！公园美，人健康，生活有所改善，不是最足令人高兴的事么？

今天，凡是值得保存的文物都加以保护，并进行研究，使我们感到自豪。不但广州、福州的古寺名园或修葺一新，或加意保护，就是佛山的祖祠，高要的七星岩，也都是古迹重光，辉煌灿烂。

在广东、福建各地游览，几乎每晚都有好戏看。粤剧、潮剧、话剧、闽剧、高甲戏、莆仙戏……没法看完，而且都多么精彩啊！最令人高兴的是每个剧种都有了传人，老师傅们把绝技毫无保留地传授给男女学徒。那些小学生有出息，前途不可限量。师傅教的得法，学生学的勤恳，所以学得快，也学的好。看到这么多剧种争奇斗妍，才真明白了什么叫百花齐放，而且是多么鲜美的花呀！我爱好文艺，见此光景，自然高兴；我想，别人也会高兴，谁不爱看好戏呢？ ²⁴

八、秦皇岛

一九六三年夏天，河北省文化局召集了本省二十多位剧作家，到秦皇岛来开创作会议。文化局申伸同志也把我约来。我血压稍高，时患眩晕，来此可略事休养，并可与剧作家们交换些创作意见。在会议期间，我还游览了天下第一关、孟姜女庙，及北戴河等胜迹。这些好地方，我以前都没有到过，开开眼界，十分高兴！更可喜的是我还遇到了河北省梆子剧院青年跃进剧团、河北省歌舞剧院、东风豫剧团和小海燕评剧团等团体的朋友们。遇到他们，就写一首小诗相赠，作为见面礼。因头昏，诗写得不很好，可是多少有些感情，舍不得扔掉，即在此发表出来，请大家指正。

一　赠申伸同志

七月秦皇岛，云轻蝉韵幽。

港深冬不冻，天爽暑如秋。

目送千帆影，人登百尺楼。

奇文竞创作，山海共风流。

（一九六三年伏日，河北廿余剧作家同来秦皇岛进行创作时，海员大楼建成，碧海门前，潮声入枕，诸贤寓此，奇文丽景，诚乐事也。申伸同志约予与文友会谈，获益受教匪浅。至为感激吟此留念呈致谢意。）

二　赠河北省歌舞剧院

悲歌燕赵史堂堂，斗志于今百倍强。

革命风云新乐府，翻身日月大文章。

休哀日笛梅花落，善舞红旗丝竹昂。

北去长城东至海，轻装小队入农庄。

三　赠河北梆子剧院跃进剧团

全民齐跃进，戏曲奋争先。

壮士劈山去，英雄拦马前。

红旗明晓日，粉墨好青年。

八月秦皇岛，歌潮浪接天。

一九六三年八月于北戴河

四　赠东风豫剧团

玉润珠圆花满枝，

东风歌舞月移迟。

新声应胜霓裳曲，

爱唱多情郭老诗。

一九六三年八月于秦皇岛之海员大楼

五　赠小海燕评剧团

风光如此最多情，山海关头山海明。

西去长城一万里，南来大地几千程。

田园无际丰生产，烽火高台忆战争。

更喜翩翩小海燕，青云白浪任飞鸣。

一九六三年夏登山海关时小海燕评剧团寓此²⁵

九、湖南

（1963 年）9 月 15 日早九时五分开车，经保定，行甚慢，误点。9 月 17 日早二时后抵长沙，住湖南宾馆。9 月 23 日早九时出发，经湘潭，至韶山，下午参观毛主席故居及陈列馆。此区旱，二日来稍见雨。[26]

登岳阳楼题"三秋图"[27]

天上一轮月，亭前双桂花。

香风随我去，一路到长沙。

一九六三年登岳阳楼

国庆逢秋节

国庆逢秋节，芙蓉映桂花。

灯红歌不歇，明月照长沙。

（我同胡絜青在这里参加国庆活动。国庆前夕，絜青同志画了一幅画，送给湖南省博物馆，画的是芙蓉和桂花，还有一个红灯，我想画的意思就是庆祝国庆，而且国庆与中秋连接着，所以芙蓉和桂花象征着两个节日，灯笼就是庆祝的意思。我题了一首小诗。）

诗三首

一　长沙国庆日

长沙国庆日，万众大游行：

旗展风轻舞，云开花倍明。

相邀争跃进，团结是长城。

歌唱新中国，声声到北京。

二　参加长沙国庆节庆祝大会

革命人民集广场，红旗十万彩千行：

龙飞狮舞歌声起，马壮人强斗志昂。

齐树雄心争跃进，每凭胜利作新装；

狂欢滚滚湘江浪，恰是中秋飘桂香。

三　登岳阳楼

昨别秦皇岛，今上岳阳楼；

湖光八百里，风色近中秋。

鱼米荣公社，云波歌壮游；

凭栏欣北望，日夜大江流。[28]

十、日本·作家交游 [29]

（1965年）3月24日下午四时起身，八点到东京。

28日午后由几个团体约赴浅草，参观大寺，有一千三百年历史。既像天桥，也像东安市场。有永生之壁。系郭老所题。至休息可写字数纸，参观一叶（樋口）女作家纪念馆。相当好。赴一家夜总会，由艺人等表演歌舞，水平都很高。吃饭，有舞女相陪，但皆庄重。天很冷，忘带大衣。与会者有藤森老作家，三岛一，日本友协理事长，和许多突出艺人，一老人年过八十，表演猩猩舞。30日晚井上靖请饭。吃关西饭，在吉兆饭馆，极精致，有烤生鱼牛肉，海螺。饮具有斗、杯、盏，至十时半。

31日到大阪，住新大阪饭店。4月1日上午参观关西座、大阪城。午后各界座谈，予略介绍即返。阿部仲麿奈良人，在唐为官（李白时）。若草山，又名三笠山，长安思乡为诗。仰望遥天月在三笠山。

2 日早十一时离大阪，乘汽车沿阪奈公路。越生驹山到奈良，仅一小时余。住 Nara Hotel，皆是日本风格。小山多松。游客甚多，多西方人。下午游唐招提寺，十三世纪建筑，鉴真传道于此，殿供奉佛，药师如来与观音，系鉴真创举，佛像皆奈良时代，鉴真弟子所刻。院后有鉴真墓。鉴真像年开放一次，平时不开。后院新建殿宇拟供奉之，尚未竣工。旋访药师寺，寺建筑为初唐风格。二塔已毁其一。形式特美。进素餐，茶道表演。和尚不多。有的谈吐甚好，也有顾虑（对中国），拥护中日友好。兴福寺脱胎佛像，阿修罗三头六臂最突出，一千二百年前作品皆国宝，此则超国宝。

世家菩萨，无着菩萨，二中国兄弟，七百年前作，水晶作眼珠，以眼断定镰仓时代以前或以后。灯台一千年。千手观音，华原磬，大里天王像，十二时辰像，法相六祖，十大弟子像，四天王。佛像有用全木雕成者，实体，故有力。奈良，平安最胜。博物馆建于七十年前，主要陈列佛教古物，美术品，梵天像好，佛像变迁，寺院的形势。印度与日本禅结合各样舍利塔形。衣纹多受宋影响。

4 日上午到京都大学座谈，到会者有学者、学生，50 人左右。四时访末川博校长，人极正直，现写宪法问题的焦点，反对改宪。以前曾被开除教授职，且下狱，为河上治之连襟。

晚访依田又贤（名电影导演），题诗：

主客清谈溪畔家，（住小河边）

春霄浅酌诗樱花

相邀秋日燕京去

三斗茅台代苦茶

6 日早访清水寺，大西。老方丈九十一岁，六十年前访北京，非常脏，今干净，见人就宣传，仍希望再去。参加了国庆观礼。去年访锡兰、印度、泰国。本寺三百三十年，以桧皮为顶，为国宝。壁画有未卯船，官船二百年前通航之舟样，亦固定以木支殿外之凉台，清水寺舞台（有名）无钉，春有梅，秋有枫，下有泉，故名清水，汲水饮之。舞蹈，二三十年一次，舞者穿白、红，供观音。

七十年前铁匠盲，求观音，乃愈，因制铁杖、铁鞋献之。比睿山顶，下有琵琶湖，由隧道水入京都，亦流到大阪去。西有雪山曰比良山。

到西芳寺（苔寺），以苔名，遍地皆苔，松林幽荫。西山草堂进斋，称嵯峨豆腐，茶道不少，皆豆制。寺外有渡月桥，名殊可喜。

7 日下午一时余到热海（游览区），即访谷崎润一郎于汤河源，住处为"御碧山庄"，外面有桔园，樱已开。他刚出医院，已七十余矣。昔曾游华，解放后未去。约之。坐半小时，到山日车站，会同他友，同乘游览车到箱根，此地为大阪通东京之要道（古时），如居庸关之险。今辟为游览区多旅社。在山坡上，多松林。关口古杉甚大，为驿路。小浦园。路过芦湖，甚美。

8 日下午由木下、城山陪同游览芦湖，路过大涌谷，冒烟，煮物可熟，乘船到元箱根，又坐车回来。有微雨，富士山看不大清。湖水深 45 米，为地震时形成。山高千 200 公尺。峪中亦 800 余尺。富士则 3000 余尺矣。

9 日至镰仓，住和光旅馆，纯粹日式，极清幽。海上镰仓在帝都。镰仓大佛重 121 吨，长 11.31 米。佛面甚美。筑于 1252A.D. 高德院，大异山，人可入佛身。顶上仍有像。旅馆外有光则寺，海棠甚赤。每天来万人，故市甚富，有美兵来甚多。知名人士住此者多。多路中有梅花、悬灯、八幡神供，供武神。有大白果树，赖朝祷此，统一了全国，许愿者拴纸于松上。面海背山。赖朝将军第一代葬此，1195 年，前为将军府，怕妻，铺白绸代雪以悦之。故曰绸张山。

17 日下午五时半到仙台。战时受破坏，楼多新建，甚漂亮，马路宽敞，有新都市气象。居民 40 万。路上经过小山，多农村。田中多用小拖拉机，牛马甚少。秧田及菜圃，覆以塑料。山多松杉，树多尚未发新叶，似比北京还冷些。住 Yrauce Hotel，甚讲究，到站欢迎者数十人。欢迎委员会成员多东北大学教授。晚由市长岛野氏主持欢迎宴会，到 60 人，包括各界名人。业余者表演民谣及舞蹈，甚好。18 日早参观鲁迅碑，游青叶山，诗圣土井晚翠，荒城之月。铜刻，有年谱。

24 日上午访井上靖夫妇，院大，花草甚多。下午访土岐善磨（日本语言学家），已八十岁，犹健。晚到仓石华语学校讲话，热烈欢迎，学生 500 人，多像业余，学生家庭妇女，送三朵玫瑰，一块糖，极热情。

25 日早访龟井先生。两条腿走路，一面演戏，一面担任组织工作。自主自营，结合群众。无剧场。（河原崎兵十郎）须租，河原崎夫人也演戏，也活动。往往借不到剧场。争取群众（看商业性演出的）广泛而深入。向反动势力斗争，发扬传统，创新。31年成立，37年建立院部，节省出钱来建立院部。艺术与生活的战壕。250人包括家属（家属55人，集体生活）。培养少年成演员。有资料室，戏剧史的。排练场中等的。还有小的。节约办事，修旧扩大。学中国。

5月将演藤森所写的《绣球花》，把演室改成办公室，有100米原系荒地。舞台装置室。皆集体所有制。有群众工作室。组织群众成果有表。有白有红，希望全红。各工厂有欣赏小组。组织工人看戏。金融界的，有货店的，运输省的。正在组织铁路界。通过演戏，推动工作，自力更生的。在小剧场演，也争取在大剧场演出，扩大影响。

26日早参观N.H.K.（日本放送协会）。有大楼三所，一广播，一电视，一办公。设备极新，有音乐厅，大小摄影场。小摄影室有十几个。摄影自动，另室操纵。每天有上千人参观。自称第一流水平，且立场不全与政府相同。前至华访问，所播新闻颇受欢迎，今后愿再去，拍照文化古物。

29日早八时离摩星岭，十时半抵深圳，三时十分到广州，即赴机场，九时半到京。曹禺、李纯等来接。[30]

1. 此句节选自《无名高地有了名·后记》,《老舍全集》(第六卷),北京:人民文学出版社,2013 年,第 681 页。

2. 约翰·福斯特·杜勒斯(John Foster Dulles,1888–1959),美国共和党外交政策主要发言人,1950–1952 年任美国国务卿的顾问。1953 年 1 月至 1959 年 4 月任国务卿。"马歇尔计划""北大西洋公约"的主要制定人。

3. 以上节选自《金黛莱》,《老舍全集》(第十四卷),北京:人民文学出版社,2013 年,第 710–711 页。

4. 中篇小说《无名高地有了名》在《解放军文艺》1 月号(1955 年 1 月)开始连载,至 4 月号续载完。同年 5 月由人民文学出版社出版单行本。

5. "最可爱的人们"指中国人民志愿军战士。因魏巍写赴朝鲜作战的志愿军的散文《谁是最可爱的人》而流行的用语。

6. 以上节选自《无名高地有了名·后记》,《老舍全集》(第六卷),北京:人民文学出版社,2013 年,第 681 页。

7. 第一次 1954 年访苏,是作为第二次全苏作家代表大会嘉宾出席;第二次 1957 年是苏联社会主义革命政权建立四十周年作为中华人民共和国政府代表团成员出席庆典;第三次 1959 年参加第三次苏联作家代表大会。两次作家代表大会,老舍都有浓烈兴致,他明白自己的身份就是一个作家。中间那一次大典,记录了一个有名字的中文系学生,以及没有赶上听赫鲁晓夫、毛泽东发言(第三次听到了赫鲁晓夫的发言)。余者笔墨极简,有史家笔致。

二十世纪五十年代,中国与苏联签订《中苏友好同盟互助条约》,与美国帝国主义的西方世界冷战。1957 年的中国在社会主义兄弟国家内的口号是:苏联的今天,就是我们的明天。从抗美援朝慰问团去朝鲜,接着出访苏联、捷克斯洛伐克,老舍的国际经验发生了政治转向,以往他长期生活过的英国、美国都成为中国的敌对的帝国主义阵营,彼时他天然地属于中苏社会主义阵营。毛泽东说"不是东风压倒西风，就是西风压倒东风"，老舍是社会主义革命的立场。有许多场合，他代表中国作家表态反对帝国主义，但他内心更多的是世界上普通人民的友谊。

8. 以上节选自《学习笔记》，《老舍全集》（第十六卷），北京：人民文学出版社，2013年，第334页。"感想"类文章形式是当年流行的一个文类，也是思想汇报与公开的一个政治生活方式。要点在于暴露自己仍须改造的一些思想缺点。这就需要认真进行政治学习，在那时"学习"是一个组织制度性的活动，作为人民群众，皆需要参加学习并书面谈谈心得体会。

9. 以上节选自《一九五七年日记》，《老舍全集》（第十九卷），北京：人民文学出版社，2013年，第57—65页。

10. 以上节选自《一九五九年日记》，《老舍全集》（第十九卷），北京：人民文学出版社，2013年，第71—75页。

11. 骆文（1915-2003），江苏句容人，剧作家，诗人。著有话剧《湖上曲》《矿山的主人》，诗集《一颗红心为革命》《露水草》。

12. 以上节选自《在捷克斯洛伐克观剧》，《老舍全集》（第十四卷），北京：人民文学出版社，2013年，第524页。

13. 以上节选自《在布拉格观摩戏剧会演》，《老舍全集》（第十四卷），北京：人民文学出版社，2013年，第515—522页。老舍坚持用中国名词"会演"替代捷克斯洛伐克"戏剧收获"的命名不为无理，"会演"是文化管理，是检阅成绩，检查有无不合文艺政策与思想意识的问题，《茶馆》发表于巴金主编的《收获》上才是名副其实的"戏剧收获"。其时，捷克斯洛伐克是社会主义国家，全部剧目侧重民族与革命的元素。当年百老汇看戏是自己买票看由文化市场决定的商业演出，之后老舍写信回来告诉朋友对中国话剧有信心，我们差的只是物质条件决定的舞台形式；现在在另一个国度看戏，看到的是社会主义阵营的同一质地的政治内容。由此可见，老舍努力地用政治标准第一的尺度来表达自己的观感，他这一次看戏是工作任务，写汇报文字也是必须完成的。

14. 以上节选自《在捷克斯洛伐克观剧》，《老舍全集》（第十四卷），北京：人民文学出版社，2013年，第525—526页。

15. 以上节选自《在布拉格观摩戏剧会演》，《老舍全集》（第十四卷），北京：人民文学出版社，2013年，第522—523页。

16. 中国作家协会的前身是中华全国文学工作者协会（简称全国文协），1947年

7月23日在北平成立。中国作家协会的最高权力机构是全国代表大会（原称会员代表大会）。1953年9月，全国文协召开第二次会员代表大会，选举88人组成理事会，茅盾任主席，周扬、丁玲、巴金、柯仲平、老舍、冯雪峰、邵荃麟任副主席。大会通过的章程规定："中国作家协会是以自己的创作活动和批评活动积极地参加中国人民的革命斗争和建设事业的中国作家和批评家的自愿组织。"同年10月，全国文协正式更名为中国作家协会。后各地设立分会。

17. 以上节选自《新疆半月记》，《老舍全集》（第十六卷），北京：人民文学出版社，2013年，第377-381页。

18. 安国隶属河北省保定市，古称祁州，北距北京250公里。

19. 人民公社，曾经是我国社会主义社会结构的、工农商学兵相结合的基层单位，同时又是社会主义组织的基层单位。人民公社运动是从1958年夏季开始，很短时间内，全国农村就实现了公社化。人民公社是党的整风运动、社会主义建设总路线和一九五八年社会主义建设大跃进的产物。

20. 以上节选自《安国访问述感》，《老舍全集》（第十四卷），北京：人民文学出版社，2013年，第701-702页。"地上天堂"是老舍服务于教会时期的理想，在缸瓦市基督教堂中参加查经班，主持主日学的儿童教育，以及他撰写的与教会服务工作有关的文章，无不以此为理想。老舍眼中，石河子好似一个《圣经》上的奇迹，却是由人工创造；人民公社的"老有所终，幼有所长"与中国古代的政治理想一致，却是过去没有实现过的。

21. 乌兰夫（1906-1988），内蒙古人，蒙古族。曾任中华人民共和国副主席、全国人民代表大会常务委员会副委员长，中国人民政治协商会议全国委员会副主席。1961年夏邀请老舍等组成中央民族事务委员会、文化部会同民族文化工作指导委员会和中国文联组织作家、艺术家访问团赴内蒙古东西部参观访问。

22. 布赫（1926-2017），内蒙古人，蒙古族。先后担任自治区党委宣传部长，国家民委副主任，内蒙古自治区人民政府主席等职。老舍在文联的这些参观（今天叫作考察），看见了美好生活。

23. 以上节选自《内蒙风光》，《老舍全集》（第十六卷），北京：人民文学出版社，2013年，第577-584页。本文为《小花朵集》的附录。

24. 以上节选自《南游杂感》，《老舍全集》（第十五卷），北京：人民文学出版社，2013年，第148-151页。老舍不谈正文，专挑高兴的闲话说，关于会议上说了什么，几乎没有提到一个字，游览观剧的背后是精神振奋。会上来的人，一种是中共文化高级官员，最高领导层的是周恩来、陈毅，广东地方领导最重要的人物是陶铸。这些人来，是对文艺工作的极度重视，是来给艺术家鼓励的，从知识、艺术与科学方面给他们以尊重。周恩来做报告《论知识分子问题》；陈毅发表讲话：我们应该取消资产阶级知识分子这顶帽子，我给你们行脱帽礼。我们现在能看到的老舍日记，从来都很简单，唯有这次会议特别详细，记录下了这些领导人的言论与指示，记录陶铸达到1500字，陈毅差不多2500字，没有周恩来的记录。大概是因为两人事前有过深入的探讨，他说的东西，老舍早已心中了然。

25．选自《诗五首》，《老舍全集》（第十三卷），北京：人民文学出版社，2013年，第666-668页。原载1963年《河北文学·戏剧增刊》第一期。当时该团曾在秦皇岛演出由郭沫若同志的《虎符》改编的豫剧。

26．节选自《一九六三年日记》，《老舍全集》（第十九卷），北京：人民文学出版社，2013年，第197页。

27．《老舍全集》原注：本篇据手迹收入。1963年夏，作者与夫人胡絜青登岳阳楼。胡絜青作画，作者为画题款为"三秋图"并题诗。

28．以上节选自《老舍全集》（第十三卷），北京：人民文学出版社，2013年，第675-677页。二十世纪五十年代末的这几年老舍的"壮游"可谓更为频繁，好像不再计较自己有没有写什么作品。有些改常的老舍，于小说戏剧都没有什么产出，记游的旧体诗倒有一些，几乎清一色的革命壮歌。

29．这次日本访问回来，老舍写了一万多字的文章，竟然没有发表，他的处境微妙了。无所事事，走西山访问王莹和谢和赓，谈一些有过的创作计划。

30．以上节选自《一九六五年日记》，《老舍全集》（第十九卷），北京：人民文学出版社，2013年，第225-244页。

第四节　家居生活

一、儿女们

近来呀[1]，每到星期日，我就又高兴，又有点寂寞。高兴的是：儿女们都从学校、机关回家来看看，还带着他们的男女朋友，真是热闹。听吧，各屋里的笑声，辩论声，都连续不断，声震屋瓦，连我们的大猫都找不到安睡懒觉的地方，只好跑到房上去呆坐。虽然这么热闹，我却很寂寞。他们所讨论的，我插不上嘴；默坐旁听，又听不懂！

我的文艺知识不很丰富，可是几十年来总以写作为业，按说对儿女们应该有些影响。事实并不如此。他们都不学文艺，虽然他们也爱看小说、话剧、电影什么的。他们，连他们带来的男女朋友，都学科学[2]。我家最小的那个梳两条小辫的娃娃，刚考入大学，又是学物理！这群小科学家们凑到一处，连说笑似乎都带点什么科学味道，我听不懂。

他们也并不光说笑、争辩。有时候，他们安静下来：哥哥帮助妹妹算数学上的难题，或几个人都默默地思索着一个什么科学上的道理。在这种时候，我看得出来，他们的深思苦虑和诗人的呕尽心血并没有什么不同。我可也看到，当诗人实在找不到最好的字的时候，他也只好暂且将就用个次好的字，而小科学家们可不能这么办，他们必须找到那个最正确的答案，差一点点也不行。当他们得到了答案的时候，他们便高兴得又跳又唱，觉得已拿到打开宇宙秘密的一把小钥匙。

306

1953 年夏全家照

　　我看到了一种新的精神。是，从他们决定投考哪个学校，要选修哪门科学的时候起，我就不断地听到"尖端"、"发明"和"革新"等等悦耳的字眼儿。因此，我没有参加意见，更不肯阻拦他们。他们是那么热烈地讨论着，那么努力预备考试，我还有什么可说的呢！我看出来，是那个新精神支配着他们，鼓舞着他们，我无权阻拦他们。

　　他们的选择不是为名为利，而是要下决心去埋头苦干。是，从他们怎么预备功课和怎么制订工作计划，我就看出：他们所选择的道路并不是容易走的。他们有勇气与决心去翻山越岭，攀登高峰。他们的选择不仅出于个人的嗜爱，而也是政治热情的表现——现在是原子时代，而我们的科学技术还有些落后，必须急起直追。想建设一个有现代工业、农业与文化的国家，非有现代科学技术不可！我不能因为自己喜爱文艺而阻拦儿女们去学科学。建设伟大的祖国，自力更生，必须闯过科学技术关口。儿女们，在党的教育培养下，不但看明此理，而且决心去作闯关的人。这是多么可喜的事啊！是呀，且不说别的，只说改良一个麦种，或制造一种尼龙袜子，就需要多少科学研究与试验啊！科学不发达，现代化就无从说起。

　　我们的老农有很多宝贵的农业知识与经验，但专凭这些知识与经验而无现代的科学技术，便难以应付农业现代化的要求。我们的手工业有悠久的传统和许多世代相传的窍门，但也须进一步提高到科学理论上去，才能发展、提高。重工业和新兴的工业更用不着说，没有现代的科学技术，寸步难行。

小科学家们，你们的责任有多么重大呀！

于是，我的星期日的寂寞便是可喜的了。我不能摹仿大猫，听不懂就跑上房去。我默默地听着小将们的谈论，而且想到：我若是也懂点科学，够多么好！写些科学小品，或以发明创造为内容的小说，够多么新颖，多么富有教育性啊。若是能把青年一代这种热爱科学的新精神写出来，不就更好吗？是呀，我们大概还缺乏这样的作品。我希望这样的作品不久就会出现。这应当是文艺创作的一个新的重要题材。[3]

二、花草

我爱花，所以也爱养花。我可还没成为养花专家，因为没有工夫去作研究与试验。我只把养花当作生活中的一种乐趣，花开得大小好坏都不计较，只要开花，我就高兴。在我的小院中，到夏天，满是花草，小猫儿们只好上房去玩耍，地上没有它们的运动场。[4]冬天冷，院里无法摆花，只好都搬到屋里来。每到冬季，我的屋里总是花比人多。形势逼人！屋中养花，有如笼中养鸟，即使用心调护，也养不出个样子来。除非特建花室，实在无法解决问题。我的小院里，又无隙地可建花室！[5]

花虽多，但无奇花异草。珍贵的花草不易养活，看着一棵好花生病欲死是件难过的事。我不愿时时落泪。北京的气候，对养花来说，不算很好。冬天冷，春天多风，夏天不是干旱就是大雨倾盆；秋天最好，可是忽然会闹霜冻。在这种气候里，想把南方的好花养活，我还没有那么大的本事。因此，我只养些好种易活、自己会奋斗的花草。[6]

春天到来，我的花草还是不易安排：早些移出去吧，怕风霜侵犯；不搬出去吧，又都发出细条嫩叶，很不健康。这种细条子不会长出花来。看着真令人焦心！

好容易盼到夏天，花盆都运至院中，可还不完全顺利。院小，不透风，许多花儿便生了病。特别由南方来的那些，如白玉兰、栀子、茉莉、小金桔、茶花……也不怎么就叶落枝枯，悄悄死去。因此，我打定主意，在买来这些比较娇贵的花儿之时，就认为它们不能长寿，尽到我的心，而又不作幻想，以免枯死的时候落泪伤神。同时，也多种些叫它死也不肯死的花草，如夹竹桃之类，以期老有些花儿看。

夏天，北京的阳光过暴，而且不下雨则已，一下就是倾盆倒海而来，势不可挡，也不利于花草的生长。

秋天较好。可是忽然一阵冷风，无法预防，娇嫩些的花儿就受了重伤。于是，全家动员，七手八脚，往屋里搬呀！各屋里都挤满了花盆，人们出来进去都须留神，以免绊倒！ ⁷

不过，尽管花草自己会奋斗，我若置之不理，任其自生自灭，它们多数还是会死了的。我得天天照管它们，像好朋友似的关切它们。一来二去，我摸着一些门道：有的喜阴，就别放在太阳地里，有的喜干，就别多浇水。这是个乐趣，摸住门道，花草养活了，而且三年五载老活着、开花，多么有意思呀！不是乱吹，这就是知识呀！多得些知识，一定不是坏事。

我不是有腿病吗，不但不利于行，也不利于久坐。我不知道花草们受我的照顾，感谢我不感谢；我可得感谢它们。在我工作的时候，我总是写了几十个字，就到院中去看看，浇浇这棵，搬搬那盆，然后回到屋中再写一点，然后再出去，如此循环，把脑力劳动与体力劳动结合到一起，有益身心，胜于吃药。要是赶上狂风暴雨或天气突变哪，就得全家动员，抢救花草，十分紧张。几百盆花，都要很快地抢到屋里去，使人腰酸腿疼，热汗直流。第二天，天气好转，又得把花儿都搬出去，就又一次腰酸腿疼，热汗直流。可是，这多么有意思呀！不劳动，连棵花儿也养不活，这难道不是真理么？

送牛奶的同志，进门就夸"好香"！这使我们全家都感到骄傲。赶到昙花开放的时候，约几位朋友来看看，更有秉烛夜游的神气——昙花总在夜里放蕊。花儿分根了，一棵分为数棵，就赠给朋友们一些；看着友人拿走自己的劳动果实，心里自然特别喜欢。

当然，也有伤心的时候，夏天就有那么一回。三百株菊秧还在地上（没到移入盆中的时候），下了暴雨。邻家的墙倒了下来，菊秧被砸死者约三十多种，一百多棵！全家都几天没有笑容！⁸

三、看画⁹

春天来了，迎春画展开放着鲜丽的国画花朵，万紫千红。展览品都是国画家们的最近新作。看来，此次的作品比之往年又有所提高，可喜可贺！

一进展览室（在北海公园的画舫斋），第一个印象是画家们的笔墨放开了，画面舒展了，分明是画家们根据自己的生活经验与技法特长，画出了自己的作品。因而，个人的风格更加鲜明，不看标签也能知道是谁的笔墨。因此，这次的展览品虽不甚多，却能有丰富多彩之感。

细看看，差不多每幅画都争取立意新颖，构图别致，以见独创之妙。如惠孝同与林冠明同画黄山，王雪涛和娄师白都写南国花木，而各有各的立意，各有各的风格。是的，其他作品，无论是山水、人物，还是花鸟，都有强烈的时代感与生活气息，绝对不是古画的摹本。

画家们所以能够如此推陈出新，是因为不断去深入民间，广览高山大川，奇花异草，眼界开阔了，心中爽朗了，思想感情都有了变化，才得心应手地把新内容与传统技法结合起来，百花齐放，面貌一新。

青年学员的一些作品，也有很可爱的，如李颖的《丰沙线野溪》就很不错。青年们若能在传统技法上多下功夫，坚持勤学苦练，将来的成就定有可观，敢为预祝！

这次展览令人满意。愿国画家们继续努力，不断提高，争取今年创作上的更大丰收！¹⁰

四、怀人

白石夫子

齐白石[11]夫子在国内与国际所获得的极高的荣誉，是他生平热爱劳动、勤学苦练，及富于创造精神的结果。中年以前，他是工人，文化程度不很高。中年以后，凭着坚定不拔的毅力，日夜不辍的艰苦学习，他成为能画、能诗、能写和治印的大艺术家。在没有成名的时候，他好学不倦，克服一切困难；成名之后，他并不自满，仍力求精进，要求自己不断地创造。结果，他的画、诗、书法与刻印都独具风格，自成一家。这种精神是我们每个人都该学习的。是的，他年将九十时，为了参加保卫世界和平运动，还养了几只鸽子，精心观察，以便绘画和平鸽。已到九十五的高龄，他还辛勤作画，时得前所未有的精品。只在最近二年，他才不能坚持日课，因为时常生病。

在学习时期，白石夫子并不专师一家，而广为临摹，吸收各家的长处。及至掌握了各种基本技巧，他便力求创造，不再摹拟。以他五十岁的和七十岁的作品比较，简直不像出于一人之手；直到九十岁之后，他还不断有所创造。我们应当学习夫子的下苦工夫把基础打好，然后放胆创造的精神。

近些年来，学习国画的往往偏于因袭古法，不多自振拔。假若这样继续下去，则国画有走入绝径的危险。白石夫子的功绩即在不甘保守，承袭古法而推陈出新，使国画不失其为国画，可是独创了一种新的风格，给国画增添了新的生命力量。所以他成为大师，在绘画史中有他自己的特殊地位。

在他以前，也曾有人尝试改革国画，另辟途径。可是，他们多偏重笔墨趣味，潇洒出尘，不斤斤于形似。这样，他们的作品便只能得到文人雅士的欣赏，不一定为群众所喜。白石夫子非常讲究笔墨，可是笔墨所至，又能形色鲜明，状物传神，雅俗共赏。夫子出身工人，感情与群众一致，所以他的作品变而不幻，新而不怪。他的改革与创辟是健康的。

有一次，我以《芭蕉叶卷抱秋花》为题，求夫子作画。夫子年高，已记不得蕉叶新拔，是向左还是向右卷着。北京又没有多少芭蕉可供观察，于是老人含着笑说："只好不要卷叶了，不能随便画呀！"是的，夫子作画永远这样严肃，永远要看见真东西，而后独出心裁，设计画稿。他笔下的鱼、虾、草虫，没有一足一须不正确的，不合适的。市上假画甚多，假若我们发现虫或鸟有什么画得不妥当的地方，十之八九就是伪造的。夫子的山水也是先看了名山大川，而后落笔的。

白石夫子是一代大师，可是向来不随便说别人的作品不好。对于学生们，夫子也时时给予热诚的鼓舞。学生们拿来作品，夫子总要题上些字，给以鼓励。白石夫子与我们长辞了，我切盼国画界今后在党的领导下，亲密地团结，使人民所喜爱的传统绘画的确作到百花齐放，日新月异！让我们继承白石夫子的热爱劳动、勤学苦练，与努力创造的精神，把毕生精力献给人民的美术事业吧！ [12]

梅兰芳同志

我们正在大兴安岭上游览访问，忽然听到梅兰芳同志病逝的消息。我们都黯然者久之，热泪欲坠！我们之中，有的是梅大师的朋友，有的只看过他的表演，伤心却是一致的。谁都知道这是全国戏曲界的一个重大损失！

我有许多话要说，但是心中悲痛，无法安排好我的话语。我只好想到什么就说什么。在这心酸意乱的时刻中，我已控制不住自己的感情，无法有条有理的讲话！

我与梅大师一同出国访问过两次，一次到朝鲜，一次到苏联 [13]。在行旅中，我们行则同车，宿则同室。在同车时，他总是把下铺让给我，他睡上铺。他知道我的腰腿有病。同时，他虽年过花甲，但因幼工结实，仍矫健如青年人。看到他上去下来，那么轻便敏捷，我常常对友人们说：大师一定长寿，活到百龄是很可能的！是呀，噩耗乍来，我许久不能信以为真！

不论是在车上，还是在旅舍中，他总是早起早睡，劳逸结合。起来，他便收拾车厢或房间：不仅把被子叠得整整齐齐，而且不许被单上有一些皱纹。收拾完自己的，他还过来帮助我，他不许桌上有一点烟灰，衣上有点尘土。他的手不会闲着。他在行旅中，正如在舞台上，都一丝不苟地处理一切。他到哪里，哪里就得清清爽爽，有条有理，开辟个生活纪律发着光彩的境地。

在闲谈的时候，他知道的便源源本本地告诉我；他不知道的就又追问到底。他诲人不倦，又肯广问求知。他不叫已有的成就限制住明日的发展。这就难怪，他在中年已名播全世，而在晚年还有新的贡献。他的确是活到老、学到老的人。

每逢他有演出任务的时候，在登台前好几小时就去静坐或静卧不语。我赶紧躲开他。他要演的也许是《醉酒》，也许是《别姬》。这些戏，他已演过不知多少次了。可是，他仍然要用半天的时间去准备。不，不仅准备，他还思索在哪一个身段，或某一句的行腔上，有所改进。艺术的锤炼是没有休止的！

他很早就到后台去，检查一切。记得：有一次，他演《醉酒》，几个宫娥是现由文工团调来的。他就耐心地给她们讲解一切，并帮助她们化装。他发现有一位宫娥，面部的化装很好，而耳后略欠明洁，他马上代她重新敷粉。他不许舞台上有任何敷衍的地方，任何对不起观众的地方。舞台是一幅图画，一首诗，必须一笔不苟！

在我这次离京以前，他告诉我：将到西北去演戏，十分高兴。他热爱祖国，要走遍各省，叫全国人民看见他，听到他，并向各种地方戏学习。他总是这样热情地愿献出自己的劳动，同时吸收别人的长处。五十多年的舞台生活，他给我们创造了多少新的东西啊！这些创造正是他随时随地学习，力除偏见与自满的结果。

他不仅是京剧界的一代宗师，继往开来，风格独创，他的勤学苦练，自强不息的精神，他的爱国爱党，为民族争光的热情，也是我们一般人都应学习的！

在朝鲜时，我们饭后散步，听见一间小屋里有琴声与笑语，我们便走了进去。一位志愿军的炊事员正在拉胡琴，几位战士在休息谈笑。他就烦炊事员同志操琴，唱了一段。唱罢，我向大家介绍他，屋中忽然静寂下来。待了好一会儿，那位炊事员上前拉住他的双手，久久不放，口中连说：梅兰芳同志！梅兰芳同志！这位同志想不起别的话来！ [14]

郝寿臣 [15] 老先生

郝老先生，我从十几岁刚刚会听戏的时候，就认识您。您可还不认识我。

我看过您的戏。那时候，您扮演《打渔杀家》里的倪荣，和《失街亭》里的马谡等等。不管您扮演什么角色，哪怕只有一两句唱儿，或一点点武打，您总是全力以赴，一丝不苟。您不因扮演二路角色而不卖力气。这使观众看出来，以您的严肃认真，您的表演艺术成就是未可限量的。大家认识了您，即使您扮倪荣，一出台帘便有人喝彩。

郝老先生，您没有使大家失望。不久，您的《审李七》与《长板坡》等便成为拿手好戏，驰誉京津。人家都说您是黄三老夫子的继承人，管您叫做"活曹操"。这是多么不容易得到的荣誉啊！

郝老先生，您会的戏很多，又有《审李七》等戏看家。按说，您就可以轻松自在地作个名演员了。可是，您并不满足于已得到的声誉。您要活到老，学到老，一出跟着一出，您把已将失传的剧目整理出来，和群众见面。大家多么兴奋啊，又看到《打督邮》、《打曹豹》、《打龙棚》、《黄一刀》……那时候，四大名旦竞演新戏，女演员们也不断演出新的剧目，而净角却欠活跃，今天，《草桥关》，明天《忠孝全》，没有相应的新尝试与贡献。只有您，当仁不让，不辞辛苦，把渐成绝响的剧目挖掘出来，加以整理，打破了花脸行的沉寂，得到观众的赞扬。大家都说：您既有深厚的根底，又肯好学不倦。您不止挖掘老剧目，而且与杨小楼、高庆奎、马连良诸名家共同钻研，整理出武生与花脸、老生与花脸合演的名剧。在当时，大家都争先恐后地去欣赏您自己独挑的，和您与诸名家合演的重排或新排的好戏；在今天看来，我们实在应当感谢您的孜孜不息，为京剧保存下来，增添出来，那么多的剧目。随着这些剧目，唱腔、脸谱、服装，与表演技术，因以丰富。

郝老先生，您在学戏的时候，看见过前辈们的演技，所以您有资格整理、重排那些老戏。您又能够择善而从，吸取各家的长处，所以在保存老节目之中，您又有所创造。您的唱腔、脸谱，乃至于一冠一带，都既根据传统，又加以改革。承前启后，定非过誉。按照传统，京剧净角，必须会演《醉打山门》、《火判》、《嫁妹》等昆曲。您承继了这个传统。您学过多少出昆腔，我不知道。可是，在您中年，您演出了最受欢迎的《醉打山门》。那是多么繁重难演的戏呀，您可是不因难而退。您的继承传统，不是找容易的去学，而是敢碰一碰那最难的！您有毅力，不怕难！同时，在《醉打山门》中，您也改造了鲁智深的形象。

您不因那是最难的而只求循规蹈矩；不，您愿独出心裁，推陈出新！

郝老先生，您一生始终守身如玉，这是内外行久已知道的，钦佩的。您把个人的修持与艺术的修养视为分不开的。是的，您在旧社会里演戏那么多年，而没有染上旧社会里的坏习气。您有一股正气。旧日的统治阶级是看不起戏曲演员的，您可是以那一股正气打退他们的欺侮。在日本军阀占据北京的时候，您留下胡子，不肯再登台。

郝老先生，在解放后，您高兴起来，欣然就任北京戏曲学校校长。学校初创，条件很差。您可是兴高彩烈。校长室并不是专为办公用的，而是老有一群孩子围着您，请您说戏。孩子们爱您，您感到愉快，只要他们肯学，您就肯教。您感激党与政府，决定把全身本领传授给第二代。在您身体不大好的时候，也还把孩子们叫到家中去上课。而且，您教花脸戏使用自己的路子，赶到教铜锤戏呢，又用金秀山等前辈的唱法。这不仅因为您渊博，而且表现了您只看艺术，不存门户之见。[16]

刘宝全 [17] 老先生

刘宝全老先生一出场，就使听众精神为之一振。他的高身量与爽爽朗朗的风度，使大家感到只有他才配表演赵子龙、李逵等英雄人物。他的艺术修养是那么深厚，使大家觉得他就是那些人物的化身。这一点，他和杨小楼老先生有相同之处，虽然一位是曲艺演员，一位是戏曲演员。

他一出场，听众就报以热烈的喝彩与掌声。大家喜爱他，钦佩他，都觉得能够听到他的歌声是一种幸福的享受，非喝彩、鼓掌不可！

他开始打鼓，台下立刻极其肃静，聚精会神地等候他开口歌唱。在旧社会的书场里，秩序很坏，可是刘先生能够叫大家屏息静听。这不容易！

收住鼓板，他自行"报幕"，交代要唱哪个节目。大家又报以喝彩声。大家知道，他经常演唱的节目都经过千锤百炼，无不精彩。他的每一段里都有独创的唱腔，由全段看来，又每段有每段的特有气氛——悲壮的故事则通体以激昂的慷慨为主，喜剧性的节目则通体以轻松明快行腔。

他开口了。他有清劲高亮的嗓音，加以多年的锻炼，所以唱得有气势，有韵味，有顿挫，有感情。不管多么快，每个字都清楚。不管多么慢，总是腔缓神全，不拖泥带水。唱着唱着，忽然高拔入云，如鹤唳九天，或忽然刹住，斩钉截铁。他的眼神、手式、鼓板，都恰好帮助他把人物形象唱活了，活生生地立在听众面前。他的嗓音既那么美，而又能运用歌声画出风景与人物来，使人耳中听见，同时眼也看见，这是极高的表演才能，不怪大家都称他为鼓书大王。

他精通京戏，弹得一手好琵琶，所以他能创造新腔，自成一家。在他演唱的时候，多少曲艺内行与京戏名演员都来向他学习。

四十年前，我在天津住过半年。那时候，刘老先生正在天津献艺。上面所说的，是我在四十年前所得到的一些印象，至今历历如在目前。[18]

1. 写于1962年底。这是老舍意识中青年取代自己的转折时期，一是因为新一代的科学观对前辈的超越，一是因为他们不需要改造就与时代合拍。于是，老舍在儿女面前有自甘落伍的感受了。他名之以"小将们"，后几年则成为更年轻的在校的一代人的专有名词了，也是打得他头破血流的一辈。

2. 四个子女中，舒济毕业于北京师范大学物理专业；舒乙留学苏联，在列宁格勒基洛夫林业技术大学攻读林产化学工艺木材水解专业；舒立则就读于北京大学攻读技术物理系。唯独二女儿舒雨读的是文科，毕业于南京大学外语系德语专业。

3. 以上节选自《可喜的寂寞》，《老舍全集》（第十五卷），北京：人民文学出版社，2013年，第168—170页。

4. 以上节选自《养花》，《老舍全集》（第十六卷），北京：人民文学出版社，2013年，第385页。

5. 以上节选自《春来忆广州》，《老舍全集》（第十五卷），北京：人民文学出版社，2013年，第178页。"形势逼人！屋中养花，有如笼中养鸟，即使用心调护，也养不出个样子来。"屋中花，笼中鸟，应该看作隐喻。这也是老舍那几年文学创作歉收的一个解释。

6. 以上节选自《养花》，《老舍全集》（第十六卷），北京：人民文学出版社，2013年，第385页。

7. 以上节选自《春来忆广州》，《老舍全集》（第十五卷），北京：人民文学出版社，2013年，第178—179页。这里谈养花不是"花经"，却处处流露对花受到风霜暴雨摧残的隐忧，联系老舍当时的处境，广州会议上高层的宽和与温暖的声音，他不由得在京城寒流中回忆起广州来。这篇写花的文章，应该当成寓言来读。即使有实写花儿的，也如本文末一般有祸福不测之感。

8. 以上节选自《养花》，《老舍全集》（第十六卷），北京：人民文学出版社，2013年，第385—386页。

9. 老舍一生中最喜爱的是中国画，条幅在壁上悬挂，扇面在手中把玩。他的家庭有一个艺术化的氛围。胡絜青是丹青能手，正式拜师齐白石、于非闇。老舍交往过从的好友中不乏齐白石、傅抱石这样的大师。看画是他人生乐事之一。他家的山墙上，轮流挂着大师们的画作，是一个常年的画展。老舍以近代人诗句意境求齐白石作画而有著名的邮票《蛙声十里出山泉》，白石老人题曰：老舍教作。其文人互动堪为传世佳话。

10. 以上节选自《看迎春画展》，《老舍全集》（第十八卷），北京：人民文学出版社，2013年，第173-174页。

11. 齐白石（1864-1957），原名纯芝，字渭青，号兰亭。后改名璜，字濒生、号白石、白石山翁、老萍、饿叟、借山吟馆主者、寄萍堂上老人、三百石印富翁。祖籍安徽宿州砀山，湖南湘潭人。是近现代中国绘画大师，世界文化名人。早年曾为木工，后以卖画为生，五十七岁后定居北京。擅画花鸟、虫鱼、山水、人物，笔墨雄浑滋润，色彩浓艳明快，造型简练生动，意境淳厚朴实。所作鱼虾虫蟹，天趣横生。齐白石书工篆隶，取法于秦汉碑版，行书饶古拙之趣，篆刻自成一家，善写诗文。曾任中央美术学院名誉教授、中国美术家协会主席等职。代表作有《蛙声十里出山泉》《墨虾》等。著有《白石诗草》《白石老人自述》等。新中国成立后，老舍先生担任了北京文联主席，又是全国政协委员和全国文联副主席，渐与齐白石先生相识，还在各种文艺集会上经常相遇，而且一见如故。老舍夫妇常常结伴而行，双双频频出入于齐白石的府上，也购得了不少齐白石的作品。后胡絜青向齐白石行跪拜礼，成了给齐白石磕头的正式女徒弟。两家交往更为频繁密切。

12. 以上节选自《白石夫子千古》，《老舍全集》（第十六卷），北京：人民文学出版社，2013年，第392-394页。

13. 去朝鲜是慰问志愿军，他们和周信芳在夜晚的军营中听到有战士拉胡琴，便各自给战士表演唱段，老舍唱《钓金龟》，深得大师们的赞许。所以，老舍和梅兰芳的交谈是有深度的行家讨论。去苏联则是国家间文艺界的交流。

14. 以上节选自《梅兰芳同志千古》，《老舍全集》（第十五卷），北京：人民文学出版社，2013年，第123-124页。

15. 郝寿臣（1886-1961），著名京剧表演艺术家、教育家，工架子花脸。原籍河北香河，幼年随父迁京，从师吕福善、唐永常、朱子久、阎宝恒等学艺。历经数十春秋的艰苦奋斗，终于熔金秀山铜锤与黄润甫架子两家艺术于一炉，唱念上自成一格，创成被誉为"架子花脸铜锤唱"的郝派艺术，以气魄取胜，唱念韵味浑厚，功架凝练，表演浑然一体。他艺术态度严谨，善于刻画人物，数十年艺术生涯中，在 220 余个剧目中扮演过 160 多个主要和次要角色。与侯喜瑞、金少山并称"净行三杰"，又与金少山并称"黑金白郝"（又称"南金北郝"）。如此文所述，老舍十多岁开始听他唱戏，五十年代与之交往更多。

16. 以上节选自《敬悼郝寿臣老先生》，《老舍全集》（第十五卷），北京：人民文学出版社，2013 年，第 135-137 页。

17. 刘宝全（1869-1942），曾用名刘顺全，字毅民，河北深州人。京韵大鼓演员，刘派京韵大鼓创始人。吸取京剧、梆子腔等戏曲曲艺的声韵与唱法，结合北京语言加以发展创造了京韵大鼓中影响最大的"刘派"。老舍在《鼓词与新词》中称之为"京韵大鼓之王"，本文更细致描摹。

18. 以上节选自《记忆犹新》，《老舍全集》（第十五卷），北京：人民文学出版社，2013 年，第 162-163 页。老舍还有谈扬州评话《武松》和评话艺术大家王少堂的文章，无不精到。因为老舍于北方曲艺（相声、鼓书、快板书等）是会家；在戏剧与曲艺之间是通家，能打通各门艺术、各种腔调、各个流派，在诗词与鼓词之间通行无碍。

第七章　文章太平

我很忙[1]！在咱们的新国家里，人人都应当忙，都应当越忙越起劲儿，越高兴。在咱们之中，"懒汉"是最可耻的称号！

入春，我的腿疾加重，十分疼痛，一坐久了就由脚部凉到大腿根。我不愿上医院，怕耽误了工作。我忍着疼痛，上半天写作，下半天去办公（中国作家协会和北京市文联）、开会、学习，和作社会活动[2]。

使我感到比忍受腿疼更大的痛苦是没有充足时间去读更多的书，和写出更多的文章。我平均每天工作十小时以上，到了晚间我已筋疲力尽，没法子再用功。这使我非常苦恼！

青年朋友们迫切求知，所以才给我来信问这问那，我感谢他们对我的信赖，

---

1. 老舍在1945年写了一篇文章《"住"的梦》，想象自己的住房，末了说："各处的小宅，不管是什么材料盖成的，一律叫作'不会草堂'——在抗战中，开会开够了，所以永远'不会'。"但解放后，老舍不但会议越来越多，而且各种公务、准公务都让他"忙"不胜"忙"。为此，老舍才感到没有足够时间去读更多的书和写出更多文章的痛苦。

2. 二十世纪五十年代老舍在写作之外或者说之上的主要工作就是开会，有时一天开几个会议，比抗战中多多了。开会而主动商讨问题，那倒不太难受，但是大多数的会议不是主动要开的，是"被"开会。所以，老舍时有怨言。1952年，他为《柳树井》的成功复信给胡乔木，特地提到，"写小东西也要用全力，给够用的时间"。

尊重他们的爱学习的热情。可是，我也希望他们帮助我，原谅我，认清我的主要工作是写东西，而写东西需要体验生活的时间、思索的时间和执笔的时间。假若我的时间都花费在答复来信上，我就无法写作了。

最近，我调查了一部分北京市的青年写作者的情况，汇报给作家协会，我也正帮助作家协会筹备那将在今年十一月前后召开的全国青年文学创作者会议。这都须花费许多时间。我觉得这么花费时间是比写一封长信答复一个人的问题更有好处，而且我既这么花费了心血与时间，也就没有工夫再一一给青年朋友们写长信了。请原谅我吧！

我今年上半年的计划是写一出话剧。从去年夏初，我就搜集写这一剧本的材料，可是直到年底都无暇执笔——我参加了北京市人民代表大会会议、全国人民代表大会会议、北京市文代大会、中国文联全国委员会，和第二次全苏作家代表大会[1]。

今年下半年，假若条件许可，我希望能到部队去，写一两篇描写部队生活的短篇小说。假若这计划能实现，我就又有机会和青年战士们在一起了，那够多么幸福啊！[2]

---

1. 开会与身份联系着，身份越多越高，会议就越不断头，二十世纪五十年代的老舍平添了许多头衔与身份，地位重要则必然要开各种各样有重要性的会议。这里大略地举一些老舍的身份与职务：1950 年 2 月 7 日全国文联举行扩大会，增补老舍等 5 人为委员；4 月 12 日，在中国民间文艺研究会首次理事会上，被选为常务理事和副理事长；6 月 5 日，北京市文联首次理事会上，被选为常务理事、主席；1951 年当选为北京市人民政府委员；12 月 20 日，任《说说唱唱》主编；1952 年，北京市中苏友好协会副会长；1953 年 9 月第 2 次文代会上，当选全国文联委员，中国作协副主席、理事会理事；1954 年 5 月 3 日，中国人民对外文化协会正式成立，老舍被选为理事；6 月 15 日，北京市成立宪法讨论委员会，老舍任文艺界分会主任；9 月 3 日，当选为中华人民共和国第一届全国人民代表大会代表；1956 年 2 月，经国务院批准成立中央推广普通话工作委员会，老舍任副主任委员……

2. 以上节选自《谢谢青年朋友们的关切》，《老舍全集》（第十四卷），北京：人民文学出版社，2013 年，第 584-586 页。

第一节　办公

一、北京市文学艺术工作者联合会

（一）创作第一

在过去的四年里，我们的确作了不少事情。可是，当我们详细检查这些工作的时候，我们就会发现，以一个市"文联"来说，只有不断地创作出各式各样的文艺作品，一切工作才能有效地推动起来，不至于空谈运动，华而不实。

在过去四年里的种种政治运动中，群众向我们索要的是作品，不是别的。哪怕只有一部配合政治运动的好作品，工厂、农村、学校、机关就争着演出，文艺的力量就广泛地被社会上感觉到，加强了政治运动的影响。可是，因为组织能力不强，和缺乏创作的思想领导，我们往往以可有可无的作品塞责，群众当然对我们表示不满!

我们经常以人民团体的立场注意对戏曲界的团结，而且愿意就我们的力所能及去帮助他们解决一些戏曲改革上的业务问题。但是，团结与帮助的关键所在还是作品。事实证明：每逢我们自己创作出，或和艺人们合作出新的节目，大家的团结就会日益亲切，而且会很自然地彼此鼓舞更努力去学习业务，一同进步。不由这里去团结与帮助，而只开几次联欢会什么的，我们的团结效果便不能不微弱可怜了。

今天，无论京剧评剧还是曲艺，都迫切地需要新的节目。演员们要新节目，人民要新节目！创作远远地落在人民需要的后边！是的，我们的确责无旁贷地应当以创作为首要的任务。

我们在过去四年中独立创作的，和与艺人合作的剧本太少，曲词多而不够好。今天，只有能供给新的好的节目，才是我们对戏曲界的最大帮助。过去，我们自己的文艺干部创作的不够，也没能很好地组织创作，从会员中，从群众中发掘创作的潜在力。虽然以前就提出过，我们今天还应当再提出"创作第一"的号召，并要求大家去努力实践！

虽然我们不断地给文艺干部与一部分会员们以体验生活的机会，不断地给他们组织政治学习和业务学习，可是在创作思想上并非已全无问题。

在学习中，我们又约请了专家作学术讲演，指导创作上的问题，给参加学习的以实际的帮助。我们也组织会员参加听讲，得到很好的反映。今后我们仍将继续举办这种讲演，每月一次至两次。

（二）通俗文艺问题

可以肯定地说，我们对文艺普及工作作得比较突出，有些成绩。在北京市文联成立的时候就规定了"组织全市文学艺术工作者参加与指导文艺普及"这项任务。我们执行了这任务。我们的会员中又有不少是戏曲工作者，时时督促我们创作戏曲，供应演出。我们创作了几百段配合政治任务的通俗曲词，也写出了《刘巧儿》、《张羽煮海》、《戚继光》[1] 等剧本。

表扬好作品，批评坏作品，对推动文艺创作有极大的好处，通俗文艺也非例外。过去，我们在这一方面作的不够。不过，对通俗文艺批评的标准如何，却须加以考虑。通俗文艺在今天已有了很大的发展，可是各处的通俗文艺刊物有个共同的困难，就是缺乏优秀的作品。我们需要批评，以期好坏分明，共求进步。但是，这种批评必须从实际情况出发，不可要求过高，以致把大家吓退；逐步提高是鞭策的良法。

此外，我们必须指出：我们还没有一个十分坚强的通俗文艺作家的队伍，应当设法去组织，并培养后起之秀。同时，成名的作家多数无暇及此，而专家们也因工作的关系不能经常指导我们，我们切盼名作家和专家们能够多帮助我们一些。

（三）群众文艺活动

我们办业余艺术学校的经验是值得介绍的。以首都工农人数之多，分布地区之广，我们不可能用手工业式的方法去挨家挨户推动群众文艺活动。有了业余学校，把工农学员集中起来，培养成骨干分子，再通过他们去发动工厂与农村的文娱活动，可就得到了要领。学习集中，省了人力。学习后分头去建立组织，就展开了活动。工厂农村有了自己的组织，辅导工作也就容易下手。农民入城不便，即利用农闲，送上门去，传授歌舞，简单易行，收效亦大。

最初，我们铺的摊子太大，没有重点，既照顾工农，也收学生及机关干部。轰轰烈烈就难免空空洞洞。后来，改以工农为重点，工作乃更确切。初办的时候，我们十分感激许多位名教授名作家来授课。不过，学员或慕名而来，课目又未规定详密教程，于是养大了学员们的胃口，而获益或并不多。事实上，大家教课远不及专人作系统的讲授，多邀名人也不如由少数教员负责"保教"。理论与实践结合，学画的真会画了，学唱的真会唱了，才能把本事带回去起骨干作用。[2]

二、《说说唱唱》[3]

我们的《说说唱唱》已坚持了四年多，得到上级的指示，作为全国性的通俗文艺刊物。

由四年多的《说说唱唱》编辑工作中，我们得到三个主要的经验：

第一是通俗文艺的创作必须坚持现实主义的创作方法。正和提高的文艺一样，普及的文艺也必须从现实生活出发，去反映生活的真实。离开真实的生活，而从抽象的概念、条文出发，敷衍成篇，必难得到好的效果。不坚持这一点，就不能发挥文艺的特点，就庸俗化了"文艺为政治服务"的号召，造成通俗文艺水平的低落。

第二是通俗文艺的创作必须坚持忠诚地继承民间文学的优良传统。这是我们必须继承的传统,我们必须诚诚恳恳,老老实实地去学习,学习它的人民性与现实主义,并加以发展。过去,我们曾有过单纯地利用旧形式的看法,只皮毛地学习了某些民间文艺形式,就以为能够应付裕如。我们也有过大量生产新的、消灭一切旧的,硬行割断历史的想法。这些错误的看法都使通俗文艺的创作受到损失,使我们的作品不能获得人民的喜爱。

以前,我们在坚持通俗文艺的现实主义创作方法和忠实地继承民间文艺传统上都作得不够,所以《说说唱唱》没有获得它应有的成绩。对这两点的明确认识也比较晚了一些,所以至今还不易突破通俗文艺的低落水平,不能迅速地从窘困情况中振拔起来。

目前通俗文艺的创作还远远地严重地落在现实生活的后边。很多的从事通俗文艺工作的同志们现在已经认识到了坐在家里,按照概念与条文编制出来的"作品"已很不得人心,群众不但不断地提出严厉的批评意见,而且有时候干脆地拒绝这样的"作品"。他们知道非到生活里去不可了!

但是,生活是不易一下子就熟悉了的,真实的作品也不是一下子就写得出来的。于是,现在就成了青黄不接的时候。有些同志一时写不出作品;有些同志暂时还只能写出半真半假的作品——有一点从生活中掏出来的东西,另补上一些概念的东西,勉强成篇。

从《说说唱唱》的来稿以及各地方刊物所发表的作品来看,诗、散文与小说的数量逐渐增多,而说唱的作品和民间小型戏曲形式的作品都越来越少。近来,《说说唱唱》的编辑部每期都为没有适当的可供群众演唱的作品来发表而为难发愁。我们需要反映现实的好诗,好散文,好小说;我们特别需要各种各样反映现实的可供群众演唱的好作品!

因为我们以前的认识不够明确,所以没能给通俗文艺的创作打下很好的基础,造成今日创作的贫乏窘迫情况,使人民受到精神上的饥饿。今天,我们必须赶紧努力工作,在现有的基础上争取发表具有比较深厚的生活内容的,为人民所喜爱的作品,以期及早渡过"荒年",补救我们的过失!

第三,我们最大的缺点是缺乏理论与批评。我们的人力不够,干部中没有理论专家与批评专家，这是事实。但是，我们在学习社会主义现实主义以前，似乎也有只求拿出货色，不必学习理论的想法，这个想法是不对的，没有理论就没有指导，创作就不易提高，虽能交货，而质量不高。没有批评就分辨不清我们要什么，不要什么。假若我们知道了理论与批评的重要，而学习了理论与批评，即使一时找不到专家，我们还是能够结合着我们接触到的问题与作品，实事求是地写出理论批评文字来。我们不必一定写出皇皇大文，最好是明白什么说什么，知道多少说多少，这也许更能切合实际需要，解决问题。《说说唱唱》一向缺乏这种短小精悍的理论指导文字！

虽然我们对戏曲改革尽过不少力量，可是我们以前所供给的作品已经过了时。戏曲界需要提高一步的节目，去满足要看提高一步的节目的观众。同时，《说说唱唱》的读者也要求提高一步的作品。读者拿我们整理出的旧曲艺段子与我们发表的新作品一比较，就会提出质问："为什么那些新作品，特别是通俗韵文，是那么寒伧呢？"我们因为缺乏理论的指导，有时候硬把普及与提高分割开，好像是说：我们只管普及；有窝窝头吃，总比挨饿强！这就给粗制滥造安排下不合理的根据！今天，事实摆在我们面前，我们若仍不能提高一步，便是自绝于群众！我们需要理论，应当如何在现有的基础上逐步提高的理论。我们应当重视理论，学习理论，而且习写简短切实的理论文字。[4]

三、《北京文艺》[5]

北京市文学艺术工作者联合会曾经编刊过《北京文艺》，说起来已差不多是五年前的事了。那个《北京文艺》出过几期就停了下来，因为同时也办《说说唱唱》，人力实在不够用的。《北京文艺》停刊以后，北京市文联编辑部就以全力办《说说唱唱》了。

《说说唱唱》办的还不算太坏，逐渐地销行到全国，每期能销到近六万份。为什么现在又改回来，仍办《北京文艺》呢？在《说说唱唱》第六十三期的终刊词中已有交代，就不在这里重复了。

《北京文艺》将是什么样的刊物呢，这须在此说明一下：

　　在文字上，《北京文艺》将力求通俗。无论是创作，还是理论，我们希望在文字上都能够作到简明浅显，容易阅读。我们切盼每一篇作品都能够深入浅出，既有充实的内容，又不晦涩难懂。我们知道，广大的读者需要这样的作品。因此，虽然深入浅出，通俗易懂，需要很高的艺术技巧，不是一时就能作到好处的，可是我们希望与投稿者共同努力，逐渐树立起这一风格，体现在普及基础上从事提高的方针。

　　对于以说唱形式写成的作品，我们也愿意刊登，因为这种形式的作品在宣传教育上还能起很大作用。不过，《北京文艺》与《说说唱唱》有所不同：《北京文艺》不像《说说唱唱》那样专登说唱形式的作品，以期编得机动灵活，能够容纳多种多样的形式与风格的作品，而且可以妥慎选择，有较好的说唱形式的作品来稿就刊用，没有呢即不勉强拼凑。

　　在内容方面，我们首要的任务是反映在总路线的照耀下，首都的经济建设、文化建设以及各方面的现实生活与斗争，歌颂这斗争中的新人新事，批判保守落后。首都在各方面的建设与成就是全国人民所最关切的，我们有责任去及时地反映。同时，首都的人民也渴望从文艺作品中知道全国各处的建设与改革的新成就，所以我们也欢迎北京以外适合我们需要的来稿，以期首都人民与全国人民息息相通，相互鼓舞，齐步前进。

　　我们的主要读者对象是工人。但是，工人也关切着农业、国防和文化教育等等现实生活。所以，我们所选用的作品，在内容上注重描写工人，而不只限于描写工人。同时，在文字上既力求通俗易读，一般工人能看懂的，有同等文化的农民、战士、学生、干部们自然也能看得懂。这样，我们希望《北京文艺》的思想内容既有重心，又能反映现实生活的各方面；我们的读者既以工人为主要对象，又能顾及普遍。

　　我们重视文艺批评，切盼能够得到短小精悍的批评文字。

　　对培养文艺队伍的新生力量，我们只能就力所能及，尽到责任。我们的编辑部里人手不多，对来稿一时还作不到篇篇详注意见，篇篇加以修正，尽管我们切盼能够这么作。我们暂时只能注意选择较好的青年业余习作，帮助加工，刊载出来，并设法帮助解决一些青年们在写作上遇到的困难。希望以后我们有了更多的经验与更好的条件，再开辟青年习作专栏。

从我们办《说说唱唱》的经验中，我们知道：有些爱好文艺的青年往往来信提出："怎么创作？""如何体验生活？"和"请某某作家把他全部创作经验写给我"这类的问题，要求详为答复。《北京文艺》每期只能容纳六七万字，而这些问题都不是几千字就能够解答清楚的。还有，每一个作家都有他个人的生活、兴趣、创作方法与风格，即使他肯破工夫写出几万言的解答，也不见得就能完全解决问题。作家们的经验只足以供别人的参考，不是解决一切困难的窍门。写作的窍门是始终不懈的苦学苦练。因此，我们打算组织些结合实际、确能解决问题的文章，帮助爱好文艺的青年们得到一些启发。比如说：请作家谈谈他怎么创造作品中的某一个人物，必定比他泛泛地讲怎样创造人物更具体，更容易了解，更对我们有帮助。是的，只能是有些帮助，创作是没有捷径可寻的。

我们希望文字里多加插图，并且容纳些独立的绘画和木刻等美术作品。

我们希望《说说唱唱》的读者原来怎样爱护《说说唱唱》，现在还怎样爱护《北京文艺》。

我们希望北京市文联的会员们拿《北京文艺》真当作自己的刊物，关切它，帮助它，批评它，给它写稿。

敬爱的读者们，会员们，多给我们提意见，帮助我们把《北京文艺》办好，教它的确能成为忠实反映首都及各地现实生活的、鼓舞建设祖国的热情的、宣传社会主义思想和保卫和平的文艺刊物。[6]

四、北京国画院[7]

北京国画院的成立是件大喜事，谨致热情的祝贺！

中国画[8]在世界绘画中独树一帜，自成体系，我们自己若不重视它，任其衰落，不但对不起自己，也对不起全世界的美术界和绘画爱好者。中国画曾经影响过许多外国画家，我相信国画院成立后，必能够更加扩大这种影响。

可是，中国画也曾受过外来的影响。是的，艺术一向是，而且永远是，要互相影响的。任何艺术一旦墨守成规，一成不变，它就会僵化、衰落。无论如何固执的艺术家，只要忠于艺术，便不可能不接受些外来的影响。因此，国画院的成立，据我看，并不是要和西画对立起来，而是要各有独创，彼此竞赛、影响；各树流派，而无碍于团结。假若在过去，学西画的有轻视国画的偏见，国画院便似乎应当主动地纠正此弊，先伸出友谊之手，争取团结，充分表现出艺术家的爽朗风度。开了大门，影响自广；关上大门，则孤陋寡闻。

历史上有这样的事实：在艺术昌盛时期，艺术家们都在艺术创作上各显身手，出奇制胜，可是在感情上，又能互相友爱，如杜甫之与李白。在艺术不那么昌盛的时候，艺术家们往往有些害怕，怕自己所会的这一门被别门压下去，于是就不期然而然地偏于保守，排斥新的事物，以保护自己。这种闭关自守的态度不利于艺术的发展。今天，百花齐放是我们的文艺方针，只要我们放出美丽的鲜花，便全无可畏。我们还要希望别人也放出美丽的鲜花，和我们竞赛，作到百花争艳，艺术繁荣。

我不知道国画院招收青年徒弟与否，若是招徒弟，我希望老画师们毫无保留地传授本领，并且严格要求徒弟们必须学好基本技巧。青年们往往因求成心切，只找窍门，而不下苦工夫。不管有多大天才，不下苦工夫就不易成功。打好根底是最要紧的，终生享受不尽。可是，根底已打好，就该放胆创作。否则就只承袭了技巧，而不敢独创。老师们应当鼓励徒弟们有所独创，不可动辄斥为邪魔外道。青出于蓝而胜于蓝本是一切好先生应有的愿望。

我热爱国画。看见一张好的国画，不仅为个人的眼福而狂喜，而且感到一种民族的骄傲。因此，我无法不再一次对北京国画院的成立表示热情的祝贺！[9]

1．三个作品都是评剧。

2．这是工作总结的报告。老舍不搞形式主义，不会唱高调，他说一些实在的事情。提口号是必须的，但是首先要在政治上保持正确，"创作第一"的口号是老舍明白文艺组织的本职工作是要组织出文艺作品来，一味地务虚不是他要的工作。老舍心中有些放不下的东西：当年辞去教职为的是写作，"文协"期间全力为抗战文艺创作，所以，他提出"创作第一"。

3．曲艺刊物。月刊，三十二开本。1950年1月在北京创刊，大众文艺创作研究会编辑，李伯钊、赵树理任主编，老舍为编委之一。1951年12月起由北京市文学艺术工作者联合会主办，老舍担任主编。1955年3月停刊，共出刊六十三期。

4．以上节选自《北京市文学艺术工作者联合会工作总结报告——在北京市文学艺术工作者第二次代表大会上的报告摘要》，《老舍文集》（第十八卷），北京：人民文学出版社，2013年，第398-405页。老舍要切实的理论批评，暗含着一种判断。

5．《北京文艺》是1950年8月10日创刊，老舍任主编。它出刊一年后改为《说说唱唱》，共出两卷十二期。1955年复刊，老舍写了发刊词。刊物至1966年5月停刊。

6．以上节选自《〈北京文艺〉发刊词》，《老舍文集》（第十八卷），北京：人民文学出版社，2013年，第406-408页。老舍在北京市文联和他在"文协"一样地投入，他看《说说唱唱》《北京文艺》和《抗战文艺》一样需要自己负责到底。

7．北京中国画院于1957年5月14日正式成立。艺术大师齐白石任名誉院长，叶恭绰任院长，陈半丁、于非闇、徐燕孙任副院长。

8．老舍关心美术工作，特别是关心一些老国画家。解放之初，一些画国画的，特别是一部分老画家，被要求思想改造与业务革新。他们一时摸不到门路，感到苦闷。老舍与老画家们比较熟悉，也甘于主动承担，倡议由北京市文联出资在大佛寺街租了一所院落，正式成立了"北京中国画研究会"，并在地安门租了两间临街铺面，成立了北京中国画社，从此画家们在"画会"领导下进行创作，作品则由"画社"

负责展销。这不仅试图解决着中国画的出路和画家们的生活问题，而且要推动画家们深入生活，勤奋学习、改造思想，创作新作品。

9. 以上节选自《祝贺》，《老舍文集》（第十六卷），北京：人民文学出版社，2013 年，第 395—396 页。看标题这是应酬文字，其实北京国画院之成立，老舍是大力促成者。其时，有的老画家连生活都成问题了。把他们组织起来，就像把曲艺艺人组织起来一样，这是老舍为文化事业的方方面面的贡献之一。他向有力者提议，才有画院这回事。老舍不是为他们谋一份钱粮，而是对国画事业充满信心与期望。这得和二十世纪三四十年代他与赵望云、傅抱石等画家的交往历史看，再到胡絜青师承于非闇、齐白石。其时画院中也有旗人画家，包括几乎失业的爱新觉罗氏的皇亲国戚。老舍的国画收藏也丰富，当初就没有看见一个"钱"字。

第二节　戏曲改进

一、戏改[1]

我们首先向老解放区和新解放区的参加了剧改与曲改的同志们致敬[2]，因为经过他们的热诚与努力，戏曲改进的工作才有了今天的初步成绩——第一步是最难走的，而他们都是敢走，并且走了第一步的人。在这里，我们应当特别提出参加戏曲改进的男女艺人——包括演员、文武场面，及龙套。由于他们从学习而改造了思想，由于他们的从认识而实践了为人民服务的责任，戏曲改进才成为普遍的运动。

现在，我们陈述几项我们对戏曲改进的意见。在我们之中，有的对旧戏曲曾经下过一些学习的工夫，有的则是门外汉。因此，我们不敢盼望我们的意见都是成熟的，也就诚恳的请求批评。

我们先说对戏改的意见[3]。

（一）戏改不宜太偏重京戏：一年来，文化部戏曲改进局在改编京戏上有了相当好的成绩，值得我们钦佩。戏改局既设在北京，北京又是京戏的大本营，那么先从京戏下手，自然是近水楼台，因便利而可以顺利进行。可是，依照我们的理解，京戏也是地方戏的一种。虽然它在脸谱上，唱腔上，行头上，锣鼓上，都有它特殊的成就，而且给了其他的地方戏不少的影响，可是它既不能代替别种地方戏所负的责任，也不能代表旧戏。因此，我们以为改编京戏是北京市文教机关的工作，正如同各种地方戏的改革是各地方的任务。戏曲改进局是领导全国戏改的机关，它的职责，特别是在戏改刚刚开始成为全国普遍运动的今天，应当是发动，组织，与领导，而不必太偏重改革某种地方戏的专业。

（二）旧戏宜吸收什么新的营养：旧戏，因为天天与民众见面，是很会随时吸收新的营养，来丰富自己的。它必须争取观众；有观众的支持，戏剧才有生命，艺人才有生活。所以，广泛的说，因为人民的要求与督促，戏改一向是欲罢不能的随时在进行着的。假若我们有工夫，我们可以选取任何一种旧戏，加以分析，都可以找出它怎样随时接受外来的影响，充实自己。艺人对戏改并不完全生疏。利用话剧的手法处理旧戏，在传播思想上是不是非此不可的？回答是很明显的：旧戏也能传播思想；要不然，我们还不必改革它呢。话剧传播思想也许比旧剧便利一些，但是为民众所喜爱的旧戏的演技，脸谱等是话剧所缺乏的。设若专从传播思想的便利而连行头、脸谱、锣鼓一概撤销，完全变成话剧，那必定是违反改革旧戏的原则。话剧是话剧，旧剧是旧剧，它们是各成体系，谁也代替不了谁的。旧剧中最贫弱的部分倒是音乐，乐器与歌唱都嫌太简陋。因此，虽然旧戏里的唱工极关重要，可是现有的唱腔与锣鼓并不能充分表现复杂的感情。在这里，我们希望有更多的音乐工作者来参加戏改工作，把旧戏的音乐提高一步。

（三）怎样运用思想教育：在前一段里，我们提出戏改为什么应当主要的是思想问题；现在，我们谈谈怎样把新思想渗入旧戏里去。从我们看到过的改编与新编的京戏和其他地方戏里，我们发现：（1）热心传播新思想，而没能把思想消化在艺术形式中的，都必然的失败，因为冗长沉闷的说教不是人所喜欢的。（2）发展得较比成熟了的旧戏，像京戏，秦腔，汉戏等，是宜于表演历史故事的。（3）给神话故事加上我们今天的知识与道理，一定不是丰富，而是破坏神话的办法。神话是民族童年时代的产物，所以天真可爱。剥夺了儿童的天真是不近人情的。

（四）关于戏班制度的改进：旧戏班制度是戏改的最大障碍。一个思想改造了的艺人，在没有改造过的戏班里，是不会发生什么作用的。有了民主作风的戏班，艺人们才能各施所长，把戏剧搞好。[4]

谈起戏改问题，讨论的很热烈。我就从"粗暴"和"保守"来谈。有一部分意见是那天得到的"结论"，也加入我自己的意见。

现在争论最多的就是"粗暴"和"保守"。据我看，懂得一些业务的人，不管是内行或"票友"[5]，都容易保守[6]，因他们热爱戏曲，愿意保留戏曲中原有的技术。对于这一点，我们应该注意到。譬如我们以前看过杨小楼的戏，因为杨小楼的表演实在使人喜欢，现在看见别人演，技巧不像那么好，就觉得不过瘾。这就是说，懂戏的人看它稍许改一改就觉得难过。就拿我自己来说，就有点保守，我家里六口人，对于看戏问题如果举手表决的话，我一定失败。我懂得板眼，他们却不懂。我爱这个东西，就难免袒护它，但如果完全抹煞我们的热情，那也是不应该的。

内行就更厉害了，他们的保守不仅因热爱，还有业务问题。比如说，演窦尔墩的要挂上很短的胡子，揉一个大白脸儿，他就觉得没法上台，这是用不着多说的。苏联朋友们演《三岔口》，演得真好，可是焦赞出来就不大像，他没有利用胡子，不大知道京剧中的胡子配合上某些动作能表演出英雄气概来。内行人是有些苦闷的。我曾经和某名演员谈，他说：如果演窦尔墩没有胡子必不好演，粘胡子也没法演，如果把蒋干的胡子挂在窦尔墩脸上也同样没法演。有几位外宾看过《猎虎记》，《猎虎记》中用的是短胡子，他们认为很好。但我说窦尔墩的长胡子也很好。演员们为了怕技术丢失，保护自己学到的一些本领，不能不着急。只在戏的技术方面作枝节的改革，不易说服老艺人。[7]

还有，演员们有的文化程度低，知道改革是好的，但不知道怎样改革，我们若不去争取跟他们合作，就会甚至把整理老戏那一部分工作也耽误了。就京戏来说，一方面改，另一方面要注意老技术，把老艺人都动员起来，使他们有发言的机会，使他们能够把老技巧拿出来，这样似乎更周到更好一些。我们过去对艺人们的争取是不够的，没有把他们都动员起来，他们有意见，但这些意见为什么不在《戏剧报》上发表呢？专家们一写就几万字，振振有词，而他们有意见写不出来，因为不会写。最近萧长华先生，就说出了很多的东西来，这是因为我们去访问他，帮他写了出来。

那天在我家里谈的结论是这样：如果主张什么都不应该改，这样的保守就跟粗暴一样。我们反对粗暴，但是拼命保守也要同样反对，这是真理。当然，不懂业务的人就容易粗暴，这是可以想象的。因为他不懂业务，他可能没有对业务的热爱。这样，他就只觉得非改不可，甚至不惜用行政命令的手段。对业务不懂而要改革就容易粗暴。但这种改革尽管有时候粗暴，可能也有创造性，对于创造性还是要加以鼓励的。[8]不懂业务就容易粗暴，矫正的办法就是深入学习。这又跟演员们的合作问题联系起来了，戏改如果脱离了群众，就很容易走到粗暴的路上去。

　　对国际朋友的意见采纳与否，我觉得应当有个尺寸。国际友人给我们善意的批评时，如果提到的是话剧、芭蕾舞、歌剧等等，是应该接受的，因为他们是内行。就京剧来说，似乎不能这样。他们往往认为我们的表演都是一样的，因为他们只看了几天戏，不知道程先生和梅先生同是演《玉堂春》，却有不同之点；同是《四进士》，周信芳先生和马连良先生的演法就又有不同。当然，他们的批评是善意的。但外国朋友一提意见，我们就马上照办，不多去考虑一下，也未免粗暴。像《荷花灯》、《闹天宫》这些节目，在国外都演过，到处受欢迎，我们不能因为人家喝彩就冲昏了头脑。同样的，外国朋友看《猎虎记》虽认为好，但问题还是要我们自己来考虑，到底它好不好。那天在北京市文代会上听到彭市长谈戏改问题，他说：一切观众，对剧本的思想内容都有提出意见的权利。至于挂不挂胡子……等类问题，还是应当取决于演员，要依靠专家们。这一天，我遇到周总理（当时还有凤霞和祖光），周总理说评戏老在学京戏的吊眼睛、贴片子，看起来不舒服，还不如学越剧的化装好，又方便，又好看。关于戏曲艺术的改革，他还说：像评戏这种剧种，历史既不长，又接近生活，可以多改一些，对京剧就应慎重一点。我这不是代表总理说话。而且，我也许没有说清楚他的意思——这由我负责。

　　我希望我们今后多找一些艺人们来谈，这样可以多听听他们的意见。我觉得光听咱们这一伙人的意见，就难免片面，而且提出的问题也许不具体。

　　我补充几句。我的小戏《柳树井》各处都演过，起了一定的宣传教育作用。那里面没有采用自报家门的办法，可是观众们，不管老的、小的都能理解。（可见我与观众都不保守。）女主角一人在那里悲泣，并不说自己姓甚名谁，后面的人忽然叫她一声"招弟"，观众就都知道她叫招弟了。不过，这并不是说立刻应把一切老戏的自报家门都废除，暂时还可以不动它。说到《闹天宫》，想起有一天在怀仁堂演出，有布景，挂着亮晶晶的星，表示在天上作战。开演以后，筋斗一翻，搞得满台都是灰土，天上怎会有灰尘呢？所以这些小地方能够不动还是不动吧！[9]

　　改戏真不容易。首先是别太保守了。我从前也偏于保守。近几年，跟着大家

336

一同学习，自然而然地改变了一些想法，从前认为可以保留或应当保护的，今天却变成看不下去的了。我且如此，何况一脑子新思想、新观点的青年们呢！一想起青年，我们就该往将来看，也就觉得敷衍将就与拼拼凑凑不是改戏的最好的办法了。我们切勿粗暴，可也别老敷衍将就。我们要继承传统，可也要革新。[10]

《十五贯》[11]

《十五贯》原是一出昆曲，以"访鼠测字"一折为最有名。原剧很长，今改编为京剧，缩减到八场。

在情节上，改编本与原本大致相同，没有太大的改动；涉及迷信的一概删去。

在文字上，原本在歌唱部分用的是文言，在对白部分往往运用苏白，不适用于京剧；因此，改编本的戏词全部从新写过，不是原文的普通话翻译。改编本所用的语言是照顾到京剧传统的，如"适才间"、"待我看来"等等都依样保存，未加改变，以期便于说唱；不大像话的陈词滥调，如"地流平"，"马走战"等等，则加淘汰。有些历史上的称呼与用语，因改编者工作忙，无暇找参考，就一律采用了京剧中通用的名词。

在人物性格上，原本似乎没能加意描写，改编本稍加润色，使人物略较生动。

改编本删去了旧剧本里的自报家门、定场诗等不必要的东西，而且尽可能地减少上场下场、出来进去的烦琐。这样减少了过场，一定需要音乐的适当配合，以期舞台上的歌舞动作贯串，不至于上下不接气；我对京剧音乐是外行，这就须请文场同志费费脑筋，想想办法了！[12]

新《王宝钏》[13]

我就觉得，修改老戏可有二法，一是只要旧基础好，便略为删删改改，不须多动。一是全盘须重新写过——如《武家坡》。

那一夜不是没睡好吗，我想出个门道来：全部《红鬃烈马》不是共有十折吗？这十折不是乱七八糟，一会儿是极严肃的《三击掌》，过一会儿又是没什么道理的《赶三关》，和调戏老婆的《武家坡》吗？好吧，把它减为五折，通体从新写过，全剧都顺着《三击掌》的线儿走，突出王宝钏，而且叫她始终一个劲儿，既不受调戏，也不跪下讨封，而薛平贵也既不娶两个老婆，又不"大登殿"。不错，王宝钏的十出戏里，每一折都有些弃之可惜的东西，可是为了剧本的完整、干净和人物的鲜明一致，只好狠狠心，该删就删；而且放大胆，能创造就创造——反正历史上没有这么一回事，还怕什么呢？要全盘另写，一点不将就。要新就全新，何必东补补，西减减，半新半旧不像样子呢？况且，老词儿有许多欠通之处，必须另写，而且须统统另写，以期风格一致。

改写计划如下——"版权公开"，谁赞同谁就可以照计而行。等我身体好些，我也想试写，看看谁写的好！

第一幕：《三击掌》——全剧以此为基调，用几句词儿交代《花园赠金》与《彩楼配》。

第二幕：《投军别窑》——王宝钏先不忍婚后分离，可是终于鼓舞丈夫去杀敌立功。这一幕要叫魏虎出场。

第三幕：《探寒窑》——词儿也全从新写过。

第四幕：《武家坡》——不调戏老婆，而设法从正面找戏。最后，薛平贵说出，他回来是为看王宝钏，也是为向政府告密：魏虎吃败仗，投降了西凉，带兵攻打长安。此时，平贵还是先行呢，或是潜逃回来呢，我还没想好。王宝钏同他到王相府，扯着王允去见皇帝——也许平贵手中有王允通敌卖国的证据。

第五幕：《大登殿》——唐王登殿，平贵控告王允与魏虎。报：魏虎兵临城下。唐王派平贵迎敌，小武戏，擒魏虎，剧终。

这样，全剧用人不多，主角仅有王宝钏、薛平贵、王允、魏虎、唐王、王夫人而已。若舍不得代战公主，可使她嫁给魏虎，叫王二姐吃点苦头。

想着容易，写起来难。不过，试试看，也许行。演出之后，能否站得住，就看人民的意见如何了。反正那十出老戏还在，请观众比比看吧。一个新本子，无论如何，也会影响旧本子的。[14]

《柳树井》[15]

"曲剧"是个新名字。北京在解放后才有了"曲剧"。"曲剧"是用民间曲艺的各种曲牌子与腔调来表演歌剧的。有的歌剧剧本附有乐谱，有的歌剧剧本只有歌词没有乐谱。北京的曲艺艺人对上述的两种歌剧剧本都用自己唱惯了的牌子与腔调去表演。他们管这种剧叫作"曲剧"。

在三四十年前，曲艺在北京极盛行的时候，"曲剧"已经有了萌芽。解放后，北京的曲艺界的艺人普遍地争取演唱配合政治任务的新曲子，同时也想突破旧形式，把曲艺由旧形式中解放出来。[16]

在北京曲剧发展的初期，我写了《柳树井》。那时节，还没有人晓得曲剧到底应该怎么写。我也不晓得。所以我写的只是一出小歌剧，并没有什么特异之处。连我写的词句也没有特别照顾到曲艺中常用的曲牌子的形式。写成之后，曲艺演员们才把我的词句收拾了一下，纳入曲牌之中。这样，演员们分担角色，化起装来，并用单弦中的某些曲牌子连续歌唱，便成了曲剧。

在我写《柳树井》的时候，因为不晓得曲剧到底应是什么样子，所以我就只想着歌剧，而忘了从曲艺本身上想办法。前些日子，我看到北京曲艺团挖掘出来的传统节目，如彩唱莲花落和拆唱八角鼓等，我才恍然大悟。假若当年我没忘了这些传统节目，很可能我就会把《柳树井》写得别有风格，不只像个小歌剧。至少，我会发挥一些曲艺中的幽默与讽刺，像彩唱莲花落那样——在话白中，它有时候利用相声的手法。彩唱莲花落的身段，有时候也采用戏曲的，可是故意夸大，别有风趣。拆唱八角鼓亦如是。是的，假若我们细细分析这些传统节目，也许能够在剧本的结构上，在表演技术上，都能独辟风格，不专摹仿别的剧种了。这或者能产生独立不倚，自成一家的节目，叫人一看，只能叫它曲剧，而不是别的。[17]

二、相声改进

在民间的杂耍里，相声是最难创作与改编的。在抗战中，有几位北京艺人逃到重庆，凑成一个杂耍班子。为宣传持久抗战，他们需要新词，我曾替他们编制了好几段歌曲，都被采用。我也试写相声。可是，费了不少的力气，我只写成了一段，而且是很坏的一段。以后，我就知难而退了。就我所理解得到的，编与改编相声的困难是：

我们若要创造一篇相声，我们就必须到活图书馆——民间——去观察，去搜集资料。否则一定碰壁。我们若能幸运的写成一段，必须交给艺人们去试演，演一回修改一回；艺人和听众都是我们的最好的批评者。这工作是忙不得的。

要改编相声，我们必须替那些老段子恢复了讽刺，同时要把讽刺的对象弄清楚，好教相声也担起点宣传的，教育的责任。

相声是要招笑的。因为要招笑，所以应用了重复，对比，矛盾，等笑的原理中的定律。在这些定律中，被运用最多的是矛盾律。这个定律是说着说着正面，冷不防来个反面，非常好笑。可是，这就使相声很难尽由正面宣传的责任，也就是相声极难改编的主因。去了咉吧，不成其为相声；保留着吧，又只是泄气。

那么，在我们改编相声的时候，应当怎办呢？牺牲了宣传？不对！不要逗笑？也不对！据我看，假若我们能调动，把反动派，贪官污吏，土豪劣绅等拉来作挖苦的对象，则包袱仍可保留，也还能有宣传的效果。还以前面引用的一段为例，假若我们把"乙"口中的"我"，变为陈诚或白崇禧，岂不大快人心么？反之，假若我们不能这么调动一下，那就只好牺牲了逗笑；我们不能为了逗笑，而作反宣传。[18]

北京相声改进小组成立周年纪念日。在这一年里，以这小组为基础，北京的相声艺人们进行了内部的团结工作，并共同研讨如何改进相声。对相声的改进，大约取两个办法：消极的，不论表演什么都力避口脏（如撒村，用父母妻子开玩笑，挖苦劳动人民等）；太坏的老段子不再演用。积极的，改编老段子，删去陈腐，添加新道理；和创作新段子。新段子的创作，有的由文艺工作者执笔，有的由艺人自创。大致的说，艺人自创的较比好一些，因为他们会巧妙的运用老技巧。文人写的须经艺人修改过才能充实。取笑是件很难的事。文人们有思想，但如何把思想用笑话说出来，就要向艺人们领教了。

在小组初一成立的时候，文艺工作者与艺人们都有点怀疑，相声到底能不能改进呢。本来吗，以前的老相声是只供听众哈哈一笑，而今硬要把它改成能配合政治任务，能有思想教育，岂不相当的困难么？可是，经过几次试验以后，大家慢慢的有了自信心，原来相声中的讽刺，假若用合适了，正是一种宣传的利器啊。举个例说，在抗美援朝运动中，用相声挖苦美国侵略者，就真的能收到鄙美仇美的作用，因为相声本身一向是不甚老实的东西；它的不老实的劲儿，不是别种曲艺所能比得上的。这样，大家都有了信心，认为相声不单能存在，而且很有前途。再加上，工人与学生们也喜欢相声，甚至学校里也有了相声小组，艺人们就更高兴更努力了。[19]

今天的相声已与解放前的大不相同。这是因为：党的领导、关切，与广大人民的鼓舞，使相声演员们都感到幸福，从而要求自己在思想与业务上争取进步，逐步提高。人的思想进步了，艺术也就跟着起了变化，听众的笑声越来越爽朗健康。更可喜的是相声演员有了后起之秀。仅以北京而言，这几年来已有了马季、赵振铎、赵世忠等广受欢迎的青年们。北京还正在培养一批青年相声演员，我们希望在不久即能看到新的人才出现，使我们听到更多的好相声节目，欣赏新的技巧与风格，发出更多的健康的笑声。[20]

三、鼓词、单弦、太平歌词

根据我自己学习写作通俗韵文——鼓词[21]、单弦[22]、太平歌词[23]等的经验，来谈"现成"与"深入浅出"的关系。

在我的一点点经验里，我觉得写通俗韵文最难得字字现成。我学过旧诗，知道些调动文字与用典故的方法。这点训练对写通俗韵文颇有帮助，但是旧诗和通俗韵文毕竟是两件事，不可混为一谈。写旧诗须力求典雅工整；相反的，通俗韵文既以俗语为工具，就该走另一条路，力求现成。

连我自己算在内，通俗韵文的作者们都往往犯不现成的毛病，一句里文言白话夹杂，念起来一嘟噜一块，唱起来费力不讨好。

在我们学外国语的时候，我们往往下死工夫念文法，咬字音。可是及至把文法念好，字音咬正以后，跟外国人一字一板谈话的时候，人家还是不懂我们的话。这是怎回事呢？原来在文法与字音之外，请注意，还有一句话中的自然的腔调。一句话原来并不是单摆浮搁的几个字拼凑成的，而是哪个字必与哪个字紧紧相随，或必略微隔开，这个音必重读，那个音必轻读，像有腔有调的一句歌词似的东西。不信，让我们去和一位乡亲用家乡话低声谈谈心吧。我们的声音既低，说得又快，并没咬音咂字地一字一字由口中往外蹦，而彼此越说越畅意，越快活。事实上，我们并不见得把对方每一个字都听清楚，而是因为对方的音节腔调是我们所熟悉的，听到一两个要紧的字就明白了全句，听到“岂有”就猜到下面的“此理”，于是不费力地就全明白了。

因此，我们写通俗韵文就须特别注意，教句子顺溜，用字现成。我说特别注意，因为歌唱又与口语不尽相同；口语的自然节奏是地方上人人自幼儿不知不觉学会的，而歌唱却配上了人为的音乐，这人为的腔调不能尽人皆知；所以我们应特别注意用现成的字汇词汇，造出极顺溜的句子，好减少音乐给歌词加上的困难。

以一句说，文白夹杂便使听众感到不舒服，或干脆听不懂，因文言与白话中有个距离，听众们须心中紧翻筋斗才能忽东忽西地去应付；我想，他们是多数不会或不喜翻这种筋斗的。再举个例吧，好比有这么两句：

二妞操作不休息，
利用时间洗衣裳。

我们一看就看出：“二妞”与“操作”、“利用时间”与“洗衣裳”都离得相当的远，念起来生硬，唱起来就许不易听懂。即使唱出来，能够听懂，恐怕也不会发生文艺性的愉快效果。假若我们把这两句改成：

二妞干活儿卖力气，
一盆一盆地洗衣裳。

则不单读起来顺嘴，就是唱起来也很好听。“一盆一盆地”不单具体、现成，而且很有力量。

我们不单要注意避免文言白话杂用，就是白话与白话之间也须下心去选择。文艺的语言必须经过选择，并不因为既是白话就一律好用。比如说，“卖力气”与“卖劲”本是一个意思，可是“卖劲”就不现成，不易唱出，不易听懂。要知道，通俗韵文写出来是为歌唱的，而且唱出来能使大家听的懂。因此，在字汇与词汇上，我们必须精心选择，不能摸摸脑袋就算一个。其次，我们要精心地去安排哪个字、哪个调，应当与哪个字、哪个词相连，好教现成的字与词联系起来，成为现成的句子。

用现成的句子活生生地写出人物故事，借着那人物故事具体地表现出思想，据我看，便是做到了深入浅出。这可实在不容易。严格地说，好多城市中的民间文艺已然忘了深入浅出这个道理，转而附庸文雅，离开了民众。最现成的例子是北京的单弦牌子曲中的岔曲。让我们抄一段看看：

> 秋色凄凄，衰草离离，一望河桥景物稀，斜岩涧下水流迟，碧天
> 云外鸿雁高飞，秋山化作黄，黄花地，你看那采莲船上一女子，走上
> 东原去赏菊。

我们且不管描写这闲情逸致是何居心，单就言语来说，这已完全投降于旧诗词，跳到大众文艺圈子外去。这种小市民的高攀文雅的倾向，一来二去就把通俗韵文引入迷途，失去了本色。通俗韵文主要地是必得通俗，我们也必须记得：越俗就越难写。只有俗了再俗，我们才能写出字字现成的东西，成为民间文艺的杰作。因此，我们须打倒"深入深出"，而回身走向"深入浅出"。

在"深入深出"之外，我们还可杜撰出个"浅入浅出"来。这就是说，作者还没有把写作资料消化好，就不管三七二十一地摆出一大堆口号，用未经过锻炼的白话罗哩罗嗦地拼凑到一块儿。这虽是用白话写的，不求救于文言，可是并非精选过的现成的白话，结果还是不易唱，不易听懂。深入深出者病在看不起白话，浅入浅出者坏在知道白话的可贵，而没下工夫用白话作成精美的白话文艺。

作到深入浅出并不专仗着字现成，词现成，句子现成；不过，此文所论却只限于现成与深入浅出的关系。[24]

1."戏改"是一个制度性问题，文化部下专设一个戏曲改进局，田汉任局长。老舍回国不久，就被聘为顾问了。老舍"顾曲"，而且"问事"。除了看戏、开会，了解戏曲艺人的甘苦需求，他还努力让主事者知晓，面临被禁演的一些传统剧目究竟是什么样。他曾经一气写了六十多则像"戏考"一样简单明了的文字，介绍旧戏的基本内容。也许"文革"中一般档案散失，流落到民间，才导致老舍的书法在前几年变成文物被拍卖。舒乙曾经撰文《老舍六十八出京戏"戏改"剧目提纲手稿》，讨论重点却落在老舍对戏曲改进的贡献，"戏考"作为附录。

戏改是一个政治课题，是一场政治文化运动。"改"戏曲理论上为求艺术的进步，"禁"剧目则为意识形态，有宣传封建意识嫌疑的旧剧目便禁演。长时段地看，二十世纪五十年代的戏剧改进是一个历史的持续，从延安平剧研究院的《逼上梁山》就开始了。战时无暇全面展开的工作，到二十世纪五十年代适逢其时了。舞台上的主角不能总是帝王将相，应该换成工农兵。戏曲改进的最高成就应该是《革命自有后来人》《芦荡火种》等现代京剧，后来发展为"样板戏"。

戏改也是老舍生命中的课题。他亲历、参与了戏曲改进，中间有过据理力争，在艺术大师们与主管当局之间努力折冲平衡。他看重的是戏剧的自身生命、是民族文化的特色，关心以演戏为生的艺术家的生活，所以他为民族艺术的生存、为艺术家们过活而改编、新编剧本，全心全意要让旧戏曲薪火相传、不断创新。老舍自己投入的例证可见《青霞丹雪》，当时由马连良等一批北京京剧团的老艺术家担纲主演。传统戏剧形式的创新，即使是老舍和马连良等一批艺术家联手，也未必能够保证一举成功。这个演古人的现代京戏的面目，明显地不同于后来的样板戏。

2.戏曲改革的领导工作自始至终主要掌握在来自解放区的文艺领导手里，他们当中有人对于遍及不同文化区域的戏曲、曲艺并无全面深入的了解。老舍与他们的交往，是策略乃至世故的：先致敬，再普及旧剧目知识（写他自己的"戏考"，见上），然后提高到改编、新编。总而言之，是为了民族戏剧的存活。

3. 作为戏改的直接参与者又深谙京剧、昆曲艺术精神的戏迷，老舍在戏曲改进过程中不能不发出自己关于戏曲"保护"的声音。而"保护"的方式多样。下面所节选的就是老舍或正面或侧面的、或批评或引导的不同的"保护"的公开发言。

4. 以上节选自《新文艺工作者对戏曲改进的一些意见》，《老舍文集》（第十二卷），北京：人民文学出版社，2013年，第672—682页。"戏班"是一个私营方式，是走市场、论票房的；（后来的）剧团则是国家投入文化资金，演戏的成功则以思想的正确为标记。戏曲改进，有双重关涉的问题：演什么戏？以什么组织方式演？对私有戏班子改造与对封建意识的改造双管齐下，这是戏改不同于知识分子思想改造的一个特别之处。

5. 票友指会唱戏而不以专业演戏为生的爱好者，即对戏曲、曲艺非职业演员、乐师等的通称。

6. 老舍批评"保守"而不能不为"保守"者的技能、艺术情感辩护。

7. 二十世纪五十年代的苏联专家对中国经济建设的介入有技术先进的充分理由，但对我们的民族艺术发言则只能是个人意见。

8. 老舍这样的表述是受限于语境。老舍与戏曲艺术家碰到的问题，是一个复杂的文化隐喻。

9. 以上节选自《谈"粗暴"和"保守"》，《老舍全集》（第十七卷），北京：人民文学出版社，2013年，第664—667页。

10. 以上节选自《新〈王宝钏〉》，《老舍全集》（第十八卷），北京：人民文学出版社，2013年，第216页。这样的表述少不了"敷衍"的意味，老舍最痛恨"敷衍"生命，而又时时敷衍着，最终决绝地不愿敷衍，那是有勇气的自我了断。

11. 根据昆曲改编为京剧，1956年6月发表于《北京文艺》。老舍参与戏改的一个重要方式就是改编、创作剧本。被舒乙命名为"老舍六十八出京戏'戏改'剧目提纲手稿"的，是一份新"戏考"，它暗含老舍要救活一部分剧目的意图。

12. 以上节选自《〈十五贯〉改编说明》，《老舍全集》（第十二卷），北京：人民文学出版社，2013年，第167页。老舍《十五贯》的改编方式，是把一个成功的范式作推广，后来叫作"移植"。现在我们记得的典范还是昆曲的《十五贯》。移植总是有"橘生淮南"的问题。

"文场"，京剧演奏术语。乐队中除打击乐器"武场"之外，管弦乐器之总称。文场乐器传统有京胡、京二胡、月琴、南弦（小三弦）、笛子、笙、海笛（小唢呐）等。

13. 1964 年 2 月发表于《北京文艺》。

14. 以上节选自《新〈王宝钏〉》，《老舍全集》（第十八卷），北京：人民文学出版社，2013 年，第 214-216 页。老舍这里的构想终究只是删改，《青霞丹雪》也是由旧小说改编，这是由他认识的世界决定的。不如样板戏起始就是革命的内容，改革是"一张白纸好画最新最美的图画"。可是，文化的定义应该同时包括两种，甚至更多——新创的如《柳树井》。老舍心中的改进是新旧两就着的调和与新变。

15. 曲剧《柳树井》1952 年 1 月发表于《说说唱唱》。

16. 以上节选自《北京的"曲剧"》，《老舍全集》（第十六卷），北京：人民文学出版社，2013 年，第 294-295 页。

17. 以上节选自《对曲剧的发展说几句话》，《老舍全集》（第十八卷），北京：人民文学出版社，2013 年，第 143-144 页。

18. 以上节选自《谈相声的改造》，《老舍全集》（第十二卷），北京：人民文学出版社，2013 年，第 666-668 页。

19. 以上节选自《介绍北京相声改进小组》，《老舍全集》（第十四卷），北京：人民文学出版社，2013 年，第 431 页。

20. 以上节选自《健康的笑声》，《老舍全集》（第十八卷），北京：人民文学出版社，2013 年，第 124-125 页。这些既是戏曲改进的范围也是文联领导者交代给老舍的工作任务，为通俗文艺尽力。相声这一曲种而外，戏曲改进的内容非常广泛，诸如扬州评话艺术大师王少堂的评话"王派水浒"就必须去除一些内容，改动好些说法，《武松》的口述文字有一百万字以上，整理本出版，只剩下八十万字。

21. 鼓词一般指以鼓、板击节说唱的曲艺形式，这种说唱形式的历史十分悠久。鼓词的名称起源于明代，清代以后，鼓词演唱兴盛。北方鼓词主要流行于河北、河南、山东、辽宁以及北京、天津等地。

22. 单弦源于北京，又称单弦牌子曲。清乾隆、嘉庆年间兴起，形成于清代末叶。演唱时用八角鼓击节，其曲牌众多，曲调丰富，代表曲目有《胭脂》《挑帘裁衣》《金山寺》等。

23. 太平歌词是一种从属于相声的曲艺形式，约形成于清代初叶，从北京的民间小曲演变而来，在京、津、冀广为流传。作为相声四门功课"说、学、逗、唱"中"唱"的重要组成，太平歌词与常用作"垫头"的开场小曲不同，既可融入相声段子中，也可以独立演出。

24. 以上节选自《"现成"与"深入浅出"》,《老舍全集》(第十二卷) 北京: 人民文学出版社,2013 年,第 658-662 页。选这一段可知道老舍的曲艺创作与研究的真正内蕴。抗战与五十年代,曲艺是他生命的一部分。作为小说、戏剧的参照,从他论曲艺的说法,才有了对他的白话观的更全面的认识,他的曲艺讨论有中国文学史、文化史打下的底子。

第三节　作个学生¹

纵使我有司马迁和班固的文才与知识，我也说不全，说不好，……我爱，我热爱，这个新社会啊！²

一、作个学生

在天坛举行了控诉恶霸的大会。

本来，我的腿病警告我：不要去吧，万一又累垮了！可是，我没接受这警告。我这么想：要搞通思想，非参加社会活动不可；光靠书本是容易发生偏差的。

会场是在天坛的柏林里。我到得相当早，可是林下已经坐满了人。往四下看了看，我看到好些个熟识的脸。工人、农人、市民们、教授、学生、公务人员、艺人、作家，全坐在一处。我心里说：这是个民主的国家了，大家坐在一处解决有关于大家的问题。解放前，教授们哪有和市民们亲热的坐在一处的机会呢。

开会了。台上宣布开会宗旨和恶霸们的罪状。台下，在适当的时机，一组跟着一组，前后左右，喊出"打倒恶霸"与"拥护人民政府"的口号；而后全体齐喊，声音像一片海潮。

人民的声音就是人民的力量，这力量足以使恶人颤抖。

恶霸们到了台上。台下多少拳头，多少手指，都伸出去，像多少把刺刀，对着仇敌。恶霸们，满脸横肉的恶霸们，不敢抬起头来。他们跪下了。恶霸的"朝代"过去了，人民当了家。

老的少的男的女的，一一的上台去控诉。控诉到最伤心的时候，台下许多人喊"打"。我，和我旁边的知识分子，也不知不觉的喊出来："打！为什么不打呢？！"警士拦住去打恶霸的人，我的嘴和几百个嘴一齐喊："该打！该打！"

这一喊哪，教我变成了另一个人！

我向来是个文文雅雅的人。不错，我恨恶霸与坏人；可是，假若不是在控诉大会上，我怎肯狂呼"打！打！"呢？人民的愤怒，激动了我，我变成了大家中的一个。他们的仇恨，也是我的仇恨；我不能，不该，"袖手旁观"。群众的力量，义愤，感染了我，教我不再文雅，羞涩。说真的，文雅值几个钱一斤呢？恨仇敌，爱国家，才是有价值的，崇高的感情！书生的本色变为人民的本色才是好样的书生！

有一位控诉者控诉了他自己的父亲！除了在这年月，怎能有这样的事呢！我的泪要落下来。以前，中国人讲究"子为父隐，父为子隐"，于是隐来隐去，就把真理正义全隐得没有影儿了。今天，父子的关系并隐埋不住真理；真理比爸爸更大，更要紧。父亲若是人民的仇敌，儿子就该检举他，控诉他。一个人的责任，在今天，是要对得起社会；社会的敌人，也就是自己的敌人；敌人都该消灭。这使我的心与眼都光亮起来。跪着的那几个是敌人，坐着的这几万人是"我们"，像刀切的那么分明。什么"马马虎虎"，"将就将就"，"别太叫真"这些常在我心中转来转去的字眼，全一股脑儿飞出去；黑是黑，白是白，没有第二句话。这么一来，我心里清楚了。也坚定了；我心中有了劲！

这不仅是控诉几个恶霸，而是给大家上了一堂课。这告诉我曾受过恶霸们欺负的人们：放胆干吧，检举恶霸，控诉恶霸，不要再怕他们！有毛主席给我们作主，我们还怕什么呢？检举了恶霸们，不单是为个人复仇，也是为社会除害啊！这告诉了我，和跟我一样文文雅雅的人们：坚强起来，把温情与文雅丢开，丢得远远的；伸出拳头，瞪起眼睛，和人民大众站在一起，面对着恶霸，斗争恶霸！恶霸们并不是三头六臂的，而是在我们眼前跪着、颤抖着的家伙们。恶霸们不仅欺负了某几个人，与我们无关；他们是整个社会的仇敌！

一位卖油饼的敦厚老实的老人控诉恶霸怎样白吃了他的油饼，白吃了三十年！控诉完了，他转过身去，向毛主席的像规规矩矩地鞠了一躬。这一鞠躬的含义是千言万语也解释不过来的。我也要立起来，也鞠那么一躬！人民是由心里头感激毛主席。不是仅在嘴皮子上说说的！

这样，我上了一课，惊心动魄的一课。我学到了许多有益处的事。这些事教我变成另一个人。我不能再舍不得那些旧有的习惯、感情，和对人对事的看法。我要割弃它们像恶霸必须被消灭那样！我要以社会的整体权衡个人的利害与爱憎，我要分清黑白，而不在灰影儿里找道理，真的，新社会就是一座大学校，我愿在这个学校里作个肯用心学习的学生。

二、文艺新生命

一九四九年年尾，由国外回来，我首先找到了一部《毛泽东选集》。头一篇我读的是毛主席《在延安文艺座谈会上的讲话》。[3]

读完了这篇伟大的文章，我不禁狂喜。在我以前所看过的文艺理论里，没有一篇这么明确地告诉过我：文艺是为谁服务的，和怎样去服务的。可是，狂喜之后，我发了愁。我怎么办呢？是继续搞文艺呢，还是放弃它呢？对着毛主席给我的这面镜子，我的文艺作家的面貌是十分模糊了。以前，我自以为是十足的一个作家；此刻，除了我能掌握文字，懂得一些文艺形式之外，我什么也没有！毛主席指示：文艺须为工农兵服务。我怎么办呢？从我开始学习文艺写作起，二十多年来，我的思想、生活、作品都始终是在小资产阶级里绕圈圈。我最远的"远见"是人民大众应当受教育，有享受文艺的能力与权力。享受什么样的文艺呢？很简单：我写，大家念。我写什么呢？随便！我写什么，大家念什么。一个小资产阶级的确是可以这样狂傲无知的。这种狂傲使我对于工农兵，恰如毛主席所说的，缺乏接近，缺乏了解，缺乏研究，缺乏知心朋友，不善于描写他们。我真发了愁。

毛主席提出了文艺服从于政治的道理。这又使我手足失措。我在小资产阶级的圈子里既已混了很久，我的思想、生活、作品，已经都慢慢地瘫痪了。我每每觉得我可以不吸收任何新思想，还是照旧可以写东西。我的生活方式呢，似乎也恰好是一个文人所应有的，不必改变。作品呢，不管有无内容，反正写得光滑通顺，也就过得去了。这样的瘫痪已久，使我没法子不承认：文艺不但可以和政治分家，也应当分家；分了家日子好过！我以为，仗着一点小聪明和长时间的写作经验，我就可以安安稳稳地永远吃文艺饭。可是，毛主席告诉了我和类似我的人：你们错了，文艺应当服从政治！

我怎么办呢？

首先，我决定了态度：我要听毛主席的话，跟着毛主席走！听从毛主席的话是光荣的！假若我不求进步，还以老作家自居，连毛主席的话也不肯听，就是自暴自弃！我要在毛主席的指示里，找到自己的新文艺生命。

态度决定了，我该从哪里下手去实践呢？我不敢随便地去找一点新事物，就动手写小说或剧本；我既没有革命锻炼，又没有足够的思想改造学习和新社会生活的体验，若是冒冒失失地去写大部头的作品，必会错误百出。我得忘了我是有二十多年写作经验的作家，而须自居为小学生，从头学起。这样，我决定先写通俗文艺，这并不是说，通俗文艺容易写，思想性与艺术性可以打折扣，而是说通俗文艺，像快板与相声，篇幅都可以不求很长，较比容易掌握。

在从前，我写一篇一百句左右的鼓词，大概有两三天就可以交卷；现在须用七八天的工夫。我须写了再写，改了再改。在文字上，我须尽力控制，既不要浮词滥调，又须把新的思想用通俗语言明确地传达出来，这很不容易。在思想上，困难就更多了。当我决定写某件事物的时候，对那件事物我必定已有一定程度的了解。可是，赶到一动笔，那点了解还是不够用，因为一篇作品，不管多么短小，必须处处结实、具体。我的了解只是大致不差，于是字里行间就不能不显出只知其一，不知其二的贫乏与毛病。有时候，正笔写得不错，而副笔违反了政策。有时候，思想写对了，可是文字贫弱无力，没有感情——只把政治思想翻译一下，而没有对政治思想所应有的热情，就一定不会有感动的力量。有时候……。困难很多！可是我决定：第一不要急躁，第二不要怕求别人。我既决定听从毛主席的指示：思想改造必须彻底，也就必是长时间的事；我就不能急躁。我必须经常不断地学习，以求彻底解决。以前，我可以凭"灵感"，信笔一挥，只求自己快意一时，对读者却不负责任。现在，我要对政治思想负责，对读者负责，急于成功会使我由失望而自弃。另一方面，我须时时请教别人。时常，我的客人，共产党员或是有新思想的人，就变成我的批评者；我要求他们多坐一会儿，听我朗读文稿；一篇稿子不知要朗读多少回，读一回，修改一回。我自己的思想不够用，大家的思想会教我充实起来；当他们给我提出意见的时候，他们往往不但指出作品上的错处，而且也讲到我的思想上的毛病，使我明白为什么写错了的病根。

这样，写一小段，我就得到一些好处。虽然我从书本上学来的新思想不很多（到今天我还是有些怕读理论书籍），可是因为不断地习作，不断地请教，我逐渐地明白了我应当怎样把政治思想放在第一位，而不许像从前那样得到一二漂亮的句子便沾沾自喜。虽然我因有严重的腿疾，不能马上到工厂、农村、或部队里去体验生活，可是因为不断地习写通俗文艺，我已经知道了向工农兵学习的重要；只要腿疾好些，我就会向他们学习去。虽然二年来我所写过的通俗文艺作品并非都没有毛病，可是这已给了我不少鼓励：放下老作家的包袱，不怕辛苦，乐于接受批评，就是像我这样学问没什么根底，思想颇落后的作家，也还有改造自己的可能，有为人民服务的希望。

不管我写多么小的一个故事，我也必须去接触新的社会生活；关起门来写作，在今天，准连一句也写不出。为写一小段鼓词，我须去调查许多资料，去问明白有什么样政治思想上的要求。这样，我就知道了一些新社会是怎样在发展，和依照着什么领导思想而发展的。一来二去，接触的多了，我就热爱这个天天都在发展进步的新社会了。是的，我必须再说一遍，我缺乏有系统的学习政治理论与文艺理论。可是，赶到因为写作的需要，看到了新社会的新气象新事物，我就不能不动心了。我要歌颂这新社会的新事物，我有了向来没有的爱社会国家的热情。自然，有人说我这样先看见，后歌颂，是被动的，不会写出有很高思想性与创造性的作品来。可是，我是由旧社会过来的人，假若我自诩能够一下子就变成为今天的思想家，就是自欺欺人。我只能热情地去认识新社会，认识多少，就歌颂多少；我不应该因我的声音微弱而放弃歌颂。写不了大部头的小说，我就用几十句快板去歌颂。以我的小小的才力，我不该幻想一写就写出一鸣惊人的作品来；若因不能一鸣惊人，就连快板也不写，我便完全丧失了文艺生命，变成废物。我不再想用作品证明我是个了不起的文人，我要证明我是新文艺部队里的一名小兵，虽腿脚不利落，也还咬着牙随着大家往前跑。

慢慢地，我开始写剧本。《方珍珠》[4]与《龙须沟》[5]的背景都是北京；我是北京人，知道一些北京的事情。我热爱北京，看见北京人与北京城在解放后的进步与发展，我不能不狂喜，不能不歌颂。我一向以生在北京自傲，现在我更骄傲了，北京城是毛主席的，北京人与北京城都在毛主席的恩惠中得到翻身与进步，我怎能不写出我的与北京人的对毛主席的感谢呢！

这两个剧本（虽然《龙须沟》里描写了劳动人民）都不是写工农兵的；我还不敢写工农兵，不是不想写，我必须加紧学习，加紧矫正小资产阶级的偏爱与成见，去参加工农兵的斗争生活，以期写出为工农兵服务的作品。这两个剧本本身也有个共同的缺点，对由旧社会过来的人描写得好，对新社会新生的人物描写得不那么好。我了解"老"人，不十分了解新人物。这是个很大的教训——我虽努力往前跑，可是到底背着包袱太重，跑不快！新人物已经前进了十里，我才向前挪动了半里！这也警告了我：要写工农兵非下极大的工夫不可，万不可轻率冒失！只凭一点表面上的观察便动笔描写他们，一定会歪曲了他们的！

解放前，我的写作方法是自写自改，一切不求人；发表了以后，得到好批评就欢喜，得到坏批评就一笑置之。我现在的写作方法是：一动手写就准备着修改，决不幻想一挥而就。初稿不过是"砍个荒子"，根本不希望它能站得住。初稿写完，就朗读给文艺团体或临时约集的朋友们听。大家以为有可取之处，我就去从新另写；大家以为一无可取，就扔掉。假若是前者，我就那么再写一遍、两遍，到七八遍。有人说：大家帮忙，这怎能算作自己的作品呢？我说：我和朋友们都不那么小气！我感谢大家的帮忙，大家也愿意帮忙；文艺团体给我提意见总是经过集体的详密地讨论了的。敝帚千金，不肯求教人家，不肯更改

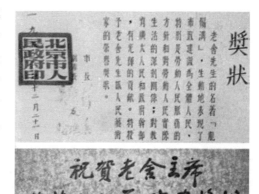

1951年人民艺术家的奖状与北京文联的祝贺

一字，才正是我以前的坏毛病。改了七遍八遍之后，假若思想性还不很强，我还是扔掉它。我不怕白受累，而且也不会白受累——写七八遍就得写七八遍的好处，不必非发表了才算得到好处。我很后悔，我有时候还是沉不住气，轻易地发表了不很好的东西。这样，我终年是在拚命地写，发表也好，不发表也好，我要天天摸一摸笔。这似乎近于自夸了。可是，为什么在毛主席的光荣里，得到改造自己的机会，得到了新的文艺生命，而不敢骄傲呢？毛主席告诉了我应当写什么，怎么写，和为谁写，我还不感谢么，还不拚命追随么？是的，我知道，我离着一个毛泽东思想的作家还很远很远。但是，我一定要按着毛主席所指示的一步一步地往前走，决不停止。在思想上，生活上，我还有不少的毛病，我要一一的矫正，好减轻负担，向前走得快一些。解放前我写过的东西，只能当作语文练习；今后我所写的东西，我希望，能成为学习了毛主席《在延安文艺座谈会上的讲话》以后的习作。只有这样，我才不会教"老作家"的包袱阻挡住我的进步，才能虚心地接受批评，才能得到文艺的新生命。[6]

民文学出版社, 2013 年, 第 382—384 页。老舍置身于控诉会场喊"打"与后来在孔庙挨"打"——被控诉的恶霸跪下了, 他的儿子不认爸爸了。而老舍不肯低下尊严的头颅, 才招致打得头破血流, 从派出所回家, 寂寞地坐了一夜后离开家, 作别孙女与未来; 再一个夜晚, 他离开了这个自己已经不认识的世界。

老舍对"生命"的哲学概念, 有三重不同的认识: 青年是基督教的, 五十岁后是改造思想、重塑生命, 最后是以毁灭生命而抵抗暴力。老舍曾经认识二十世纪三十年代以前世界文化思潮的两派: 一个托尔斯泰主义, 一个尼采主义。他是不倾向于尼采的。

2. 老舍自称是歌德派。而对社会主义革命、马克思主义等, 他并没有多深的认识。歌德的写作态度, 决定了老舍除了借客观事实歌颂外, 就是主观抒发。所以, 新中国成立后老舍的文章传"心"多而传"行"少, 这类文章可说是太平文章。今天要研究的, 是"太平"、太"平", 还是平静下面有波澜, 其推动力与作家主体的关系。

首先, 有必要进一步辨识老舍"歌德"与自主之间的关系。从老舍先生参与的一系列救济穷人、组织盲艺人就业等活动, 我们没有理由否定这些事情有"德", 老舍将自己放置于这样的位置——用平民主体追求作为自己的追求。

其次, 老舍的歌颂往往是经验论的, 有局限, 但是他并没有专一地写"歌德"的文字。就说以文字赞誉政府行为: 救济诸多的平民, 尤其是那些清王朝颠覆之后一直过着下层生活的旗人亲朋们, 让他们过上了有基本温饱保障的生活, 不至于再如松二爷那样挨饿, 起码不是多大的错误。日后出现加诸己身的批斗, 完全在他的想象与认识能力之外。老舍不是鲁迅。他的认识不断接近于真相, 而又始终矛盾着。他渐渐地能够冷静地反思历史, 其基础还是立足于审视现实。

再次, 我们要承认与接受老舍的认知局限与内心矛盾, 但不应混同于对他的人格判断。老舍是矛盾的。老朋友如胡风还是能谅解他。身处其境者能理解,后来人应该有理解之同情。一个对人类给予无限同情的人,也应该得到同情。老舍只是一个普通的知识分子,不是思想家。他的文学创造的贡献还是主流。他在文学想象与虚构如《茶馆》中,仍隐隐地寄托着这些不安的情绪。

3.老舍没有赶上第一次文代会,但是他回到北京就知晓《在延安文艺座谈会上的讲话》"要在毛主席的指示里,找到自己的新文艺生命",途径只有一条,知识分子进行思想改造。自己成了一个思想有"病"的人,治病的措施是先把政治标准放在第一位,然后向工农兵学习,渐渐地"知道了一些新社会是怎样在发展,和依照着什么领导思想而发展的",一个新的老舍也逐渐成形。老舍意识到这个文献的重要,有关乎能否继续文艺生涯,最终明白必须改造思想才有新的文艺生命。

4.话剧《方珍珠》1950年8月21日起在《光明日报》开始连载,至9月14日续载完。

5.话剧《龙须沟》在《北京文艺》第1卷第1期(1950年9月)开始连载,至第1卷第3期续载完。剧情是政府领导帮助贫民治理臭水沟,改善生活。

6.以上节选自《毛主席给了我新的文艺生命》,《老舍全集》(第十四卷),北京:人民文学出版社,2013年,第488-493页。

第四节　十年笔墨

一、创作生活

十年来，我主要的是写剧本与杂文。

是，我并没有写出来优秀的作品。可是，我的笔墨生活却同社会生活的步伐是一致的。这就使我生活得高兴。我注视着社会，时刻想叫我的笔追上眼前的奔流。我的才力有限，经验有限，没能更深刻地了解目前的一切。可是，我所能理解到的那一点，就及时地反映在作品中，多少尽到些鼓舞人民前进的责任，报答人民对我的鼓舞。我惭愧，没能写得更好一些，可是我也高兴没叫时代远远地抛弃在后边。时代的急流是不大照顾懒汉的。[1]

写那些通俗文艺的小段子，用具体的小故事宣传卫生，解释婚姻法，或破除迷信等等。文章小，文章通俗，并不损失作者的身份，只要文章能到人民的手中去，发生好的作用。我也帮忙编辑《说说唱唱》——一个全国性的通俗文艺刊物。因编辑这个刊物，我接触到有关于民间文艺的种种问题，丰富了我对继承民间文艺传统和发扬文艺的民族风格等等的知识。从实际工作中得到了知识，也就得到了快乐。于此，我体会出"自觉的劳动"的意味。

因为接触到继承民族文艺传统等问题，我的那一点古典文艺知识就有了用处。我给《说说唱唱》的编辑部的和其他的青年朋友们时时讲解一下，帮助他们多了解一些古典文艺的好处，并就我所能理解的告诉他们怎样学习和怎样运用古典文艺遗产。毛主席的"百花齐放，推陈出新"的指示是正确而美丽的。

我们的创作既不能故步自封，也不能粗卤地割断历史，既要有现实主义的内容，又要有多种多样的形式。[2]

我本来不大会写剧本。十年来，我一共写了十多本话剧与戏曲。其中有的被剧院演用，有的扔掉。我是在学习。出废品正是学习过程中难以避免的，失败一次就长一次经验。因此，即使失败了，也不无乐趣。不怕失败，就会长本事。我的确觉得越多写便越写得好一些，工夫是不亏负人的。写完一本戏，当然要去找导演与演员们讨论讨论。他们是内行。跟内行人谈谈，自然而然地就会长见识。就是这样，我慢慢地理解了一些舞台技巧。这又是一种乐趣。在新社会里，人人愿把本领传给别人。只要肯学习，机会就很多。我把我的作品叫做"民主剧本"。这就是说，我欢迎大家提意见，以便修改得更好一些。当然，修改是相当麻烦的。可是，只要不怕麻烦，麻烦便带来乐趣。况且，导演与演员并不只诚恳地提意见，他们也热诚地帮助我。我有相当严重的腿病。为打听一件事，他们会替我跑许多路；为深入地了解一件事，他们会替我下乡或下工厂，住在那里，进行体验。这十年来，我交了多少朋友啊！我的"民主剧本"得到多少导演与演员的支持啊！这难道不是乐事么？大家协作是新社会里的一种好风气。剧本演出后，观众们也热情地提意见，这又是一种协作。

人与人的关系变了。这就是我笔下的主要内容。我写了艺人，特别是女艺人，在从前怎样受着剥削与虐待，而在解放后他们却被视为艺术家，不但不再受剥削与虐待，而且得到政治地位——是呀，现在全国有不少男女艺人做了地方的和全国的人民代表或政协委员！我在解放前就与他们为友，但是除了有时候给他们写点唱词，无法帮助他们解决其它的问题。现在，不但他们的问题解决了，而且有不少人也有了文化，会自己编写唱词了。

我也写了一般的贫苦劳动人民如何改善了环境，既不再受恶霸们的欺压凌辱，又得到了不脏不臭的地方进行劳动。这就是我的《龙须沟》的主题。

在我的剧本中，我写出许多妇女的形象。在旧社会里，一般的人民都很苦，妇女特别苦。在新社会里，首先叫我受到极大感动的就是妇女的地位的提高。从一个欢欢喜喜地去工作的媳妇或姑娘身上，我看见了人与人的关系的大变化。男女平等了。我不能不歌颂这个大变化！妇女跟男人一样地创造着新时代的历史。去年我写的《红大院》，和今年的《女店员》与《全家福》都涉及妇女解放这个振奋人心的主题。戏也许没有写好，但是我的喜悦是无法遏止的。

是的，我写了许多方面的事实与问题[3]，因为这些事实与问题就都在我的眼前。看见了，我就要写。而且我不能作为旁观者去写，我要立在剧中人物中间，希望我是他们中的一个。这样，我才能成为群众的学生，有了非写不可的热情。假若我的作品缺乏艺术性，不能成为杰作，那只是因为我向人民学习得还太不够，脱离了群众。哪里去找创作的源泉呢？难道只凭我个人的想象，就能找到新时代的人与人的关系，新颖的艺术形式，与活生生的语言么？我不敢那么狂妄！

十年来，我写了一些作品，应当感谢人民！是人民给了我值得写的人物与事实，给了我简练有力的语言。我要继续向他们学习，以期得到更好一些的创作成就。[4]

二、鼓舞与启示

我也必须提到，无论我写大作品也好，小作品也好，我总受到领导上的无微不至的帮助。在国民党的黑暗统治下，我是经常住在"沙漠"里。这就是说：我工作不工作，没人过问；我活着还是死去，没人过问。国民党只过问一件事——审查图书原稿。不，他们还管禁书和逮捕作家！今天，为写一点东西，我可以调阅多少文件，可以要求给我临时助手，可以得到参观与旅行的便利，可以要求首长们参加意见——当北京人民艺术剧院排演我的《春华秋实》话剧的时候，北京市三位市长都在万忙中应邀来看过两三次，跟我们商议如何使剧本更多一点艺术性与思想性。当我的《龙须沟》（并非怎么了不起的一本话剧）上演后，市长便依照市民的意见，给了我奖状。党与政府重视文艺，人民重视文艺，文艺工作者难道能够不高兴不努力么？我已有三十年的写作生活，可是只有在最近的新社会里我才得到一个作家应得的尊重。

在精神上我得到尊重与鼓舞，在物质上我也得到照顾与报酬。写稿有稿费，出书有版税，我不但不像解放前那样愁吃愁喝，而且有余钱去珍藏几张大画师齐白石老先生的小画，或买一两件残破而色彩仍然鲜丽可爱的康熙或乾隆时代的小瓶或小碗。在我的小屋里，我老有绘画与各色的磁器供我欣赏。在我的小院中，我有各种容易培植的花草。我有腿病，不能作激烈的运动，浇花种花就正合适。我现在已不住在"沙漠"里了！

我一年到头老不断地工作。除了生病，我不肯休息。我已经写了不少东西，可是还嫌写的太少。新社会里有多少新人新事可写啊！只要我肯去深入生活，无论是工、是农、还是兵，都有取之不尽，用之不竭的写作资料。每一工厂，每一农村，每一部队单位，都像一座宝山，奇珍异宝俯拾即是。要写工农兵，是给作家开辟了一个新的世界，多么现实，多么丰富，多么美丽的新世界啊！要为工农兵写，是给作家一个新的光荣任务。现在，我几乎不敢再看自己在解放前所发表过的作品。那些作品的内容多半是个人的一些小感触，不痛不痒，可有可无。它们所反映的生活，乍看确是五花八门；细一看却无关宏旨。那时候，我不晓得应当写什么，所以抓住一粒砂子就幻想要看出一个世界；我不晓得为谁写，所以把自己的一点感触看成天大的事情。这样，我就没法不在文字技巧上绕圈子，想用文字技巧遮掩起内容的空虚与生活的贫乏。今天，我有了明确的创作目的。为达到这个目的，我须去深入生活；难道深入生活是使作家吃亏的事么？只有从生活中掏出真东西来，我才真能自由地创作。在解放前，我为该写什么时常发愁，即使没有那个最厉害的图书审查制度，我也发愁——没有东西可写啊！今天，我可以自由地去体验生活；生活丰富了，我才能够自由地写作。假若我闭上眼不看现实的生活，而凭着幻想写点虚无缥缈的东西，那是浪费笔墨，不是自由——人民不看虚无缥缈的东西，人民愿意从作品中得到教育与娱乐，看到怎么过更美好幸福的日子的启示！ 5

三、《春华秋实》

在排演以前，这个剧本已写过十次。每一次都是从头至尾写过一遍，不是零零碎碎的修改添减。枝枝节节地这儿添一点，那儿减一点，永远不如重新另写一回可靠。用碎布拼凑，不容易作出美丽的衣裳来。

写十次，一共花了十个月的时间。其中因病因忙，时有停顿；要不然，必不会拖延得这么久。一九五二年是个忙年，一个运动紧接另一个运动，一项重要的政治任务未了，又接上另一项。可是，在万忙中，我总抓紧时间，藕断丝连地写剧本。

　　剧本的初稿是在一九五二年二月后半月开始动笔的。那是北京的"五反"运动逐渐进入紧张阶段的时候。许多朋友说：我们应该写个剧本，纪念这个伟大运动。他们以为：这个运动既是史无前例的，又是极有关于今后的国家建设的；就是对于世界上正待解放的人民，也不无教育的价值——无论哪一处的人民，一旦得到解放与政权，而须与资产阶级合作，就必须警惕这阶级的进攻。这样，这就不是个简单易写的剧本。初稿草成，我把它交给北京人民艺术剧院的朋友们，说："请给我看看吧！有可取之处，请提意见，我去另写一遍；若全无是处，请扔在字纸篓子里。"虽然大家都正忙着"打虎"，可还抽空读了我的初稿。他们告诉我：内容欠充实，但有一两个人物。凭这一两个人物，值得再写。

　　我下手早，所以朋友们与我能随着运动的发展一步一步地发展剧本，欲罢不能。随着运动走，资料是活的；运动已过，再去回顾那么多资料，我就会望而生畏，没有胆量去写这么大的题目了。写作没有捷径，全靠功到自然成。写一遍有写一遍的好处，写十遍有写十遍的好处。一稿写十次并不算多。

　　倚靠别人帮忙，写成的作品，这应算集体创作，由我执笔。此事，我已征求过人民艺术剧院领导人的意见，他们说：算了吧，由你个人出面发表吧。我很感谢他们的客气。不过，更要紧的倒是在这闹剧本荒的时节，大家——剧作家与导演，演员们——理应协力合作；大家要打成一片，共同讨论全剧的组织与主题，有计划地去体验生活。这样，就可避免作家闭门造车，演员们盲目地去体验生活。

　　经过写稿十次，我悟出一点道理来：不论我们要描写什么新事物，因为它是新事物，我们一上手总会被事物中的技术问题或表面现象诱惑住。以"五反"运动来说，我们一上手总会十分注意检查的方法和斗争的方式。我们为写"五反"运动而到工厂去体验生活，也免不了首先要问工人们用什么方法"打虎"来着，和"老虎"用什么方法希图混过关去。这样，我们所了解的便是一些斗争过程中的方法与手段，不是深入地发掘根本思想。把这些手段与方法写出来，的确显着火炽。可是，这不过是表面上的火炽，骨子里未必有真东西。我们必须从这些表面现象中绕出来，抓住那足以支持全剧的主题思想，才能免得见树不见林。

写了这么多字，倒好象是我宣传这个剧本怎么了不起。不是的。我只是要把这次写作的经过与心得交代出来，希望能作学习文艺写作的人们一些参考。至于我这剧本是好是坏，还须待演出时才能看得出来，假若部分不好，我准备再接受意见，修改再修改；假若通体都不好，就放弃了它。

全剧大体上固定下来，还没有一个好剧名，这也费了不少心思。一直到剧院要去发公演的广告了，才决定用《春华秋实》。这不是个顶好的剧名，可是从大家供给的几十个名字中挑选，它还算不错，暂且将就着用吧，以后再改。

最后，我必须乘此机会向领导上和专家们，以及许多给我提过意见的朋友们致衷心的谢意！没有大家的帮助，这个不很好的作品一定不会有写成的希望！我也应当感谢北京市人民艺术剧院的朋友们，他们不但始终不懈地帮助我修改剧稿，随时供给资料，而且热诚地、毫不厌烦地，排演这改了又改，改了又改的剧本！ ⁶

四、《西望长安》

骗子的故事往往是写讽刺剧的好材料。《西望长安》就是写一个骗子故事的讽刺剧。⁷ 旧诗中有一句——"西望长安不见家"。后来，被淘气的知识分子改为"西望长安不见佳"，"家"与"佳"同音。你若问一个知识分子：某事好不好？他便以"西望长安"四字表示不好——不佳。这变成了一种歇后语。李万铭的案子是在西安破获的。西安古称长安。所以我用《西望长安》为剧名，暗示他到了西安就不佳了。也可以这么解释：若有人问我：你的新剧本好不好？我答以"西望长安"，表示不佳，亦讽刺自己之意。剧名很不易拟，我用"西望长安"四字不过求其现成而已，没有什么奥意。⁸

一个骗子的"成功"，在一方面是仗着他的欺骗手段，在另一方面也仗着别人肯于受骗。这就大有文章了。假若甘心受骗的还是国家的干部，造成政治上的损失，问题可就严重了，实在应该讽刺鞭挞！

在这个剧本里，对骗子如何施展手段写得不多，而且他所施展的那几招也并不高明，正因为他的骗术并不高明，而居然一帆风顺，到处吃得开，才越显出受骗的一定更不高明。那些不高明的受骗者恰好是我们的干部，我们就不能不把他们当作讽刺的对象了。

那些受骗的干部并不是坏人。他们若是品质十分恶劣，有意地和骗子上下其手，就不会含有多少讽刺的意思了，而且也不符合现实——我们的干部基本上是忠实可靠的。他们不坏，但是作了错事。他们把骗子当作了真正的英雄，照顾他，培养他，甚至于帮助他解决婚事。他们的毛病在哪里呢？他们哪，麻痹大意，以为天下太平了，革命的警惕用不着了。他们对伪造的文件看也不看，拿起笔来就批，就签字。他们以为国家富强了，所以多发些补助金，多买两张飞机票，都用不着多加考虑。他们就这样马马虎虎地被骗子给骗了。他们自己倒并没丢失了什么东西，可是造成了重大的政治上的损失。

骗子混了好几年，最后破案可是很快，只用了三天的时间，足见这个家伙一遇到有眼睛的人就立刻原形毕露，束手被擒。我们就这样讽刺地批评了毫无警惕的干部，也表扬了警惕性强的干部。[9]

1．以上节选自《十年笔墨》，《老舍全集》（第十五卷），北京：人民文学出版社，2013 年，第 48 页。

2．以上节选自《生活，学习，工作》，《老舍全集》（第十四卷），北京：人民文学出版社，2013 年，第 540–543 页。这是一个全面的十年工作总结：生活、学习、工作终于归结到思想，这是改造与学习的结果。老舍原本就习惯对自己的作品进行反思，《老牛破车》就是证明。二十世纪五十年代的自我审视，有一点早年宗教徒的影子，仿佛在忏悔，在向精神导师交心。

3．如 1956 年所写五幕剧《西望长安》。

4．以上节选自《十年笔墨》，《老舍全集》（第十五卷），北京：人民文学出版社，2013 年，第 48–50 页。

5．以上节选自《生活，学习，工作》，《老舍全集》（第十四卷），北京：人民文学出版社，2013 年，第 541–542 页。

6．以上节选自《我怎么写的〈春华秋实〉剧本》，《老舍全集》（第十七卷），北京：人民文学出版社，2013 年，第 619–633 页。这是一个特殊的写作过程，过了那个时代再也不会有这样的事情，那是给一个时代与一个曾经独立不倚的作家的剪影。

7．以上节选自《〈西望长安〉作者的话》，《老舍全集》（第十七卷），北京：人民文学出版社，2013 年，第 706 页。

8．以上节选自《有关〈西望长安〉的两封信》，《老舍全集》（第十六卷），北京：人民文学出版社，2013 年，第 288–289 页。

9．以上节选自《〈西望长安〉作者的话》，《老舍全集》（第十七卷），北京：人民文学出版社，2013 年，第 706–707 页。老舍忘不了讽刺与幽默，这是中国当代文学中少见的风格题材；不是老舍，写不出这样的喜剧，有关李万铭这样的骗子戏，是刚刚开演的一出大戏。

第五节 《茶馆》[1]的侧面消息

《茶馆》这出戏是怎么写的，为什么要单单写一个茶馆呢？

茶馆是三教九流会面之处，可以多容纳各色人物。一个大茶馆就是一个小社会。这出戏虽只有三幕，可是写了五十来年的变迁。在这些变迁里，没法子躲开政治问题。可是，我不熟悉政治舞台上的高官大人，没法子正面描写他们的促进与促退。我也不十分懂政治。我只认识一些小人物，这些人物是经常下茶馆的。那么，我要是把他们集合到一个茶馆里，用他们生活上的变迁反映社会的变迁，不就侧面地透露出一些政治消息么？这样，我就决定了去写《茶馆》。

人物多，年代长，不易找到个中心故事。我采用了四个办法：（一）主要人物自壮到老，贯穿全剧。这样，故事虽然松散而中心人物有些着落，就不至于说来说去，离题太远，不知所云了。此剧的写法是以人物带动故事，近似活报剧，又不是活报剧。此剧以人为主，而一般的活报剧往往以事为主。（二）次要的人物父子相承，父子都由同一演员扮演。这样也会帮助故事的联续。这是一种手法，不是在理论上有何根据。在生活中，儿子不必继承父业；可是在舞台上，父子由同一演员扮演，就容易使观众看出故事是联贯下来的，虽然一幕与一幕之间相隔许多年。（三）我设法使每个角色都说他们自己的事，可是又与时代发生关系。这么一来，厨子就像厨子，说书的就像说书的了，因为他们说的是自己的事。同时，把他们自己的事又和时代结合起来，像名厨而落得去包办监狱的伙食，顺口说出这年月就是监狱里人多；说书的先生抱怨生意不好，也顺口说出这年头就是邪年头，真玩艺儿要失传……因此，人物虽各说各的，可是又都能帮助反映时代，就使观众既看见了各色的人，也顺带着看见了一点儿那个时代的面貌。这样的人物虽然也许只说了三五句话，可是的确交代了他们的命运。（四）无关紧要的人物一律招之即来，挥之即去，毫不客气。

这样安排了人物，剧情就好办了。有了人还怕无事可说吗？有人认为此剧的故事性不强，并且建议：用康顺子的遭遇和康大力的参加革命为主，去发展剧情，可能比我写的更像戏剧。我感谢这种建议，可是不能采用。[2] 因为那么一来，我的葬送三个时代的目的就难达到了。抱住一件事去发展，恐怕茶馆不等被人霸占就已垮台了。我的写法多少有点新的尝试，没完全叫老套子捆住。[3]

我热诚地接受别人的意见，修改剧本，这很好[4]。但是，这也证明因为没有多考虑思想上的问题，我只好从枝节上删删补补，而提来的意见往往又正是从枝节上着眼的。我心中既没有高深的思想打底，也就无从判断哪些意见可以采纳，哪些意见可以不必听从。没有思想上的深厚基础，我的勤于修改恰好表明了自己的举棋不定。

我的较好的作品，也不过仅足起一时的影响，事过境迁就没有什么用处了。是的，起一时的影响就好。但，那究竟不如今天有影响，明天还有影响。禁不住岁月考验的不能算做伟大的作品，而我们的伟大时代是应该产生伟大作品的。一个作家理当同时也是思想家。[5]

1．老舍于 1956 年创作的话剧，1957 年 7 月初载于巴金任编辑的《收获》杂志创刊号。1958 年 6 月戏剧出版社出版单行本。

2．老舍曾经历过一个为作家改稿的时代。大家动手，改话剧剧本、电影剧本。老舍描述一些人："因为他不懂业务，他可能没有对业务的热爱。这样，他就只觉得非改不可，甚至不惜用行政命令的手段"；描述了这样的现象：对作家们"写的剧本，似乎人人有权修改，个个显出优越。一稿到来，大家动手，大改特改。原稿不论如何单薄，但出自一家之手，总有些好处；经过大拆大卸的修改之后，那些好处即连根拔掉；原来若有四成艺术性，到后来连一成也找不着了。由这种修改大会而来的定本是四大皆空：语言之美、情节之美、独特的风格、结构的完整，一概没有。用这种定本拍制出来的影片当然也是四大皆空，观众一齐摇头。"他表达自己的感受："我不想加罪于任何人，不想追究责任。但一想起来啊，我就好不伤心！"这里说到"有人"，那不是某一个人，而是借助某个名义的任意人，任何时候会出现的人，老舍随时要面对这个无主名而"师出有名"的人。

3．以上节选自《答复有关〈茶馆〉的几个问题》，《老舍全集》（第十七卷），北京：人民文学出版社，2013 年，第 758-759 页。老舍所有关于《茶馆》的说明，与政治的关系、人物的分类属性，与先前对工农兵方向的认识都不太一致了。

4．老舍作品的改动有心悦诚服的，更多的是尴尬。他对《龙须沟》的演出本还是有所保留的，明确指出："《龙须沟》有两种不同的本子，一种是按照我的原稿印的，一种是北京人民艺术剧院的舞台本。现在，我借用了一部分舞台本中的对话与穿插，把我的原稿充实起来，为的教找不到舞台本的也可以勉强照这个本子排演。"版本问题透露出一丝不和谐，他不希望自己的创造被别人改动，然而又不得不听从别人的安排。服从进而就变成了不和谐的声音与苦恼，老舍对《春华秋实》"怎么写的"方式耿耿于怀。既有各种活动耗散大量时间，又有各种意见左右着创作，那真是一个痛苦的过程。老舍认为这"被改"的作品是"集体创作"的东西，言下之意不是完全个人自主。《春华秋实》上演、出版了，老舍忘不了那"怎么写的"过程。《茶馆》写成还是被建议作种种修改，开始排演不久就又停演了。

5. 以上节选自《我的经验》，《老舍全集》（第十八卷），北京：人民文学出版社，2013 年，第 49-50 页。一个隐藏的心声偶一表露，老舍还是追求写出伟大作品的，当年一句话要"愧死莎士比亚"的幽默表达又隔世回响了。老舍有时候是分裂的，这些痕迹不难找出来。

第六节 改造思想[1]

解放后，我才明白了文艺须为人民服务的道理，也就按照这个方针去进行写作。这是个很大的收获。有此理解，我才不但改变了写作的态度，而且改变了做人的态度。这就是说，我须站在人民里边，而不该高高在上，站在人民的上边，像从前那样——从前，虽然对人民也有同情，也想为他们说话，但是总以为自己的文化水平比他们的高，见识比他们的广，我须帮助他们，他们帮助不了我。到解放后，才慢慢明白过来，这种知识分子的优越感是狂妄的。事实证明：有党的领导和人民的创造才有新社会的一切。作家除了接受党的领导，和向人民学习，便很难写出像样子的作品。作家不应是替人民说话，而是应该向人民学习，说人民的话。看清楚这一点，人民与我自己的关系就有了很大的变化：人民应该是作家的良师益友，作家不该自高自大。替人民说话的态度，也就是旧小说里侠客偶然替人民打抱不平的态度。一旦侠客而投靠"清官"，便变成了统治者的爪牙，如黄天霸了。说人民的话，可就不是这样"玩票"的态度；必须在思想与感情上和人民一致，站在同一的立场上。

一、为人民服务

我生长在寒家，自幼儿即懂得吃苦耐劳。可是，我所受的教育是资产阶级的教育。因此，即使我不曾拼命地去争名夺利，可是也不肯完全放弃名利。这就是说，在旧社会里，我虽没有无耻地往高处爬，可是也不大明确自己究竟是干什么的。写作是为了什么呢？想来想去，似乎还是为了个人的名利，很难找到别的解释。直到解放后，我才找到了正确的答案，知道了我应当为人民服务。有了这个答案，我才真正认识了自己是干什么的，不该再在名利圈子里绕来绕去了。

这样，我就拚命去写作了。只要是人民需要的，我就肯写。我对各种文艺形式都一视同仁，没有值得写和值不得写的分别。我写话剧，也写戏曲；我写论文，也写相声。在我看，米麦和杂粮各有各的用处，就都值得耕种；笔耕也是如此。

在写作而外，我也参加许多社会活动和文艺团体的工作。有一次，一位来自资本主义国家的朋友善意地对我说：你为什么要参加那些活动和工作呢？你是作家，你应当专心写作！当时，我没有答辩，怕得罪了客人。可是，我心里有数儿，知道自己是新社会的作家。我不能专顾个人的名利，去埋头写作；（那恐怕也写不出什么！）我必须到社会需要我的地方去。这要是搁在解放前，我必定感谢那位客人，而觉得忙于社会活动等等是不必要的。可是，这发生在不久以前，所以我感到心安理得，该应参加那些活动 [2]。这个事例或者也足以帮助说明，把资产阶级的个人名利思想放在第一位，则个人与新社会的关系没法摆正，处处别扭。反之，若把为人民服务放在第一位，则个人与社会的关系水乳交融，亲切愉快。

二、政治与艺术

旧社会的知识分子里，有的自居清高，不问政治；有的关心政治，而以个人名利为出发点，想升官发财。我大概应属于前一类。不问政治使我感到清高，这也是一种优越感。在作人上我们都耻于巴结人，又不怕自己吃点亏。这样，在那污浊的旧社会里，就能够独立不倚，不至被恶势力拉去作走狗。我们愿意自食其力，哪怕清苦一些。[3]

独立不倚的精神，在旧社会里有一定的好处。它使我们不至于利欲熏心，去趟混水。可是它也有毛病，即孤高自赏，轻视政治。莘田的这个缺点也正是我的缺点。我们因不关心政治，便只知恨恶反动势力，而看不明白革命运动。我们武断地以为二者既都是搞政治，就都不清高。在革命时代里，我们犯了错误——只有些爱国心，而不认识革命道路。细想起来，我们的独立不倚不过是独善其身，但求无过而已。我们的四面不靠，来自黑白不完全分明。我们总想远远躲开黑暗势力，而躲不开，可又不敢亲近革命，直到革命成功，我们才明白救了我们的是革命，而不是我们自己的独立不倚！从而都愿随着共产党走，积极为人民服务，关心政治，改造思想。[4]

正因为我一向不关心政治，所以今天我写不出政治性强烈的作品来。不错，看到轰轰烈烈的社会主义建设，我的确有了政治热情。可是，政治热情只能是创作的鼓动力量，而不能代替政治斗争经验，也不能代替对政策方针的正确认识。政治热情促使我欲罢不能地去写作，可是写什么呢？这就成了问题。

要描写今天的社会，而不知道今天的政治，就连一个人物也写不出来。这是我的经验之谈。看吧，以前的沿街打小鼓、收买旧货的，不是讲究买死人、卖死人吗？今天他们怎样了？他们有的已改为沿街代废品公司收货、公平交易的服务员了！他们怎么变的？是自发的？不是！在他们的改变过程中有许多许多政治工作。好啦。想想看，作家而不关心政治，找不到打小鼓的如何改造的来龙去脉，怎么去创造这类的人物呢？打小鼓的如是，理发师也如是！一切人都如是！光提艺术性怎能解决问题呢？这个人进步，那个人落后，拿什么作标准？还不是政治觉悟？这样，今天要谈艺术性，就首先应该谈政治性。艺术应该为政治服务，而且非此不可。除非我们看明白新社会的政治力量与影响，我们就无法明白每个人与社会的正确关系，也就写不出人物来。写不出人物就没有艺术性。我们不能再用旧眼光看何谓艺术。每个人，在今天，都受了程度不同的政治思想教育，这是史无前例的事；按照老一套的创作方法，怎能够写出反映出今天的现实的作品呢？政治是理解新社会生活的钥匙。

我想：一个作家若能够克服知识分子的狂傲的优越感而诚诚恳恳地去向人民学习；丢掉资产阶级的名利思想，而全心全意地为人民服务；并且勤恳地学习政治，改造自己，或者才可以逐渐进步，写出一些像样子的作品来。[5]

三、找到自己位置 [6]

我虽然同情革命，但我还不是革命的一部分，所以，我并不真正理解革命，而对不理解的东西是无法写出有价值的东西的 [7]。

我写过《骆驼祥子》。那是因为，那时的世界是一个人人都可以很容易地找到自己位置的世界。那时人与人的关系很明显，界线划分得十分清晰，有人一贫如洗，有人富甲天下；有人被剥削，有人剥削人。这些都是实实在在的东西，作家可以描写这些现象，就像一个人可以用相机把它们照下来一样。祥子不一定真的像我写的那样感觉和思想，但当我创造这个人物时，我可以设身处地，想象如果我在祥子的位置上，我会怎样做。这种经验是读者也可以分享的，读者可以想见自己拉着洋车，而不是坐在洋车上。任何没到过北京的外国人也可以想象自己在同样处境下的感觉。

从写作角度看，那是一个相对比较简单的情景，贫富差距十分明显，饥饿和疾病造成了巨大的痛苦，而那些应该负责的人却对此漠不关心。在中国，一个被接受的现实是千百万人生存的价值就像一群牲畜，他们存在的理由仅仅在于为少数人服务，他们是消耗品，他们的性命一文不值。一些外国人也不把中国人当做和他们自己有一样情感，一样痛苦或悲伤的人类看待。

在那种时代，你要么和那些认为社会现实是自然秩序的人同流合污，要么就站在他们的对立面。这就是革命的实质。如果你相信普天下四海之内皆兄弟，那你也就没什么别的选择了。你就是一个革命者了，你就会支持那些有勇气、有决心改变社会现状的人了。

但这并不是说我们就都是马克思主义革命家了，我们也不是科学的改革家。当年参加"五四"运动时，毛泽东并不是共产党人，他也不可能是。当时，中国没有人知道共产主义。但对毛泽东和我们大家来说，当时的状况已经发展到让人无法忍受了。革命开始唤起了大众对自身处境的认识，他们被外国列强踢进了苦难深渊。从太平天国和义和团运动以来，他们第一次看到，外国列强并不是中国统治阶级的敌人，而是他们的同盟。外国帝国主义和中国的资本主义实质上是一丘之貉。

所以，我们必需先赶走那些剥削和欺辱中国人的外国人，然后再回过头来对付那些依仗洋枪洋炮、做着同样坏事的中国人。

革命的第一阶段是爱国主义的。第二阶段是爱国主义和要取得推翻受帝国主义支持的国内反动派的胜利。所有人都能理解所发生的事情，连没有文化的祥子都能明白。现在，革命进入了一个新的阶段，重点是要改变思维方法，而不是改变生活条件了。

我能理解为什么毛泽东希望摧毁旧的资产阶级生活方式，但我不是马克思主义者，所以我无法描写这一斗争。我也无法和一九六六年的北京学生一样思维或感受世界，他们是用马克思主义的观点看待世界的。

你们大概觉得我是一个六十九岁的资产阶级老人，一方面希望革命成功，一方面又总是跟不上革命的步伐。我们这些老人不必再为我们的行为道歉，我们能做的就是解释一下我们为什么会这样，为那些寻找自己未来的青年人扬手送行。我们把描写新社会的任务也移交给青年一代，他们可以根据他们的经验改造社会。[8]

1. 老舍自觉到非改造思想不可，力图在创作上反映自己上升到新的思想境界。这是一代人痛苦、曲折的心灵历史。本节正是老舍复杂痛苦的心灵历史的真实记录，从新中国成立初起到老舍生命终结止。为了反映这个过程，本节不按时序安排。老舍从满腔热情地真诚改造始，到最终明白自己仍是个"资产阶级老人"，总是跟不上革命的步伐，他内心的无奈与焦急溢于言表。

2. 老舍写作而外有许多兼职，主要是：《说说唱唱》主编，中国民间文艺研究会副理事长、常务理事，北京市文联主席，政务院文教委员会委员，中央人民政府文化部电影指导委员会委员，文艺界抗美援朝宣传委员会委员，中国人民保卫世界和平反对美国侵略委员会北京分会副主席，北京盲艺人讲习所顾问，北京市人民政府委员，北京市节约检查委员会委员，中印友好协会理事，政务院华北行政委员会委员，北京市贯彻婚姻法运动委员会委员，北京市戏曲编导委员会顾问，北京市选举委员会委员，北京市抗美援朝分会副主席，中朝友协副会长，中国人民第三届赴朝慰问团副团长，中国作家协会副主席、书记处书记，北京市中苏友好协会副会长，北京市宪法草案讨论委员会委员，北京市第一届人民代表大会代表，全国人民代表大会代表，《北京文艺》主编，中央推广普通话工作委员会副主任，中国与亚非作家常设事务局联络委员，中国人民政治协商会议第三、四届全国委员会委员。

老舍曾对兼职过多表示过看法，"少叫我开会，多鼓励我写作"。对频繁的社会活动，他其实内心是很苦恼的。

3. 以上节选自《八年所得》，《老舍全集》（第十六卷），北京：人民文学出版社，2013年，第350—353页。

4. 以上节选自《悼念罗常培先生》，《老舍全集》（第十五卷），北京：人民文学出版社，2013年，第11—12页。

5. 以上节选自《八年所得》，《老舍全集》（第十六卷），北京：人民文学出版社，2013年，第353—354页。这些心得是总结。

6．这是1966年春老舍与英国人斯图尔特·格尔德、罗玛·格尔德的谈话（舒悦译）。是他对自己一生思想、对中国革命认识的总结。这里有老舍深刻的个人历史反思，同时也流露出一丝几乎从未有过的对自己的信心不足。

7．在老舍内心已有计划的创作却难以进行。1966年4月底，他向王莹说："我自己，在过去十几年中，也吃了不少亏，耽误了不少创作的时间。您是知道的，我在美国曾告诉过您，我已经考虑成熟，计划回国后便开始写以北京旧社会为背景的三部小说：第一部小说，从八国联军洗劫北京起，写我的家史；第二部小说，写旧社会许多苏州、扬州女子被拐卖到北京来，堕入'八大胡同'娼妓火坑的种种悲惨结局；第三部小说，写北京王公贵族、遗老遗少在玩蟋蟀斗蛐蛐，勾心斗角，以及他们欺诈压迫下层平民的故事。可惜，这三部已有腹稿的书，恐怕永远不能动笔了！"（选自谢和赓《老舍最后的作品》，见舒济编《老舍和朋友们》，北京：三联书店，北京，1991年，第548页。）

8．以上节选自《与英国人斯图尔特·格尔德、罗玛·格尔德的谈话》，《老舍全集》（第十八卷），北京：人民文学出版社，2013年，第283-284页。老舍又一次深刻地自我反省，他仍然感觉到这个世界正按着新的逻辑往前走。老舍在自己的生活哲学中，不过是一个经验主义者。经验总是后见之明，前途漫漫看不透，但是他可以相信经验过的事实中的人。1966年7月10日他对巴金说："请告诉朋友们，我没有问题，我很好。"（巴金：《最后的时刻》，见《巴金近作》，四川人民出版社，1978年8月版。）

第八章　滚滚横流水

一、今天是怎样活着[1]

檀营位于密云县城外东北，约五里。为什么要到檀营去？因为这里有不少满、蒙旗人。在辛亥革命以前，满、蒙旗人以当兵吃粮为主要出路，往往是一人当兵，全家都吃他的那一份钱粮，生活很困难。赶到辛亥革命以后，旗兵钱粮停发，生活可就更困难了。旗兵只会骑马射箭，不会种地，没有手艺；钱粮一停，马上挨饿。他们的子弟呢，只有少数的念过书，或学过手艺，可以找点工作；大多数的青年既无文化，又不善于劳动，只好去做些小生意，往往连自己也养不活。原来，清朝皇帝对旗人的要求，就是只准报效朝廷，不许自谋生计。这就难怪他们不善于劳动了。辛亥革命呢，又有点笼统地仇视一切满人[2]。这么一来，整整齐齐的檀营就慢慢地变成"叫花子营"了！有的人实在当无可当，卖无可卖，便拆毁了营房，卖了木料；有的甚至卖儿卖女！拆典当卖，死走逃亡，悲惨万状。这里原有满、蒙旗人二千户，是乾隆四十五年由北京调拨来的，担任皇帝到承德去避暑或狩猎的中途保卫工作。到解放时，只剩下了二百多户，都极穷困。因此，我要去看看他们今天是怎样活着呢。

今天的情况：解放后，他们分得了土地，由无业变为有土地的农民。这是个极大的变化！分得了土地，他们可是不会耕种。汉人教给了他们耕作技术，政府帮助他们添置了农具，买了牲口。他们逐渐掌握了技术，由不会劳动变为

378

会劳动。随着农业合作化运动，他们先后办起了互助组与公社，年年增产，有了信心，由会劳动变为热爱劳动。

那些位孤苦的老人，因壮年时贫困，无力结婚，没人照应，今天都得到照顾。孩子们呢，村里有两处小学，可以去读书。大队里人多地少，就搞些副业，增加收入。政府又帮助开了一道大渠，把水库的水从山后引进来，可以灌田增产。老的营房或加以修补，或另建新房，新房都既坚固又敞亮。我所访问到的农家里，都养着鸡、猪；院里种着玉米、白薯，或果木青菜。村里有了电灯。

上述的一点很简略的事实，却含有极深刻的意义。劳动救活了一大群已快饿死的人，起死回生！在辛亥革命以前，满、蒙旗人以当兵吃粮为业，管钱粮叫做铁杆庄稼。事实上，服兵役的才有一份钱粮，当不上兵的并没有收入，铁杆庄稼并养不活一家人。现在，在公社制度下，只要肯参加集体生产劳动，全家全族就都能吃饱穿暖，幸福日增。社会主义才是真的铁杆庄稼！

有一位七十岁的满族老人说得好："在解放前，我看不到任何活路儿，只好等死！可是，从第一回看到解放军，我就看明白：我又活了！从那天起，我就决定听党与毛主席的话，叫我怎办我怎办！"是的，这位老人便是办互助组与公社的积极分子之一。现在，他已年高体弱，不能劳动了。可是，他的声音还是那么响亮，时常用他的话鼓舞社员们积极生产，爱护集体。我想，他的话实

1964 年在门头村

在是说出了大队中所有的满、蒙旗人的爱党与感激毛主席的心情。

在北京城里，我看到了许多满、蒙族的亲戚朋友，如何在解放后由失业而就业，由无衣无食而吃饱穿暖。可是，这些人与事都是分散的，东一个西一个的。虽然由每一个这样的人与事上，都能使我联想到分散在全国各地的满、蒙旗人全会得救，可是我心中到底似乎缺少一个更具体更鲜明更大一些的事例。在檀营，我找到了这样的例子。这里还有二百多户满、蒙旗人，有的还住着二百来年前建造的营房，有的老太太还梳着旗髻。有了这个较大的事例，我就能够更具体地向全世界说：看，在中华人民共和国里，我们满、蒙旗人又都活了，而且活得愉快，有意义，因为我们是在民族的大家庭里同各民族的兄弟姐妹一齐劳动[3]，一齐建设社会主义！这是多么了不起的事啊！

好，我要再多去看看，据说在西山面前，在东陵……也有满、蒙旗人在公社里劳动，过着幸福的生活。我要去看看，并希望写出些文章来，证明新中国各民族的人民如何团结，如何平等，如何欢快，如何热烈爱戴党与毛主席！[4]

二、我没有问题[5]

"请告诉朋友们，我没有问题，我很好……。"

"我没有说违心的话，我相信，毛主席，周总理是理解我的，人民是理解我的。"[6]

1.原题为"下乡简记"。老舍曾于1964年夏天,去密云县的檀营大队(当时属城关公社,现属穆家峪公社)深入生活,约三个月。回来后,写下本文。

2.叙述"辛亥革命"与"满人""旗人"的关系极需谨慎权衡。老舍在此用词极为小心,既要提示出问题,又不能走向否定"辛亥革命"的路子上。

3.老舍在新中国的身份定义中,一个重要的义项就是"满族人"。一个本民族作家对于满族遗民安居乐业的叙述,比任何声音更有说服力。文章虽不免应时,但对于满、蒙族人境遇的关切却是发自内心的。

4.以上节选自《下乡简记》,《老舍全集》(第十五卷),北京:人民文学出版社,2013年,第191-193页。这一章很短,它的安排就是从老舍身为旗人,和其先人度过起起伏伏的中国现代社会着手的。老舍一生的文字,小说、戏剧,有许多是写旗人,集中一点的有:《老张的哲学》《我这一辈子》《茶馆》《正红旗下》。他的文字生涯兜了一个圈:从旗人开始,回到旗人告终。

5.这是1966年7月10日在人民大会堂举行的会上老舍对巴金说的话。(参见本书第378页的注释8。)这时,许多人已受到了冲击。

6.此句选自胡絜青《党的阳光温暖着文艺界》,见新华月报资料室编《泪雨集(乙编)》,北京:生活·读书·新知三联书店,1979年10月,第8页。1966年8月24日凌晨两点,老舍被接回家时,对胡絜青说了这几句话。1966年8月23日,红卫兵以"扫四旧"为名,在国子监(孔庙)大院中烧戏装、道具。下午,老舍被人从北京市文联办公室押往孔庙,和萧军、骆宾基、端木蕻良、荀慧生等三十多位著名作家、艺术家一道被批斗,遭污辱。老舍抗争,被打,当场晕倒,血流满面。

第九章　茫茫末世人

"再见！"[1]

1. 这是老舍最后对小孙女说的两个字。1966 年 8 月 24 日，老舍在太平湖边坐了一整天。25 日清晨，人们发现他死在了水里。参见舒乙《父亲最后的两天》。

十七年里老舍的心中饱含甜苦辣，五味杂陈，他有时激情洋溢地撰文，有时侍弄花草移情，有时情绪地摸骨牌。老舍 1950 年回到北京，多年的战争动乱结束，民生苦尽甘来，他感动。买房、从北碚接家人来团聚，安居乐业是理想。平民感情与社会建设的一致，让他写出不少歌颂性的曲艺、散文与戏剧作品。安居易，而乐业难，旧知识分子的思想必须接受改造，他参加各样社会政治活动，从而证明了自己已经克服了资产阶级个人主义。他只是在内心保持独立知识分子的冷静思考，其反思一生经验的现代语境的结晶是《茶馆》。

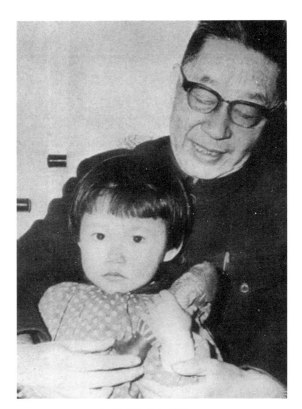

1966 年与孙女舒悦

后　记

两年前，舒济打电话说：有出版人要联系我，讨论编一本老舍的自传；是她推荐的。于是，有庞俭克先生致电，问能否寄他一本旧编《老舍自传》，告以手边没有，请上网找。

好几个月后，也许看了书，庞先生再提此事。答以：重复编则无聊，要有点新意，可以考虑编注疏本；我需要一个年轻朋友合作。

又过了些时候，庞先生说可以，问具体计划。我回答，让易华博士与我合作，他教大学，副教授；江苏文艺出版社的《老舍自传》没有注释，研究者也有用它，非补不可；长春出版社后出的《图本老舍传》有个人观点，但不若论文、评传体方便学术探讨，这次注释还加疏证，将心得结合材料列入。

谈妥，签约。大半年完成工作。再有一些缀语。

一、编自传是严肃的作家研究。1986年跟随曾华鹏、李关元老师读中国现代文学硕士，学位论文便是研究老舍。我1977年读大学起了个大早，读研究生赶了个晚集，还没毕业，宏观研究转瞬成了主流，作家作品研究渐行被看轻。二十世纪九十年代中，江苏郭济访与钱理群、吴福辉三位先生策划编辑一套作家自传，我承担编《老舍自传》，曾老师当然编郁达夫——二十世纪五十年代他和范伯群老师就凭《郁达夫论》一举成名。出书后，老师说有注最好，方便有心研究的学生。舒济欣赏它，老舍夫人胡絜青也买了几百本存着，当礼物给来客带上。此书湖北插图印过，江苏文艺出版社进行再版，改名"我这一辈子"，仍借光老舍。再后，温儒敏主编一套"图本中国现当代作家传"，关纪新代表学会推荐我写，和老舍先生长女舒济老师（供图）合作完成《图本老舍传》。

不像当年我只能依靠《老舍文集》，易华这一次给原本增加内容，可以用已经出版好些年的《老舍全集》。一段文字如有两个出处，他能连贯得不露破绽。这不出奇，其硕士论文也是下功夫研究老舍，何况是曾老师关门弟子。注释的工作基本由他完成，我读过挑点刺。注释当然要提示文献，于"文"无甚发明，"献"涉及人，则好像有点老舍文化活动史的意思，尤其是"八方风雨"提及的人较丰富，有的不见于"严格"的史书。"注疏"有点羊头狗肉了，用古代字号售现代货色，虽不谈小学训诂，也要言必有据。研究现代文学很少有古典文献般功夫，虽二人交替检阅，勉力堵漏，犹恐错误难免。

二、虽名"注疏"，但切不可拿经学标准衡量我们注释、疏证现代作家，我辈不沾鲁迅所谓"现代中国的孔夫子"；如说有所心仪，便如唐德刚注老师胡适、张爱玲注译《海上花》。我们当然谈不上疏证其注。累积几十年老舍研究心得，无暇一一撰文，零零碎碎借疏证之名打包，不疼惜了。后学据此发展论述，烦请也加个注释，我致谢在先。会议上见过谦躬过甚者，原来用了我的表述而没有注明；又见过顺手牵羊者装怯作勇，居然现在也拿下"重大"项目，在上海像回事了。

三、久不参加学界（未必学术）会议，老舍研究会同人以为我退出"江湖"，这也遥相回应一声。我们已经回不去"学会时代"的研究，如今各学会偃旗息鼓，乃因"换了人间"，新人无须再像二十世纪八九十年代努力拉赞助开会了；"秋风今又是"（毛泽东《浪淘沙·北戴河》，"秋风"典无须注疏），现今"项目经费时代"，"重大""重点"的码头上帆樯林立，学者"长江"里浊浪排空，眼见学会凉了。太平盛世学术，一点注疏拿得出手，没惭愧！不和老舍研究会同人抱团取暖，亦无缘码头、江上起哄，翻检舒济老师《老舍文学词典》、史承钧老师《简明老舍词典》、张桂兴兄《老舍年谱》等著述，兴友朋之思。

出版者于老舍青眼有加，接受"注疏本"——乃与重大无关。

徐德明 海外陶然居

2017 年 6 月 26 日

附　录　原版后记[1]

---

1. 原版指江苏文艺出版社 1995 年出版的《老舍自传》。有删节。

老舍，巴金称他为"中国知识分子最好的典型"；曹禺说他"是中国当代的'人杰'"；政府授予他"人民艺术家"称号；朱光潜认为他的小说首屈一指……是的，《骆驼祥子》畅销美国，《茶馆》震动欧洲，老舍在世界文学中自有他的地位。人们期望更多地了解老舍，了解他的经历、性情、思想、人格……这就需要传记：他传、自传，不止一种。

　　老舍曾经动过写自传的念头，后来又打消了。这给我们留下很大的遗憾。这本《老舍自传》其实是一本"准"《老舍自传》。准自传虽有编者的读解原则渗透其间，但读者也许更易从中获得彼时彼地真切的历史时空感。一般说来，人，尤其老人，总易于受一种潜在欲望的支配：在此时的认识、心境下重新度过彼时的生活。这样，自传便成了老人对自己青壮年往事的重新阐释甚至是塑造。从这样的角度说，准自传倒可以避免这种色彩与失误。虽然准自传的编者必不能如作者从头说起，逐时有序，到记忆中打捞沉淀，且在材料的安排上也难以做到严格的前后照应，但他的态度也许倒是更加冷静、更加理智、更加科学的，因而也许是更能接近真实的。

　　我从七七年入大学研读老舍，此后不断获得新的认识，心中逐渐有了一个完整的老舍活着。读了十六卷《老舍文集》，读了他的全部小说、戏剧、旧诗，迄今发现的新诗与散文、书信，我终于找到了"准"《老舍自传》的脉络。老舍经常像曾子那样"吾日三省吾身"；像基督徒那样忏悔。老舍善于描述自己，他总是以"我怎样……"的形式向人们介绍自己剖析自己，剖析自己的行为经历，剖析自己的思想感情。我们可以从容地在这些材料中获得一个老舍的全貌。

自然，有一千个读者就有一千个哈姆雷特。关键在于怎样把握老舍的自传特质。他的自画像是：一个普通人、写家——会编写各种体裁的人物故事来抒发情感，追求真理的人——关心生命，关心人类的前途与未来，为此而甘心改造思想，包括舍弃自己的一切。我便是根据普通人、作家、求真理这三条线来组织老舍自传的。

　　最理想的做法是突出"普通人"的生活经历与行为趣味，将"写家"特质只作为行为之一种，而"求真理"的生命态度则完全藏在自叙事实的下面。然而客观材料不以我的意志为转移。……老舍自传类文章就有这样的侧重：青壮年"传行"，老来"传心"。要把这些协调好，实不易。我尽了最大努力，不致使自传像自然生命那样日渐萎缩。此外，在协调语调方面也是花了大力气的。

　　为了使《老舍自传》成为一个有机整体，我将老舍的自传材料做了适当的调度，合并、删节、组合。但我的准则是：尽可能保持作品原貌。除删节、组合外，我仅仅加了极有限的几个贯通语气的字，用括号标出，想必能获读者理解。

　　《老舍自传》直接取材于《老舍文集》、《老舍书信集》（舒济编，人民文学出版社、百花文艺出版社），并很大程度得益于胡絜青先生的《老舍生活与创作自述》（人民文学出版社）此外，参考了《老舍年谱》（甘海岚编，书目文献出版社）、《老舍研究资料》（曾广灿、吴怀斌编，北京十月文艺出版社）等。

　　老舍在我心中是神圣的。我不敢亵渎。

　　愿《老舍自传》能为读者喜欢，愿读者能像老舍那样做个普通的人，做个诚实的人，做个敬业的人，做个不懈追求真理的人。

徐德明

图书在版编目（CIP）数据

老舍自述：注疏本 / 老舍著；徐德明，易华注疏.—北京：
现代出版社，2018.10
ISBN 978-7-5143-6773-7

Ⅰ.①老…　Ⅱ.①老…②徐…③易…　Ⅲ.①老舍（1899–1966）—自传
Ⅳ.①K825.6

中国版本图书馆CIP数据核字(2017)第329274号

老舍自述：注疏本

老　舍　著
徐德明　易　华　注疏

照片提供：舒　济
责任编辑：庞俭克　朱文婷
出版发行：现代出版社
通信地址：北京市安定门外安华里504号
邮政编码：100011
电　　话：010-64267325　64245264（传真）
网　　址：www.1980xd.com
电子邮箱：xiandai@vip.sina.com
印　　刷：北京市松源印刷有限公司

开　本：710mm×1000mm　1/16　　印　张：26.25
版　次：2018年10月第1版　　　　　印　次：2018年10月第1次印刷
字　数：410千字
书　号：ISBN 978-7-5143-6773-7
定　价：65.00元

看生命，
领略生命，
解释生命，
你的作品才有生命。

更多精彩

尽在"现代出版社"微信公众号

老舍自述：注疏本

老舍｜著　　徐德明　易华｜注疏

致谢舒济女士提供内文照片